项目资助

本书受国家社会科学基金教育学一般课题"学术资本与大学发展研究（课题批准号：BIA140104）"资助

高校学术资本论

胡钦晓/著

中国社会科学出版社

图书在版编目（CIP）数据

高校学术资本论/胡钦晓著.—北京：中国社会科学出版社，2021.4
ISBN 978-7-5203-7157-5

Ⅰ.①高… Ⅱ.①胡… Ⅲ.①高等学校—学术研究—科研管理—中国 Ⅳ.①G644

中国版本图书馆 CIP 数据核字（2020）第 170500 号

出 版 人	赵剑英
责任编辑	赵 丽
责任校对	王 龙
责任印制	王 超

出　　版	中国社会科学出版社
社　　址	北京鼓楼西大街甲 158 号
邮　　编	100720
网　　址	http://www.csspw.cn
发 行 部	010-84083685
门 市 部	010-84029450
经　　销	新华书店及其他书店
印　　刷	北京明恒达印务有限公司
装　　订	廊坊市广阳区广增装订厂
版　　次	2021 年 4 月第 1 版
印　　次	2021 年 4 月第 1 次印刷
开　　本	710×1000　1/16
印　　张	27.75
字　　数	413 千字
定　　价	158.00 元

凡购买中国社会科学出版社图书，如有质量问题请与本社营销中心联系调换
电话：010-84083683
版权所有　侵权必究

序

  大学以学术为根。学术活动的开展、学术研究的兴盛是大学不同于其他教育机构的根本所在，也是大学实施高水平、高质量教育，培养推动社会进步、经济发展、文化繁荣各类人才的重要保证。早在两百余年前，对德国大学改革产生重要影响的思想家们就深刻阐述了学术研究作为大学生存与发展之根的重要意义。费希特认为，大学的存在理由必须是它拥有其他机构所不能替代的功能和区别于其他机构的本质的东西。什么是大学应该拥有的其他机构所不能替代的功能呢？培养与训练运用知识的技法是大学所能为而其他机构所不能为的，换句话说，大学的作用不仅仅是给予学生知识，更重要的是训练学生运用知识的技法——"学术的技法"，这是大学存在的理由。洪堡指出："与传授和学习既成知识的中学不同，大学的特征在于常常将学问看作是没有解决的问题不断地进行研究。因此在大学中教师与学生的关系完全不同于中学，即大学的教师并不是因为学生而存在，教师和学生都为学问而存在。"[①] 在学问中尚有许多没有解决的问题、没有发现的原理，甚至可以说有些原理也许永远发现不了，正因为如此，"不断地研究、追寻学问是大学必须坚持的原则"。[②] 从大学是学术机构的观点出发，洪堡得出的结论是，大学不仅担负传授知识的任务，而且承担创造学问的使命，研究与教学的统一是大学的基本原则。

  大学发展至今，学术研究活动及其水平之于大学的意义越发重要。

---

  ① W. Humboldt 等：『ベルリン高等学問施設の内的ならびに外的組織の理念』，载 J. G. Fichte 等『大学の理念と構想』，梅根悟译，明治图书出版株式会社 1970 年版，第 210—211 页。

  ② 同上书，第 213 页。

学术研究活动的水平不仅成为评价大学的基本指标，而且学术研究活动的范围与形式不断增加，例如近年来人们用"学术资本主义"界定大学学术研究活动的市场性特征。"为保持或扩大资源，教学科研人员不得不日益展开对外部资金的竞争，这些资金用来进行与市场有关的研究，包括应用的、商业的、策略性的和有目标的研究等等，不管这些钱是以研究经费和合同的形式、服务合同的形式、与产业和政府合作的形式、技术转让的形式，还是以招收更多的、更高学费的学生的形式。我们称院校及其教师为确保外部资金的市场活动或具有市场特点的活动为学术资本主义。"[①] 大学学术研究活动的范围、形式、内容、特点的变化，促使人们从多种视角、运用多学科方法不断拓展对大学学术研究活动的研究深度与广度。胡钦晓教授呈现给我们的这本新著——《高校学术资本论》正是在这一领域开展了积极的探索和富有新意的创作。

何谓学术资本？胡钦晓教授在对资本、学术资本与人力资本、社会资本等的关系分析的基础上，认为："所谓学术资本是指在特定学术场域内（高等院校或科研院所）的个人或组织，通过所拥有的稀缺性专门知识、技能等高深知识，逐步形成学术成就和声望，以符合学术内在规律的道德标准为约束，通过商品的形式与外界（或在组织内部中）进行交换，进而实现价值增殖、提高自身存在和发展竞争力的学术资源总和。"[②] 由于学术为大学之根，因此学术资本是大学中最为核心的部分。学术资本具有复杂性、历史性、非均衡性、无形性等特点。"学术资本是与学术资本化和学术资本主义性质截然不同的一个中性词语，其在转化中既可能产生正面效用，也可能因衍生学术资本的出现而产生负面效用"，走向学术资本主义。

学术资本对大学有何功用？胡钦晓教授从学术资本促进大学三大职能发挥的角度作了深入的分析。学术资本对大学发挥培养人才职能的作用在于：可以扩大生源范围，提高生源质量；激发学生学习兴趣，提高培养质量；训练学生综合能力，扩大学生就业。学术资本对大学发挥发

---

① ［美］希拉·斯劳特、拉里·莱斯利：《学术资本主义》，梁骁等译，北京大学出版社2014年版，第8页。
② 以下引用均出自《高校学术资本论》的正文。

展科学职能的作用在于：在大学内部可以促进学术资本再发展，形成强者愈强的"马太效应"；在大学外部可以形成广泛的科研联盟。学术资本对大学发挥服务社会职能的作用在于促进国民经济建设，提升国家的核心竞争力，提高全民教育素质。

学术资本在大学中是如何发展的？这是《高校学术资本论》花费众多笔墨阐述的主要内容。学术资本早在中世纪大学就已存在。"大学之所以能够不断发展，主要是依靠自身的学术资本，与外部利益相关者进行利益交换，从而不断积累自身的经济资本、社会资本和政治资本等。"如果没有学术资本，中世纪大学就不能获得生存发展所必需的经济资本，大学内部不能构建为一个整体以获得外部广泛的社会网络关系，也不能获得教皇、皇帝、王权等授予的诸多特权，积累起大学的政治资本。19世纪初德国的大学改革在世界大学发展史上的意义是毋庸置疑的，积累学术资本在德国大学发展中起到了重要的作用。胡钦晓教授分析了19世纪德国大学积累学术资本的历程，总结了若干具有启迪意义的经验，指出政府支持是大学学术资本生成的外部保障，学术自由是大学学术资本生成的源头活水，教授治校是大学学术资本生成的组织保障，教研结合是大学学术资本提升的基本途径，学术声望是大学学术资本积累的根本动力。基于这些原则、方法与路径，"德国大学在19世纪创造了世界高等教育史上长达百年的辉煌历程，大学的迅速崛起不但使德国成为世界高等教育的中心，而且也为德意志国家和民族的崛起奠定了坚实的知识、智力和人才基础"。学术资本在现代大学的发展中仍然发挥着积极作用的同时，其负面效应日渐凸显。"学术资本在为大学带来更多利益的同时，也是一把双刃剑"，学术资本主义即是学术资本负面效应的具体体现。胡钦晓教授认为："学术资本主义是大学通过高深知识的转化而谋取更多利益的一种现象，这种现象发生在大学内部，但却是大学外部和内部因素联合作用的结果。从政治上来看，政府对大学资助持续下降，并对大学进行绩效考核是催发学术资本主义产生的重要动因。从经济上来看，市场经济和知识经济的共同发展，促进了学术资本主义现象。"避免学术资本走向学术资本主义，需要从学术资本主义产生的根源入手，弄清学术资本主义产生的政治、经济、文化等外部原因和大学自身、大学领导者和大学教师等内部原因。

研究学术资本对当下中国高等教育改革与发展有何意义？胡钦晓教授在这本新著的最后一章分别讨论了经济资本、社会资本、文化资本、学术资本与新时代一流大学建设与发展的关系，提出了学术资本最为重要的基本观点。在积累学术资本的过程中，需要认识到学术创新是大学学术资本积累的动力，学术道德是大学学术资本积累的保障，学术自信是大学学术资本积累的根基。"学术只有不忘记人类福祉，国家富强，才能够砥砺前行，永不懈怠；学术只有解放思想，激发活力，才能创新发展，创造转化；学术只有坚持价值信仰，恪守道德规范，才能抵制外界侵蚀，不迷失自我。"

胡钦晓教授11年前出版了《大学社会资本论》，现在《高校学术资本论》也将面世。这两部专著从不同的视角分析研究了大学的"资本"问题，在拓展大学研究视野、挖掘大学研究深度方面做出了积极的努力，取得了有价值的成果。大学的"资本"研究没有结束，胡钦晓教授已经计划着将"大学文化资本"作为大学"资本"研究的"第三部曲"，期待这一计划早日实现。

是为序。

胡建华

2019年岁末

前　言

　　每一个组织和个体，生活在这个世界上，总需要安身立命的凭借，否则就会被社会逐渐淘汰。大学作为传承近千年的组织，之所以能够生存至今，它所凭借的究竟是什么？换句话说，国家和社会依靠大学什么，而能够对大学不舍；大学能够为国家和社会提供什么，而能够不为所弃；大学在发展中积累了什么，能够使自己具备与外界讨价还价的生存能力。毫无疑问，资本是组织和个体竞争发展的产物，而资本多样性为解释竞争发展提供了一个别样的视角。法国社会学家皮埃尔·布迪厄认为："除非人们引进资本的一切形式，而不只是考虑经济理论认可的那一种形式，否则是不可能对社会界的结构和作用加以解释的。"[1] 布迪厄的观点为我们解释高校[2]的生存发展提供了一个理论思路。但是，

---

[1]　[法] 皮埃尔·布迪厄：《资本的形式》，载薛晓源等《全球化与文化资本》，武锡申译，社会科学文献出版社 2005 年版，第 4 页。

[2]　一般来说，高校是具有中国特色的一个概念，在西方语境中没有单独表示高校的词汇。当然，在明治维新时期，日本也曾出现"高等学校"的表述，但是此"高等学校"是指层次上低于帝国大学的"低度大学"。换言之，在当时的日语语境中，"高等学校"特指"专门学校群"，是不包括"大学"的。我们经常把高校翻译成"Universities and Colleges"，现在西方文献中也将高等教育机构称作"Universities and Colleges"。事实上，"Universities"与"Colleges"是两个完全不同的概念。Universities 一词直接来源于中世纪知识行会的拉丁文"Universitas"，在当下往往表示具有较高学位授予权的学术机构，在美国它至少应当是具有硕士学位授予权的大学，在英国，要想获得 universities 的地位，必须经过皇家委任状或者政府立法部门的认可；而 college 的含义则更为广泛，在中世纪时期，最初它仅仅是一个慈善资助学生住宿的地方。现在来看，college 既可以指代低于大学的独立的高等教育机构，譬如美国的社区学院（community college），也可以与 School、Institute、Department 等词汇相当，指代大学内部的一个二级单位。事实上，我们认为要描述一个高等教育机构，用"高校"一词会更能体现学术研究中的中国特色，也能够更好地涵盖西语语境中的不同组织机构类别，譬如 University、College、Institute 等。同时，也避免著作名称出现"大学学术资本论"用词上的重复和拗口。因此，在本书论述中，"高校"与大学是可以通约的。

一个重要的问题是，任何一个组织之所以能够生存发展，一定要有一个不同于其他组织的核心使命所在。那么大学的核心使命是什么？换句话说，在多样资本中，何种资本是大学安身立命之本？这是我们进行研究的动力所在。本书共分为八个部分。

第一章主要是论述高校学术资本的若干基本问题。这几个基本问题主要包括高校学术资本的概念、性质、功用和积累，其中尤其重点分析了高校学术资本的概念，因为这是本书的基本逻辑起点。

1. 概念。为了给出高校学术资本一个更为明确、更为客观的概念界定，在对"资本"一词的中西方词源学分析的基础上，通过多种视角对学术资本进行了内涵分析。从词源学的视角来看，资本的多样性在中西方的语境中都是被普遍认可的；从学术史的视角来看，学术资本的研究理路是沿着从个体学术资本到组织学术资本这一进程展开的，高深知识是研究者们对学术资本概念界定的核心要素；从知识程度的视角来看，相对于人力资本、智力资本而言，学术资本是大学内部最为核心、最为高端的那一部分；从基本性质的视角来看，相对于"学术资本化"和"学术资本主义"，"学术资本"是一个不含特殊情感或者价值倾向的中性词，学术资本是众多资本形式中的一种，与物质资本、社会资本、文化资本等相对应。学术资本的道德约束性是区别于学术资本化和学术资本主义的一个重要层面。综合多视角分析，我们认为，所谓学术资本是指在特定学术场域内（高等院校或科研院所）的个人或组织，通过所拥有的稀缺性专门知识、技能等高深知识，逐步形成学术成就和声望，以符合学术内在规律的道德标准为约束，通过商品的形式与外界（或在组织内部中）进行交换，进而实现价值增殖、提高自身存在和发展竞争力的学术资源总和。高校学术资本的概念，是建立在学术资本概念分析和澄明的基础之上的。作为组织的大学，既是国家和社会中学术资本集结的重要场所，也是研究学术资本的一个主要对象。

2. 性质。从高校学术资本的概念界定可以看出，这一资本形式具有资本的普遍性质，亦即"价值增殖性"，这与经典马克思主义关于资本是带来剩余价值的"价值"有着异曲同工之处。所不同的是，经典马克思主义对于资本的分析，是建立在对资产阶级生产关系（资本家对工人的剥削）进行批判的基础之上的，因此资本从头到脚，每个毛孔都滴着血和肮脏的东西。本书对学术资本的分析，是建立在学术场域中高深知识的传承、创造和交换的基础之上的，因此资本的本质是能够带来价值增殖的学术资源的总和。整体来看，相对于企业知识资本而言，高校学术资本突出表现为"高深"性；相对于高校的其他资本形式，高校学术资本突出表现为"知识"性。高校学术资本除了具有价值增殖性之外，还具有艰深性、复杂性、历史性、非均衡性、无形性和依附性等性质。

3. 功用。作为从事高深学问的场所，大学运用其雄厚的学术资本与外界产生广泛交换，不但可以获得更多的资金来源，而且还能实现更大程度上的自治。如果学术资本缺失，高校就不可能积累经济资本、社会资本和政治资本等，大学也就丧失了与外界讨价还价的基本条件。学术资本是高校培养人才、发展科学、服务社会以及文化传承与创新职能发挥的主要凭借，所谓"打铁还需自身硬""酒香不怕巷子深"，如果高校自身学术资本不足，就不可能建立广泛的、高层次的教学科研联盟。事物的双重性意味着任何发展都摆脱不了自然辩证法的属性。人类生活离不开水，但是"水能载舟，亦能覆舟"。高校学术资本在拥有诸多良性功用的同时，也具有负面效应。根据高校学术资本的双重性，我们又可以将其划分为本体学术资本（内生的、合理的）和衍生学术资本（外生的、不合理的）两种类型。当大学内部的衍生学术资本超过并压制本体学术资本时，必将面临大学组织的衰落。譬如从文艺复兴到启蒙运动时期的欧洲传统大学，教师聘任不是基于学术水平，而是基于信仰或关系；师生之间不是基于知识传授，而是以金钱来维系；大学不是致力于知识创新，而是对新知排斥或抨击等，势必要造成传统大学的衰落甚至消亡。

4. 积累。学术自由是高校学术资本积累的基本底线，道德规范是高校学术资本积累的内在诉求，法律制度是高校学术资本积累的外在保障，知识创新是高校学术资本积累的不竭动力，以上是高校学术资本积累的共性特征。此外，具体到大学发展的每一个历史阶段，在不同国家，高校学术资本积累的现实情况又各不相同。

第二章主要对高校多样资本的基本类型、相互转换及意义展开分析。20世纪90年代以来，世界范围内的高等教育财政出现了共同危机，但是各国政府的回答基本相同，大学需要自力更生！作为公益性、非营利性的第三组织部门，高等学校完全依靠政府拨款运作的黄金岁月已成明日黄花。大学如果要凭借自己的力量，突破当下的经济困境，就不能仅仅依靠经济资本，还要关注自身的文化资本、社会资本和学术资本等多样的资本形式。

高校多样资本之间是可以相互转换的，这种转换严格来说就是一种社会博弈，它不同于转盘赌博，有着不断积累的过程。强调资本转换中的"连贯积累"，就是要强调资本生产过程中的耗费时间性、精力性。任何一种资本形式的转换和积累，不能寄希望于"一夜暴富"，也不能寄希望于"天上掉馅饼"。一定意义上，资本转换中的价值增殖性，是一切资本积累和转换最为原始的基本动力。但是，任何资本的积累转换都需要耗散一定的成本，成本本身就是商品价值的一个组成部分。在资本积累和转换中，不应完全注重经济价值而忽略了其他价值，同时又不能不关注经济价值。当多元价值面临冲突时，大学就应当认真考量究竟何种价值更为重要。如果大学在资本积累转换中，一味向"钱"看，那么就有可能造成学术资本缺失或者是负面学术资本增多，进而直接影响到大学的外部学术声望以及学术自由空间等。

大学资本的转换方式是多种多样的。从转换的内容来看，可以分为经济转换和社会转换；从转换是否需要中介来看，可以分为直接转换和间接转换；从转换的手段来看，可以分为强制转换和诱致转换；从转换的范围来看，可以分为内部转换和外部转换。无论是大学内部的资本转换，还是大学与外部的资本转换，都是要受到正式制度（法律法规等）和非正式制度（道德规范、习俗惯例等）约束的。正是由于资本形式之间的转换，大学才变得生机勃勃，才能够丰富多彩，才能够历经千年而历久弥新、历久弥坚！

强调大学资本的多样性，就是强调大学学术资本在多样性中的基础性，大学不能为了追求物质利益最大化，而动摇了学术资本的根基；强调大学资本的多样性，就是强调大学学术资本在外部交换中的长期性，大学不能为了追求眼前利益，而放弃关乎生死存亡的使命；强调大学资本的多样性，就是强调大学要始终警惕学术资本主义泛滥，积极培育大学多样资本的土壤，不为物欲横流所淹没。

第三章是从学术资本到学术资本化的视角分析中世纪大学之兴衰。如果说前两章是基于高校学术资本的原理分析，那么从第三章起，我们将研究聚焦于大学的历史发展。换言之，就是将高校学术资本放置到历史长河之中，通过高校组织的兴衰探寻学术资本发展的基本规律。毫无疑问，以高深知识为业进而催生出来的中世纪大学，无疑是进行这一历史分析的逻辑起点。

从历史发展的视角来看，高深知识作为商品是中世纪大学产生的一个重要条件。尽管大学产生之初，教会曾三令五申反对知识作为商品，但是伴随民众对教育的不断需求，世俗化学校的不断产生，教会在资助教师薪俸力不能逮的时候，也不得不承认知识作为商品的合法性。当然，可以作为商品的知识，已经不再是以《圣经》为内容的单一性信仰知识，而是具有同时代的复杂性、综合性的高深知识；大学在传统知识和外来知识的基础上，不断进行阐释和创新，建立了以文学、法学、神学和医学等边界相对清晰、层次分明的学科知识体系，为"黑暗的中世纪"点燃了知识之光。尽管教会、王权等对知识强势介入，但是大学学者仍然坚守着知识的道德底线，坚持知识发展的理性捍卫，从而形成了"教权""王权""学权"三足鼎立的状态，为中世纪大学赢得了诸多特权，一定程度上实现了学术自由和大学自治，为大学发展创造了良好的外部生存环境。

作为从事知识教学的行会组织，中世纪大学与其他商业性质的行会运营具有高度相似性。大学之所以能够不断发展，主要是依靠自身的学术资本，与外部利益相关者进行利益交换，从而不断积累自身的经济资本、社会资本和政治资本等。换言之，没有学术资本，中世纪大学不可能获得生存发展所必需的经济资本；没有学术资本，中世纪大学内部不可能构建为一个整体，也不可能获得外部广泛的社会网络关系；没有学术资本，中世纪大学不可能获得教皇、皇帝、王权等授予的诸多特权，大学政治资本的积累也无异于缘木求鱼。但是，学术是一种资本，绝对不应该学术资本化；学术是一种商品，绝对不应该学术商品化。当高深知识被物质金钱所蒙蔽，当高深知识被利益关系所隐蔽，当高深知识被政治权力所遮蔽，当高深知识与道德操守相分离，遭受损失的，最终是大学自身。真理向前迈进一步，往往就会演变为谬误。当知识的商品性超出一定的范围和限度，演变为学术资本化甚至是学术资本主义的时候，大学自身的知识根基就会发生动摇，这种演变就可能成为大学发展的一种灾难。中世纪大学后期，欧洲传统大学的不断衰落，就是这种灾难的历史注脚。

第四章主要论述学术资本视角下19世纪德国大学之崛起。相对于意大利、法国、英国等欧洲其他国家的大学，德国大学的产生不但要晚了两个多世纪，而且在很长一段时间里也发展缓慢。当高等教育发展的车轮进入19世纪初期，德国大学迅速崛起，并占领世界高等教育之巅长达一个世纪之久。无论是研究世界大学发达史，还是探寻研究型大学起源，19世纪德国大学都是绕不开的重要节点。关于德国大学崛起的原因，学者们站在不同的研究立场给出了多样解读。但是，作为从事高深知识的机构，大学的崛起应该主要表现在高深知识和学术声望的繁荣和隆盛。大学之间的竞争，归根结底是学术之间的竞争，学术资本的多寡决定着大学在竞争中的序列。

反思19世纪德国大学所走过的学术资本积累历程，不难看出，政府支持是大学学术资本生成的外部保障，更为关键的是，政府并没有因为对大学拨付巨额经费，而将其视作自己掌控、可以随意介入的附属机构。相反，无论从大学的内部运营，还是从大学的外部管理来看，政府都赋予了大学组织充分的自由和自治。这与同样是政府管理体制下的法国大学相比，形成了鲜明对照。相对于英国政府对牛津、剑桥学术发展的过度放任，法国政府对于大学学术发展的过于牵制，德国大学的学术自由有效地做到了自由与责任的完美结合，成为大学学术资本积累的源头活水。教授治校是学术自由的自然延伸，也是学术自由的具体体现。德国大学讲座教授制度，一方面给予教授充分的学术自由，另一方面融入编外讲师制度，从而有效避免学术"小帮派"的形成，成为德国大学学术资本发展的组织保障。

教学和研究相结合，通过研究促进教学，是19世纪德国大学为后世大学保留下来的一份宝贵的制度遗产。没有研究的教学，无疑又回归到中世纪大学时期的照本宣科（Reading）；缺少创新的教师，很难能够培养出具有创新意识的学生。同样，没有教学的研究，仅仅是专门研究机构的事情，既缺乏学生与教师之间思想上的碰撞，也很难存在多学科人员之间的交流，这样的人员只能称之为研究员，这样的机构也不能称之为大学。康德之后，追求"纯粹知识"一直成为德国学者追随的重要信条，即使是合乎应用型的工科大学的创办及运行，也是在理性范围内的适度拓展。换言之，工科大学在脚踏实地的同时，也没有忘记仰望星空。这样的学术发展才有别于低层次的技术培训，才有别于沉陷于世俗的蝇营狗苟，才能够走向长远并不断达致无限。学术声望的形成因素复杂多样，但是不断探索星空，不断将知识推陈出新，时刻坚守着心中的道德自律，无疑是非常重要的条件。这也是19世纪德国大学能够创造出诸多辉煌，能够吸引世界范围的学子负笈求学的重要动因。

第五章主要是从学术资本的视角来分析德国大学之滑落。在国内学术界，谈及德国大学，大都聚焦于19世纪德国大学的崛起，鲜有论及德国大学是如何从辉煌走向衰落的，即使有也往往将历史的拐点定位于第一次世界大战爆发的1914年或者是希特勒上台后至二战结束这段时间。这样的分析有其合理之处，但德国大学的衰落并不能全部归咎于战争。无论是19世纪初期的德国，还是两次世界大战中的美国，一定意义上正是战争的刺激，使本国的高等教育不断走向巅峰。从学术资本的视角来看，如果把德国大学的辉煌界定在从1810年柏林大学成立到1914年第一次世界大战爆发的百余年时间，那么德国大学的滑落起点恰恰是在"铁血宰相"俾斯麦执政之后，尤其是在1870年至1871年普法战争胜利、德意志帝国崛起之时。德国学者塞巴斯蒂安·哈夫纳（Sebastian Haffner）认为："俾斯麦的最高胜利已经暗藏着失败的根源，德意志帝国的覆亡已随着建国而萌芽。"[①] 如果把德国大学的百年辉煌历程比喻成一个向下开口抛物线，那么俾斯麦时期就可以看作抛物线的顶点，1810年柏林大学的创办和第一次世界大战则可以被视作抛物线的两端，待到希特勒执政时期，德国大学则继续滑入深渊。

国家支持、学术自由、教授治校是19世纪初以柏林大学成立为标志的德国高等教育发展的基本特色，也是德国作为欧洲大学之林中产生大学较晚的后发国家，一跃成为欧洲高等教育强国并蜚声世界的重要原

[①] [德] 塞巴斯蒂安·哈夫纳：《从俾斯麦到希特勒》，周全译，译林出版社2016年版，第33页。

因。但是这三种基本特色中的至少两种,亦即学术自由和教授治校,在俾斯麦建立德意志帝国后便遭遇严重危机,往日学术自由之风不再,教授治校被官僚体制所替代。尽管从1870年之后,德国大学拨款的数额不断增加,但是伴随入学人数的不断扩张,大学经费的相对数量不但没有增加,反而不断减少。与德国政府对大学拨款绝对数量的不断减少相对应的,是美国在1862年颁布了《莫里尔法案》,联邦政府开始意识到大学在社会发展中的角色,并为大学发展注入资金,一批赠地学院在联邦政府和州政府的共同呵护下产生并茁壮成长。从此,高等教育的天平开始向美国倾斜。数以万计的美国人在19世纪来到德国,把德国大学发展科学的精髓带到本土并进行创新性改造,从而使美国高等教育逐渐代替德国高等教育,走向世界高等教育之巅。

到了希特勒时期,大学完全归由政府管理的弊端逐渐暴露无遗。长时间在政府温室中生存的大学组织,一遇到外部社会的狂风暴雨便花落树折。因纳粹政府的种族歧视,德国不但流失了世界上最优秀的学者,而且也丧失了世界上最优秀的学科。无论是学者还是学科,都是学术资本依存的重要主体和平台。一定程度上,美国高等教育正是吸纳了德国流失学者和学科的多数,才能够迅速代替德国成为世界高等教育的重心。但是,美国代替德国高等教育强国地位的原因,远远不止这些。仅就大学与国家的关系而言,德国就明显处于劣势。德国政府高压政策与资助减少,与美国政府宽松环境与资助增加,在19世纪70年代以后形成了鲜明对比。除此之外,美国大学还拥有无数富可敌国的私人财团提供资助,这都是德国大学所不具备的。

讲座教授制曾经使德国大学走向辉煌,然而,正是这种制度安排成为俾斯麦之后大学学科发展的桎梏。讲座教授权力的高度膨胀,压制了底层学科分化的活力。每个讲座教授都要配备一套人员设施,也使得政府无力支持学科的无限分化与整合。每个习明纳和研究所在讲座教授的带领下,逐渐形成大学内部的一个个壁垒,不利于文理交叉,也不利于学科融合。相反,19世纪来到德国学习的美国人,把哲学博士、学术至上等理念带回,把习明纳的研究方法带回,但是他们并没有照搬以讲座教授为统领的校内组织设置,而是在学院下面设立学系。民主、平等的学系为美国大学的学科分化和整合提供了重要平台。此外,尽管美国把哲学博士带入本土，但是在大学内部并没有形成一个以哲学为统摄的学科发展势态。科学代替哲学成为美国大学高深知识发展的学科坐标，也正是基于此，美国大学的学科才能够突破哲学的藩篱，设立了一系列以职业应用为导向的专业博士。在德国大学坚持哲学博士独大之时，专业博士开始与哲学博士共同成为美国大学发展的车之两轮、鸟之两翼。

俾斯麦之后的德国大学渐渐失去了竞争的氛围。往日，编外讲师通过收取讲课费谋生，他们可以在教学中与讲座教授站在一个平台上进行竞争。但是，伴随大学讲座教授的权威逐渐强势，伴随讲座教授职位的相对数量越来越少，编外讲师的职位越来越多，讲座教授和编外讲师的公平竞争已成过往云烟，讲座教授逐渐成为坐享政府高薪、日益慵懒的食利者，编外讲师则成为生活无依无靠、前途惨淡的打工仔，终身能否晋升讲座教授全靠碰运气。编外讲师竞争教授职位，犹如赌徒般激烈且充满不确定性。在这种生态下，学术走向滑落实属必然。19世纪后半期，德国大学入学人数不断攀升，然而与这种趋势相悖的是，大学越来越排斥穷人，更为严重的是，希特勒时期，种族成为学生进入大学不可逾越的障碍。学生是大学教师未来之补充，而且是大学学术增长的生命力，以贫富和种族将其排除在外，无异于大学自断后路。与俾斯麦、希特勒等政府的政策相反，美国联邦政府和州政府不但对贫穷子女进入大学提供资助，而且对少数族裔的子女予以倾斜。两国学术发展后劲判若云泥，高等教育中心地位发生转移也就不难理解了。

第六章主要论述了20世纪70年代以后，从学术资本到学术资本主义的发展状况。在这一章是以美国高校为中心进行展开的，因为选择美国高校可以对学术资本形成一个连贯性、系统性认识。在前几章论述中，我们先后选择了中世纪大学、德国大学进行研究。如果按照大学职能演进的先后顺序来划分，中世纪大学聚焦于培养人才，德国大学则是以发展科学为鹄的，美国大学开拓了大学服务社会的第三种职能，因此在对中世纪大学和德国大学进行研究之后，分析美国大学的学术资本发展，会使本书形成"中世纪大学（培养人才）→德国大学（发展科学）→美国大学（服务社会）"的演进理路来层层推进，这样更容易把握学术资本与大学发展的基本规律。此外，无论是从学术资本主义的理论产生还是从实践发展来看，选择美国高校都更加具有代表性意义。当然，选择以美国高校为中心并不排斥对其他国家高等教育的发展分析，因为从学术资本演变到学术资本主义，绝不是美国高校的独特现象。一定程度上，学术资本主义的表现已经融入全球大学的发展之中。

整体来看，学术资本主义的产生是政治、市场、文化、教育等力量的外部裹挟，以及高校、管理者、师生等力量的自我驱动的联合作用的结果。20世纪70年代以后，美国高校学术资本主义表现在高等教育系统内部的方方面面。首先，从学术资本到学术资本主义表现在大学的理念层面。伴随市场化、商业化对美国大学的侵袭，指导大学发展的理念开始逐步转向，营利性高等教育机构的滋生和盛行，更是完全颠覆了传统大学观的认知。其次，从学术资本到学术资本主义表现在大学职能层面。培养人才的目的越来越趋于功利性，大学为了生存不得不将教室塞满并不断提高学费；发展科学已经渐渐远离"纯粹知识"的探究，杀鸡取卵式的科研产出不断被物质利益所诱惑；服务社会也已经跨越州的、国家的边界，不断向商业集团扩展，在义利之间，舍义取利、追名逐利者使知识殿堂内充满铜臭。最后，从学术资本到学术资本主义表现在大学管理层面。大学组织自上而下渐渐形成一种公司化的管理模式，校长不再是大学学术的象征而成为企业组织的CEO，类似于企业组织的公关部、人力资源部、战略规划部组织结构等在高校内部相继产生，教师由大学的主人演变为受聘的雇员，学生由大学的主体演变为付费买单的顾客。

学术者，天下之公器也。大学作为从事高深知识的专门机构，承担着人类知识的传承与创新，肩负着民族、国家乃至全人类的文明与进步。无论社会如何风云变幻，无论前途有几多艰险，高校都不能跟随市场大潮而随波逐流，否则，大学将会在物欲横流中迷失自我，失去社会良心的责任担当，不再是人们心中的学术殿堂。知识除了商业价值，还有更加可贵的文化价值，正是因为知识具有文化价值，人类才能够不断走向文明。另外，此时看似不具备商业价值的知识，不见得永远不具备商业价值，等到人类认识到知识的经济价值时，再回头寻找这些知识，会发现它们已经成为无人能识的"绝学"。因此，回归学术是大学充分发挥其职能的应有之义，唯有坚持学术，大学才能够真正履行好培养人才、发展科学、服务社会的重任。倡导大学回归学术就是要倡导回归一种超越名利的学术，倡导大学回归学术就是要倡导回归一种求真求善的学术，倡导大学回归学术就是要倡导回归一种不忘初心的学术。

社会上任何一个组织，都会根据其不同性质而拥有一个最为主要的资本形式，譬如一个企业最为主要的资本形式应当是经济资本，一个中介最为主要的资本形式应当是社会资本，一个文化团体最为主要的资本形式应当是文化资本，一个政党最为主要的资本形式应当是政治资本，等等。强调主要资本形式，就是要强调任何一个组织都不能够忘记本真，否则必然会引起组织的变异。事实上，在中文语境中，许多中性甚至褒义的概念，如果加上"主义"二字，概念内涵就会发生质性的变异，譬如形式与形式主义，理想与理想主义，经验与经验主义，自由与自由主义，等等。因此，对于学术资本主义，我们提出要超越主义，回归学术。对现代大学而言，回归学术与超越主义是一对相伴而生的行动，大学在张扬学术资本，规避学术资本主义的道路上，需要国家、大学和学者共同承担起各自的责任。无论是大学还是教师，如果不能回归学术、超越主义，那么最终伤害的必然是自身。

第七章主要论述了20世纪70年代以后，从学术资本到创业型大学的发展状况。创业型大学所强调的创业，是在政府不能够完全承担其发展运营经费的情况下，或者是大学主动地为了更好地实现自治，而采取的通过自身能力赢得发展资源的一种行动趋势。简言之，这种行动趋势，就是大学从依附走向自主。

早期大学的综合特点是，大学发展来自于学费、教会、慈善捐赠或（和）国家支持，不需要与产业发生直接联系，外界应当给予支持是大学在发展中天经地义的想法。在这种生存状态下，大学学术资本表现出高度的依附性，要么完全依靠学费，譬如中世纪早期的原生型大学；要么主要依靠教会支持，譬如欧美某些教会大学、中国近代教会大学等；要么主要依靠慈善捐赠，如早期的牛津大学、剑桥大学和初创时的芝加哥大学等；要么主要依靠政府资助，譬如19世纪以后的德国大学、法国大学等。从世界范围来看，20世纪70年代是教育经费危机开始的起点，也是各个国家对教育拨款由增长走向滑落的拐点。在政府无力全部承担大学发展运营经费的情况下，市场的力量强势介入。一般来说，大学走向市场也就意味着两条道路，一条是走向学术资本主义，一条是走向创业型大学。前者为了金钱可以牺牲自己的灵魂，后者为了争取发展资金不得不自主图强。

知识转化是创业型大学运作的基本途径，这种途径又可以划分为英国以教学为主的学术资本转化，以及美国以研究为主的学术资本转化。与依赖于政府或其他慈善组织的传统大学相比，创业型大学最为突出的一个特点是追求自主创业，这是未来大学寻求自治之路、坚守学术自由的根本保障；与凤凰城大学等私立营利性大学相比，创业型大学最为突出的一个特点是避免商业化的侵蚀，大学通过高深知识的外部交换来争取发展资源，但是从交换到商业化有着鲜明的界限；创业型大学与传统大学共有的一个特点是，大学始终坚守旨在发展学术的传统，不因外界的物欲横流而陷入迷茫，也不因利益关系的引诱而放弃组织的特性。

从未来发展看，多元共济是大学学术资本的理想态势，责任担当是大学学术资本的基本底线。创业型大学的一个核心依靠是将知识作为资本，从而增强自身对外部讨价还价的能力，不断拓展自己发展的外围空间。但是，知识作为资本，绝不是建立在取代科学无私性的基础之上的。知识作为资本其最终目的是使公益性知识能够健康发展。将知识转化为资本的创业型大学也需要这种精神气质。伴随学术资本主义现象在美国大学内部的不断滋生，美国高等教育群体开始在内部发生渐渐质变。我们尚且不能够预言，这是否预示着美国高等教育强国的地位将发生转移，但可以肯定的是，美国高等教育强国地位一定会受到重要威胁。站在21世纪初期的历史起点上，在我们国家宣布建设高等教育强国的历史机遇时期，在党和国家决心建设"双一流"的重要历史节点，在国家庄严承诺将承担世界"一流大学"和"一流学科"的全部建设经费之时，在各个省政府不断推出加大省属院校投资力度之时，我们国家的高等教育发展迎来了一个新的契机。大学组织的国家队和省队共同发力，呈现出大学建设中的百花齐放、百舸争流之势。此时，我们的大学不应当享受着国家和政府的资助，而丧失了忧患意识，更应该时刻警醒自己，不断在科学发展和人才培养上百尺竿头、更进一步！更应该不断增强自身发展的主动性、机灵性，早日形成一个自力更生的大学群体，一个多元资助的大学群体，一个创业型的大学群体！

第八章是以学术资本为中心论述中国新时代一流大学和高等教育强

国建设。新时代一流大学，既是一个时间概念，也是一个空间概念，但归根结底是一个比较概念，是放置在世界大学之林中，中国特色社会主义新时代大学竞争力的体现。资本无疑是大学间竞争博弈的基本条件和凭借。高校社会资本、学术资本等概念提出后，为分析新时代一流大学的建设与发展提供了新的视角。我们之所以聚焦于高校多样资本的研究，主要是期望能够对我们国家的高等教育发展，尤其是"双一流"建设有所启迪。

我们国家高等教育强国的建设目标应当以学术资本为中心。基于高深知识的学术成就和学术声望的竞争，既是大学竞争的核心元素，也是高等教育竞争的核心元素。当大学的学术创新思想趋于泯灭，当大学掌握的高深知识趋于陈旧或者不再稀缺，大学的学术声望必然滑落，大学在竞争中也就处于劣势。我们国家的学术发展理念应当是建立在规避学术资本化的基础之上。回顾世界高等教育发展史，不难看出，学术资本伴随大学之兴起，学术资本化伴随大学之衰落的普遍规律。作为后发外生型的中国大学，更应当在借鉴他国高等教育成功经验的基础上，时刻警醒他者失败的前车之鉴！总之，高等教育强国之路没有现成的模式可以移植，这对于建设特色高等教育强国、办好社会主义大学的中国来说更是如此。但是，借鉴德国、美国的高等教育强国之路，不难看出，两者都是在充分吸收强者经验的基础上，积极融入本土文化，形成独特学术发展理念，而后迅速崛起的。为此，我们提出用文化来统摄学术发展的思路。

中国大学和学术的精神文化，需要从中国传统文化中汲取营养。中国大学作为西学东渐、模式移植的产物，先后从制度、行为和器物等层面，学习了日本、法国、德国、美国、苏联等多国高等教育的模式。时至今日，应当说已经形成了较为完备的组织架构。但是，独特的大学文化和学术精神还远未形成。中国学术之发展，亟须树立"修齐治平"的家国情怀，亟须树立"为天地立心，为生民立命"的道义担当。通过这些精神文化引领和滋养，学术才有可能面对全球化、市场化的浪潮冲击，中国大学才有可能规避学术资本主义的侵蚀。

中国大学和学术的精神文化，更需要紧跟中国文化发展的时代步伐。由中国共产党开创的中国特色社会主义文化体系，是中国大学和学术发展的不竭动力。党的十九大报告所确定的，举什么旗、走什么路、以什么样的精神状态、担负什么样的历史使命、实现什么样的奋斗目标，不但是全党、全国人民共同的行动纲领，更是扎根于中国大地的高等教育发展的行动指南。学术只有不忘记人类福祉，国家富强，才能够砥砺前行，永不懈怠；学术只有解放思想，激发活力，才能创新发展，创造转化；学术只有坚持价值信仰，恪守道德规范，才能抵制外界侵蚀，不迷失自我。唯有此，学术才能够不为物欲横流所淹没，中国高等教育基业才能够由大变强！

目 录

第一章　高校学术资本的若干基本问题 ……………………（1）
　　第一节　高校学术资本的概念 ………………………………（1）
　　第二节　高校学术资本的性质 ………………………………（23）
　　第三节　高校学术资本的功用 ………………………………（28）
　　第四节　高校学术资本的积累 ………………………………（32）

第二章　高校多样资本：基本类型、相互转换及意义 ………（36）
　　第一节　高校多样资本的基本类型 …………………………（37）
　　第二节　高校多样资本的相互转换 …………………………（43）
　　第三节　高校多样资本的重要意义 …………………………（51）

第三章　从学术资本到学术资本化：一个中世纪大学兴衰的
　　　　　分析视角 ……………………………………………（58）
　　第一节　中世纪大学的原点：知识作为商品的正当性 ……（59）
　　第二节　中世纪大学的形成：基于行会性质的知识交易 …（65）
　　第三节　中世纪大学的生存：高深知识的交换逻辑 ………（73）
　　第四节　中世纪大学的衰落：学术资本缺失与学术资本化 …（95）
　　第五节　结语 …………………………………………………（106）

第四章　学术资本视角下19世纪德国大学之崛起 ……………（111）
　　第一节　政府主导：大学学术资本的生成环境 ……………（112）
　　第二节　知识创新：大学学术资本的逻辑起点 ……………（133）
　　第三节　知识传授：大学学术资本的演绎基础 ……………（150）

第四节　知识应用：大学学术资本的理性拓展……………（170）
第五节　声望感召：大学学术资本的积累动力……………（180）
第六节　结语………………………………………………（189）

第五章　从俾斯麦到希特勒：学术资本视角下德国大学之滑落……………………………………………………（194）
第一节　巅峰下的危机：俾斯麦时代德国大学的学术……（195）
第二节　动荡中的衰减：一战前后德国大学的学术………（212）
第三节　纳粹时的没落：希特勒时代德国大学的学术……（227）
第四节　结语………………………………………………（244）

第六章　从学术资本到学术资本主义：动因、表现及展望………（249）
第一节　从学术资本到学术资本主义：以美国高校为中心……………………………………………………（249）
第二节　演进动因：外部裹挟与内部驱动…………………（254）
第三节　具体表现：从学术价值到商业价值………………（275）
第四节　未来展望：回归学术与超越主义…………………（299）
第五节　结语………………………………………………（310）

第七章　从依附走向自主：学术资本视角下创业型大学的兴起……………………………………………………（314）
第一节　捐赠收费与公共资助：早期大学学术资本的多元依附……………………………………………（317）
第二节　政府不力与市场介入：传统型大学学术资本的发展困境……………………………………………（334）
第三节　知识转化与自主图强：创业型大学学术资本的创新突围……………………………………………（351）
第四节　多元共济与责任担当：未来高校学术资本的理想走势……………………………………………（371）
第五节　结语………………………………………………（380）

第八章 多样资本与新时代一流大学建设：以学术资本为中心 …………………………………………………………（386）

  第一节 经济资本与新时代一流大学的建设与发展 …………（388）

  第二节 社会资本与新时代一流大学的建设与发展 …………（390）

  第三节 文化资本与新时代一流大学的建设与发展 …………（392）

  第四节 学术资本与新时代一流大学的建设与发展 …………（393）

  第五节 展望2035高等教育强国建设：以学术资本为中心 ………………………………………………………（396）

参考文献 ……………………………………………………………（400）

后　记 ………………………………………………………………（415）

第一章　高校学术资本的若干基本问题

第一节　高校学术资本的概念

一　引言

美国经济学家萨缪尔森（Paul A. Samuelson）认为："资本一词通常被用来表示一般的资本品，它是另一种不同的生产要素。资本品和初级生产要素的不同之处在于：前者是一种投入，同时又是经济社会的一种产出。"① 可以看出，萨缪尔森对"资本"的界定仅限于有形之物，但他指出了"资本"的根本属性——能够带来价值增殖。事实上，能为价值带来增殖的不仅限于物质资本。20世纪60年代，舒尔茨和贝克尔把人力资本引入经济学分析，认为社会拥有的受过教育和训练的健康工人决定了传统生产要素的利用率。自此，资本开始冲破传统束缚向广义扩展，文化资本、社会资本、政治资本、语言资本等资本形式，相继引起理论研究者和实践探索者的关注。

秘鲁学者赫尔南多·德·索托（Hernando de Soto）认为："要揭开资本的神秘面纱，我们必须了解'资本'一词最初的潜在含义。最早在中世纪的拉丁文中，'资本'这个词似乎指的是牛或其他家畜。家畜一直是额外财富的重要来源。圈养家畜的成本十分低廉；家畜可以活动，能够从有危险的地方转移开，并且容易计算数量。但最重要的是，家畜能够通过把价值较低的物质转化成一批价值较高的产品（包括牛

---

① ［美］保罗·萨缪尔森、威廉·诺德豪斯：《经济学 上册》，高鸿业等译，中国发展出版社1992年版，第88页。

奶、皮革、羊毛、肉和燃料），来调动其他行业，进而创造出剩余价值。家畜还可以繁殖。这样，'资本'这个词开始同时具有两个含义——表示资产（家畜）的物质存在和它们创造剩余价值的潜能。"[1] 分析索托关于资本起源的研究，可以看出，物质存在是资本的载体，能够创造剩余价值的潜能则是资本的神秘之源。换言之，不具有创造剩余价值潜能的物质存在，不属于资本的范畴，然而创造剩余价值的潜能要通过实实在在的物质存在表现出来。按照法国经济学家萨伊的说法，"资本不在于这种或那种货物或物质，而在于价值"[2]。众所皆知，价值是无形的，而潜能也是无形的，因此归根结底，资本的实质是一种无形的客观存在。它所依附的载体既可以是有形的物品，也可以是无形的网络关系、知识、声望、权力等。这给我们提出资本的多样性，提供了坚实的理论基础。

在汉语语境中，资本除了马克思所提出的经济学术语的解释（带来剩余价值的价值）之外，还具有以下含义：①经营工商业的本钱。譬如，宋代何薳在《春渚纪闻·苏刘互谑》中提到："吾之邻人，有一子稍长，因使之代掌小解。不逾岁，偶误质盗物，资本耗折殆尽"；②从事工作的条件。譬如，徐特立在《韬奋的事业与精神》中提到："他在一年中收到读者两万多封信，其反映的社会情况和政治情况给他以最丰富的具体材料，经过分析就成了他指导群众的资本或科学"；③指牟取利益的凭借。魏巍在《东方》第四部第十五章提到，"我看人活一辈子，不能像小家雀似地，给自己造一个小窝窝就算了事；更不是积累点资本，好爬上去出人头地"；④犹言守本分。《醒世姻缘》第四一回中提到："媒婆来往提说，这魏才因侯小槐为人资本，家事也好，主意定了许他。" 黄肃秋校注："资本，这里作笃实、朴厚、诚恳解"等。[3] 深入分析这些解释，不难看出，马克思关于资本的论述，亦即能够带来剩余价值的价值，与索托、萨伊等人的论述，有着异曲同工之处，都强调

---

[1] ［秘鲁］赫尔南多·德·索托：《资本的秘密》，王晓冬译，江苏人民出版社2005年版，第28—29页。

[2] ［法］萨伊：《政治经济学概论：财富的生产、分配和消费》，陈福生等译，商务印书馆1982年版，第111页。

[3] 罗竹风主编：《汉语大词典》第10卷，汉语大词典出版社1992年版，第200页。

资本是一种（无形的）价值。资本作为"经营工商业的本钱"，只是资本的一种货物化的表现形式，就《汉语大词典》所提供的例证来看，由于偶然错把别人偷来的赃物作为抵押，导致店铺的资本全部亏损耗尽。资本作为"从事工作的条件"，其涵盖更为广泛，资本的实质是关于社会情况和政治情况的知识信息，而非其载体的两万多封信件；资本作为"牟取利益的凭借"，同样涵盖广泛，这里的资本既可以是物质的，也可以是人力的、智力的、权力的、关系的，等等，需要特别指出的是，此资本明显带有贬义成分，积累资本的主要目的在于"爬上去出人头地"，应当说，这与作者的身份和当时的创作环境密切相关，作者魏巍是著名的无产阶级作家，其描写抗美援朝的长篇小说《东方》出版于特定的历史时代（1978 年）；从资本作为"犹言守本分"这一解释来看，资本一词则完全是褒义的了。因此，抛开感情色彩，站在更为客观中立的立场来看，资本的多样性在汉语语境中是被普遍认可的。

如果承认资本具有多样性这一命题，那么不同的个体和组织应当具有以一个资本类型为主的状态。换句话说，尽管资本的类型多种多样，但是某一资本类型会成为某一个体或组织的主要资本，并以此来对外讨价还价。譬如从个体层面而言，企业家的主要资本类型应当是物质资本，政治家的主要资本类型应当是政治资本，社交家的主要资本类型应当是社会资本等；从组织层面而言，工厂企业的主要资本类型应当是物质资本，政党组织的主要资本类型应当是政治资本，中介组织的主要资本类型应当是社会资本等。如果说上述命题能够成立，那么无论是学者教授，还是大学组织，其主要资本类型应当是学术资本。事实上，早在中世纪时期，大学与外界讨价还价的主要砝码，既非富可敌国的物质资源，也非外部获得的政治权力，而是对当时宗教信仰（神学）、市民需求（文科、法学、医学）等起着重要作用的学术资源。

学术资本对于大学如此重要，以至于美国芝加哥大学社会思想委员会和社会学系知名教授、英国剑桥大学彼得学院院士、著名社会学家爱德华·希尔斯认为："大学的存在依赖于维持其学术资本。"[①] 事实上，

---

① ［美］爱德华·希尔斯：《教师的道与德》，徐弢等译，北京大学出版社 2010 年版，第 172 页。

早在1979年，布迪厄在其专著《区隔：趣味判断的社会批判》中便提到了"学术资本"的概念，并指出："学术资本是由家庭文化传递和学校文化传递联合作用的必然产品，其生产能力依赖于从家庭中直接继承的文化资本总量，其测量依赖于接受学校教育的年限。"[①] 布迪厄之后，学术资本很快被法国、美国、澳大利亚、瑞典等国的学者所研究。21世纪初，伴随"学术资本主义"概念的引入，学术资本作为研究对象也已经进入了中国学者的研究视野。[②] 但是，综观国内外相关研究成果，对于"学术资本"这一概念的内涵分析众说纷纭、莫衷一是，因此亟须要从学理层面对其正本清源。

我们拟从以下视角展开对学术资本的概念分析：首先，基于学术史的研究视角，分析不同学者对于学术资本的相关研究和界定，试图寻找出不同研究者对这一概念理解的基本共性；其次，比较人力资本、智力资本和学术资本这三个相近概念，从包含范围和知识程度不同的角度进行研究分析；再次，比较学术资本、学术资本化和学术资本主义这三个概念，试图从价值取向不同的视角将三者区分开来；最后，综合多视角的比较分析，得出学术资本和高校学术资本的内涵与外延。

二 基于学术史的概念分析：个体学术资本与组织学术资本

如果从学术史的视角来分析学术资本的研究理路，可以较为清晰地看出，学者们最早关注的是个体学术资本的研究，而后又逐步延伸到组织学术资本的研究。

（一）关于个体学术资本的相关研究

从布迪厄最早关于学术资本的界定中不难看出，他主要是从个体层面对学术资本这一概念展开分析的。尽管说后来的学者沿着布迪厄的思

[①] Pierre Bourdieu, *Distinction: A Social Critique on the Judgement of Taste*, Cambridge: Harvard University Press, 1984, pp. 18–23.

[②] 相关研究参见：刘春花《学术资本：促进大学生创业能力提升的要素》，《教育发展研究》2010年第21期；李侠《学术资本积累、收益与炼金术》，《民主与科学》2012年第5期；吴洪富《理性大学·学术资本大学·民主大学——大学转型的知识社会学阐释》，《高等教育研究》2012年第12期；宣勇、付八军《创业型大学的文化冲突与融合——基于学术资本转化的维度》，《中国高教研究》2013年第9期，等。

路继续进行深入研究，但是由于视角不同、理解各异，因此对于学术资本概念的界定也有较大不同。事实上，即使布迪厄本人在其后续研究中，对学术资本概念也进行了不同解读。譬如布迪厄对芝加哥大学博士研究生在"布迪厄研讨班"（1987至1988学年的整个冬季的时间）上所提出的问题做出回应时认为："所谓学术资本，就是指与那些控制着各种再生产手段的权力相联系的资本。"[1] 可见，布迪厄此处的学术资本概念，已经突破了先前家庭和学校的界限，包括与控制各种教育再生产手段的权力相联系的诸多内容。

英国学者马修·艾迪从学生个体尤其是从研究生个体的角度，对学术资本展开研究。他认为学术资本是研究生谋取社会职位的一个基本条件。研究生可以将他们的研究兴趣转化为三种类型的学术资本：出版物，教学经验和一个可行的、志同道合的学者网络关系。[2] 从艾迪关于学术资本的外延界定，可以看出研究学术成果（出版物）、教学水平（教学经验）是学术资本最为重要的两种基本类型。而艾迪将学界已经公认的、作为社会资本的主要形式——网络关系——也纳入了学术资本的范畴，确实是令人费解的，因为艾迪在做这项研究的时候，社会资本的概念已经产生了二十多年。但是，如果进一步分析的话，不难看出，艾迪所界定的这种网络关系是一种"志同道合的学者网络关系"（network of like-minded scholars）。换言之，这种网络关系区别于商业关系、政治关系等，是一种"学术人"的网络关系。毫无疑问，研究生在同行学界中的被熟识度和认可度（学术声望）、网络关系的大小（社会资本存量多少），一定意义上也决定着其能否谋取到适当社会职位的可能性。如果这种推理没有疏漏的话，我们又可以将艾迪的"志同道合的学者网络关系"置换成"基于学术声望的社会资本"。而在同行学者内部，学术声望的获得，又与个人出版物的数量、质量，以及与教学经验的水平等密切相关。

2005年，美国伊利诺伊教育研究委员会（IERC）利用2002—2003

---

[1] [法]皮埃尔·布迪厄、华康德：《实践与反思：反思社会学导引》，李猛等译，中央编译出版社2004年版，第111页。

[2] Eddy, M. D., "Academic Capital, Postgraduate Research and British Universities", *Discourse: Learning and Teaching in Philosophical and Religious Studies*, Vol. 6, No. 1, 2006, p. 212.

年伊利诺伊州的教师数据,由布拉德福德·怀特(Bradford R. White)、珍妮佛·普雷斯利(Jennifer B. Presley)和凯伦·迪安杰利斯(Karen J. DeAngelis)撰写了《提升等级:缩小伊利诺伊教师学术资本的差距》的研究报告。文中从五个方面界定了"教师学术资本指数"(Index of Teacher Academic Capital,ITAC)的概念。研究报告指出,教师学术资本是促进学生学术获得的有益贡献者,尤其是对于促进伊利诺伊贫困学校的发展,效果是显著的。报告所列出的"教师学术资本指数"的五个指标体系包括:①该校教师大学入学考试(ACT)综合成绩的平均值;②该校教师大学入学考试英文成绩的平均值;③该校教师首次参加伊利诺伊基本技能测试时没有通过的百分比;④该校教师持有应急或临时证书上岗的百分比;⑤该校教师本科毕业院校排名所得分数的平均值。[1] 可以看出,教师学术资本的测量主要包括教师的知识水平,也包括毕业院校的声望等因素。

伴随学术资本研究的不断深入,人们对于个体学术资本的测量,也由单纯的按照接受学校教育年限,发展到个人著述的层次和数量、教学经验的积累总量、专业网络的广度和强度、学术交流的层次和频率等,这些因素又可以概括为学术成就和学术声望两个方面。以论文、著作、发明专利等为代表的学术成就作为资本是不难理解的,而声望作为一种资本也得到研究者的一致认同。大卫·科伯甚至认为,"在一流的研究型大学和文理学院中,声望就是金钱"。[2] 事实上,声望无论是对于大学组织而言,还是对于学者个体来说,都是非常重要的一种资本形式。从资本转换的视角来看,学术成就和学术声望作为资本,不但与个人收入密切相关,能够增加经济资本;而且也会扩大个人社会网络交际的范围,从而增加社会资本;一定程度上,学术资本也会影响到子女或学生的学术资本再生产,从而增加亲缘(子女)或学缘(学生)的学术资本。

---

[1] White, B. R., Presley, J. B., and DeAngelis, K. J., *Leveling Up: Narrowing the Teacher Academic Capital Gap in Illinois*, Illinois: Illinois Education Research Council, 2008, pp. 9-10.

[2] [美] 大卫·科伯:《高等教育市场化的底线》,晓征译,北京大学出版社2008年版,第5页。

（二）关于组织学术资本的相关研究

布迪厄从微观层面对学术资本的论述，适用于对任意个体的分析，尤其适用于高等教育中的教师或研究者。德国学者迪特玛·布朗（Dietma Braun）在布迪厄资本理论的基础上，将大学资本划分为四种类型：学术资本、教学资本、经济资本和政治资本。所谓学术资本，就是大学教师通过科研活动而取得的资本，一般是指大学教师通过发表科研成果而在研究界赢得的认可和声望。布朗认为，学术资本是大学里最重要的资本，是大学教师用来获取教学资本、经济资本和政治资本的重要条件。大学教授的学术资本不仅有益于大学教师个人的学术声望和事业发展，而且，大学本身也受益于大学教师的学术资本。[①] 从布朗的研究不难看出：一方面他尚未完全脱离从微观层面对学术资本的论述，主要关注教师的学术成果和声望，但也开始涉及了组织层面的高校学术资本；另一方面他将大学资本划分为四种类型，并将教学排除在学术资本之外，这与德国大学的传统是密切相关的，在德语语境中，学术是指"纯粹知识"的研究，不但与实用缺少关联，而且也与教学相去较远。但是，也并不是每位德国学者都持有这种观点，譬如，马克斯·韦伯就认为，在德国如果"说某某讲师是个很差劲的教师，通常等于宣判了他的学术死刑，即便他是世界上最优秀的学者"[②]。同理，如果我们说某某大学教学很差劲，事实上也等于宣判了这所大学的学术死刑，即便是这所大学的研究是非常优秀的。美国学者托马斯·萨乔万尼（Thomas J. Sergiovanni）认为，智力资本、社会资本和学术资本是学校的主要资本类型。所谓智力资本，就是学校中每个人所拥有的如何与学生分享知识、如何改善学生学习的知识；而"学术资本是一所学校教与学的深层文化的表露，这种文化的仪式、规范、承诺和传统成为激励、支持学生学习和发展的框架。当出现对学术成就有强烈而明确的承诺性义务时，学术资本就会显露而增强。而那种学术成就的承诺性义务，是通过严格而可靠的学术工作、教师对学生成功的关注、要求学生努力学习的期

[①] 孙进：《德国大学教授职业行为逻辑的社会学透视与分析》，载北京大学德国研究中心《北大德国研究》第1卷，北京大学出版社2005年版，第195—197页。

[②] ［德］马克斯·韦伯：《学术与政治》，冯克利译，生活·读书·新知三联书店2005年第2版，第22页。

望、达到班级预想的成绩并完成所安排的作业等形式表现出来的。"[1]不难看出,就知识层面而言(这里特别强调的是,不包括师生间情感及道德层面的交往),萨乔万尼认为学术资本要远远高深于智力资本,不仅包括学术工作和成就,而且包含教学活动。事实上,在收费状态下,高校向学生让渡的恰恰主要是作为商品的高深知识。当然,在计划经济非收费状态下,高校向学生让渡的高深知识是由政府来买单的。因此,以高深知识为商品的教学活动理应属于学术资本的范畴。

伴随美国学者希拉·斯劳特(Sheila Slaughter)、拉里·莱斯利(Larry L. Leslie)的著作《学术资本主义:政治、政策和创业型大学》(*Academic Capitalism: Politics, Policies, and the Entrepreneurial University*)和斯劳特、加里·罗兹(Gary Rhoades)的著作《学术资本主义与新经济:市场、国家与高等教育》(*Academic Capitalism and the New Economy: Markets, State, and Higher Education*)的先后出版,学术资本主义的概念受到众多学者的密切关注。在批评和质疑声中,也有学者从更加理性的角度来研究学术资本的概念。加拿大学者朱莉娅·安东尼娅·伊斯曼认为,学术资本是指学科内部的文化资本价值。这一概念不同于斯劳特和莱斯利将学术资本简单界定为经济范畴内的一种商品,而是强调来自于学科或专业内部的文化价值。[2] 伊斯曼关于学术资本的界定给予我们的启示是,学术资源的外部转换,绝不应该仅理解为获得物质利益的商品交换行为,而是应当重视学科内部的学术公平、学术创新、学术自由、学术声望等。换句话说,学术资本转换不应当建立在不利于学术公平,压制学术创新、损害学术自由和降低学术声望的基础上。用通俗的话来讲,就是"君子爱财,取之有道",当学术资本转换时,如果发生"义"和"利"的冲突,那么要重视学科内部的"义"。所谓"君子喻于义,小人喻于利"的传统古训,同样也适用于大学在学术资本转换中的道德标准。

---

[1] 冯大鸣:《沟通与分享:中西教育管理领衔学者世纪汇谈》,上海教育出版社2002年版,第91页。

[2] Eastman, J. A., "Revenue Generation and Its Consequences for Academic Capital, Values and Autonomy: Insights from Canada", *Higher Education Management & Policy*, Vol. 19, No. 3, August 2007, p. 12.

总结学者关于个体学术资本和组织学术资本的相关研究，可以看出，高深知识是学术资本的核心要素。通过高深知识的传承和创新形成的学术成就和学术声望是学术资本的表现形式。学术资本在组织内部或与外部发生转换时，要符合学术内在规律的道德标准，也就是说，要能够维护学术公平，利于学术创新，促进学术自由，提高学术声望。

三 基于程度不同的概念分析：人力资本、智力资本与学术资本

相对源起于社会学研究领域的学术资本而言，在经济学研究领域，人力资本和智力资本提出的时间较早，且研究也相对成熟。

（一）关于人力资本的研究

早在1776年，英国经济学家亚当·斯密在其代表著作《国民财富的性质和原因的研究》中将一个国家或社会的总资产，亦即其全体居民的资产，划分为三个部分：第一部分是留供目前消费的，其特性是不提供收入或利润；第二部分是固定资本，其特性是不必经过流通，不必更换主人，即可提供收入或利润；第三部分是流动资本，其特性是要靠流通，要靠更换主人而提供收入。在论述固定资本时，斯密明确提出，固定资本包括"社会上一切人民学到的有用才能。学习一种才能，须受教育，须进学校，须做学徒，所费不少。这样费去的资本，好像已经实现并且固定在学习者的身上。这些才能，对于他个人自然是财产的一部分，对于他所属的社会，也是财产的一部分。工人增进的熟练程度，可和便利劳动、节省劳动的机器和工具同样看作是社会上的固定资本"。[1] 通过斯密的论述，可以看出，人们学到的有用才能、工人增进的熟练程度等，可以内化于人，转化为人力，从而形成无须经过流通和更换主人的、固定的人力资本。斯密接着分析认为，"固定资本都是由流动资本变成的，而要不断地由流动资本来补充"。[2] 我们的追问是，转变为固定人力资本的流动资本是什么？斯密将流动资本划分为商家手里的货

---

[1] ［英］亚当·斯密：《国民财富的性质和原因的研究》，郭大力等译，商务印书馆1983年版，第256—258页。

[2] 同上书，第258页。

币、食品、材料和制成品四种类型（这些都属于有形的物质资本范畴）。毫无疑问，这些流动资本对于人们才能的增进、工人熟练程度的提高，是非常必要的，但绝对不是主要的。内含于其中的流动资本应当是知识，没有知识的流动，就不可能转化为固定的人力资本（才能、熟练程度等）。质言之，作为一种无形的资本——知识，应当归属于流动资本的范畴。

随着西方经济社会的不断进步，出现了许多用古典经济理论所无法阐释的经济增长现象。1961 年，经济学诺贝尔奖获得者舒尔茨在《美国经济评论》上发表了《人力资本投资》一文，开篇提到："虽然人们获取有用的技术和知识是显而易见的事实，但是，关于这些技术和知识是资本的一种类型，关于这种资本实际是周密投资的一种产物，关于这类资本的增长在西方社会里要比常规（非人）资本的增长迅速得多，以及关于这种增长很可能是西方经济制度最出色的特征等，这些事实却并不明显。"[①] 舒尔茨在解读经济增长现象时，打破了古典经济学的藩篱，明确提出了技术和知识是一种资本的论断，从而开启了经济学中人力资本理论的研究。

1964 年，舒尔茨的同事、芝加哥大学经济学教授贝克尔出版了《人力资本：特别是关于教育的理论与经验分析》一书，进一步完善和发展了人力资本理论。他认为，劳动者的知识、技能、体力等构成了人力资本。企业可以通过培训，增加人力资本。这种培训可以分为一般培训和特殊培训，并指出："受过更多教育与具有更高技术的人总是比其他人的收入多"，"即使其他工人被解雇了，受过特殊培训的工人也不会被解雇"。[②] 由此可见，人力资本不但包含知识、技能等知识因素，而且还包括健康、体力等身体因素。同时，作为资本的知识和技能，也有了明确的高低之分，专门性的知识技能所获得的收益，要远远高于经验性的知识技能。换言之，作为资本的专门性知识技能，要高于作为资本的经验性知识技能，其在人力资本中的作用被更加凸显了。

---

① ［美］西奥多·W. 舒尔茨：《论人力资本投资》，吴珠华等译，北京经济学院出版社1990 年版，第 1 页。
② ［美］加里·S. 贝克尔：《人力资本：特别是关于教育的理论与经验分析》，梁小民译，北京大学出版社 1987 年版，第 2—37 页。

(二) 关于智力资本的研究

伴随人力资本研究的不断深化，以及知识经济社会中人力资源的日益重要，智力资本开始逐步进入理论研究者和实践工作者的视野。相对人力资本的产生，智力资本的产生有着不同的历史背景。人力资本是在解释"经济增长之谜"的情况下，经济学家们经过长期研究，由舒尔茨、贝克尔等人提出的，代表着经济学理论的新发展。而智力资本是在两个不同的背景下被提出的，一是在对人力资本理论的研究中，发现人力资本概念中的智力比体力更具有增殖作用，智力资本在经济增长中起着关键作用；二是在知识经济迅猛发展的过程中，企业的市场价值远远高出其账面价值，虽然有资本运作的因素在其中，但是企业的无形价值是市场价值增殖的主要原因。因此，人们将这部分资本称为智力资本。这些无形资本主要包括人员的技能、高效的管理、品牌忠诚度等。[①] 从人力资本和智力资本的产生背景来看，智力资本因更加强调智力因素而区别于人力资本，这些智力因素要远远超过人力资本中的体力因素。另外，智力资本作为一种无形资本，在知识经济社会发展中，也远远超过了有形资本的作用。因此，如果从涉及的范围来分析，因为智力资本已经将人力资本中的体力部分排除在外，所以智力资本要被人力资本所涵盖。

事实上，早在1958年，纽约证券交易所埃文斯公司（Evans & Co.）的财务总管莫里斯·克伦弗尔德（Morris Kronfeld）和海登史东证券公司企业客户部（the Corporate Department of Hayden, Stone & Co.）的亚瑟·罗克（Arthur Rock）在分析高智力公司（highly-talented companies）成功秘诀时就指出，规模大小并非公司成功的决定因素，注重原创性的研发（R&D）是公司制胜的法宝。在文章总结中，他们认为，智力资本是这些公司唯一的、最为重要的成功因素，能够为公司带来"智力增殖"（intellectual premium）。[②] 从克伦弗尔德和罗克关于智力资本的早期研究可以看出，这种智力资本所指涉的知识，已经不是传统人

[①] 赵宏中：《对智力资本的新认识》，《光明日报》2014年11月23日第2版。
[②] Kronfeld, M. and Rock, A., "Some Considerations of the Infinite", *Analysts Journal*, Vol. 14, No. 5, 1958, pp. 87–90.

力资本所拥有的一般性知识，而是"原创性的研发"，且能够为公司带来价值增殖。换言之，不是原创性的知识，不能够为公司带来价值增殖的知识，这些虽然有可能是人力资本中的知识因素，但是已经被排除出智力资本中的知识范畴。所以说，如果从知识的难易程度来看，智力资本所拥有的知识要明显高于人力资本所拥有的知识；如果从知识所涵盖的范围来分析，因为智力资本所拥有的知识，只是具有原创性且能带来价值增殖的知识，所以人力资本知识要比智力资本知识更加宽广。

瑞典学者卡尔·埃里克·斯维比（Karl-Erik Sveiby）是最早对智力资本性质进行系统分析的学者。他和同事对知识密集型企业展开研究，并于1989年出版了《无形资产负债表》（*The Invisible Balance Sheet*）一书。斯维比认为，所有的公司都具有三种资本类型：金融的（financial）、个人的（individual）和结构的（structural）。与知识密切相关的专门技能资本（know-how capital）蕴含于后两者之中，包括三个部分：结构资本（structural capital）、人力资本（human capital）和管理资本（management capital）。诸如专利、版权、商标、模型、管理系统等专门技能资本，均属于公司内部结构资本的类型；而公司经过长期竞争，在客户心目中形成的声望或形象等专门技能资本，则属于公司外部结构资本的类型。[①] 按照斯维比的分析，不但与专门技能密切相关的专利、版权、商标、模型、管理等属于公司智力资本的范畴，而且由专门技能所产生的声望或形象也属于公司智力资本的范畴。这种智力资本二分法，也为前面所论述的学术资本可以划分为学术成就资本和学术声望资本提供了学理支撑。

1997年，《财富》杂志编辑托马斯·斯图亚特汇集多年来关于智力资本的研究成果，出版了《智力资本：组织的新财富》（*Intellectual Capital: the New Wealth of Organizations*）一书。他认为，在信息时代背景下，智力资本是每一位成员所掌握的、能为公司带来竞争优势的一切汇总。这些智力材料包括知识、信息、知识产权和经验等，能够用来创造财富。其中，知识作为智力资本，既包括专利、版权及相似产品，也

---

① The Konrad Group, "The Invisible Balance Sheet" (http://www.sveiby.com, 2015 – 12 – 21).

包括信息时代下，数据库、企业内联网（corporate intranets）及大规模战略规划管理等。与这些显性的智力资本相对应的，企业中存在的另外一种智力资本是隐性知识（tacit knowledge），按照斯图亚特的说法，这种隐性知识存在于个人、团体和组织之中，相对于可视性智力资本来说难以转化，且需要反复经过口述的方式来传达。[1] 斯图亚特关于智力资本的解读，除了能够佐证智力资本知识要比人力资本知识更高，且包含于人力资本知识之中（因为智力资本知识是那些能够为公司带来竞争优势的知识，反之那些不能够为公司带来竞争优势的知识则不属于智力资本知识的范畴，譬如较为普通的经验性知识等，但这些知识应当属于人力资本知识），还为我们打开了作为智力资本的显性和隐性知识二元划分的研究视野。换言之，关于知识可以划分为显性知识和隐性知识的研究虽早已有之，但是将隐性知识作为一种智力资本，应当是斯图亚特较早提出的。

如果沿着斯图亚特关于智力资本的分析继续走下去，将以高深知识为特征的学术资本划分为显性学术资本和隐性学术资本的话，那么我们可以解释当下高等教育发展中的诸多现象。譬如，缘何大学作为一种组织不会因互联网教育、谷歌大学（The University of Google）的出现而消失；缘何一段时期国内外"慕课"（MOOC，massive open online courses）的研究和实践风生水起，而又渐渐归于平寂等。事实上，无论是互联网教育、谷歌大学，还是一度流行的"慕课"等，只能是作为知识传授的辅助而出现，不可能成为代替传统大学的事物。其中一个重要的原因是，这些新生事物可以达致显性知识的传递，但是很难做到隐性知识的传授，而且还极易造成学生的学习"仪式化"。这一点英国学者阿什比就曾引用一则美国故事加以说明："某教授因事不能亲来教室，把最后应讲授的三课教材录了音，吩咐学生仍按时上课听讲。不料，届时他又亲来讲授。这时已照他的吩咐安排，就是说，他那架录音机在播放他的讲话，但座位上却没有学生，只有100架录音机在收录他的讲话。"[2]

---

[1] Thomas Stewart and Clare Ruckdeschel, "Intellectual Capital: The New Wealth of Organizations", *Performance Improvement*, Vol. 37, No. 7, September 1998, pp. 56–58.

[2] ［英］阿什比：《科技发达时代的大学教育》，滕大春等译，人民教育出版社1983年版，第40页。

或许现代科学技术的发达已经解决了远距离的多元互动,通过视频进行面对面的交流等,但是技术作为有效教育教学的辅助地位却没有根本改变。正如德国哲学家雅斯贝尔斯所言,传统的讲授者,可以通过他的语调,他的手势,通过他对思维过程活灵活现的呈现,不经意间把课题之中"可意会不可言传"的东西表露出来。毫无疑问,这种表露只能以口头语言的形式、以讲座的形式才能做到。讲座时的具体情境可以在老师心中唤起一些东西,这些东西如果不在讲座之中可能是没有办法发现的。在这里,他的思想,他的严肃,他的问难,他的困惑,所有一切都是发乎自然的。一旦讲座被刻意为之,这方面的巨大价值刹那间就会烟消云散。剩下来的就只有装腔作势、巧舌如簧、悲歌叹惋、矫揉造作的客套话与视听效果。一场好的讲座其实并没有一定之规。[①] 人们接受隐性知识、甚至是隐性和显性混合型知识,都离不开传统的、真实的"师传身授",都离不开学习者的默会认知、感官领悟、直觉体认、文化熏陶等身临其境的在场。

(三) 学术资本与人力资本、智力资本的关系

罗马尼亚学者米哈埃拉·科妮莉亚·普瑞梅雷安和西蒙娜·华斯拿治认为:"考虑到学术环境的特殊性,我们可以将学术资本看作是智力资本的一个转化实例(a transformed instance)。"[②] 解读这句话的意涵,不难看出,学术资本是智力资本转化的一个实例,换言之,学术资本应当包含于智力资本之中。然而,学术资本是处于学术场域这一特定环境中的,而非存在于公司、企业等其他环境之中。因此,学术资本的学术性是区别于智力资本的一个重要层面。当然,我们说在学术场域之中,同样也存在着达不到学术资本层级的智力资本和人力资本,譬如在大学或研究机构中,同样也存在维持组织正常运转的行政管理、后勤服务等智力和人力资源。由于我们已经对学术资本、人力资本和智力资本的相关研究进行了较为详细的梳理,可以看出三者之间在知识程度、涵盖范围的不同。为了更加清晰呈现三者之间的程度关系,还可以从人力

[①] [德] 卡尔·雅斯贝尔斯:《大学之理念》,邱立波译,上海人民出版社2007年版,第90—91页。

[②] Prejmerean, M. C. and Vasilache, S., "A Three Way Analysis of the Academic Capital of a Romanian University", *Journal of Applied Quantitative Methods*, Vol. 3, No. 2, 2008, p. 130.

资本之"人力"[1]、智力资本之"智力"和学术资本之"学术"三个中英文词义学的比较,来做进一步辨析。

从汉语词义学的角度来看,在《现代汉语词典》中,人力一词被界定为"人的劳力;人的力量",譬如爱惜人力物力,用机械代替人力,非人力所及等。[2] 可看出,如果说"人的力量"尚可以包括知识、智力等因素外,"人的劳力"则将知识和智力排除在外;智力一词被界定为"指人认识、理解客观事物并运用知识、经验等解决问题的能力,包括记忆、观察、想象、思考、判断等。"[3] 可见,相对于人力的界定,智力的界定已经将身体性的"劳力"排除在外,专指人认识和理解客观事物并运用知识、经验来解决问题的能力;学术一词被界定为"有系统的、较专门的学问",譬如学术界、学术思想、学术团体和钻研学术等。[4] 与智力相比,学术已经不是普通的认识和理解客观事物,而是有系统的、专门的学术思想;已经由一般性的知识、经验,上升到需要专门钻研才可获得的高深知识——学术。

同样,在《辞海》编撰中,也可以看出"人力""智力"和"学术"的这种逻辑关系。查阅《辞海》两种修订版本,除在1979年第三版中出现"人力车",2009年第六版中出现"人力政策""人力资本""人力资源管理"和"人力资源开发"等,均没有对"人力"一词做出专门解释,因此略而不谈。在《辞海》中,智力被解释为两种含义:①通常称"智慧"。指学习、记忆、思维、认识客观事物和解决实际问题的能力。其核心是思维能力。②智谋和力量。《三国志·魏志·武帝纪》:"吾任天下之智力,以道御之,无所不可。"[5] 相较于《现代汉语词典》对智力的界定,《辞海》对智力的界定更加突出了较为高层次的知识性,譬如更加强调思维能力等,但是智力最终还是要被"道"所引导,

---

[1] 关于人力资本的翻译,国内有"human capital"和"manpower capital"两种。但是自人力资本理论创始人舒尔茨和贝克尔以降,西文学术界里皆使用"human capital"。因此,我们在对"人力"之英文词义学分析时,仅分析"human"一词。

[2] 中国社会科学院语言研究所词典编辑室编:《现代汉语词典》(第5版),商务印书馆2005年版,第1145页。

[3] 同上书,第1759页。

[4] 同上书,第1547页。

[5] 夏征农、陈至立主编:《辞海(4)》,上海辞书出版社2009年版,第2955页。

为"道"所驾驭。可见,在中国传统文化语境中,作为学问的"道"是要高于"智力"的。与《现代汉语词典》对学术的界定基本相仿,《辞海》将学术界定为:指较为专门、有系统的学问。如:学术论文;学术思想。《旧唐书·杜暹传》:"素无学术,每当朝谈议,涉于浅近。"① 在这里,作为知识的"学术"要比"智力"更为专门、系统和高深。

由于"人力资本""智力资本"和"学术资本"都是西方学者最先发起研究的对象,因此从汉语词义学的角度来分析"人力""智力"和"学术"尚不能充分地推导出三者的程度关系,所以还要具体分析"human""intellectual"和"academic"三个英文词汇的意涵。为避免个人理解上的偏差,也为了达致英汉互译中的相对一致性和权威性,我们以英国学者皮尔索尔(Judy Pearsall)等人编撰,由词典编译出版社委员会编译的《新牛津英汉双解大词典》为参考,对三个英文词汇做进一步论证分析。

Human 作形容词的"核心词义"是指"(与)人(有关)的,(与)人类(有关)的",譬如"人体"。"次要词义"有:①(尤指缺点或弱点)显示人的本性的;有人性的,譬如"他们只是凡人(only human),因此总会犯错";②(指优点)有人性的(如善良、敏感),譬如"政治的人性的一面(the human side of politics)变得更为强大";③人类的,人属的。Human 作名词的词义是指"人"(尤指区别于动物或科幻小说中的外星人)。因此,从这些解释中我们几乎看不到"知识"的影子。只是在紧接着对"human capital"的解释中,才出现了"技术"(skills)、"知识"(knowledge)和"经验"(experience)等知识性因素。② 这种现象或许可以解释,因何在西方古典经济学中,人力并未被看作是一种资本来进行研究。人力资本作为资本进行研究并融入知识元素,是较为晚近的事情。

Intellectual 作形容词的"核心词义"是指"智力的,才智的",譬如"儿童需要激发智力(intellectual stimulation)"。"次要词义"有:

---

① 夏征农、陈至立主编:《辞海(4)》,上海辞书出版社 2009 年版,第 2604 页。
② 本词典编译出版社委员会编译:《新牛津英汉双解大词典》,上海外语教育出版社 2007 年版,第 1026 页。

①要动脑的,脑力的,譬如"这部电影并不十分难理解,但它却抓住了时代的情绪"。②高智力的,高智商的,譬如"你和你母亲一样,是一个非常聪明的女孩"。Intellectual 作名词的词义是指"高智商者,智力发达者"。从 Intellectual 的英文词语含义中我们似乎只能看到先天遗传的智力成分,很难看出后天获得的知识因素,而且该词典并未列出"intellectual capital"的词条,只是列出了"intellectual property"(知识产权),并指出知识产权是创造性的结果(the result of creativity),譬如专利(patents)、版权(copyrights)等。[1] 这或许可以解释智力资本作为研究对象,在西方世界中得到普遍认可的时间要比人力资本晚,但是智力资本一经提出,其蕴含的知识元素(专利、版权等)要远远高于人力资本所蕴含的知识元素(技术、知识、经验等)。

Academic 作形容词的"核心词义"有两个:①(与)教育和学问(有关)的;学术的,譬如"学术成就"(academic achievement);②不切实际的;纯理论性的,譬如"辩论基本是纯理论性的(largely academic)"。作为形容词的 academic 的"次要词义"有:①学校的;学院的;大学的。②(机构,课程)偏重理论的;非技术教育的,不注重实践教育的。③(人)学习型的,学者的。④(艺术形式)传统的(尤指理想化或极其正式的),譬如"传统绘画(academic painting)"。Academic 作名词的词义是指"大学教师,学者"。[2] 如果我们比较学术资本之"学术"与智力资本之"智力",可以看出,两者发生的场域是不同的,"学术"是出现在与教育和学问相关的场域,而"智力"则要广泛得多。此外,两者所表达的知识层级亦不同,"学术"偏重于纯理论性的,而"智力"则要相对低一些,侧重于技术、经验等。

综合比较"人力—智力—学术"这三个词汇的英文含义,亦即"human—intellectual—academic"这三个词汇的含义,从形容词词性上,可以看出"人的—脑力的—学术的"范围层层缩小,而且知识水平层层

---

[1] 本词典编译出版社委员会编译:《新牛津英汉双解大词典》,上海外语教育出版社 2007 年版,第 1088 页。

[2] 同上书,第 10 页。

提升的趋势；同样，从名词词性上，也可以看出"人—高智商者—学者"范围层层缩小，而且知识水平层层提升的趋势。所以，尽管说从词义学的角度分析，中英文关于"人力""智力"和"学术"的界定，存在着些许差别，但是三者的逻辑层次还是相对一致的。因此，我们可以总结出，人力资本是智力资本和学术资本形成的基础，是三种资本类型中最基本、最普遍的资本形式；智力资本是学术资本形成的前提，是人力资本达致学术资本的必要环节；学术资本是智力资本的高级表现形式，是三种资本类型中最高端的资本形式。关于人力资本、智力资本和学术资本的范围程度和知识程度关系，我们可以通过"图1-1"和"图1-2"来较为形象地表示出来。

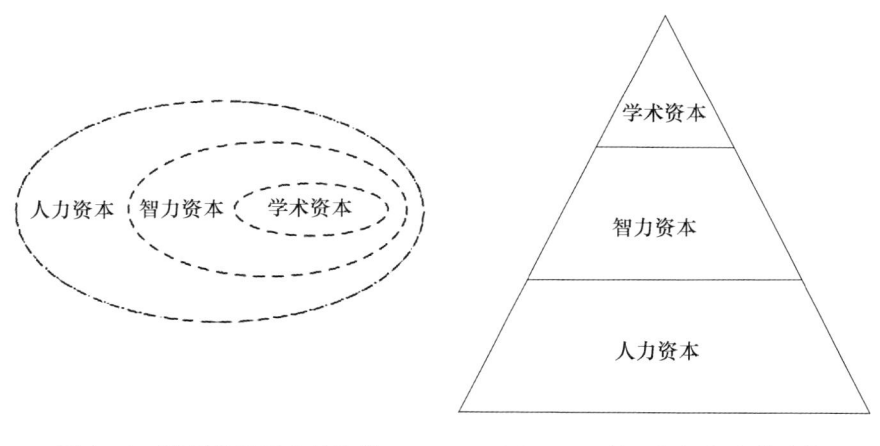

图 1-1　基于范围程度的比较　　　图 1-2　基于知识程度的比较

四　基于性质不同的概念分析：学术资本、学术资本化和学术资本主义

相对于"人力资本""智力资本"和"学术资本"，在当下的中国学术语境中，"学术资本""学术资本化"和"学术资本主义"这三个概念更为容易引起诸多歧义和混淆。伴随着"学术资本性""学术资本转化"和"学术资本炼金术"等概念的提出，以"学术资本"为主题的相关研究和阐释渐趋复杂和多样。

在以"学术资本主义"为研究主流的众多成果中,[①] 也有学者从原理层面,对不同概念进行分析、梳理和甄别。譬如,有学者提出,"学术资本转化与学术资本主义是两个完全不同价值取向和发展外延的概念""学术资本主义基于营利原则,强调经济价值",学术资本转化则是创业型大学"利用市场机制与商业文化来推动科学研究由理论形态走向实践形态、缩短学术成果的转化周期、最大限度地实现学术文化真正繁荣的有效途径"[②]。毫无疑问,这里的"学术资本转化",更加强调的是"学术资本的转化"(academic capital transformation),而非"学术资本化"(academic capitalization)。

事实上,相对于"学术资本化"和"学术资本主义","学术资本"是一个不含特殊情感或者价值倾向的中性词。学术资本是众多资本形式中的一种,与物质资本、社会资本、文化资本等相对应。物质资本、社会资本和文化资本等都具有资本的双重性,学术资本亦然。作为物质资本的金钱,可以为人提供优越的、有尊严的生活,但是也可能导致生活腐化、人性扭曲,甚至把人推向万劫不复;作为社会资本的网络关系,可以扩大人的社会交往范围,为人带来发展中的诸多利好,但是也可能形成"小圈子""小团体",甚至演变为"黑社会""恶帮"等社会毒瘤。同样,作为学术资本的高科技(高深知识),在为人类带来物质及精神生活极大提高的同时,也可能带来环境污染、人性疏远,甚至是核战争、物种灭绝等不可挽回的严重后果。一言以蔽之,与其他资本形式一样,学术资本本身并没有提前预设的价值取向,其结果的利弊得失,要看这种资本掌握在谁的手中,如何运用等。

Capitalization 一词在西语语境中,完全是一个财务层面(financial sense)的术语,是指由资产(assets)到资本的转化行为。它是由动词

[①] 2016年1月9日,以"学术资本"为篇名在"中国知网期刊库"中进行精确检索,共得到81条文献。其中,篇名中含有"学术资本主义"的文献有66条,含有"学术资本化"的文献有4条,含有"学术资本炼金术"的文献有1条,含有"学术资本性"的文献有2条,含有"学术资本转化"的文献有1条,含有"学术资本"的文献有7条。研究"学术资本主义"的文献占到总文献数量的80%以上,可以说占到了绝对多数。

[②] 宣勇、付八军:《创业型大学的文化冲突与融合——基于学术资本转化的维度》,《中国高教研究》2013年第9期。

capitalize 演变而来，capitalize 的词义主要有三个：①用大写字母书写或印刷；②商业行为中，变卖资产或者变现；③商业行为中，提供运营资本（或资金）。演变为 capitalization 后，可以解释为"充分利用""从……中获得更多的好处"。① 在汉语语境中，无论是《辞海》，还是《现代汉语词典》均没有列出"资本化"这一词条。我们只能够从"资本"和"化"的意涵中，离析出"资本化"的词义。"资本"一词在汉语语境中主要有两层意思：①用来生产或经营以求牟利的生产资料和货币；②比喻谋取利益的凭借。② "化"作为后缀词，加在名词或形容词之后构成动词，表示转变成某种性质或状态。③ 因此"资本化"实质上是指"牟利化"。这与西语语境中"获得更多的好处"之意是可以相互通约的。应当说"资本化"在中西语境中，并没有明确的贬义成分。但是，在中文语境中，如果加上"学术"，即"学术资本化"，其语义性质就发生了明显变化。

众所皆知，"学术者天下之公器"④ 是在中国社会中传颂已久、并为知识分子所坚守的一条古训。北宋大儒张载的"为天地立心，为生民立命，为往圣继绝学，为万世开太平"是这种学术观的最好注脚。公器者，顾名思义，公用之器也，人皆不可得而私之，更不可用它来谋取个人私利。此外，资本一词在中文的语境中，除了与牟利密切相关，还与剥削制度密切相连。《辞海》对于"资本"的解释，第一条就是"带来剩余价值的价值。作为资本物质载体的生产资料和货币本身并不是资本，只有当它们为资本家占有，并用作剥削手段时，才成为资本。资本不是物，而是通过物来表现的资本家对工人的剥削关系。奴隶社会和封建社会的商业资本和高利贷资本，是资本的前期形态，通过商业和高利贷活动，直接或间接占有奴隶的剩余产品"。⑤ 由此来看，"学术资本

---

① [英]霍恩比：《牛津高阶英汉双解词典》，王玉章等译，商务印书馆2009年版，第285页。
② 中国社会科学院语言研究所词典编辑室编：《现代汉语词典》（第5版），商务印书馆2005年版，第1801页。
③ 同上书，第587页。
④ 黄节：《李氏焚书跋》，载（明）李贽《焚书·续焚书》，岳麓书社1990年版，第280页。
⑤ 夏征农、陈至立主编：《辞海（4）》，上海辞书出版社2009年版，第3050页。

化"不但与中国文化传统中的"天下公器"相违背,而且也与社会主义社会所要着力解决的"消灭剥削、消灭压迫、消灭阶级"的发展主流相背离。因此,这一概念作为贬义之词,遭到国内众多学者的批判和否定也就成为情理之中的事情了。

分析"学术资本主义"一词的性质,还需要将视野放置到该概念的倡导者——斯劳特和莱斯利的相关研究成果之中。他们在研究美国、英国、加拿大和澳大利亚的公立研究型大学时发现,20世纪80年代以降,伴随政府对高等教育资助份额的减少,"为保持或扩大资源,教学科研人员不得不日益展开对外部资金的竞争,这些资金用来进行与市场有关的研究,包括应用的、商业的、策略性的和有目标的研究等,不管这些钱是以研究经费和合同的形式、服务合同的形式、与产业和政府合作的形式、技术转让的形式,还是以招收更多的、更高学费的学生的形式"。他们称院校及其教师为确保外部资金的市场活动或具有市场特点的活动为学术资本主义,并反复强调这一变化是实质上的、本质上的、性质上的差异,而不是程度上的不同。[①] 总结这些性质上的前后差异(以20世纪80年代为转折点),主要包含以下几点:首先,专业人员的服务,不再受利他主义为指导,而是逐步追求利润最大化;其次,专业人员的研究,完全按照市场法则将个人利益放在首位,而不是将学术和社会利益放在首位;再次,教学科研人员参与这种营利性活动,已经从个别参与演变为普遍参与,从个别专业演变为众多专业,甚至改变了公立大学的非营利性;最后,在公立大学内部,越来越少的基金用在教学上,越来越多的基金用在能够为院校赢得外部资金、脱离课堂教学的研究上。换言之,培养人才这一大学最为基本的职能,其地位发生了动摇。真理往前踏进一步,就会演变为谬误。学术资本主义就是这种演变最终导致的结果。

由此可见,"学术资本"与"学术资本化""学术资本主义"是有着截然不同性质的术语。大学如果丢弃了学术资本,也就失去了与外界讨价还价的根基,同样也就失去了现实存在的合法性。大学只有不断提

[①] [美] 希拉·斯劳特、拉里·莱斯利:《学术资本主义》,梁骁等译,北京大学出版社2014年版,第3—9页。

高自身的学术资本存量,才能够从外部换取更多生存必要的物质资本、政治资本等;大学只有依靠学术资本转化,才能够争取更多的学术自由和大学自治。反过来,大学只有拥有了一定程度上的学术自由和大学自治,才能够不断积累自身的学术资本,才能够证明自身存在的必要性和合法性。没有任何一个国家和社会,会去花费大量的物力财力去支持一所无用的大学。17 世纪后半期,在德国流行的取消大学建制的呼声;18 世纪末期,以巴黎大学为代表的传统大学被强行关闭等,都为学术资本的重要性提供了鲜明例证。因此,正如普瑞梅雷安、华斯拿治等学者所提出的:"如果我们讨论学术资本主义,那么我们也需要讨论学术资本。"[1] 就像我们不能因为批判"资本主义",就将"资本"否定;不能因为批判"自由主义",就将"自由"抛弃一样,我们也不能因为批判"学术资本主义",就否定或抛弃了"学术资本"。质言之,我们研究学术资本的最终目的,旨在强调学术资本之于大学发展的重要性,大学如何才能不断积累自身学术资本,并规避学术资本化和学术资本主义现象的发生和流行。

五　学术资本、高校学术资本的内涵与外延

综合多视角的研究分析,我们认为,所谓学术资本是指在特定学术场域内(高等院校或科研院所)的个人或组织,通过所拥有的稀缺性专门知识、技能等高深知识,逐步形成学术成就和声望,以符合学术内在规律的道德标准为约束,通过商品的形式与外界(或在组织内部中)进行交换,进而实现价值增殖、提高自身生存和发展竞争力的学术资源总和。与知识的分类相同,高深知识同样可以划分为显性高深知识和隐性高深知识,而学术声望是由显性高深知识、隐性高深知识或者显性与隐性混合高深知识综合形成的,所以就学术资本的外延来看,又可以划分为显性学术资本、隐性学术资本和基于声望的混合学术资本。

高校学术资本的概念,是建立在学术资本概念分析和澄明的基础之上的。作为组织的高校,是国家和社会中学术资本集结的重要场所,也

---

[1] Prejmerean, M. C. and Vasilache, S., "A Three Way Analysis of the Academic Capital of a Romanian University", *Journal of Applied Quantitative Methods*, Vol. 3, No. 2, 2008, p. 129.

是研究学术资本的一个主要对象。高校学术资本就是高校通过自身所拥有的稀缺性专门知识、技能等高深知识，在培养人才、发展科学和服务社会的职能发挥中，形成学术成就和声望，以符合学术内在规律的道德标准为约束，通过商品的形式与外界（或在内部中）进行交换，进而实现价值增殖、提高自身生存和发展竞争力的资源总和。与学术资本的外延一样，高校学术资本同样可以划分为高校显性学术资本、高校隐性学术资本和基于声望的高校混合学术资本。

相对于人力资本、智力资本而言，学术资本是高校内部最为核心、最为高端的那一部分。学术资本是与学术资本化和学术资本主义性质截然不同的一个中性词语，其在转化中既可能产生正面效应，也可能因衍生学术资本的出现而产生负面效应。学术资本的道德约束性是区别于学术资本化和学术资本主义的一个重要层面，缺失了道德约束性的学术资本转化，极易产生异化的学术资本，从而导致学术资本化和学术资本主义。之所以强调这种道德约束性是符合学术内在规律的，主要是基于高校自身学术资本积累的考量。高校学术资本积累是一个历史的、渐进的过程，如果不遵循学术内在规律的道德标准，在学术资本转化中有违于学术公平和正义，不注重学术传承和创新，损害了学术自由和学术声望，那么高校就会陷入学术资本化和学术资本主义的泥沼。一言以蔽之，高校的生存和发展就会遭遇到合法性危机。

第二节 高校学术资本的性质

无论是相对于其他组织的知识资本，还是相对于高校的其他资本形式，高校学术资本都具有自身特点。整体来看，相对于企业知识资本而言，高校学术资本突出表现为"高深"性；相对于高校的其他资本形式而言，高校学术资本突出表现为"知识"性。一般说来，高校学术资本具有以下性质：

一 艰深性和复杂性

与高校的经济资本、社会资本、政治资本等其他资本形式不同，高校学术资本在发展、占有、转化、积累等方面表现得更为艰难。学术资本对高校发展产生的效果，用时更加漫长，学术资本的积累非短时期内可以完成。

第一，高校经济资本可以通过短时期投入而迅速发展起来，无论新建校园、教学大楼，还是图书资料、实验设备等，都概莫如此。1806 年，在普法耶拿战争后，普鲁士的哈勒大学（University of Halle）被拿破仑强行关闭。1807 年 8 月，原哈勒大学校长施玛茨带领教师代表团，前往普鲁士东部小城麦莫尔拜谒主持政务的弗列德力克·威廉，请求在柏林重开他们的大学。国王欣然应允，并认为国家应该用智慧的力量来弥补物质资源的损失。[①] 1807 年 9 月，威廉三世将原来拨给哈勒大学的所有经费，全部转拨给新建的柏林大学；1809 年 7 月，国王又将他弟弟亨利王子的豪华宫殿作为柏林大学的校舍，同时拨款 15 万塔勒作为新建大学经费。在普鲁士政府的大力支持下，柏林大学的年度拨款迅速攀升，1820 年为 8 万塔勒，1870 年达到 24.8 万塔勒，其中拨付的研究经费 1830 年为 1.5 万塔勒，1870 年则高达 12.5 万塔勒。[②] 不难看出，在普鲁士政府的鼎力支持下，柏林大学在很短的时间内就积累起来了丰厚的经济资本。相对来说，尽管新建柏林大学在首创者的努力下延揽了诸多名师，但是真正积累起丰厚的学术资本却是要滞后很长时间。经济资本不但可以通过政府拨款而迅速积累，同时还可通过私人财团的资助而建立起来。芝加哥大学初创伊始，在不到两年的时间里，经由美国浸礼会教育协会（American Baptist Education Association）、百货商人马歇尔·菲尔德（Marshall Field）、商业慈善家查尔斯·哈钦森（Charles L. Hutchinson）等人，尤其是在石油巨头约翰·D. 洛克菲勒的大力赞助下，[③] 很快积累起来了原始的经济资本，但是其学术资本的积淀却是相对漫长。因此，相对于经济资本，高校学术资本的发展是非常缓慢的，无论显性学术资本、隐性学术资本还

---

① Daniel Fallon，*The German University：A Heroic Ideal in Conflict with the Modern World*，Colorado：Colorado Associated University Press，1980，p. 9.
② Charles E. McClelland，*State, Society, and University in Germany, 1700 – 1914*，Cambridge：Cambridge University Press，1980，pp. 211 – 212.
③ Richard J. Storr，*Harper's University：The Beginnings. A History of the University of Chicago*，Chicago：University of Chicago Press，1966，pp. 37 – 41.

是基于声望的混合学术资本，都需要细心培养，不可一蹴而就。高校学术资本可以较为轻易地转化为物质资本，但是物质资本向学术资本转化却要颇费周折，我们更不能像购买物质资本那样来购买学术资本，即使能够买到也很难在近期内发挥作用。梅贻琦所说的"所谓大学者，非谓有大楼之谓也，有大师之谓也"①，说的就是这个道理。事实上，高校经济资本之所以能够快速地形成，主要原因在于它是可以借助外力来实现的，而高校学术资本只有通过自己长期不懈的努力，才有可能真正积累起来。

第二，高校社会资本尽管不如经济资本发展和积累方便快捷，但却可以通过卓越校长和管理者的运作，对内施行改制加强内部关系，对外加大宣传扩展外部网络，从而增加社会资本。2007年6月筹建、2012年4月经教育部同意成立的南方科技大学，在朱清时校长的带领下，很快施行了建设现代大学制度的理事会治理模式，聘请世界级学术权威组成顾问委员会作为最高咨询机构，提升了学校内部社会资本。同时，南方科大在国内外广造声势，吸引了众多知名学者加盟，与国内外高校、企业、非营利部门等建立了多样联系，从而提升了学校外部社会资本。但是，学校的显性学术资本、隐性学术资本以及混合学术资本的发展和积累，无疑还需要很长的路程要走。

第三，高校政治资本的发展和积累无疑与政府部门的关照度密切相关。换句话说，如果政府倾力扶持，那么高校在很短的时间内就会积累起来大量政治资本。新中国成立后，在中央政府的指导下，1949年12月16日召开的政务院第11次会议作出了《关于成立中国人民大学的决定》，并任命吴玉章为校长，主要任务是为国家建设培养干部。首届中国人民大学的学生中革命干部与工人出身的占59.8%，其中外交系学生全体都来自于干部。② 成立大学的部门不是教育部而是政务院，学校管理者的身份主要不是学者而是党政高层领导，大学培养目标不是人文科技精英而是国家管理干部，学生组成不是基于知识掌握而是基于政治

---

① 梅贻琦：《二十世纪名人自述系列：梅贻琦自述》，安徽文艺出版社2013年版，第13页。
② 胡建华：《现代中国大学制度的原点：50年代初期的大学改革》，南京师范大学出版社2001年版，第152—158页。

身份等，都说明中国人民大学在成立之初就很快积累了自身雄厚的政治资本。毫无疑问，中国人民大学的学术资本发展和积累，绝非一朝一夕之功。

二 历史性

不同地域的不同高校在各个时期所拥有的学术资本是不尽相同的，它是一个自然历史生成的过程，学术资本与高校相伴而生。

第一，从知识（显性或隐性）层面来看，新型高深知识的占有会增加学术资本积累，高校就会面临快速发展阶段；反之，旧的高深知识经反复使用会逐渐普及，从而转变成不再高深，甚至是谬误，高校如果仍然坚持这种学术资本则必然面临发展危机。

第二，从学术声望的层面来看，不同地域的不同高校在各个时期所拥有的学术声望显然不同。当显性和（或）隐性的学术资本增加，高校快速发展时期，高校声望学术资本会自然增加，反之就会降低。

第三，从交换对象和形式来看，不同地域、不同时期的高校也不尽相同。中世纪大学时期，高深知识作为商品交换的直接对象是学生，间接对象是教会组织（培养牧师）和世俗政权（培养律师、医生等），主要通过教学活动来完成；文艺复兴和宗教改革以后，高深知识作为商品交换的直接对象转变为国家，无论是以科学研究为主的德国大学，还是将科研游离于大学之外的法国大学，这种交换主要依靠政府来买单，交易活动在教学之外又增加了科学研究；20世纪以降，高深知识作为商品交换的对象日益复杂多样，从个人到组织，从政府到民间，高校学术资本日益市场化，教学、科研和社会服务成为学术资本交易的"三驾马车"。当高校学术资本交易过度泛化，渐渐演变为以追名逐利为目的，并超出知识和道德的边界时，学术资本主义现象便产生了。

三 非均衡性

所谓非均衡性，主要是指在同一段历史时期内，因高校所处学术位置不同、拥有的学科专业各异，当通过教学、科研、社会服务等活动将高深知识以商品的形式与外界进行交换和流通时所实现的价值增殖量的差异性。

第一，就学术位置而言，在同一历史时期内，那些处于学术中心地带的大学往往要比处于边缘地带的大学拥有更加丰厚的学术资本，譬如中世纪时期有"母大学"之称的巴黎大学、博洛尼亚大学与其他"子大学"相比，所拥有的学术资本总量是不均衡的。用埃里克·古尔德的话来说，就是"一所学校的卓越对另一所学校来说可能就是中等"。[①] 就当下中国大学而言，"985工程""211工程"和"双一流"重点建设院校要比地方普通院校拥有更多的学术资本。

第二，就学科专业而言，在同一历史时期内，因大学所拥有的学科专业不同，导致学术资本拥有量各异，即使在同一大学内部，因各院系所在学科不同，也导致大学内部学术资本的非均衡性。那些处于与市场或社会密切联系的学科，往往较为容易将学术转化为资本，从而拥有更多的学术资本；反之，那些处于与市场或社会较远的学科，因缺乏外部吸引力，往往比较困难将学术转化为资本，从而表现为学术资本困乏。众所皆知，知识的价值在不同时代会伴随人的主观认识和社会需求的变化而转变。一门学科知识在一定时期内处于"显学"位置，但在另一段时期内将会退隐，譬如中世纪的神学经过文艺复兴、宗教改革和启蒙运动后，其学术地位逐渐为其他学科所取代。

第三，无论是对于大学个体而言，还是对于学科专业而言，学术资本的非均衡性都是有一定限度的。当超越了一定限度，阻碍了大学或学科发展时，要么旧的大学或学科的统摄地位会遭到取缔，如中世纪的巴黎大学被法国政府强行取缔，中世纪的神学地位被德国大学的哲学所取代等；要么就会有新的竞争性大学或学科出现，譬如牛津大学之后出现剑桥大学，哈佛大学之后出现耶鲁大学，哲学学位之后出现专业学位等。

尤其是对于学科专业而言，学术资本的非均衡性不但是有一定限度的，而且很有可能是相对的。譬如马克斯·韦伯在分析科学和艺术的价值时提到："从某种意义上说，科学和艺术实践之间注定存在着深刻的差异。科学工作要受进步过程的约束，而在艺术领域，这个意义上的进

[①] ［美］埃里克·古尔德：《公司文化中的大学》，吕博等译，北京大学出版社2005年版，第3页。

步是不存在的。来自某个时代的一件艺术品创立了一种新技法，或新的透视原则，因此从艺术的意义上就比对这些技法或原则一无所知的艺术品更伟大，这样的说法是不正确的。如果技法仅限于为材料和形式辩护，也就是说，即使不采用这样的技法，也能以达到艺术表现力的方式去选取和构思素材，那么这件艺术品丝毫也谈不上更伟大。真正'完美的'艺术品是绝对无法超越，也绝对不会过时的。个人或许会以各自不同的方式评判其重要性，但任何人也不能说，一件从艺术角度看包含着真正'完美性'的作品而'相形见绌'。另一方面，我们每一位科学家都知道，一个人所取得的成就，在10年、20年或50年内就会过时。这就是科学的命运，当然也是科学工作的真正意义所在。"①

四 无形性和依附性

无论是高深知识，还是学术声望都是无形的，因此学术资本是一种无形资本。无论显性高深知识、隐性高深知识，还是基于学术声望的混合学术资本，都必须依附于特定的人或物。譬如，显性高深知识所依附的著作、论文、发明、专利等，隐性高深知识所依附于教师身上的学术思想、学术观点、教学能力、教学水平等，隐性高深知识所依附于学生身上的学习能力、知识水平、创新能力等，基于学术声望的混合学术资本所依附的硕学鸿儒、名师名家、知识精英、创新型人才等。

第三节 高校学术资本的功用

一 高校学术资本与大学自治实现

"自治是高深学问的最悠久的传统之一。无论它的经费来自私人捐赠还是国家补助，也不管它的正式批准是靠教皇训令、皇家特许状，还是国家或省的立法条文，学者行会都自己管理自己的事情。人们曾经认为，失去了自治，高等教育就失去了精华。"② 与个体或其他组织机构

---

① [德] 马克斯·韦伯：《学术与政治》，冯克利译，生活·读书·新知三联书店2005年第2版，第27—28页。

② [美] 约翰·S. 布鲁贝克：《高等教育哲学》，王承绪等译，浙江教育出版社2001年版，第31页。

的自治程度相似，高校的自治程度无疑与其拥有的、与外界讨价还价的资本量密切相关。但是，与拥有富可敌国的公司企业不同，大学不能主要通过物质资本来提升自治水平；与拥有高层网络关系的个体不同，大学不能主要通过社会资本来与外界讨价还价；与掌控军队、监狱等国家机器的政党组织不同，大学不能通过政治资本来强化自主能力。大学与外界讨价还价的只能是丰厚的学术成果和崇高的学术声望，以及由此带来的物质资本、社会资本和政治资本等。

中世纪时期，大学可以通过学术资本转化，从宗教组织、世俗政权以及学生团体等多重对象中，获得广泛的物质资本、政治资本和社会资本。这些资本形态能够使大学游刃于外部权力空间，产生力量制衡，增强自治能力，提升自治水平。伴随文艺复兴、宗教改革和启蒙运动的冲击，除少数私立大学由于拥有自己的经费，可以保持相对自治外，多数大学逐步滑向世俗政权的掌控。资本交换对象的减少直接导致大学自治空间的压缩，部分大学甚至成为政府掌控下的附庸。20世纪70年代以后的经济危机，一方面导致了政府对大学公共经费投入锐减，另一方面政府的绩效化管理却日益加强。无数事实证明，如果大学想要恢复自治，就必须寻找更多的资金来源，而不是仅仅依靠政府的公共资源。于是，"创业型大学"如雨后春笋般在欧美兴起。研究认为："平衡来自企业、州和地方政府以及自我资助等多种资源的能力，有望提高大学的独立性。"[①] 作为从事高深学问的场所，高校运用其雄厚的学术资本与外界产生广泛交换，不但可以获得更多的资金来源，而且还能实现更大程度上的自治。反之，如果学术资本缺失，高校就不可能积累物质资本、社会资本和政治资本等，大学也就丧失了与外界讨价还价的基本条件。这个时候，再谈论大学自治，无异于缘木求鱼。

二　高校学术资本与大学职能发挥

"培养人才是大学与生俱来的基本职能，只要大学作为教育机构的根本性质不发生改变，培养人才就始终是大学的首要任务，也是大学之

[①] [美] 亨利·埃兹科维茨：《麻省理工学院与创业科学的兴起》，王孙禺等译，清华大学出版社2007年版，第207页。

于社会的主要意义所在。"① 作为大学资本的基本形态，学术资本在培养人才方面具有重要作用：①可以扩大生源范围，提高生源质量。众所皆知，生源是决定大学培养人才质量的重要因素，多样性、高质量的生源是每所大学希望追求的目标。中世纪时期，正是经院哲学家皮埃尔·阿贝拉尔的学术声望，才使得欧洲众多学子负笈而至，促使了巴黎大学的产生；19世纪末20世纪初，正是德国柏林大学高质量的研究和教学，才使得世界范围的学者来此求学；在高等教育国际化的当下，生源竞争日趋激烈，如果没有显著的学术成就和声望，大学招生将步履维艰。②可以激发学生学习兴趣，提高培养质量。以著作、论文、发明、专利等为载体的显性学术资本，可以使学生直接接触到学术前沿；以面对面交流才可能内化的技能经验、思想方法、价值观、组织文化等隐性学术资本，可以激发学生学习兴趣，提高学习效率；大师云集、声望远扬的高校，无疑又能够增加学生的自豪感，名师出高徒自不待言。③可以提高学生综合能力，扩大学生就业。生源和培养的高质量，无疑对于提高学生综合能力，促进学生就业起着关键作用。此外，高校基于声望的混合学术资本，对于学生就业也起着不可忽视的作用。就中国当下而言，在教育部明令禁止之前，不少单位在招聘条件中明确要求需是"211"或"985"等名校毕业生，就是一个鲜明例证。

19世纪初期，德国洪堡创建了柏林大学，强调"通过研究进行教学""教学与研究相统一"，使科学研究进入大学。高校学术资本在科学研究方面，发挥着重要功能：①从校内来看，可以促进学术资本再发展，形成强者愈强的"马太效应"。科学研究需要竞争，没有竞争的学术将是死水一潭。丰厚的学术成果、前沿的研究思想、有效的教学方法以及崇高的学术声望等，都是促进校内教学科研人员形成竞争的催化剂，从而使高校学术资本得以再发展，并形成强者愈强、不断提升的良性循环。②从校外来看，可以形成广泛的科研联盟。科学研究需要合作，没有合作很难产生重大的原创性成果。2012年国家公布的"高等学校创新能力提升计划"（简称"2011计划"），就旨在促使高校形成跨地域、跨学科的协同创新基地。所谓"打铁还需自身硬""酒香不怕

---

① 胡建华等：《高等教育学新论》，江苏教育出版社2006年版，第251页。

巷子深",如果高校自身学术资本不足,那么就不可能建立广泛的、高层次的校外科研联盟。

1862年,美国联邦政府颁布了《莫里尔法案》,在开启赠地运动的同时也开启了大学的第三种职能——服务社会。高校学术资本服务于社会,至少可以表现在以下三个方面:①促进国民经济建设。威斯康星大学在开办之初就明确了大学应当直接服务于当地工农业发展的办学理念,校长查尔斯·范海斯更是提出了"大学的边界就是州的边界"这一促进国民经济建设的指导思想,在有力推进威斯康星州工农业发展的同时,也使威斯康星大学实现了跨越式发展。如果说在范海斯任大学校长之前(1904年),威斯康星大学麦迪逊分校还只是美国中西部的一个小学院,那么当范海斯1918年离开时,它已经成为研究型大学了。①②提升国家的核心竞争力。伴随人类步入知识经济社会,国际竞争日趋激烈。如果说在"前知识经济"时代,竞争的核心要素是自然资源、劳动力以及资金投入,那么在知识经济时代,国家的核心竞争力则表现为高端科技和教育。无论是"曼哈顿工程""阿波罗"登月计划,还是"阿尔法"国际空间站计划、"火星探路者"发射等,可以说都与美国研究型大学密切相关。换句话说,正是依靠众多一流大学的学术资本,才使得美国在国际竞争中能够一枝独秀。③提高全民教育素质。尽管不同层次、不同规模、不同专长的院校,所拥有的学术资本总量是不同的,但是所有院校都承担着提供不同的教育培训服务的职能。只有拥有更多的学术资本,才可能更好地提高全民教育素质。没有雄厚的高校学术资本,康奈尔大学就不可能开设出数以万计的教学课程,"任何人在任何学习中都能得到教育"的宏伟蓝图也只能是痴人说梦。

三 衍生学术资本与大学组织衰落

事物的双重性意味着任何发展都摆脱不了自然辩证法的属性。人类生活离不开水,但是"水能载舟,亦能覆舟",无论是远古时代,还是当下社会,"治洪防洪"一直成为人与自然抗衡的生命主题;人类生活

---

① [美]大卫·沃德:《令人骄傲的传统与充满挑战的未来:威斯康星大学150年》,李曼丽等译,清华大学出版社2007年版,第26—48页。

离不开火,古希腊火神普罗米修斯因盗取火种触怒宙斯而被锁悬崖,但是火能够创造生命为人类带来光明和温暖的同时,也能够将生命毁灭于旦夕之间;人类为摆脱蒙昧不断发展科学技术,但是科学技术在发明原子能、基因等创新成果的同时,也为人类带来了核威胁、伦理失范等不可回避的现实困境。① 高校学术资本在拥有诸多良性功用的同时,也具有负面效应。

根据高校学术资本的双重性,我们又可以将其划分为本体学术资本(内生的、合理的)和衍生学术资本(外生的、不合理的)两种类型。那些符合道德正当性,具有社会合法性,符合知识传播创新的内在逻辑性的学术资本,可以称之为本体学术资本;那些破坏大学学术生态环境,干扰大学学术创新进程,败坏大学组织声望的学术资本,则属于衍生学术资本。当大学内部的衍生学术资本超过并压制本体学术资本时,必将面临大学组织的衰落。譬如从文艺复兴到启蒙运动时期的欧洲传统大学,教师聘任不是基于学术水平,而是基于信仰或关系;师生之间不是基于知识传授,而是以金钱来维系;大学不是致力于知识创新,而是对新知排斥或抨击等,势必要造成传统大学的衰落甚至消亡。衍生学术资本滋生到一定程度,就可能造成高校本体学术资本的基础地位动摇。也就是说,高校内部不再是以学术资本为主,而是被其他资本形式所取代,这必然造成对大学组织的破坏。譬如小团体内的裙带关系盛行,学术门户林立,学科壁垒森严等,就是社会资本代替了学术资本的主导地位;那些不顾学术声望和道德,以市场交换形式单纯追求物质利益最大化的学术交换行为,其实质就是经济资本代替了学术资本的主导地位。一旦学术知识被政治权力、人情关系或者物质利益所遮蔽,高等教育发展必然会陷入功利主义的泥沼。

第四节　高校学术资本的积累

一　学术自由是高校学术资本积累的基本底线

布鲁贝克认为,"学术自由的合理性至少基于三个支点:认识的、

---

① 胡钦晓:《大学社会资本论》,南京师范大学出版社2008年版,第214页。

政治的、道德的。大概最主要的是认识方面的。为了保证知识的准确和正确，学者的活动必须只服从真理的标准，而不受任何外界压力，如教会、国家或经济利益的影响"。① 因受外部政治上的限制、经济上的诱导等，高校若屈于权势或经不起利益诱惑，看似短期内可以通过"学术"获取政治资本或经济资本，但是从长远发展来看，必然会催生学术浮躁，导致学术不端，生发出更多的衍生学术资本，从而产生"劣币"驱逐"良币"的乱象。"学术之目的，虽不离乎利用厚生，然专以利用厚生为目的，则学术决不能发达；以其但以实用之目的，而缺乏学术上游心邈远之精神自由也。希腊学术之发端，哲学家名之曰出于好奇心。好奇心者，以其见某种现象之不可解，乃思所以解之；至其有益于实用与否，初非所计。人类因有思想有智识，以解决宇宙之秘奥为己任；若但以有用无用为念，则精神之自由必不能臻于高远与抽象之境。"② 可见，精神自由为学术自由之基础，唯有精神自由才能够生成学术发展的原动力，才能够既仰望星空，又脚踏实地。

此外，大学内部官僚化的管理、教师团体内"家族制"的滋生、学术研究中霸权主义的压制等，也都是阻碍学术自由发展的不良因素。这些因素都可能使教学科研人员放弃独立思考，或人云亦云，或口是心非，或闭口不言。大学内部学术自由受限，必然会影响到大学人才培养、发展科学以及服务社会等职能的发挥，并进而影响到高校学术资本的积累。当然，尽管学术自由是高校学术资本积累的首要因素，但是任何自由都是有一定限度的。任何国家高校学术资本的良性发展，不但需要学术共同体自觉履行一定的学术道德规范，而且也需要国家在法律制度层面进行约束。

二 道德规范是高校学术资本积累的内在诉求

道德规范是个体和组织健康发展的主要根基，不同时代的不同阶级有着不同的道德规范，不同个体、不同组织的道德规范侧重点亦不尽相

---

① ［美］约翰·S. 布鲁贝克：《高等教育哲学》，王承绪等译，浙江教育出版社2001年版，第46页。

② 张君劢：《明日之中国文化：中印欧文化十讲》，中国人民大学出版社2006年版，第88页。

同。就大学组织而言，学术责任和学术诚信应当是其最为基本的道德规范。只有明确学术责任，教师才可能更加积极地投入到教学、科研和社会服务之中，管理者才有可能认真负责、公正公平，大学也才有可能建立合理的奖惩运营机制；只有建立学术诚信，师生才有可能教学相长，公众才有可能对大学进行持续性关注和投入，他者才有可能愿意进行交流与合作。一言以蔽之，只有在学术责任和学术诚信的道德约束下，高校学术资本积累才有可能良性发展。此外，"对给予高等教育的捐赠，尤其是工业界的捐赠又是一个不同于其他问题的道德问题。接受这些捐赠的学者必须小心谨慎，确保自己不被剥削和利用"。[1] 同样，高校在接受外部捐赠的过程中，尤其是要注意确保自己的学术声望不被利用。

三 法律制度是高校学术资本积累的外在保障

相对于道德规范更加侧重于学者或学术共同体的自律、自觉、自察和自省而言，由国家制定的明文法律制度则具有约束、强制、监督和惩罚的刚性作用。我们不可能寄希望于每一位教学科研人员都是理性的道德人，就道德水准而言，他们与寻常人一样有着人性普遍的道德弱点。事实上，学术共同体首先是一个利益共同体，而不是一个道德共同体。因此，无论是作为学者的教学科研人员，还是作为学术共同体的高校组织，在学术资本积累过程中同样需要外部法律制度的制约。缺失或者忽视了外部法律制度的制约，既有可能产生1972年德国海德堡大学费尔斯乌斯教授侵吞研究经费的事件，[2] 也有可能产生上海交大的陈进教授以假芯片骗取巨额资金的事件。[3] 毫无疑问，这些不但影响到学者个人的学术资本积累，而且也会对高校学术资本积累产生负面影响。

四 知识创新是高校学术资本积累的不竭动力

与物质要素相比，知识型要素具有不完全排他性。一项知识被拥

---

[1] [美]约翰·S. 布鲁贝克：《高等教育哲学》，王承绪等译，浙江教育出版社2001年版，第125页。

[2] Daniel Fallon, *The German University: A Heroic Ideal in Conflict with the Modern World*, Colorado: Colorado Associated University Press, 1980, p.61.

[3] 田松：《警惕科学家》，《读书》2014年第4期。

有，并不排除他者也拥有同样的知识。知识型要素不像物质要素那样，消费了也就没有了，知识可以在不同时间、不同空间内多次重复使用。但是，一项知识产品的使用者越多，其价格将越低，其边际成本将趋近于零。然而，随着人们对一项知识使用的增加，将形成另外一种稀缺，即对新知识的稀缺。① 作为高深知识的集结地，高校只有不断进行知识创新，才能够在竞争中得以生存和发展，才能够拥有更多的显性和隐性学术资本，从而使基于声望的混合学术资本不断增加。回顾世界高等教育发展史，环视当今各国大学之发展，勇于接纳新知并创造新知，一定意义上决定着大学的兴衰存亡，从中世纪意大利萨莱诺大学的覆灭，到20世纪美国哈佛帝国的崛起，无数鲜活的案例都为这一论断提供了有力明证。

---

① 陈华：《生产要素演进与创新型国家的经济制度》，中国人民大学出版社2008年版，第67—68页。

第二章　高校多样资本：基本类型、相互转换及意义

20世纪90年代以来，世界范围内的高等教育财政出现了明显相似性，无论是在政治经济体制不同、高等教育传统不同的国家之间，还是在欧洲大陆型、英国型、美国型或者混合型高等教育体制的国家之间；无论是高等教育精英型还是普及化，是公立为主还是私立为主的国家之间，其高校财政都面临着共同危机：由于政府公共支出的普遍削减，造成高校经费日益紧张；由于高等教育持续扩张，造成高校过度拥挤；在绩效管理、市场运作大潮的裹挟下，质量危机已经成为全球高等教育的重要话题。① 为应对多样危机，确保高等教育质量，"大学和研究机构不断要求增加基金，但全世界的回答相同：自己靠自己！"②

作为公益性、非营利性的第三组织部门，高等学校完全依靠政府拨款的黄金岁月已成明日黄花。我们的追问是，面对普遍性的经费危机，大学凭借什么来"自己靠自己"？在"谁付账谁点唱"的市场逻辑下，大学怎样才能够不迷失方向，不丢弃灵魂？在学术资本化和学术资本主义盛行的当下，学术场域内的组织和个人，是否对"付账的方式也是怎么唱的决定因素"③ 有着充分的考量？回答这些问题，我们还需把视野回归到法国社会学家皮埃尔·布迪厄的论述中，亦即"除非人们引进资

---

① ［美］D. B. 约翰斯通：《高等教育财政：问题与出路》，沈红等译，人民教育出版社2004年版，第223—224页。
② ［乌拉圭］朱迪思·苏兹：《大学在生产部门的新任务》，载［美］亨利·埃兹科维茨等编《大学与全球知识经济》，夏道源等译，江西教育出版社1999年版，第24页。
③ ［英］加雷斯·威廉斯：《经济的观点》，载［美］伯顿·克拉克《高等教育新论——多学科的研究》，王承绪等译，浙江教育出版社2001年版，第79页。

本的一切形式,而不只是考虑经济理论认可的那一种形式,否则是不可能对社会界的结构和作用加以解释的"。① 换句话说,如果要解释当下高校面临的诸多困境乃至危机,如果要为当下高校发展冲破困境寻找出路,我们绝不能仅关注高校的经济资本,而且要关注高校的文化资本、社会资本和学术资本等多样资本。

第一节 高校多样资本的基本类型

自人力资本突破传统的物质资本单一形态后,资本的形式日益向多样拓展,智力资本、文化资本、社会资本、符号资本、学术资本等概念相继进入不同学科、众多学者的研究视野。资本的多样性,为我们研究大学资本开拓了广阔空间。面对"乱花渐欲迷人眼"的多样资本形态,布迪厄在《资本的形式》一文中,抽离出经济资本、文化资本和社会资本三种基本类型进行分析。针对大学组织,我们在研究其资本多样性时,将沿着布迪厄的思路,着重分析大学的经济资本、文化资本和社会资本,同时结合大学组织特色,分析大学的学术资本。

一 高校经济资本

按照薛晓源、曹荣湘的理解,经济资本"包含了我们经常说的物质资本、自然资本、金融资本等。它是基础性的资本类型,其他类型的资本首先都被看成是经济资本,后来才从经济资本中分离出来,如目前获得广泛认同的人力资本,以及正在获得广泛研究的社会资本、文化资本等,都是以经济资本为基础的"②。可见,在众多资本类型中,经济资本是最为基础的资本类型,其他资本必须具备经济资本的可交换性、能够带来价值增殖等基本特征,才能够称之为资本。

在经济学界,物质资本主要指的是像工厂、机器、建筑之类的能够产生新的产品的具体物品的集合。随着人们越来越意识到环境问题对经

---

① [法]皮埃尔·布迪厄:《资本的形式》,载薛晓源等《全球化与文化资本》,武锡申译,社会科学文献出版社2005年版,第4页。
② 薛晓源、曹荣湘:《文化资本、文化产品与文化制度——布迪厄之后的文化资本理论》,《马克思主义与现实》2004年第1期。

济活动的影响，经济学家们也开始逐步接受自然资本的概念。自然资本指的是那些自然界所拥有的可再生和不可再生的资源。此外，还包括对这些资源的保持和开发进行生态化的管理的过程。① 德国社会民主党领袖鲁道夫·希法亭（Rudolf Hilferding）是最早对金融资本（financial capital）进行研究的学者。他认为，所谓金融资本是指由银行资本和工业资本相互渗透、融为一体而形成的一种最高形态的垄断资本。② 希法亭以货币作为最基本的、最原始的范畴，将金融资本与产业资本、商业资本进行了明显区分。金融资本不是以产业或商品流通而产生利润，而是以资金运作来产生利润。这里的资金已经突破了现金的范畴，包括债券、股本、股份、基金等多样的货币形态。

在分析经济资本及其包含的物质资本、自然资本、金融资本的相关概念后，我们可以总结出高校经济资本的基本范畴。同理，高校经济资本也可以划分为高校物质资本、高校自然资本和高校金融资本等。高校物质资本主要指的是校园建筑、占地、实验室、仪器设备、图书资料等，能够为大学培养人才、发展科学、服务社会等提供条件的具体有形物品的集合。高校自然资本主要是指大学所处自然环境中所拥有的可再生和不可再生的资源汇总。众所皆知，一所大学校址是处于城市还是处于乡村；是处于沿海还是处于内地，直接关乎高校师生的衣、食、住、行、医的质量，并进而关乎高校的生存和发展。高校金融资本主要是指高校所拥有的现金、基金、股份、债券等，以及这些资金所产生的直接利润。以密歇根大学安娜堡校区（UM，Ann Arbor）2014—2015 年预算收入为例，州政府拨款 2.95 亿美元、学费（Student Tuition & Fees）12.78 亿美元、联邦政府拨款（Federal Sponsored Programs）7.97 亿美元、非政府组织资助（Non-Government Sponsored Programs）1.86 亿美元、间接成本回收（Indirect Cost Recovery）2.14 亿美元、私人捐赠（Private Gifts & Sponsored Programs）1.21 亿美元、投资收入 2.85 亿美元、医学院收入（UM Health System）32.08 亿美元、其他收入（Other

---

① ［澳大利亚］戴维·思罗斯比：《文化资本》，载薛晓源等《全球化与文化资本》，潘飞译，社会科学文献出版社 2005 年版，第 548 页。
② ［德］鲁道夫·希法亭：《金融资本：财富变局中的货币魔力》，曾令先等译，重庆出版社 2008 年版，第 77 页。

Auxiliary Units）3.07亿美元、院系收入1.21亿美元，总计年度预算收入为68.12亿美元。① 以上年度收入均可以看作密歇根大学（安娜堡）所拥有的金融资本。

二 高校文化资本

因为文化的多样性，所以清晰界定文化资本的概念相对困难。布迪厄认为，文化资本可以三种形式存在：①具体的形式，即以精神或肉体的持久的"性情"的形式存在；②客观的形式，即以文化产品的形式（如图片、图书、词典、工具、机械等）存在，这些产品是理论的实现或客体化，也可以是某些理论、问题的批判，等等；③体制的形式，即以一种客观化的、必须加以区别对待的形式存在，之所以要区别对待，是因为这种形式使得文化资本披上了一层完全原始性的财富面纱。② 根据布迪厄对文化资本的分类，可以看出，"具体文化资本"的具体形式，可以等同于人力资本，因此又可称之为"人力文化资本"，这种资本类型无法通过馈赠、买卖和交换的方式进行当下的传承。"客观文化资本"（客观的形式）是以记忆文化产品的形式存在的，譬如雕塑、绘画、纪念碑、历史建筑物等，其文化的物质性层面是可以传承的，这种文化资本又可称之为"物力文化资本"。"体制文化资本"（体制的形式）可以等同于文化制度，创造和维持该项制度是要付出昂贵代价，需要进行讨价还价、长期维持和合法保障。布迪厄给出的体制文化资本的典型例证是"学术资格和文化能力的证书"。③ 具备这些证书的个人，因得到合法保障而明显区别于"自学者"或"经纪人"的文化资本，因为后两者的文化资本随时有可能受到别人的怀疑。

布迪厄是从微观个体层面对文化资本进行分析的，如果移植到大学组织层面，对高校文化资本进行分类，亦可划分为人力文化资本、物力文化资本和体制文化资本三种类型。高校人力文化资本主要包括教师、

---

① University of Michigan-Ann Arbor, *University Financial Profile*, （http://obp.umich.edu, 2016-2-15）.

② ［法］皮埃尔·布迪厄：《资本的形式》，载薛晓源等《全球化与文化资本》，武锡申译，社会科学文献出版社2005年版，第6页。

③ 同上书，第13页。

学生和管理者等；高校物力文化资本的形式更加多样，譬如历史博物馆、自然博物馆、艺术博物馆、图书馆等保存的、带有历史文化价值的珍本或善本图书、绘画、仪器设备等，也包括大学校园内，能够彰显高校文化特色的纪念碑（如哈佛雕像、伟人塑像等）、建筑物（如中国教会大学留下来的建筑、北大红楼等），等等。高校体制文化资本包括经过讨价还价制定的、稳定的、得到官方认可的组织制度和规章制度等，譬如组织制度中的董事会制度、学科和院系设置制度、教师组织制度、学生组织制度等，规章制度中的大学章程（包括成文的办学理念、校训、办学宗旨等大学精神层面的文化）、招生制度、教学制度、考试制度、学位授予制度等。

在高校多样资本中，文化资本是最为复杂、边界最为模糊的，高校文化资本往往与其他资本类型交叉存在。譬如，在高校人力文化资本中，那些从事高深知识教学研究的教师和学生既是高校的文化资本，同时还是高校学术资本的重要载体，因为"文化"和"学术"的边界不清，很难将两者区分开来。但是，由于"文化"和"学术"所包含的知识范围和程度不同，因此从具体文化资本的角度来看，高校文化资本要比学术资本涵盖的人员广泛得多。再如，在高校物力文化资本中，无论是图书、绘画、仪器设备，还是纪念碑、建筑物等，都属于高校经济资本中物质资本的范畴。但是，我们在这里强调，高校物力文化资本是那些带有历史文化价值或彰显高校文化特色的实物。因此，从物力文化资本的角度来看，高校文化资本要比高校物质资本所涵盖的范围小得多。

三 高校社会资本

除经济资本和文化资本外，社会资本近年来受到了不同领域、众多国内外学者的关注。布迪厄从"场域"（一个力量关系的场所）的概念出发，认为社会资本作为一种资源与某种持久性的网络占有密不可分。詹姆斯·科尔曼从结构功能的视角对社会资本进行了分析，认为社会资本是生产性的。此外，杜克大学社会学教授林南、经济学家格伦·卢里、哈佛大学教授罗伯特·普特南和日裔美籍学者弗朗西斯·福山以及国内学者都曾对社会资本的概念进行分析和界定。在总结前人研究的基础上，结合社会资本中"社会"一词的中西方词源学考察，我们认为，所谓社会资本，是指个人或组织在意识形态、道德规范、习俗惯例等非正式制度的影响和制约下，通过长期交往、合作互惠，进而在形成的一系列互动的网络关系基础上，积累起来的资源总和。① 如果将社会资本的外延进行分类的话，它可以划分为客观社会资本（关系网络）和主观社会资本（"粘合"关系网络的非正式制度）。

  网络关系作为资本是不难理解的。举个极端例子来说，甲是一名百万富翁，拥有雄厚的经济资本，但是社会网络关系封闭；乙是一位一文不名者，但却拥有众多可信赖、关系密切的亿万富翁，这些亿万富翁可以随时为乙的行动支付成本。我们说，尽管从经济资本上乙不如甲，但是从客观社会资本（网络关系）的角度来看，乙远远胜过甲。但是，这种客观网络关系的建立和维持是需要条件的：乙尽管是一位一文不名者，却不是一个无用者，否则无法进行长期交往、合作互惠。换句话说，乙在经济上是拮据的，但在政治、文化、学术、声望等方面却拥有丰厚的资本，而且亿万富翁们明白，将千万巨款借贷给乙是无须经过耗费时间、金钱、精力等法律途径，就能收到预期收益的。这就体现出了主观社会资本（道德规范、习俗惯例等非正式制度）的价值所在。

  按照社会资本的概念界定，我们可以将高校社会资本划分为客观社会资本和主观社会资本两个层面。与个人社会资本不同，作为组织的大学，其客观社会资本又可以分为内部客观社会资本和外部客观社会资本，也就是说既有大学组织内部的网络关系，也有大学组织与外部的网络关系。大学内部和外部网络关系的运作，都需要主观社会资本这一粘合剂。所以，高校社会资本又可以划分为内部社会资本和外部社会资本两个层面。高校外部社会资本的运营，与个体层面的社会资本运营相仿，外部网络关系的广度和密切度是决定高校发展的一个重要方面。高校内部社会资本的运营，对于高校发展同样重要，内部网络关系的自由度、和谐度和认同度是决定高校发展的另一个重要方面。一个学术自由压抑、官僚气息浓厚、组织认同感低的大学，很难具备良性发展的基础。

---

① 胡钦晓：《大学社会资本论》，南京师范大学出版社2008年版，第34—35页。

四 高校学术资本

尽管早在1979年布迪厄就明确提出了学术资本的概念，但是相对经济资本、文化资本和社会资本而言，学术资本的相关研究成果仍然偏少。英国学者马修·艾迪，美国学者布拉德福德·怀特、珍妮佛·普雷斯利和凯伦·迪安杰利斯等从个体层面对学术资本进行了研究；德国学者布朗、美国学者萨乔万尼、加拿大学者伊斯曼等则从组织层面对学术资本进行了研究。[①] 分析这些研究成果，不难看出，学术资本主要来源于对智力资本和知识资本的相关研究。换言之，学术资本是智力资本和知识资本的一个变种，一定意义上我们可以把学术资本，称为高级智力资本或高深知识资本。界定学术资本，可化约为显性高深知识、隐性高深知识和学术声望三个层面。与学术资本化、学术资本主义等带有明显价值倾向性所不同，学术资本同经济资本、文化资本和社会资本一样，是一个中性词汇。

根据学术资本的三个层面，我们可以把大学学术资本划分为显性学术资本、隐性学术资本和基于声望的混合学术资本三种类型。所谓显性学术资本是指那些以实物为载体的、可以通过文字、语言、模型、证书等来精确描述或表达的高深知识资源，譬如论文、著作、发明、专利等；所谓隐性学术资本是指那些以人为载体的、很难通过文字、语言、模型、证书来精确表述或表达，一般情况下需要面对面地交流或熏陶的高深知识资源，譬如学术思想、教学能力、思维模式、创新方法等；所谓基于声望的混合学术资本，是指那些既可以以实物为载体，也可以以

---

① 相关研究可参见：Pierre Bourdieu, *Distinction: A Social Critique on the Judgement of Taste*, Cambridge: Harvard University Press, 1984, pp. 18 – 23; Eddy, M. D., "Academic Capital, Postgraduate Research and British Universities", *Discourse: Learning and Teaching in Philosophical and Religious Studies*, Vol. 6, No. 1, 2006, p. 212; White, B. R., Presley, J. B., and DeAngelis, K. J., *Leveling Up: Narrowing the Teacher Academic Capital Gap in Illinois*, Illionis: Illionis Education Research Council, 2008, pp. 9 – 10; Eastman, J. A., "Revenue Generation and Its Consequences for Academic Capital, Values and Autonomy: Insights from Canada", *Higher Education Management & Policy*, Vol. 19, No. 3, 2007, p. 12; 孙进：《德国大学教授职业行为逻辑的社会学透视与分析》，载北京大学德国研究中心《北大德国研究》第1卷，北京大学出版社2005年版，第195—197页；冯大鸣：《沟通与分享：中西教育管理领衔学者世纪汇谈》，上海教育出版社2002年版，第91页。

人为载体，通过显性和（或）隐性高深知识的积累、传播、创新、应用等形成的学术声望资源，譬如名师名家、名著名作、杰出校友等。

在高校学术资本的外延中，尽管我们把显性学术资本和基于声望的混合学术资本都概括为可视的人或物，但是与隐性学术资本一样，这里仍然强调依附于人或实物的、无形的高深知识和学术声望。正如索托所强调的那样："并非任何真实的、有价值的事物都是有形的、可见的。时间是真实的，但只有当它通过钟表或日历表现出来的时候，才能被有效加以运用。"① 高深知识和学术声望同样是真实的，它只有通过人或实物，并经由教学、科研和服务社会等活动表现出来，才能被有效地加以运用。

第二节　高校多样资本的相互转换

一　高校多样资本转换的基本特征

（一）多样资本转换中的连贯积累性

布迪厄认为，资本是一种镶嵌在客体或主体的结构当中的力量，也是一种强调社会界内在规律的原则，正是这一点使得社会博弈区别于简单的碰运气，在转盘赌博当中，前一轮的赌注也许会在每一次新的旋转当中再次失去。这是一个没有连贯性、没有积累性的世界，既无继承权也无固定资产。资本与此截然不同，它需要时间去积累，需要以客观化、具体化的形式积累。② 因此，多样资本转换严格来说就是一种社会博弈，这种社会博弈不同于转盘赌博，是需要不断积累的过程。无论是对于个体自身的资本转换，还是对于个体之间的资本转换，都概莫能外。强调资本转换中的"连贯积累"，就是要强调资本生产过程中的耗费时间性、精力性。任何一种资本形式的转换和积累，不能寄希望于"一夜暴富"，也不能寄希望于"守株待兔"。即使是法国作家大仲马笔下的基督山伯爵，在基督山岛上获得巨额财富，也是耗费了时间和精力

---

① ［秘鲁］赫尔南多·德·索托：《资本的秘密》，王晓冬译，江苏人民出版社2005年第2版，第6页。
② ［法］皮埃尔·布迪厄：《资本的形式》，载薛晓源等《全球化与文化资本》，武锡申译，社会科学文献出版社2005年版，第3—4页。

才可获得的。经济资本的获得是这样，其他形式资本的获得亦然。个人资本的获得是这样，组织资本的获得也同理。高校要想在生存世界中，获得、积累或者交换经济资本、文化资本、社会资本和学术资本等，就必须花费时间和精力去经营。

（二）多样资本转换的价值增殖性

资本之所以能够产生价值，就在于资本的可转换性。换言之，不能产生转换，也就不能带来价值增殖，这样的物质不能够称为资本，只能够称为资源。譬如个体或者组织拥有河流湖泊，如果这些河流湖泊闲置不用，则只能称之为水资源；如果在花费一定的人力、物力、智力和时间之后，就能产生电能。从水资源到电能的产生过程，就实现了经济资本转换中的价值增殖。一定意义上，资本转换中的价值增殖性，是一切资本积累和转换最为原始的基本动力。经济资本的价值增殖是这样，文化资本、社会资本和学术资本等，其价值增殖也是这样的。所不同的是，一般情况下经济资本可以立即、直接转换成金钱，而且这种转换是可以明确度量的。譬如高校所拥有的房产、土地等物质资本或自然资本，如果出售的话，可以按照市场价格直接换得数量适当的金钱。而其他类型的资本有时候也可以转换成金钱，但在一般情况下并不能够即时发生。即使转换成了金钱，具体的数量也有高度的不确定性，因此也就很难明确度量。譬如广泛的社会资本是可以转换为金钱的，你可以从朋友中暂时筹得金钱，但是朋友能不能筹给，哪些朋友能够筹给，这些朋友能够筹给多少钱等，都具有高度的不确定性。

（三）多样资本转换的成本耗散性

任何资本的积累转换都需要耗散一定的成本，成本本身就是商品价值的一个组成部分。成本的分类多种多样，譬如生产成本、交易成本、管理成本、机会成本等。生产成本、交易成本和管理成本等较为容易理解，机会成本则相对抽象些。所谓机会成本，就是当你选择 A 而不选择 B 时，你所放弃的好处。如果 A 能产生更大的效用，那么选择 A 当然是理性的，但这个决定必须要在参照了失去的机会成本时再作出的。[1] 我

---

[1] ［美］约翰·菲茨帕特里克：《密尔的政治哲学》，万绍红译，人民出版社2014年版，第135页。

们仍然采用个体或者组织拥有的河流湖泊为例来进行说明。河流湖泊可以通过发电带来价值增殖，也可以用来水产养殖、农田灌溉等带来价值增殖。当水资源极度稀缺时，还可以转换为生活用水进行消费或交易，从而更加提升了水资源的增殖空间。尽管说选择何种机会，并不必然造成非 A 即 B，但是在资源稀缺的情况下，选择 A 的时候，必然要放弃选择 B 所带来的好处。此种例证只是说明了传统经济资本，在积累转换中所产生的机会成本。在资本多样性面前，之所以强调机会成本，还在于其他形式的资本在积累交换中，同样能够产生机会成本，而且这种机会成本不像生产成本、交易成本和管理成本那样需要直接花费金钱，但是如果选择不当，浪费的好处却可以超过获得的好处。譬如就学术资本而言，如果高校过度强调显性学术资本，激励教学科研人员花费更多的时间和精力生产科研成果，那么就会挤占教学科研人员的时间和精力用在教学工作中，从而影响到隐性学术资本为高校带来的价值，进而使大学培养人才的基本职能发生动摇。此外，当高校经济资本和学术资本面临冲突时，如果选择经济资本，那么就可能影响到学术资本为高校带来的价值，从而产生学术资本化、学术资本主义等现象，进而使高校的性质发生变异，甚至危及高校生存。

（四）多样资本转换的价值多样性

资本的多样性以及机会成本的可选择性，为我们研究高校多样资本的转换，带来了更多的复杂性和不确定性。布迪厄不断提醒我们，在资本的积累和转换中，必须反对两种既相对立又同样偏激的观点：一种是经济主义的观点，它在最后的分析中总要将所有的资本类型简化为经济资本，从而忽略了使资本的其他类型产生特殊效果的东西；另一种观点是符号主义的观点，它总喜欢将社会交换简化为交往现象，因而忽略了一个严酷的事实，即所有的学科都有可能被简化为经济学。[①] 用更加通俗的话来概括，就是在资本积累和转换中，不应完全注重经济价值而忽略了其他价值，同时又不能不关注经济价值。大学发展到今天，已经成为一个耗资巨大的事业，没有一定数量的资金支持可谓步履维艰。但

---

① ［法］皮埃尔·布迪厄：《资本的形式》，载薛晓源等《全球化与文化资本》，武锡申译，社会科学文献出版社 2005 年版，第 19—20 页。

是，制约高校发展的绝不仅是资金这一个方面，还有学术声望、制度安排（正式的和非正式的）、学术自由、网络关系等。当多元价值面临冲突时，高校就应当认真考量究竟何种价值更为重要。当鱼和熊掌不可兼得时，高校就应当舍鱼而取熊掌。如果高校在资本积累转换中，一味向"钱"看，就有可能造成学术资本缺失或者是负面学术资本增多，进而直接影响到高校的外部学术声望以及学术自由空间等。

二　高校多样资本转换的基本类型

按照资本拥有者和多样资本之间的转换，我们可以把高校多样资本积累转换划分为几种基本类型：再生产、交换、转让和继承等。

（一）多样资本的再生产

高校为了生存和发展，就需要不断反复地生产和积累多样资本。作为从事高深知识生产、传播、应用的组织部门，高校首先要不断再生产自己的学术资本，譬如从一种知识创造另一种新知识，从自身知识向社会知识传播，并通过这些活动再生产自身的学术声望。除了高校学术资本的再生产，高校的经济资本、文化资本、社会资本等其他资本形式也都存在着再生产，譬如不断积累的资金、不断扩展的校园面积等，属于经济资本再生产；不断增强的人力文化资本、不断丰富的物力文化资本和不断完善的体制文化资本等，属于文化资本再生产；不断调整的内部网络关系和不断扩展的发展外围等，属于社会资本再生产。除了单一资本类型的再生产之外，高校多样资本之间也存在着再生产过程，而且相互促进、相互制约、相辅相成。今天种下的一棵树、建成的一座楼或雕塑，经过百年之后，就可能再生产为高校的物力文化资本；今天引进的一位教师、培养的一位优秀毕业生，经过多年后，就可能再生产为高校的学术资本；今天发明的一个专利、创造的一个思想观点，经过转换，不但可能再生产为高校的经济资本，而且可能再生产为高校的文化资本、学术资本，并进而再生产为高校的社会资本等。

（二）多样资本的交换

高校作为社会组织，尽管拥有多样资本，但是其生存和发展还需与外界不断地进行资本交换。高校不是经济生产部门，因此高校资本交换的一个基本形式是，需要通过自身多样资本来换取外界的经济资本。高校的经济资本、文化资本、社会资本和学术资本，都可以通过特定的方式换取外部经济资本。同时，高校多样资本与外界换取的绝不仅是经济资本，还包括文化资本、社会资本、政治资本和学术资本等。从交换对象来看，高校所有外部利益相关者都属于资本交换的范围。因此，高校资本交换的对象是具有历史性的，换句话说，不同地域、不同时期的高校资本外部交换对象是不同的。就西方大学而言，在中世纪时期，大学资本交换的对象主要是教会、世俗政权和市民等；19 世纪以后，伴随教权日趋旁落，国家权力不断加强，大学逐渐发展为国家机构，大学资本交换的对象主要为政府，德国大学、法国大学概莫能外；20 世纪以降，全球范围内的趋势是，国家无力再全部包揽高校发展，高校资本交换对象也日趋增加，众多利益相关者的介入使大学市场化不断加深。就中国大学而言，在近代大学时期，不同性质的大学，其资本交换的主要对象也是不同的。国立、公立大学的资本交换对象主要是国家政府，私立、教会大学的资本交换对象主要是私人财团和宗教组织，当然这其中并不排除其他资本交换对象的介入。50 年代院系调整之后，高校作为国家政府的一个"单位"，其资本交换对象几乎完全依赖政府，高校能否发展、怎样发展、为什么发展等话语权完全掌握在政府手中。20 世纪 80 年代以降，伴随中国高等教育的大众化、国际化和市场化，高校资本交换对象也不断拓展。当今时期，中国高校已经完全融入了全球高等教育，其多样资本交换对象与西方先发内生型大学之间可以说别无二致。

（三）多样资本的转让和继承

所谓转让，是指个人（或组织）把自己的东西（利益、权力等）转给其他个人或组织。从转让的形式来看，可以分为有偿转让和无偿转让。有偿转让可以看作交换的一个变种，转让的前提是获取利益；无偿转让则包括继承、馈赠等，转让的前提是不以获取利益为目的。从转让的内容来看，可以分为产权转让、债权转让、资产转让、技术转让等。由于大学是一个以促进公共福祉为目的、非营利性的组织部门，因此外界的无偿转让就成为高校多样资本转换的一个基本类型。回顾世界大学发展史，无论是政府部门、私人财团，还是宗教组织、杰出校友等，无偿转让给大学资产的案例比比皆是。一定程度上，正是这些无偿转让，才使得大学发展能够保障其公共福祉性。继承作为无偿转让的一种特殊形式，就大学组织部门而言，又可划分为继承大学自身资本和继承他者资本两种类型。大学自身资本的继承，也可看作大学资本再生产的一个特例，拥有数百年发展历史的古老大学，其多样资本的继承是确保其自身发展的文化根基。对他者资本的继承，在大学发展中同样多见。譬如尽管经过50年代院系调整，全部私立、教会大学在中国本土消失，但是私立、教会大学流传下来的经济资本、文化资本等，仍然在现代大学中发挥着重要作用。当然，在资本继承中，并不排除部分资本的耗散甚至变异。

三 高校多样资本转换的基本方式

高校资本的转换方式是多种多样的。从转换的内容来看，可以分为经济转换和社会转换；从转换是否需要中介来看，可以分为直接转换和间接转换；从转换的手段来看，可以分为强制转换和诱致转换；从转换的范围来看，可以分为内部转换和外部转换。

（一）经济转换和社会转换

经济转换一般是能够以货币明确度量，以追求经济利益为旨归的转换方式。譬如，1807年9月，威廉三世将拨给哈勒大学的所有经费，全部转拨给柏林大学；1809年7月，又将亨利王子的宫殿作为柏林大学的校舍，同时拨款15万塔勒作为新建柏林大学的办学经费。[1] 这一转换形式就是明显的经济转换。表面上看来，威廉三世并没有在转换中获得经济利益，但是在资助新建柏林大学之前，他曾说国家要用智慧的力量来弥补物质资源的损失。[2] 换句话说，因普法战争的失败，国王也想通过大学来振兴民族和国家。再譬如，高校明码标价出售自己的专利、转让自己的经济资本、收取学费等都属于经济转换的范畴。与经济转换不同，资本的社会转换是很难用货币明确度量，而且也不是以经济利益最大化为目的的。因此相对经济转换的透明性，社会转换具有高度模糊

---

[1] Charles E. McClelland, *State, Society, and University in Germany, 1700 – 1914*, Cambridge: Cambridge University Press, 1980, pp. 211 – 212.

[2] Daniel Fallon, *The German University: A Heroic Ideal in Conflict with the Modern World*, Colorado: Colorado Associated University Press, 1980, p. 9.

性。譬如，高校运用社会资本与外部建立广泛的网络合作关系，并不必然一味追求的是经济利益，还有他者的信任、肯定、认可等，这些是很难通过货币来明确度量的。无论是经济转换，还是社会转换，转换的目的都是为了"投桃报李"，当然这里的"李"并非仅指有形物品或者可度量的货币，也包括很难用价值衡量、但却是非常重要的情感因素。

（二）直接转换和间接转换

所谓直接转换，就是无需任何中介、面对面的转换。威廉三世将拨款和王子宫殿赠予新建柏林大学就是一种直接转换，从国家政府资本直接转换为高校经济资本。就高校而言，直接将其经济资本出售、直接利用其文化资本获益、直接利用其社会资本筹资、直接利用其学术资本转化为经济资本等，都属于直接转换的形式。同样，直接转换也不必然仅仅为获得有形物品或者可度量的货币，也包括难以度量的信任、肯定等。所谓间接转换，就是需要第三者的介入方可实现的转换形式。成立于1919年的英国大学拨款委员会，在长达半个多世纪的时间里，就扮演着英国大学和政府之间从学术资本到经济资本转换的中介角色。一般情况下，对于高校而言，资本的间接转换要比直接转换更为有利。因为高校不是企业，不擅长经商，相对于政府，更是处于弱势地位，所以在讨价还价中如果有一个"缓冲器"介入，可以有效避免大学过度商业化的趋势，也可以有效避免受到直接伤害。但是，相对于间接转换，直接转换不需要花费更多成本，而且也更加高效便捷，所以无论是政府、企业，甚至是高校自身，大多热衷于直接转换。这也是1988年英国政府取缔大学拨款委员会的一个重要动因。

（三）强制转换和诱致转换

强制转换是指由政府等权力机关或个人，通过法律制度或命令等，自上而下推行的激进式转换。新中国成立后，政府根据社会主义办学方向，导入苏联模式，取缔全部私立、教会大学，打破原有高校格局，重新组建大学，并导入政治课程、辅导员制度等一系列变革，就属于强制转换的范畴。这种强制转换，不但改变了高校的经济资本、文化资本、社会资本等，而且学术资本也发生了诸多显著变化。譬如，大学科学研究职能转移到新成立的科学院或社科院，新建高校的科学研究丧失殆尽；原有综合性大学被分割为农、林、矿、水、财经、体育等单科性院校，多学科培养人才的环境氛围荡然无存；许多在国际上学术声望卓著的大学，尤其是教会大学，如燕京大学、齐鲁大学等被强行取缔。因此，从学术资本的视角来评价50年代院系调整，可以说教训是深刻的。与强制转换不同，诱致转换是在获利机会的驱动下，个人或组织自发倡导，自下而上推行的渐进式转换。20世纪80年代，诸多单科性高校有感于不利于人才培养，因此纷纷自发改为多科性院校；伴随计划经济模式解冻，科学研究的职能也逐步进入大学，通过科研提高教学并提升学校办学层次和办学声望等，逐渐成为众多高校的共识。这些高校学术资本的转换，一定意义上就是在没有外力强制的情况下，高校自发推行的。与此同时，为充分发挥高校之间资源（经济资本、文化资本、社会资本、学术资本等）共享，避免专业重复设置，一些高校开始自发地调整、重组、共建等，这些也属于高校资本间的诱致转换。及至1997年时任国务院副总理李岚清在实践基础上提出了"共建、调整、合作、合并"的八字方针，要求到2002年前后基本完成高等教育管理体制改革和布局结构调整，形成综合性大学、多科性大学和单科性大学比例合适的新格局之时，[1] 高校资本间的转换开始由诱致转换正式转变为强制转换。

（四）内部转换和外部转换

作为组织的高校，其内部具有多样资本，这些资本形式之间也可进行转换，发生在高校场域内部的资本转换，我们称之为内部转换。譬如，高校可以运用科研奖励、教学奖励等措施，激发教学科研人员的创造热情，从而使经济资本转换为学术资本；高校运用经费兴建、修缮校园内的标志性传统建筑，使之逐渐演变为独具文化特色的物力文化资本；高校也可以出资召开学术会议，引进名家报告等，从而积累和增加自身的社会资本、学术资本等。资本除了在高校内部发生转换外，还可以与外部（政府、企业、第三部门、社会大众等）发生转换，这些资本转换可以称之为外部转换。按照转换的路径不同，高校资本的外部转换可以划分为：外部资本转换为高校资本，高校资本转换为外部资本，

---

[1] 宋乐永：《透析中国高校合并现象——伟大而深刻的变革》，《科技日报》2000年7月19日第2版。

高校内外部资本交换等几种形式。政府对高校的赠地拨款，企业、私人财团等对高校的捐赠，都属于外部资本向高校资本的转换；高校帮助企业社区等解决技术难题、提升社区文化等，都属于高校内部资本向外部资本的转换。这两种转换的共同特点是，在主观上都是不以获取利益为目的。高校内外部资本交换与之不同，无论是对高校自身来说，还是对外部组织或个人而言，这种交换在主观上是以谋取利益为目的。譬如，企业为了增加利润，购买高校的技术支持；高校为了获取资金，出售自己的专利；个人为了提升学识和社会地位等，向高校支付学费求学等。

需要特别指出的是，无论是高校内部的资本转换，还是高校与外部的资本转换，都是要受到正式制度（法律法规等）和非正式制度（道德规范、习俗惯例等）约束的。非法的资本转换自然会受到法律制裁；不合乎道德的资本转换，短期来说可能奏效，但是从长远来说造成的损失却可能是无法弥补的。另外，资本转换的所有方式，其能否转换及转换的范围大小、难易程度等，对于不同时代、不同国别、不同区域的大学是不同的。但是，资本的可转换性对于高校生存和发展来说，又是至关重要的。仅以学术资本向其他形式的资本转换为例，如果没有学术资本与经济资本的转换，那么高校不可能仅仅依靠学术而生活；如果没有学术资本与文化资本的转换，那么高校发展就不可能呈现历史的厚重感，也就不可能成为一种文化机构；如果没有学术资本向社会资本的转换，那么高校发展就会处于孤立、闭塞的状态。一言以蔽之，正是由于资本形式之间的转换，大学才变得生机勃勃，才能够丰富多彩，才能够历经千年而历久弥新、历久弥坚！

第三节　高校多样资本的重要意义

一　有利于学术自由和大学自治

学术自由是学者不断创新的灵魂，大学自治是大学持续发展的根基。学术自由与大学自治是自欧洲中世纪以来就形成的大学普遍发展规律。回顾世界大学史，无论任何国家、任何民族，什么时候大学的学术自由不在，大学自治缺失，那么大学发展就面临诸多危机；什么时候大学思想自由、兼容并包，能够相对独立管理自己的事务，尤其是学术事务，那么大学发展就会呈现出百舸争流、千帆竞发的良好态势。

当今之大学，已经不再是中世纪时期的学者社团，也不再是19世纪时期政府掌控的精英机构，它需要面对多元的利益相关者。无论是主要利益相关者，还是次要利益相关者；无论是内部利益相关者，还是外部利益相关者，这些团体和个人，都有可能直接或者间接地影响到高校的生存发展和目标实现。高校不是企业工厂，不是商业财团，一味强调经济资本，必然会沦为其他组织的附庸。但是，当下高校又是运营费用巨大、甚至是"烧钱"的机构，如果没有足够的运营经费，高校发展必然步履维艰，甚至是面临倒闭。在现代社会环境里，一个经费捉襟见肘的高等教育组织，妄想大学自治无异于纸上谈兵。因此，伯顿·克拉克认为，一所大学的自治，首先要能够自行处理资金，面对全球范围内政府对大学资助的份额逐步减少，大学必须开拓多种渠道筹资，譬如工厂企业、地方政府、慈善基金会、版税收入、校园服务收入、学费以及校友集资等。一个可以操作的20世纪大学自治的定义是不依赖一个单一的狭窄的资助基地。①

大学自治是这样，学术自由亦如此。学者不是企业家，也不是商人，如果一味追求金钱，那么必然会沦为俯首帖耳的"犬儒"，这时候再谈学术自由，无异于纸上谈兵。但是，学者也要有基本的生活需求，最好是能够体面地生活。著名国学大师吴宓临终前所说的："给我水喝，我是吴宓教授！给我饭吃，我是吴宓教授！"② 至今读来，仍然让人唏嘘不已。从资源依赖理论来看，如果依赖单一的组织或个人资助，其依赖程度越强，那么其自身的自由空间会越小。反之，如果依赖于多个组织或个人，那么其可选择性就会越大，自身的自由空间也会越大。中世纪早期的大学学者，之所以能够保证一定程度上的学术自由，就是能够利用自由迁移等，有效地游离于教权、王权和市民之间。待到文艺复兴、宗教改革时期的传统大学，或沦为教会统治的附庸，或沦为世俗统治的羔羊，学术自由之风也就几乎荡然无存了。

---

① ［美］伯顿·克拉克：《建立创业型大学：组织上转型的途径》，王承绪译，人民教育出版社2003年版，第5—6页。
② 陈明远：《透视名人的心理奥秘》，中央编译出版社2013年版，第235页。

因此，我们在哀叹政府对高校资助逐渐缩小，在抱怨外部对学术自由日益侵蚀的时候，更应该想一想自己应该凭什么依靠、依靠谁和怎样依靠等问题。从经济资本的角度来看，现代大学已经不像中世纪大学那样，既无基本校舍，也无图书馆、实验室等固定资产，保住教学、研究和生活的底线已经不成问题，部分一流大学甚至富可敌国。从文化资本的角度来看，经过多年积累，高校已经形成了各自独特的人力文化、物质文化、制度文化，这些文化形态是保障高校共同体发展的根本动力。从社会资本的角度来看，多元利益相关者恰恰为高校形成多元网络关系、多方发展资源，不依靠单一组织或个人，提供了诸多可能性。从学术资本的角度来看，高校作为传承、创新、应用高深知识的组织部门，在知识经济时代里，更具有得天独厚的优势。因此，从资本多样性的视角来看，高校可以凭借依靠的价值形式多样，可以依靠的对象也不断拓展，因此就当下大学自治和学术自由的空间而言，并非日渐萎缩，而是前景广阔。伯顿·克拉克所提出的创业型大学，就是高校多样资本联合运作的鲜活例证。

二 可以使高校真正认清自我，以学术为业

面对纷繁的社会世界和多样的资本类型，高校发展路在何方？管理学之父彼得·德鲁克认为，每一个社会部门组织的存在都是为了使人们的生活和社会有所不同。无论社会如何变化，医院都不会去卖鞋，也不会大规模进军教育领域，它们的主要任务仍然是救治病人。他忠告，永远不要为了金钱而放弃自己的使命。如果你眼前突然冒出了一些可能会与组织使命相悖的机遇，记住一定要学会放弃，否则你就会出卖自己的灵魂。[①] 使命不但告诉我们应该干什么，而且还告诉我们不应该干什么。

那么高校的使命是什么？要回答这一复杂问题是异常艰难的，因为不同国家、不同民族、不同地域、不同时代的高校，其使命是各异的，研究高等教育的众多学者对这一问题的解答也是多种多样的。红衣主教

---

① ［美］彼得·德鲁克：《组织生存力》，刘祥亚译，重庆出版社 2009 年版，第 41—45 页。

纽曼在《大学的理念》一书中开篇提到大学"是传授普遍知识的地方"[①];西班牙学者奥尔特加·加塞特(Ortega Y. Gasset)在《大学的使命》一书中,将大学必须行使的职责概括为:文化的传授;专业的教学;科学研究和新科学家的培养。[②] 在克拉克·克尔那里,巨型大学已经是"一个有着若干灵魂的不一致机构"。由众多群体组成的大学边界日益模糊,它延伸到校友、立法议员、农民、商人,他们都关联到一个或几个这些校内群体。克尔笔下的巨型大学,已经不再是纽曼笔下拥有一批教士的村庄,也不是弗莱克斯纳笔下有着一批知识寡头的城镇,而是一个变化无穷的城市(City)。有人在城市中迷失,有人在城市中高升。咨询顾问工作以及其他额外收入造就了所谓的"富裕教授"。教师们更加充分地参与社会,而不是边缘人物,有些甚至处于全国和世界事件的中心。面对如此纷繁多样的现代大学,克尔提出了现代美国巨型大学存在的理由何在?他分析认为:"在保护、传播和探究永恒真理方面,它没有什么同道;在探寻新知识方面没有在世的同道;在整个历史上服务于那么多先进文明的高等教育机构中也没有同道","虽然它没有一个属于自身的单一灵魂,但它的成员献身于真理"。[③] 可见,尽管纽曼、加塞特、弗莱克斯纳和克尔等对大学使命的表述各异,但是知识抑或是同时代的高深知识,却是其共同元素。就当下而言,保护、传承、探究、创新和应用高深知识是高校区别于其他组织的独特使命。

在多样资本面前,高校要始终牢记自己的使命,不要为金钱而放弃自己的使命,更不能为金钱而丢失自己的灵魂。如果为了金钱而放弃自己的使命,丢失自己的灵魂,那么最终受到戕害的是高校自身。因此,相对于经济资本的获得和积累,以高深知识为主体的学术资本的获得和积累,对于高校发展更为重要。秉持学术资本不被异化或泛化,确保学术声望不被损耗或盗用,坚持以学术为业,大学之树才能得以常青。这

---

① Newman, J. H., *The Idea of a University Defined and Illustrated*, London: Basil Montagu Pickering, 1873, Preface, p.9.
② [西班牙] 奥尔特加·加塞特:《大学的使命》,徐小舟等译,浙江教育出版社2001年版,第61页。
③ [美] 克拉克·克尔:《大学之用》,高铦等译,北京大学出版社2008年第5版,第22—26页。

种道理对于大学内的基础学科如此,对于大学内的实用性较强的学科同样如此。大学中的商学院、医学院、法学院等专业学院,首要的使命是运用高深知识来培养人才和发展科学,能力所及后再去服务社会。换言之,培养人才、发展科学和服务社会,作为大学职能的先后主次,不可混乱更不可倒置。如果说商学院的教师职责主要是商人,医学院的教师职责主要是医生,法学院的教师职责主要是律师,他们不是以学术为业,而是以兼职牟利为主,那么教师将无资格再称为教师,大学将无资格再称为大学了。

三 可以解释高校发展中各种现象

如果说我们仅仅是强调经济资本对于高校发展的重要性,那么如何解释中世纪大学在没有校舍、图书馆、实验室等情况下得以产生?又如何解释诸如西南联大等在物资极其匮乏的情况下,能够弦歌不断、培养出大批知识、文化及管理精英?如果说我们仅仅强调经过长期历史积淀形成的文化资本对于大学发展的重要性,那么又如何解释芝加哥大学在成立后20多年的时间里,就可以成为堪与哈佛、耶鲁等百年历史名校比肩的世界一流大学?同样,又如何解释在20世纪50年代院系调整中,成立于1950年2月的中国人民大学,在经过短短数年的发展后,就成为国内众多高校效仿的高等教育重镇?如果说我们仅仅强调多元资助对于大学发展的重要性,那么又如何解释19世纪德国大学在国家一元资助下,能够在欧洲大学中后来居上,占据世界高等教育之巅长达一个世纪?

毫无疑问,要解释以上大学发展中的典型案例,必须借用多样资本的视角。譬如,我们在解读中世纪大学的产生、西南联大的生存和柏林大学的崛起时,离不开社会资本的视角。[①] 我们在解读中国人民大学能够迅速成为高等教育重镇,离不开政治资本的视角。作为私立的芝加

---

① 参见胡钦晓《社会资本视角下中世纪大学之源起》,《教育学报》2010年第1期;胡钦晓《解读西南联大:社会资本的视角》,《高等教育研究》2007年第1期;胡钦晓《社会资本视角下19世纪柏林大学之崛起》,《华东师范大学学报》(教育科学版)2008年第1期;胡钦晓《从文艺复兴到启蒙运动:社会资本视角下欧洲传统大学之没落》,《江苏高教》2011年第1期。

大学,能够在短时间内成为世界一流大学,离不开石油大王约翰·洛克菲勒的巨额资助,首任校长威廉·哈珀正是利用这些巨额资金,遍访全美,寻找最好的教授。他从耶鲁大学聘来教授,并雇用了几个前大学校长,包括威斯康星大学校长。他对克拉克大学的突袭最令人瞠目。在校长不知情的情况下,他会见了克拉克大学很多教师,并承诺给出双倍工资。当克拉克大学校长提出抗议时,哈珀竟然邀请他一起加入芝加哥大学。最终,他从克拉克大学挖走了15名教授,该校绝大部分教师被他挖走。①

需要特别指出的是,尽管我们强调应当从资本的多样性来解读以上大学之发展,但是都离不开当时该大学所具有的崇高学术成就和学术声望。无论是中世纪的巴黎大学,还是博洛尼亚大学;无论是19世纪的柏林大学,还是20世纪的芝加哥大学;无论是新中国成立前的西南联合大学,还是新中国成立之初的中国人民大学,这些大学组织都在相应历史阶段聚集了时代需求的高深知识,形成了同时代其他大学所追寻和效仿的学术声望。一言以蔽之,其他资本形式只是大学发展中的动力辅助,学术资本则是大学发展中亘古不变的基本底色。

四 可以避免学术资本主义盛行

把避免学术资本主义盛行放在高校资本多样性之重要意义的最后,并不是说这一点最不重要,尤其是对于当下高校的发展而言。

为应对高等教育经费危机,公司文化越来越多地融入大学,学与商的利益博弈日渐在高校中蔓延,以绩效为目标的大学管理不断冲破高等教育市场化的底线。大学或教师为谋取更多的经济利益,不断将学术资本进行外部交换,其交换的广度、深度也日益扩大。大学通识教育中的交易价值强烈冲击着象征意义价值,大学的课程设置日益受到以市场为预期的实用性价值引导,强调培养追求社会公正、辨别真善美等伦理价值观的文科课程逐渐被压缩到底限或者被排挤到边缘。② 与之相伴,在

---

① [美] 亚瑟·M. 科恩、卡丽·B. 基斯克:《美国高等教育的历程》,梁燕玲译,教育科学出版社2012年版,第83页。

② [美] 埃里克·古尔德:《公司文化中的大学》,吕博等译,北京大学出版社2005年版,第12页。

学术研究中，从事纯粹理论研究的热忱不断降低，对于没有明显实用性的科学或学术工作习惯地表现出不耐烦的急躁情绪，学术转向了一个更具有物质功利性，更加朝生暮死地追求短期效益的急切事务。[1] 这些在当下教学和研究中的表现，都是高校过度追逐经济资本、消耗学术资本的典型现象。

学术资本与经济资本、社会资本等其他资本形式一样，具有两重性。学术资本如果运用不当，同样会为高校或教师带来发展困境。同时，学术资本是高校或教师进行外部讨价还价的基本砝码，如果弃之不用，躲避在象牙塔内，无疑会被经济社会发展所抛弃，中世纪后期"大学无用论"的呼声就是最好的注脚。但是，高校或教师如果将学术过度资本化，也就是说，始终以追求物质利益最大化为目的，那么必然衍生为学术资本主义，从而使高校丢失其基本的职责和灵魂，最终受到伤害的必然是高校或教师自身。这就是所谓的"过犹不及"。强调高校资本的多样性，就是要强调高校学术资本在多样性中的基础性，不能为了追求物质利益最大化，而动摇了学术资本的根基；强调高校资本的多样性，就是要强调学术资本在外部交换中的长期性，高校不能为了追求眼前利益，而放弃关乎生死存亡的使命；强调高校资本的多样性，就是要强调高校要始终警惕学术资本主义泛滥，积极培育多样资本的土壤，不为物欲横流所淹没。

---

[1] [美] 索尔斯坦·凡勃伦：《学与商的博弈：论美国高等教育》，惠圣译，上海人民教育出版社2009年版，第68—81页。

第三章　从学术资本到学术资本化：一个中世纪大学兴衰的分析视角

　　伴随学术资本主义概念的引入，以及学术资本主义现象在当代大学中的凸显，国内学者在对其进行批判的同时，也对学术资本进行了理性反思和深入探讨。事实上，学术能否作为一种资本，其根源性的问题在于高深知识能否作为商品。关于知识或是高深知识能否作为商品，在国内一直有过相关讨论。[①] 既有旗帜鲜明地反对将知识看作商品，也有论证知识商品化对高等教育公共性的侵蚀；既有论证知识商品的特殊性，也有从微观层面，论证知识商品的使用价值、交易价格等。知识能否作为商品，可以从经济学、社会学、文化学等不同角度进行解读，但更为重要的是，要从历史学的视角进行审视和反思。以高深知识为业进而催生出来的中世纪大学，无疑是进行这一历史分析的逻辑起点。换言之，在中世纪大学产生之前，权威组织、大学自身、社会人士是否把知识看作一种商品？在中世纪大学产生之际，知识是否作为商品以及何种知识作为商品？在中世纪大学的形成和发展过程中，知识作为商品的交换逻辑是什么？以高深知识为主体的学术资本是如何转变成经济资本、社会资本和政治资本的？在中世纪后期，当学术资本在传统大学中主导地位缺失，代之以经济资本、社会资本和政治资本为主导，当高深知识作为

---

① 相关研究参见权泊涛《知识不能成为商品》，《商业经济与管理》1986年第2期；蒋凯《知识商品化及其对高等教育公共性的侵蚀》，《北京大学教育评论》2014年第1期；杨忠泰《略论知识商品的特殊性》，《人文杂志》2000年第5期；许崴《试论知识商品的使用价值、价值与价格》，《中南财经政法大学学报》2006年第3期；蒋南平《知识、知识商品与知识资本探析》，《理论与改革》2001年第3期；徐颖、张少杰《信息化进程中知识商品交易价格问题研究》，《情报科学》2004年第2期，等等。

商品发展成为学术资本化,中世纪大学是如何走向没落的?这些问题的追问与澄清,不但对我们理解现代大学的源头——中世纪大学,具有重要的理论意义,而且对于当下高等教育发展中的若干现实问题也具有较强的启示与借鉴价值。

第一节 中世纪大学的原点:知识作为商品的正当性

一 教会反对知识作为商品

在9世纪的拉丁世界里,社会结构主要由三部分组成:战斗的人,如骑士;祈祷的人,如牧师;劳作的人,主要是农民,也包括手工业者。及至12世纪,在城市里一个新兴的中产阶级开始崛起——律师、医生、商人、工匠、教师和学生。这些新生阶层来到城市主要是为了挣钱谋生。城市为人们提供了自由的空间、工作的机会。大学就是学习和智力争辩的市场,师生间进行着思想贸易。[1] 事实上,早在1179年第三次拉特兰宗教会议上,教皇就通过法令宣布了免费教育的原则。法令指出,设立慈母般的上帝教会,就是为了提供实物福利和推动灵魂进步。避免因家境贫寒,而不能接受读书和教育。教会要为每一个主教教堂的教师提供足够圣职,为教士和贫穷学生提供免费教学,并对其他人开放。经教会认可的教师,禁止再收取任何教学费用。无论任何人违反此规定,都会被剥夺圣俸。[2] 第三次拉特兰宗教会议之规定,明确了之前教皇们的一贯思想,亦即,知识是上帝所赐,获得圣职的教师不得收取学费,因此教育是免费的。不难看出,代表中世纪欧洲实际权力组织的基督教教会,从宗教教义出发,是严禁知识作为商品出售的。教会学校中的教师享有圣俸,可以确保其衣食无忧。

---

[1] Hunt Janin, *The University in Medieval Life*, 1179 – 1499, North Carolina: McFarland, 2008, pp. 9 – 10.

[2] Lowrie J. Daly, *The Medieval University*, 1200 – 1400, New York: Sheed and Ward, 1961, pp. 7 – 8.

二 世俗学校的出现与生存

12世纪西欧社会中,一个重要的变化是诸多城市开始出现,并伴随大量社会民众涌入。"真理不仅是时代的儿女,而且是地理空间的产物。城市是把思想如同货物一样运载的人员周转的转车台,是精神贸易的市场与通衢。"[1] 教宗不得不承认,以主教堂为中心的教会学校无力面对学生的增加和教育水平的改善。因此,第三次拉特兰教廷会议还决定,允许具备足够教育训练的人授课并开设私立学校(世俗学校),以区别于由教会资助的公立学校(教会学校)。但是,教廷会议并未解决这些私立学校教师的生存问题。也就是说,如果教会不能保障私立教师的生活费用,谁来出资保证的问题。这就像一句谚语所说的,既想让马儿跑,又不给马儿草!但是教廷允许设立私立学校的规定,为涌入城市的教师开课讲学,提供了一个合法性的依据。

伴随私立学校不断增多,学校世俗化的倾向渐成主流。私立学校的教师只需校长认可,他们感觉比传统教师(教士)更接近城市的其他工作者(律师、医生、商人、工匠等)。皮埃尔·阿贝拉尔虽然是圣母院的议事司铎,但其基本收入来自于学生的酬金和礼品。阿贝拉尔写道,他曾开设了一种营利性的学校。[2] 因众所周知的爱情悲剧,使阿贝拉尔陷入不幸,之后他发现,自己没有能力种地,也羞于行乞。中断一段时期教学后,他又重新操起教授的行业。"学校就是车间,思想从中就像商品一样生产出来。知识分子拥有的工具,不仅有他的思想,而且有他的工具——图书。就像网是渔夫的工具,铁砧和铁锤是铁匠的工具一样。"[3] 由此可见,教师已经将教学当作谋生的手段,将思想知识作为谋生的商品,将图书作为谋生的工具。另外,从教廷方面来说,第三次拉特兰会议仅部分解决了与宗教教育相关的问题,对于新崛起的非宗

---

[1] [法]雅克·勒戈夫:《中世纪的知识分子》,张弘译,卫茂平校,商务印书馆2002年版,第11页。

[2] [法]雅克·韦尔热:《中世纪大学》,王晓辉译,上海人民出版社2007年版,第19—22页。

[3] [法]雅克·勒戈夫:《中世纪的知识分子》,张弘译,卫茂平校,商务印书馆2002年版,第56—57页。

教性的民法学和医学等并没有涉及。因此，这些学者都不得不为自己开课授业谋取合法化的途径。

三 知识作为商品的争论及其正当性

在社会人士的眼里，大学学人和商人彼此都在出售一些只属于上帝的财富，前者出售科学，后者出售时间。对于那些12和13世纪的教士来说，大学学人就如同商人一样，他们想要取悦于上帝和得到救赎是很困难的。1215年拉特兰第四次教会会议是中世纪史上一个重要的日子，因为它规定每人至少每年进行告解忏悔，从而在每个基督徒身上开启了一道防线，即良心审视的防线。法国学者雅克·勒高夫认为："大学学人同商人一样，他的合法性在于他所完成的劳动。大学学人的新颖在我看来归根结底就是脑力劳动的新颖性。"[①] 劳动为知识作为商品的合法性，提供了正当理由。

除了劳动之外，社会上任何一个职业的合法性确立，还需要为公共带来福祉，能够为别人提供便利，符合基本的职业伦理，不能以损害他者为前提。商人在经商过程中，除了能够自己获取利益，同时也能够为国家、社会及他人的生活带来便利，而且商人还可在获利中抽取一部分利润用于慈善事业。同样，世俗教师在知识交换过程中，除了能够为其谋生做准备，也有利于知识的增长和普及，有利于市民社会整体素质的提高，有利于公民社会、城镇国家的公共治理等，而且教师可以为贫穷学生提供免费教育，帮助他们获得职业，提升其社会地位，这本身就是一种慈善事业。这些都符合人们的"共同福祉"。

在中世纪的现实生活中，一旦教师不再是由教会所关心的修士，他就必须自己设法解决生活费用。在城市里，食宿、衣着和装备问题都令人操心，书籍也是异常昂贵的。这个问题通常有两个解决办法：教师或者靠工资，或者靠领地的收益。工资可以有两种形式：教师可以从自己的学生那里得到酬金，或者从世俗权力机关方面得到报酬。作为工资收入者的教师，在学生们付给报酬的情况下，他可以是商人；在地方当局或封建王侯

---

① ［法］雅克·勒高夫：《试谈另一个中世纪——西方的时间、劳动和文化》，周莽译，商务印书馆2014年版，第7—8页。

给他工资的情况下，他可以是官员；而当他依靠赞助者的捐款生活时，他就是某种类型的仆役。从 12 世纪以来，教师们部分地根据地区和时代的条件，部分地根据个人的处境和心态做出抉择。"但仍可以确定总的趋势。多数教师倾向依靠学生付给的报酬为生。这一解决办法，对他们来说，有不依赖世俗势力，即不依赖地方当局、封建王侯、教会以及资助者的长处。这样的解决办法对他们来说是很自然的，因为这最能适应城市发展的惯例，他们觉得自己就属于城市。他们出售自己的知识和学说，就像手工工匠出售自己的生产产品。"① 一定意义上，也正是因为教师这种生活方式的选择，为他们带来了较为充分的学术自由和自治。

因此，12 世纪，教师作为一种职业从理论和现实层面找到了合法性依据。从理论层面来看，教师职业符合对共同利益的考虑，教师的教学属于劳动的范畴；从实践层面来看，相对于归属于地方当局、宗教或世俗权威部门的资助，教师依靠收取学生学费生活，可以获得更大程度的自由和独立。因此，以知识为业的教授群体开始在城市中扎根，一批新兴的城市世俗学校相继兴起。伴随这些学校的繁荣和发展，逐步演变成为后来的大学组织。

四　何种知识作为商品

知识可以作为商品，仅仅是知识真正作为商品的第一步。简单的日常知识很难作为商品，宗教控制的信仰知识不允许作为商品，仅仅是为了保存而不进行交换、更新和创造的知识也不可能作为商品。换言之，只有相同时代空间的高深知识，才可能作为商品进行交换；知识拥有者要秉持一种知识至上，不唯唯诺诺，不为权威所压服的毅力和精神，不断创新知识，才可能有人自愿追随，才有可能与他者进行商品交换。相对中世纪前期的知识，大学产生时期的知识至少具有以下特征。

（一）知识已不再是单一，而是复杂高深

自公元 325 年基督教由君士坦丁下令成为国教后，基督教教士中就掀起了一股强烈的反希腊、罗马文化浪潮。他们认为，希罗文化是理性

---

① ［法］雅克·勒戈夫：《中世纪的知识分子》，张弘译，卫茂平校，商务印书馆 2002 年版，第 85—87 页。

的产物，而人性早已堕落；宗教信仰来自天启，简单易解，而希罗学术艰涩难懂，且相互冲突；基督教是至高无上的宗教，人们无须也无力旁骛世俗的哲学理论；部分文法家研究《圣经》是否合乎文法或修辞规则，这是亵渎神明，对上帝不敬；学术全部包括在《圣经》之中，取之不尽，用之不竭，不必涉及邪书。因此，"教会权威单位于401年的迦太基宗教会议（the Council of Carthage）上，下令教徒不得阅读希腊罗马人的著作。代表异教文化的希腊罗马学术，从此遭受贬抑，甚至几乎失传绝迹"。[①] 该时期的西欧知识是建基在宗教信仰基础上、单一性的《圣经》传诵。古希腊罗马的文化资源，为外域的阿拉伯人所继承，并得到进一步的丰富和创新（譬如阿拉伯数字1、2、4、5取代罗马数字Ⅰ、Ⅱ、Ⅳ、Ⅴ；阿拉伯人对希腊罗马的经典文献系列评注等），这也为欧洲中世纪大学的产生提供了知识储备。

随着基督徒1085年攻陷托莱多和1091年占领西西里，一个充满活力的基督教欧洲开始成为阿拉伯学术的伟大中心。阿拉伯文书籍随手可得，智力饥渴的欧洲人热切地把它们译成西欧学术的通用语言——拉丁文。[②] 人们不但译介亚里士多德的众多学科知识，而且发现了希腊伟大学者欧几里得、阿基米德、托勒密、医学之父希波克拉底及其继承人盖伦的著作等。此外，大量阿拉伯人评论希腊著作的文献也译成了拉丁文：数学（如代数发明者阿尔－花拉子模［al-Khwarizmi］的著作）、天文学、自然科学、医学（如阿尔－拉奇［al-Razi］的《医典》）等方面的著作，以及评价亚里士多德的著作（如阿尔－法拉比［al-Farabi］和阿维森纳的著作）。[③] 可见，及至12世纪的西欧，知识来源已经突破了单一的宗教元素——《圣经》，数学、天文学、法学、医学等多学科知识不断涌入。信仰开始与理性相伴，学科知识呈现出复杂高深的样态。

（二）知识已不再仅是保存，而是多元创新

在12世纪古希腊、罗马文化及阿拉伯文化传入西欧，并形成一股

---

① 林玉体：《西洋教育史》，文景出版社1985年版，第94—96页。
② ［美］爱德华·格兰特：《中世纪的物理科学思想》，郝刘祥译，复旦大学出版社2000年版，第17页。
③ ［法］雅克·韦尔热：《中世纪大学》，王晓辉译，上海人民出版社2007年版，第14页。

文化输入主流之前,中世纪西欧也曾有着自己零星式的文化薪火相传,甚至有着在历史上起到非常重要作用的文化复兴运动。零星式的文化薪火相传主要是在基督教会举办的初级教义问答学校(Catechumenal schools)、高级教义问答学校(Catechetical schools)和修道院(monasteries)之中。教义问答学校采用一问一答的方式,学生主要的学习活动就是记忆答案,不得怀疑,其内容不外是《圣经》或教父对其阐释的书籍。抄书室(Scriptorium)是修道院不可或缺的设备,其传抄的材料除了《圣经》典籍之外,也有少量异教书籍。① 公元9世纪时期,以查理曼大帝为主导的振兴文教活动,也曾产生了较大影响,通常被称作加洛林文艺复兴(Carolingian Renaissance)。美国历史学家哈斯金斯认为,这仅仅是一种复兴,而不是一种新的开始,即在刚刚过去的"黑暗时代"饱受摧残的早期基督教作家、拉丁经典著作和拉丁语的复兴,这一活动主要是保存而不是创造。他在研究"12世纪文艺复兴"的诸多创造性之后发现,这一时期的文化复兴,也不同于15世纪的意大利文艺复兴,它的开始并不归功于单独一个国家。② 在12世纪,如果说意大利在法学传承和创造中起着重要作用,那么英国则在拉丁文和方言文化中、西班牙则在文献翻译和整理中起了重要作用。尤其重要的是,法国将神学信仰与哲学理性有机结合,创造性地提出了经院哲学。它以基督教学说和经由阿拉伯世界而来的古代学说为基础,消化吸收了西方国家以往的文明。"借助这些材料,经院哲学家完成了自己的著作,他们在地基之上又添加了新的楼层和独特的建筑。"③ 经院哲学不但将宗教信仰上升为一门科学——神学,而且也为基督教统治下的西欧,撕开了一条众多学科通往理性思考的方法和路径。

(三)知识已不再是诺诺,而是理性捍卫

在基督教的欧洲,亚里士多德的自然学科知识进入大学,尤其是进

---

① 林玉体:《西洋教育史》,文景出版社1985年版,第102—105页。
② [美]查尔斯·霍默·哈斯金斯:《12世纪文艺复兴》,夏继果译,上海人民出版社2005年版,第6—11页。
③ [法]雅克·勒戈夫:《中世纪的知识分子》,张弘译,卫茂平校,商务印书馆2002年版,第81页。

入以神学而著称的巴黎大学并非一帆风顺。在基督教看来，亚里士多德的自然哲学著作中含有颠覆基督教信仰和教义的断言和观点：（1）世界是永恒的——这否定了上帝的创造行为；（2）一个偶性或属性不能离开实体而存在——这与圣餐学说相抵触；（3）自然的过程是规则的，不可改变的——这排除了奇迹；（4）灵魂并不比肉体获得更久——这否定了基督教灵魂不朽的根本信仰。基于此，1210 年，宗教会议发布命令，严禁在巴黎讲授和学习亚里士多德自然科学的相关知识，违反者将被逐出教会，并被视为异教徒（heretic）。[①] 1231 年，教皇格列高利九世（Gregory Ⅸ）指派专门委员会审查此事，但是该委员会并没有呈送调查结果，对亚里士多德著作的禁令也根本没有得到执行；1245 年，教皇英诺森四世（Innocent Ⅳ）也曾在自己创办的图卢兹大学施行禁令，但是该大学早在创办之初（1229 年）就已经能够公开阅读和讨论这些著作。1255 年，巴黎大学课程的教材目录中已经包含了所有能得到的亚里士多德的著作，而同时的牛津学者一直未曾受到该禁令的影响。[②] 此外，教会也曾对世俗性质的民法学、医学等表现出强烈的反感、排斥甚至是禁止，但是中世纪的基督教西欧由于诸侯国林立，教会统治也并非铁板一块，有的是基于世俗权力的支持，有的是基于社会经济发展的需求，有的是基于学者的理性捍卫，最终这些学科能够在缝隙中生根发芽并茁壮成长。中世纪早期因知识匮乏、蒙昧无知，而对宗教信仰唯命是从的时代，已经被知识的理性捍卫所代替。

第二节　中世纪大学的形成：基于行会性质的知识交易

一　学者行会与大学意涵

在当下高等教育研究和实践中，大学之英文"University"已成为世界性的通用语言。这一词语直接来源于拉丁文"*Universitas*"。加布

[①] Lynn Thorndike, *University Records and Life in the Middle Ages*, New York: Octagon Books, 1971, pp. 26 – 27.

[②] ［美］爱德华·格兰特：《中世纪的物理科学思想》，郝刘祥译，复旦大学出版社 2000 年版，第 26—27 页。

里埃尔·卡斯帕尔（Gabriel Compayré）认为，我们必须避免一个错误认识，亦即，"university"在一开始并非现代大学的同义词，而仅仅是教师、学生集合起来的一个教学团体。"Universities"，从其最原初的意思来说，仅仅是指同行协会（association）、法人社团（corporation）。在中世纪市民法语境中，所有的社团法人都可以称之为"*universitates*"；在德国法学家看来，*universitates* 是自治城市的专有名词；在意大利，它是指特定的商业组织。[①] 艾伦·科班（Alan B. Cobban）也认为，university 来源于 universitas，该拉丁文的意思是"行会"（guild）。在 12—14 世纪，universitas 有着广泛的应用，包括手艺行会、市政社团以及教师或学生组成的学术行会。到了 14 世纪晚期，*universitas* 才特指大学。[②] 由此可见，现代意义上的大学，直接来源于带有商业性的行会组织。而行会的产生，主要是因为在中世纪城市中，从事同一职业的人集合起来，利用群体力量，来保护商品交易中的自身利益，学者行会也不例外。

在中世纪，大学还有另外一种称谓，即"*studium generale*"，*studium* 是集中学习的场所，*generale* 主要是指具有吸引外部地域学生前来学习的能力。Studium Generale 最初完全是源自于习俗或惯例，无须权威部门认可。13 世纪初，三个享有崇高声望的学术中心已经出现：巴黎的神学和文学，博洛尼亚的法学和萨莱诺的医学。伴随世俗学校的增多，在无外界制约的情况下，有些学校也想冠之以 *Studium Generale*，并享有与巴黎或博洛尼亚大学同等地位，因为一旦拥有该称谓，按照惯例其毕业的学生可以到其他地方从教，从而造成该称谓的膨胀。1224 年，皇帝腓特烈二世（Emperor Frederick Ⅱ）创办了那不勒斯大学（Studium Generale at Naples）；1229 年，教皇格里高利九世在图卢兹创办了同样机构。为使图卢兹享有与巴黎和博洛尼亚毕业生的同等权利，1233 年发布教皇诏书（Papal Bull），图卢兹的毕业生可以到其他地方任教无须任何考试，亦即"教学通行权"（*jus ubique docen-*

---

① Gabriel Compayré, *Abelard and the Origin and Early History of Universities*, New York: Charles Scribner's Sons, 1893, pp. 31–32.

② Alan B. Cobban, *Universities in the Middle Ages*, Liverpool: Liverpool University Press, 1990, p. 1.

di）。而后，无论是新建大学，还是已经存在的大学，获得教皇或皇帝诏书成为获得"教学通行权"的必要条件。地方国王，如西班牙，在未经教皇或皇帝的允许下，也为新建机构颁布了皇家特许证。[1] 获得认可的大学，即可获得"教学通行权"，也就意味着，毕业于该大学的学生有资格到其他地方任教，无须进一步考试。事实上，这一规定对于其他大学而言，并不是全然有效，因为一方面当时的考试尚无笔试，未经考核很难鉴定其学术能力；另一方面，在学生数量确定的情况下，新进教职的加入势必要减少其他教师从学生学费中的收入。这种境况只有到了教师工薪制度（endowed salaried lectureships）超过依靠学生学费施行后才开始改变。[2] 可以看出，聚集于 *studium generale* 的学者行会组织，一定意义上，拥有了教皇诏书、皇帝诏书或皇家特许证，也就拥有了类似商业组织的合法性营业执照，其培养的毕业生也就自然拥有了"教学通行权"。其他大学之所以对"教学通行权"的认可不一，一方面是基于学术上的考量，另一方面是基于经济利益的考量。

因此，从词源学上来考察现代大学产生的原点——中世纪大学，无论是从拉丁文"*universities*"来看，还是从"*studium generale*"来看，基于行会性质的知识交易，是其产生的最为原初动力。

二 教师行会与学生行会

中世纪大学有两个主要类型，一是以法国巴黎大学为代表的教师型大学，一是以意大利博洛尼亚大学为代表的学生型大学。从行会到大学的演变来看，教师型大学来自教师行会，学生型大学来自学生行会；从知识交易的主动权来看，教师型大学是由教师（知识的出售方）为主导，学生型大学则是由学生（知识的购买方）为主导。

自查理大帝加洛林文艺复兴以来，法国教育完全局限在大教堂和修道院之中。12世纪，伴随教育的快速发展，越来越多的教师聚集在著

---

[1] Hastings Rashdall, *The Universities of Europe in the Middle Ages: Salerno-Bologna-Paris*（Vol. 1），Oxford: Clarendon Press, 1895, pp. 9 – 13.

[2] Alan B. Cobban, *Universities in the Middle Ages*, Liverpool: Liverpool University Press, 1990, pp. 1 – 2.

名大教堂周围，渴望获得教学许可，以便获得来自学生支付教育的报酬。1179年，拉特兰宗教会议规定，任何一个具备教学能力的申请人可以无偿获得"教学证书"（*licentia docendi*）。于是，教堂附近的教师数量倍增。黑斯廷斯·拉什达尔（Hastings Rashdall）认为，除了自身的惯例，教师行会或法团的产生，与其他性质的行会具有高度相似性。[①] 在巴黎主教堂附近，不断聚集起来的教师中，一些有着广泛的学术影响，从而吸引大量学生不断聚集于此，聆听他们的授课。到了12世纪，这些教师和学生组织起来保护自身利益，越来越显得重要了。威利斯·鲁迪（Willis Rudy）认为，巴黎大学的教师相对学生来说具有相当强的讨价还价的位置（bargaining position）。1100年之后，学生开始聚集在巴黎，学习逻辑和辩证法，以谋求神学的职位。伴随教师和学生的人员增多，一些有影响的文学教师（artists）决定按照惯例组成行会（guild 或 universitas）来保护他们的共同利益，于是就产生了教师行会（teacher's guild）。[②] 从知识交换的逻辑来看，知识的拥有者——教师拥有主动权，形成以教师为主导的教师行会似乎不难理解，由教师行会逐步发展成教师型大学也符合当下的基本常识。那么，对于意大利博洛尼亚的学生行会形成，并进而发展成学生型大学，不但不符合当下大学的日常惯例，而且也与当时中世纪艺徒制的手工业行会不相符。在艺徒制的手工业行会中，徒弟在经济上完全依赖师傅，师傅对学生拥有绝对的管理权。

事实上，在博洛尼亚产生的法律学校最早是由一些著名教师组成的。正是因为有法学家欧内乌斯（Irnerius）在罗马法（Roman law）的广泛影响，以及修道士格雷希恩·卡斯帕尔（Gratian Compayré）在教会法（canon law）的杰出贡献，才使得博洛尼亚成为法学的学习中心。事实上，不难理解，作为一个教师行会组织，博洛尼亚的博士行会（Doctors of Bologna）与巴黎的硕士行会（Masters of Paris）一样，都是在早期成立的。只是到了后来，真正的学术事务权力才转移到了学生们手中，形成

[①] Hastings Rashdall, *The Universities of Europe in the Middle Ages*: *Salerno-Bologna-Paris* (Vol. 1), Oxford: Clarendon Press, 1895, pp. 280 – 288.

[②] Willis Rudy, *The Universities of Europe, 1100 – 1914*: *A History*, Rutherford: Fairleigh Dickinson University Press, Associated University Presses, 1984, pp. 15 – 21.

了博洛尼亚的学生型大学。① 在早期，师生关系是和谐的，他们共同抵御来自博洛尼亚市镇的利益侵犯。为了留住教师资源，市镇决定给予教师市民权，但同时也提出了一些制约条件。1182年，市镇要求教师宣誓至少要在本地教学两年；1189年，基于经济和声望的利益，市镇又要求教师不得在该地以外教学，并要求教师拒绝帮助他们的学生到意大利其他地方学习。这一政策成为博洛尼亚大学局势的转折点。教师开始逐步失去了他们在市镇中的独立地位，同时也失去了捍卫学术自由的地位。学生们预见到，一旦与市镇发生冲突，教师出于自身利益的考量，会站在市政权力的一边。在这些情况下，国外的法学学生（不享有博洛尼亚市民权）自发组织起了"学生大学"，不久便成为教师的管理组织。② 科班从学术自由的角度，论述了博洛尼亚成为学生型大学的主要原因。奥拉夫·佩德森（Olaf Pedersen）则认为，博洛尼亚学生型大学产生的主要原因，是学生们对其经济安全缺乏法律保障的忧虑。尽管说学生付费给教师，以完成他们的学业，但是他们发现毕业后逐渐被排斥在外。博洛尼亚市政会议拒绝给外国学生市民权，这或许因为来自教师团体的压力。一方面，出于城市经济发展的考虑，他们想留住学生；另一方面，给予学生市民权则意味着任何学生完成学业后，都可以在博洛尼亚担任律师或教师。这都会影响到法学教师在城市律师或教师的经济垄断地位。基于这些不利因素，博洛尼亚的学生不得不自行组成学生行会。③

　　无论是科班从学术自由的角度来分析，还是佩德森从经济安全的角度来分析，学生型大学之所以能够形成，一个重要的原因是在早期的博洛尼亚，学生掌握着教师的生存来源。拉什达尔认为，尽管说我们对13世纪博洛尼亚大学教学制度的真实情况知之甚少，但是，有充足的证据表明，教师完全依靠其筹款生活，也就是来自于学生的支付学费。1280年，博洛尼亚市政引进了国外的薪水制度，大学教师自此开始逐

---

① Hastings Rashdall, *The Universities of Europe in the Middle Ages*: *Salerno-Bologna-Paris* (Vol. 1), Oxford: Clarendon Press, 1895, p. 150.
② A. B. Cobban, *The Medieval Universities*: *Their Development and Organization*, London: Methuen & Co. Ltd., 1975, pp. 50–57.
③ Olaf Pedersen, *The First Universities*: *Studium Generale and the Origins of University Education in Europe*, Cambridge: Cambridge University Press, 1997, p. 138.

步摆脱学生学费的依赖。伴随城镇资助教师的数量和金额的不断增加，教师收入的主要来源逐渐由学生转移到市政。学生管理教师的模式逐步为市政管理所替代。① 而后，学生型大学的管理模式逐渐消失，教师在大学中的地位又重新得以恢复。纵观博洛尼亚大学发展史，从最初的教师管理大学，再到学生管理大学，最后到市政管理大学，高深知识作为商品的交易因素始终发挥着重要作用。

三 学院：知识交易的专业组织

当下意义上的"学院"是指负责教学的学术共同体。事实上，这与中世纪大学中的学院设置基本相同。但是，在最初，Faculty仅仅是指科学或人文的同义词。13世纪前半叶，该词是指学习的层级，在四个学院明确划分之前，是很难将文学、法学、神学、医学的教师和学生进行清晰划分的。譬如，1208年，教皇英诺森三世在给巴黎大学的信函中，称巴黎大学的教师们为"所有神学、教会法学和文学的博士"。到了13世纪中期，还没有对各学科的教师和学生进行明确区分。学院形成是伴随学习发展的不同路径而自发演变的结果。尽管早在1215年，教皇使节就为神学教师和文学教师颁布了不同的规章，但是两个学院的划分要到13世纪的中后期才逐渐清晰。法学院直到1271年才获得自己的印章，医学院到1274年才获得自己的印章，并逐渐形成了文学是基础学科，神学、法学和医学是高级学科的层级划分。② 在学院演变的过程中，这些专业性组织之所以能够边界清晰，并获得权力部门认可，除了相关师生具有相同的知识倾向，还由于这些学科在中世纪时期都具有较强的实用性。

以神学而著称的巴黎，因为有教会的支持和庇护，毕业学生可以从事宗教事务，确保在将来衣食无忧。在1150年之后，在意大利受过教育的教师主持下，巴黎也开设了法律和医学专业。尽管教会认为这些专业过于世俗而不屑一顾，但是仍然取得较大成功，因为它们面向的是高

---

① Hastings Rashdall, *The Universities of Europe in the Middle Ages*: *Salerno-Bologna-Paris* (Vol. 1), Oxford: Clarendon Press, 1895, pp. 212-213.

② Gabriel Compayré, *Abelard and the Origin and Early History of Universities*, New York: Charles Scribner's Sons, 1893, pp. 107-111.

薪职业，其毕业生或是在神职岗位中，或是在皇家行政中任职。① 神学、法学、医学的职业实用性是不难理解的，事实上，在中世纪时期文学也具有很大的实用性。在文学中，修辞学在中世纪大学时期甚至被称为"商业课程"，该课程特指书写艺术，而非希腊、罗马时期的辩论艺术。一个人的书写技巧，也就是说他能够正确地书写信件和其他重要文书，就可为其提供更多机遇。② 在中世纪时期，具备文字表达能力的人员非常有限，很少有人能够书写，能够写信者更少。对于世俗人员来说，能够书写就是一种值得尊敬的荣耀。13世纪，一些教师开始在大学中，尤其是在意大利和法国南部的大学中，就像宣传现代商业课程那样推销他们的商品——节约时间，即学即用！③ 对12世纪的大学教师而言，他们觉得自己实际上就是手工工匠，就像同其他城市市民平等的专业人员一样。他们的专业是"自由艺术"，这不是一门科学，而是一门技艺。文学就是技艺，是教授们的专长，就像盖房子的木匠及铁匠的专长。这些技艺不仅以知识为条件，而且也以生产制造为前提，如交谈（语法学）、演绎推理（辩证法）、演说（修辞学）、计算（算术）、计量（几何）、旋律（音乐）、天体运转的测量（天文学）。④ 由此可见，无论是高级学院中的神学、法学和医学，还是基础学院中的"三科"和"四艺"，知识的实用性是其基本特征。因此，科班认为，欧洲中世纪大学是伴随着城市和商业贸易的复兴，远距离贸易和十字军东征对书信交流的需求，法学、医学等专业需求，以及教会、世俗管理机关的需求等产生的。大学的出现是为了迎合当时市场的需求，并深深扎根于功利主义的土壤。⑤ 质言之，中世纪大学的学院知识，完全不同于19世纪

---

① [法] 雅克·韦尔热：《中世纪大学》，王晓辉译，上海人民出版社2007年版，第21页。

② Louis John Paetow, *The Arts Course at Medieval Universities with Special Reference to Grammar and Rhetoric*, Illinois: University Press, 1910, pp. 67–70.

③ Charles Horner Haskins, *The Rise of Universities*, Ithaca: Cornell University Press, 1957, pp. 31–32.

④ [法] 雅克·勒戈夫：《中世纪的知识分子》，张弘译，卫茂平校，商务印书馆2002年版，第55—56页。

⑤ Alan B. Cobban, *Universities in the Middle Ages*, Liverpool: Liverpool University Press, 1990, p. 2.

德国大学中的学院知识,前者以追求实用为鹄的,后者以追求"纯粹知识"为目标。在完全依靠学费生活的中世纪大学里,知识若无实用性就会无人问津;19 世纪德国大学中之所以能够追求"纯粹知识",主要是因为政府能够为教师的知识买单。

四 学位:学者个人的营业执照

现代学位制度源起于中世纪大学。如果就大学组织来说,教皇诏书、皇帝诏书或皇家特许证可以类比为开课授业的组织营业执照,那么就学生个体而言,授予学位证书则证明获得者具有开始教学的知识能力,可以类比为开课授业的个人营业执照。

中世纪大学建立自己的学位制度,仅仅是模仿了在手工业行会中早已确立的组织惯例。在手工业行会中,人员可以清晰地划分为三个层级:学徒、助手或同伴、师傅。助手是不可以被认可为师傅的,除非他能够独立完成被安排的特殊工作。只有任务完成出色,满意后才可就任师傅。一般情况下,就任师傅要举行仪式和宴请。而后,他便可以独立以师傅的身份获得从业自由,享有行会成员的所有权利。早期中世纪大学的名师,无论是巴黎的阿贝拉尔,还是博洛尼亚的欧内乌斯都没有学位,他们完全是依靠个人学术能力和声望从事教学。伴随教师和学生人数的增加,一开始的教学证书慢慢地转变为学位,以至于学位证书越来越重要。最初,获得教学证书是不用经过考试的,申请人只要是拥有必要的才能即可。后来,不但要对申请人进行严格的同行教授的能力考查,而且还要对其进行职业道德的考查。卡斯帕尔认为,最初的执教证书并不是学位,充其量也只是一种单一的学位。学士和博士,也就是学生和教授而已,没有所谓的学士学位和博士学位。博士、硕士、教授是同义的。所谓学士,也就是学徒、新手。[①] 菲利普·哈里曼也认为,相对于中世纪的其他大学而言,肇始于巴黎大学的学士学位更能令人满意。大学文学院中的学士资格,是指学生开始成为教师学徒(apprentice teacher),可以通过开设额外课程获得教学经验。他真正的

---

① Gabriel Compayré, *Abelard and the Origin and Early History of Universities*, New York: Charles Scribner's Sons, 1893, pp. 140 – 145.

大学学位，需要经过三年的工作，才有资格领取开业证书（licentiateship），获得硕士或博士身份。到了1275年，从业资格考试确立后，文学士才首次成为正式学位。① 可见，学位制度正式确立之前，所谓的学士、硕士或博士，与中世纪其他行会中的徒弟和师傅并无二致。作为徒弟的学士是不能独立开课授业的，也就意味着不能获得"教学通行权"。只有获得了硕士或博士以后，成为行会中的师傅角色，才可以独立开课授业。

据考证，博洛尼亚大学早在1219年之前就建立了自己的学位制度；巴黎大学则在1208年就授予了最早的学位证书。市民法和教会法的学习中心——博洛尼亚大学，以及后来的意大利和德国大学，通常称他们的教师为博士；文学的学习中心——巴黎大学，以及后来的牛津大学，尽管也称教师为教授，但同时也通常称他们的教师为硕士。受此影响，直到近代时期，德国大学中的哲学博士实质上与英国的文学硕士是等值的。② 学生获得硕士或者博士学位，也就意味着获得大学中学院（学科同行）的组织认可，可以成为本专业行会的成员，而无须进一步考试，在任何地方从事教学。换句话说，学位就意味着完成学业的奖励，知识能力的证明，进入职场的介绍信，是学者个人的营业执照。

第三节　中世纪大学的生存：高深知识的交换逻辑

高深知识可以作为商品，为中世纪大学产生奠定了合法基础；行会性质的知识交易，为中世纪大学产生提供了制度保障。中世纪大学在内外部知识贸易中，逐渐形成自身的交换逻辑，并依靠自身的高深知识和学术声望，不断转化和积累经济资本、社会资本和政治资本等。一定意义上，也正是基于高深知识和学术声望的资本转化，才使得大学这一组织能够在宗教控制、诸国林立的中世纪得以生存发展。

---

① Philip L. Harriman, "The Bachelor's Degree", *The Journal of Higher Education*, Vol. 7, No. 6, 1936, p. 301.

② Stephen H. Spurr, *Academic Degree Structure: Innovative Approaches*, New York: Mcgraw-Hill Book Company, 1970, p. 10.

一 大学内部的知识交换逻辑

（一）大学师生的教与学

中世纪大学的生源，具有欧洲范围的国际性。南森·沙赫纳研究发现，当部分异国他乡的学生所带面包耗尽，他们可以利用学者特权沿街乞讨。这样就可以不用花费分文用在吃饭上，以便积攒下每一文钱用于住宿和教师的学费。学生从外地赶到巴黎安顿好后，巴黎大学的教师们就在各旅馆中溜达，等待到来的新生，或者他们雇佣"招募人"（chasers）代表他们寻觅新生。穷学生则游走在众多教师和招募人之间，寻找适合自己的教师。教师和招募人则吹嘘各自的才干，互相贬低他者，以便提高自己的筹码，一些商业性的优惠也常常相伴，譬如可以享受短时期的免费授课、给予优惠和打折等，各种方法无所不用其极。[①] 在博洛尼亚大学，新生来到后就会加入学生的地区保护组织——同乡会（Nations）。伴随学生组织的日益壮大并不断超过教师行会，本来应该属于知识购买方的学生行会，逐渐占据了知识交易的主动权。最终教师行会沦落为学生行会薪酬依赖的附庸。博洛尼亚的教师不再像巴黎大学的教师那样，直接招收学生并收取学费，而是需要经过学生同乡会的民主推选"被聘任"。

中世纪大学早期，印刷术还没有发明，书籍相当短缺、昂贵，而且大学所使用的教科书带有神圣性，大概只有教师才能够拥有书籍。所以当时大学教授，皆以"读"教科书为主，这种教学，叫作"读课"。读课就是教师将自己的那本书读给学生听，学生作笔记。所以大部分大学都规定读的速度，教师不可以读得太快，致使学生记笔记不及；也不可以读得太慢，延缓课程进度而获取较多学费。大体而言，巴黎学生年纪较轻，要求教师读慢一些；但博洛尼亚的法学学生年纪较大，注重一分费用一分收获，所以要求教授必须读快一点。[②] 这种"读课"通常又分为两种类型：最重要的是普通课程，这属于大学的必修课程，通常由经

---

① Nathan Schachner, *The Mediaeval Universities*, London: George Allen & Unwin Ltd., 1938, pp. 312-314.

② 林玉体：《西洋教育史》，文景出版社1985年版，第138页。

验丰富的教师讲授；另外是一些额外课程，学生自愿付费参加学习，通常由低层的教师讲授。额外课程的开设，主要是为了弥补学生在普通课程中不能够及时记录或掌握的辅导性课程。学生学习能力有差异，对于有能力记录或掌握课程的学生，是不会再愿意拿出额外的学费进行补修的；对于那些能力欠缺者，却不得不拿出更多的学费来补齐课程。事实上，开设额外课程的学士，都是教学生涯中的"新手"，有时他们甚至拿出部分钱来吸引学生听课，以便提高学术声望。[1] 这一做法类似于现在的商业广告，"一分费用一分收获"的知识交易原则清晰分明。

由于学生的能力、需求等各不相同，因此"读课"的快慢确实成为中世纪大学中的一个重要问题。在以教师为主导的巴黎大学，更倾向于使用快速阅读的方法进行教学。1355年12月，巴黎大学文学院通过的一项规定中提到，在"读课"中有两种方法：第一种是教师能够尽快清晰地阅读书本，学生能够较好理解但是不能及时记录；第二种方法是尽可能降低阅读速度，学生可以逐字记录。经过谨慎的比较和测试，发现第一种方法比第二种更好。所以学院教师达成一致意见，在教学中采用第一种方法。[2] 毫无疑问，从效率上来说，第一种方法可以使学生在单位时间内，理解和掌握更多的知识，但是也不能排除授课教师的利己思想。在一个书籍极其短缺的时代里，谁拥有了书籍也就意味着拥有了准确知识。拥有准确记录知识人员的增多，也就意味着教师职业的竞争和威胁。所以金代诗人元好问的"鸳鸯绣了从教看，莫把金针度与人"的诗句，很好地反映了巴黎大学教师的这种思想。对于巴黎大学教师来说，原版书籍就是保障其生活的"金针"。尽可能不让学生原文记录书籍，也就意味着更好地保护好自己的"金针"。

以教师为主导的巴黎大学，有权选择快速阅读而不让学生准确记录的教学方法。在以学生为主导的博洛尼亚大学，情况则完全不同。教师不但不能够按照自己的意愿选择讲授的速度，而且在授课中始终受到学生牵制。每学期开学前，学生和任课教师会就全年的课程内容及分配方

---

[1] Frederick Eby and Charles Flinn Arrowood, *The History and Philosophy of Education: Ancient and Medieval*, Englewood Cliffs: Prentice-Hall, Inc., 1940, p. 786.

[2] Olaf Pedersen, *The First Universities: Studium Generale and the Origins of University Education in Europe*, Cambridge: Cambridge University Press, 1997, p. 253.

式达成一致意见。课程内容会划分为若干部分或要点，每部分必须在两周内完成。这也就意味着教师必须在规定的时间内，完成规定的授课内容。如果不能严格执行教学计划，教师就会面临重罚的威胁。如果教师省略部分章节，遗漏了应当以适当的速度完成特定的教学内容，那么他将不得不退还部分或全部学费，退还多少要看其省略的程度。每个学期初，教师必须在学生指定的城市银行中，为其教学行为存入一笔保证金。① 由此可见，相对以知识的销售方（教师）为主导的巴黎大学，以知识的购买方（学生）为主导的博洛尼亚大学，在单位时间内规定了讲授的内容，也就意味着，教师读课的速度受到了更大程度的制约。总之，无论是巴黎大学还是博洛尼亚大学，教师和学生之间围绕知识传授的效率和速度问题一直纷争不断。正如威利斯·鲁迪所说，由于教师没有固定薪金，不得不依靠学生学费维持日常生活，可以断言，久而久之教师倾向于使用黔驴之技和迎合需求来吸引更多学生。相应地，对那些或讲课声音细小而听不清，或讲课太慢而不能全面覆盖内容，或讲课太快而不能充分记录的教师，学生就会吹口哨、发嘘声、大声叫喊、牢骚抱怨、齐声跺脚，甚至向教师扔石子。② 这种纷争与市场中小商小贩和顾客之间的讨价还价几乎如出一辙。

（二）知识交换中的基本规则

在中世纪大学产生的早期，讲课酬金的数额从传统上来说并不是固定的。即使是最有声望、学术渊博的教授，也会与他们的学生就讲课费问题，进行近乎有失尊严地讨价还价。譬如，著名的法学教授奥多弗雷德在一门课程讲授的学期末宣布，下一个年度他将不再讲授下午的课程，因为他发现学生并没有很好地付费。③ 伴随大学发展，关于知识交换费用的相关制度规则开始出现。譬如，根据1333年的规定，在巴黎大学的文学院内部，新入职教师讲授逻辑学可以收取1先令的费用，讲

---

① A. B. Cobban, *The Medieval Universities: Their Development and Organization*, London: Methuen & Co. Ltd., 1975, p. 64.
② Willis Rudy, *The Universities of Europe, 1100 – 1914: A History*, Rutherford: Fairleigh Dickinson University Press, Associated University Presses, 1984, p. 33.
③ Hastings Rashdall, *The Universities of Europe in the Middle Ages: Salerno-Bologna-Paris* (Vol. 1), Oxford: Clarendon Press, 1895, p. 210.

授科学可以收取 18 便士的费用。① 在以学生为主导的博洛尼亚大学，甚至出现了学生先试听一段时期的课程，然后再决定是否付费。1405 年，博洛尼亚规定，以圣路加节为起点学生应当听讲 15 日之后，才决定是否付费。教师不得强迫其交费，除非 15 日之后他继续听课。15 天过后，不管任何情况，教师都可收取他们的上午和中午的课程学费。学生支付学费后，教师不得强迫另行缴费，每年只需收取一次。② 可见，相对巴黎大学，博洛尼亚大学的学生在知识交易中有着更大的主动权。但是，学生并不总是愿意付给教师款项的。因此，作为一个整体，博洛尼亚大学教师很难扎根，许多人在一所学校逗留上一两年就转移到其他学校。很少有人将大学教学视为一个长久性职业，他们往往将精力同时用在学术和非学术雇佣上，譬如市政代表。③ 为更好地挽留优秀教师，学生型大学关于学费的相关规定也会更加详细、明确。

首先，不同教师收取的学费不同。逻辑学教师每年可以从学生收取的学费为 40 博洛尼亚币，如果违反则每人处以 10 博洛尼亚镑的处罚。如有凭据，任何人均可控诉告发。告发者可获得三分之一的罚金。此外，对于没有交付上午听课费的学生，中午听课费要每年交付 10 博洛尼亚币。特别评论者可以与逻辑学评论者一样，在冬季学期收取 20 博洛尼亚币，在夏季学期收取 15 博洛尼亚币。对于不住在语法学教师家的学生，每年交听课费 30 博洛尼亚币；对于住在语法教师家的学生，每年要交给教师听课费 40 博洛尼亚币；语法评论教师可在冬季收取 20 博罗尼亚币的听课费，在夏季收取 10 博洛尼亚币。对于临时插班进来听课的学生，他们要按照听课总时间的相应比例缴纳费用，同时他们也是先试听 15 天，决定继续听课者再缴纳听课费。而且，以上只限于在没有事先确定好固定费用的情况下执行，否则学费的支付要按照协议进行，若违反事先协议要处以 100 博洛尼亚币的

---

① Gordon Leff, *Paris and Oxford Universities in the Thirteenth and Fourteenth Centuries: An Institutional and Intellectual History*, New York: John Wiley & Sons, Inc., 1968, p. 160.

② Lynn Thorndike, *University Records and Life in the Middle Ages*, New York: Octagon Books, 1971, p. 274.

③ A. B. Cobban, *The Medieval Universities: Their Development and Organization*, London: Methuen & Co. Ltd., 1975, p. 66.

处罚。① 可以看出，不同教师（讲课或评论教师）在不同时间（上午或中午课程，冬季或夏季学期）讲授课程所收取的费用是不同的，如果违反这些规定，就会被处以罚金。

其次，不同学科收取的费用不同。拉什达尔认为，在中世纪大学的所有学科中，医学教师和法学教师的薪酬普遍高于文学院教师。在文学院中，逻辑学教师可以收取学生的最高学费为 40 博洛尼亚币，语法学教师最高收取 30 博洛尼亚币。奇怪的是，医学讲座收取学费要低于语法学讲座，一般限制在 20 博洛尼亚币。这或许是因为医学讲座可以面向人数众多的学生讲解，而语法学学生则需要"个别关注"。② 由政府出资的薪酬制度施行后，学科之间的教授薪金仍然存在着较大差异。譬如，在蒙彼利埃，大约在 1500 年，医学教授的薪水大约在 100 里弗尔，法学教授大约在 50 里弗尔，那些文学院的教授仅为 30 里弗尔。在博洛尼亚，那里的教授相对富有，法学家的工资从 50 到 500 里弗尔不等。但是在多数大学，尤其是在文学院中，教授仍然依靠直接收取学生的学费。③ 从不同学科的教师总收入来看，专业性强的高级学院如医学、法学，要高于处于基础学科地位的文学院。

最后，不同课程收取的学费不同。在亚里士多德哲学的相关课程讲授中，不同课程收取不同额度的学费。譬如，《形而上学》25 博洛尼亚币，《灵魂论》（*De Anima*）15 博洛尼亚币，《生命论》（*Degeneratione*）10 博洛尼亚币，《论天》（*De Celo*）15 博洛尼亚币，《气象论》（*Meteorology*）15 博洛尼亚币。每本《自然论短篇》（*Parva Naturalia*）5 博洛尼亚币，其中的《论感觉与可感》（*De Sensu et Sensato*）和《论睡与醒》（*De Sompno et Vigilia*）可以收取 8 博洛尼亚币。整本书讲授《论动物》（*De Animalibus*）收取 40 博洛尼亚币，如果只讲授《动物繁殖论》（*De Generatione Animalium*）收取 20 博洛尼亚币；如果只讲授《动物构成

---

① Lynn Thorndike, *University Records and Life in the Middle Ages*, New York: Octagon Books, 1971, pp. 274-275.

② Hastings Rashdall, *The Universities of Europe in the Middle Ages: Salerno-Bologna-Paris* (Vol. 1), Oxford: Clarendon Press, 1895, pp. 240-241.

③ Gabriel Compayré, *Abelard and the Origin and Early History of Universities*, New York: Charles Scribner's Sons, 1893, p. 283.

论》(*De Partibus Animalium*) 收取 15 博洛尼亚币。如果讲授《伦理学》(*Ethics*) 收取 20 博洛尼亚币；《政治学》(*Politics*) 20 博洛尼亚币；《修辞学》(*Rhetoric*) 20 博洛尼亚币；《经济学》(*Economics*) 5 博洛尼亚币。如果是评论者或高级学生评注其中的任何一门课程，那么按照半价收取学生学费，如果讲授《后分析篇》(*Posterior Analytics*) 则收取 10 博洛尼亚币。讲授《前分析篇》(*Prior Analytics*) 可以收取 10 博洛尼亚币；《辩缪篇》(*Elenchi*) 10 博洛尼亚币；《六原则》(*Sex Principia*) 5 博洛尼亚币。[1] 制定规则，将不同课程收费的最高数额固定下来，可以有效避免师生之间，就知识交易的价格过度讨价还价。知识交易的市场，正是在这些规则中逐步走向有序。

（三）知识交换的道德约束

尽管教会认为知识是上帝赐予的礼物，不能够出售，但在博洛尼亚、巴黎和那不勒斯，或者其他任何大学，教授们明显不希望像苏格拉底那样不关注财富。对他们来说，难道律师不是在出售他们的法律咨询？1229—1231 年，巴黎大学教师代表杰弗里·卡斯帕尔（*Geoffrey Compayré*）在罗马法庭上解决了这一争端，教师可以从他们的学生中收取学费。但是不能够收取盗贼或者高利贷者儿子的学费（道德风险）。在罗马法庭上还达成一致意见：对贫穷学生要免费，而对于富有学生来说，即使是离开教堂的神学教师，尽管说他们享有圣俸，但也可以收取他们的学费。如果教师的圣俸收入足以供给生活，就不能够收取学生的学费，但是仍然可以收取学生的礼物。以上规则的实行，都要依靠惯例来判断。[2] 中世纪大学师生之间的知识交易关系，既没有妨碍学生的学习自由，也没有妨碍教师的教学自由，教师和学生的行为均受到道德约束。

从教学规则来看，在中世纪大学中，每当学生不满情绪产生的时候，就会从一个教师转换到另一个教师学习，无论哪个学院的教师均不得阻拦，除非学生一开始就满意该教师并支付了学费。语法学教师必须

---

[1] Lynn Thorndike, *University Records and Life in the Middle Ages*, New York: Octagon Books, 1971, pp. 277–278.

[2] Post G., "Masters' Salaries and Student-Fees in the Mediaeval Universities", *Speculum*, Vol. 7, No. 2, 1932, pp. 189–192.

一天进入教室两次，分别在圣彼得弥撒和小型晚祷上，每缺席一次罚款10博洛尼亚币，除非他宣誓证明缺席的合法理由。无论哪个学院的评论者，都必须每天在特定时间内对学生进行提醒和关注，以传统的方式不断叮嘱他们，考核他们，听取他们的意见，缺席一次罚款10博洛尼亚币，告密者、大学和校长各获得三分之一，告密者宣誓作证，校长作为信用担保。[①] 受公共学术道德良心的驱使，学生们认为有义务去揭发那些无故缺席离开，或者是那些违反规章制度的教师。[②] 这些道德规则的制约，能够有效保障教学质量。

从管理主体来看，并非是学生型大学中教师地位丧失殆尽，也不是教师型大学中学生地位荡然无存。雅克·韦尔热认为，在博洛尼亚，法学博士表面的从属地位并未伤害他们的知识自由，也未侵犯到他们的能力和财富。乌国利诺·哥西亚说到推测和细究两者之一时，说起他的学生，"我管教他们，我又服从他们"。严密的监控并不妨碍尊严，这种情况完全符合13世纪意大利行会的惯常实践。城市行政官员，特别是最高行政长官都是这样。另外，许多法学博士交替担任教授和最高行政长官。在巴黎，文学院的教师占有优势，他们仍是高级学院的学生，神学、法学和医学博士则处于从属地位。可见，在巴黎大学，学生同样具有学术的权力和自由。[③] 由此可见，在基于知识交换的中世纪大学，无论是知识出售方的教师，还是知识购买方的学生；无论是以教师为主导的教师型大学，还是以学生为主导的学生型大学，双方是在一种公平、公正的环境下进行知识交易的。

从学业考核来看，在巴黎大学文学院毕业测试中，要对申请人的正当性、合法性、行为举止甚至性格特点等进行调查，因道德或者纪律原因而被评定为"不及格"的，一点也不少于因知识能力不足而被评定为不及格者。大学必须要谨记，学位的获得，不仅是通过考试获得一张

[①] Lynn Thorndike, *University Records and Life in the Middle Ages*, New York: Octagon Books, 1971, pp. 275–276.

[②] A. B. Cobban, *The Medieval Universities: Their Development and Organization*, London: Methuen & Co. Ltd., 1975, p. 65.

[③] [法] 雅克·韦尔热：《中世纪大学》，王晓辉译，上海人民出版社2007年版，第38—39页。

文凭，而且是获得官方职位的准入。① 1231 年 4 月 13 日，格列高利九世颁布巴黎大学的教皇诏书《知识之父》(*Parens Scientiarum*)，成为授予巴黎大学所有规则的顶点，因此被称为《大学宪章》。《大学宪章》限制了负责颁发教学许可证的巴黎教区长（chancellor）的权力，认可了大学的合法权力，通过多种方式保护学者。《大学宪章》规定，从今以后被任命的每一位巴黎教区长，必须在巴黎主教面前，向巴黎大学两位教师代表发誓。他应当凭其良心真诚宣誓，除了授予值得授予的神学和教会法学从业证书外，不得授予不合格者。在申请人提出申请三个月内，教区长在授予其教学证书前，必须向所有神学教师和其他值得尊敬、学识渊博的人士，认真调查申请者的生活、知识、才能，以及其他获得成功的必要品质，凭其道德良心决定授予证书与否。② 教皇颁布的《大学宪章》有力保护了学者在授予教学证书方面的学术权力，有效约束了以前仅凭教区长个人喜好授予证书的行为。无论是毕业考试方面对学生道德水平的考察，还是教学证书中责成教区长对申请人生活学习等全方位的调查，都为中世纪大学的毕业人员、证书授予人员等划定了一条道德防线。

二 大学与外部的知识交换逻辑

一定意义上，大学的产生是劳动分工演变的结果。在个人选择的专业化分工与市场的共同作用下，交换经济从自给自足的自然经济形态中自发演化出来，集体行动从个体行动中演化出来。这种被哈耶克称为"自发扩展秩序"的历史演进逻辑，其核心原理就在于斯密的劳动分工原理——劳动创造财富，分工推动财富增长，市场协调分工。③ 大学作为中世纪时期传播知识、交换知识的一类组织部门，学者不再是自洽性的知识传播者，不再是原子化的个体行动者，而是若干专门从事知识交易的教师。尤其是由学术声望卓著的名师聚集在一起，不

---

① Hastings Rashdall, *The Universities of Europe in the Middle Ages：Salerno-Bologna-Paris* (Vol. 1), Oxford：Clarendon Press, 1895, pp. 461 - 462.

② Lynn Thorndike, *University Records and Life in the Middle Ages*, New York：Octagon Books, 1971, pp. 35 - 37.

③ 李露亮：《经济学基本问题与经典文本解读》，中山大学出版社 2014 年版，第 197 页。

断培养各行各业的社会精英，带动大学组织不断发展特色和知识创新，运用学术资本与外界发生交换，不断积累大学的经济资本、社会资本和政治资本等。

（一）教师与学生：大学与外部知识交换的主体

1. 大学因名师而产生并获得学术声望

巴黎大学的产生主要得益于阿贝拉尔及其学术影响。阿贝拉尔之后，大量学生涌入巴黎。诸多教师继承了他的教育教学方法，并获得了巨大的学术声望，譬如 1148 年有普瓦捷（Gilbert de la Porrée）教授神学，伦巴第（Peter Lombard）和萨里（Maurice de Sully）教授哲学和神学，期间教皇阿德里安四世（Adrian Ⅳ）和英诺森四世（1198—1216）就在巴黎学习。据英国历史学家考证，不少于 32 位著名牛津学者在巴黎学习，譬如格罗斯泰特（Robert Grosseteste）和培根（Roger Bacon）等。这些英国学者返回英格兰后，对于牛津大学的产生和发展起到了重要作用。博洛尼亚作为一所法律大学，可以追溯到 12 世纪初期。那时的法学教授已经在城市中占据了重要位置，市民委员会中已经有三分之一的人员来自于法学家。1137 年，欧内乌斯执教于此。[①] 欧内乌斯原本是文学院的一名教师，当法律的书籍从意大利东北部港口城市拉文纳（Ravenna）传入时，他开始自学、钻研、批注这些法律书籍，同时转向法律讲授。一定程度上，在欧内乌斯之前，博洛尼亚充其量只是享有法律学习的声望，并没有专业性的法律教学。换言之，之前博洛尼亚法学家们往往是自学的结果。如果说欧内乌斯使博洛尼亚成为《罗马法》（Digest）的学习中心，成为系统学习《民法大全》（Corpus Juris Civilis）的开拓地，那么格雷希恩·卡斯帕尔则使博洛尼亚成为《教会法》的学习中心。[②] 正如科班所说，在中世纪时期，与当下大学概念最为相近的称呼是"*studium generale*"（高级学校），最初仅仅是一个描述性词汇，"*studium*"是指学习的组织场所，含有学校的意思；"*generale*"既不是指传授普遍或一般（general or universal）的知识，也不是指涉及学

---

① Gabriel Compayré, *Abelard and the Origin and Early History of Universities*, New York: Charles Scribner's Sons, 1893, pp. 55–57.

② Hastings Rashdall, *The Universities of Europe in the Middle Ages: Salerno-Bologna-Paris* (Vol. 1), Oxford: Clarendon Press, 1895, pp. 113–128.

生的数量，而是指吸引超过本地区之外学生的能力。[①] 所谓吸引超过本地区之外学生的能力，也就是指该类性质学校的学术声望。正是在特定时间、特定地域出现了像阿贝拉尔、普瓦捷、伦巴第、萨里、欧内乌斯、卡斯帕尔、格罗斯泰特和培根等声望卓著的教学名师，才使得巴黎、博洛尼亚和牛津等城市聚集大批学生，原生型大学才得以产生、发展和不断壮大。

2. 大学因学生而发展并扩大学术声望

在大学内部，除了教师，学生是另外一个主要组成部分。名师吸引来自整个欧洲范围的学生，这些学生毕业以后又将名师的学术声望播撒在整个欧洲。中世纪时期，正是有名师的吸引，使得各大学已经具备了较大的学生规模。据统计，在 1220 年，大约有 10000 名学生在博洛尼亚大学学习；在 1287 年，大约有 30000 名学生在巴黎大学学习。无论从哪个方面来看，这段时期的欧洲各层教职毕业于大学的数量都是很高的。从事世俗工作的大学毕业生数量更是惊人。国王经常从大学中挑选他们的资政官和外交官，不是仅限于法学学院，其他学院的毕业生同样不少。13 世纪，毕业于巴黎大学的著名神学家和哲学家大阿尔伯特、托马斯·阿奎那、邓斯·司各脱和博纳旺蒂尔，都不是法国人；有超过 55 位英国学者曾经在博洛尼亚大学学习法学，多数成为世俗或教会中的高级管理者。据统计，从英诺森三世 1198 年继任教皇，到 1370 年格雷戈里十一世（Gregory Ⅺ）登位，在 18 任教皇中，有 12 任教皇具有大学学习经历，分别为：英诺森三世（1198—1216）和格里高利九世（1227—1241）毕业于巴黎大学和博洛尼亚大学；亚历山大四世（Alexander Ⅳ，1254—1261）曾在阿纳尼大学（Anagni）学习；乌尔班四世（Urban Ⅳ，1261—1264）、克莱门特四世（Clement Ⅳ，1265—1268）、英诺森五世（1276）、约翰二十一世（John ⅩⅩⅠ，1276—1277）曾在巴黎大学学习；博尼费斯八世（Boniface Ⅷ，1294—1303）在斯波莱托（Spoleto）大学学习；克莱门特五世（1305—1314）在图卢兹大学学习文学，在奥尔良大学和博洛尼亚大学学习教会法和世俗法学；约翰二十

[①] A. B. Cobban, *The Medieval Universities: Their Development and Organization*, London: Methuen & Co. Ltd., 1975, p. 65.

二世（1316—1334）在蒙彼利埃大学学习神学和法学；乌尔班五世（1362—1370）曾在图卢兹大学、蒙彼利埃大学、巴黎大学和阿维尼翁大学学习神学和教会法学；格雷戈里十一世（1370—1378）从佩鲁贾大学毕业。[①] 一定程度上，正是这些声名卓著的毕业生，使得大学在中世纪社会中的影响不断扩大，从而吸引更多的教师和学生致力于大学的不断发展。

（二）竞争、特色与创新：大学与外部知识交换的方法

1. 多元竞争：中世纪大学的催生动力

如果从管理模式来看，中世纪大学可以分为三种：学生型大学、教师型大学和混合型大学。这些管理模式的形成，都是大学在与内外部知识交换中，教师、学生和其他宗教或世俗势力多元博弈、相互竞争的结果。如果从大学产生的类型来看，中世纪大学可分为三种：原生型大学、创办型大学和衍生型大学。其中创办型大学主要是基于教皇和世俗王权之间的知识竞争，正是这些威权部门认识到知识之于自身利益的重要性，阿方索八世（Alfonso Ⅷ of Castile）创办了帕伦西亚大学，腓特烈二世创办了那不勒斯大学，教皇格里高利九世创办了图卢兹大学，等等。衍生型大学主要由于城市之间的知识竞争而产生的。当一所城市不能够满足大学发展的需要，其他城市伸出友谊之手时，大学就会从原生型大学中分离出来，产生新的大学。譬如从巴黎大学衍生出来的奥尔良大学、安格斯大学（Angers）等，从博洛尼亚大学衍生出来的维琴察大学（Vicenza）、阿列佐大学（Arezzo）、帕多瓦大学等，从帕多瓦大学衍生的维切利大学（Vercelli）、锡耶纳大学（Siena）等。

一定意义上，正是不同大学、不同外部权力、不同城市之间的多元竞争，赋予了中世纪大学教师和学生的学术自由（教的自由和学的自由），开拓了中世纪大学能够游走在宗教和世俗权力之间的广阔空间，成为中世纪大学产生和发展的催生动力。如果把中世纪大学比喻为知识出售的卖家，把学生、教皇、王权、城市等比喻为知识收购的买家，那

[①] Lowrie J. Daly, *The Medieval University, 1200 – 1400*, New York: Sheed and Ward, 1961, pp. 208 – 212.

么只有买家多样且积极争取,卖家才能够具有更多的话语权,才能享受更多的自由。反之,卖家的多样性(不同大学)之间也容易引起竞争,从而能够激活各大学不断提升知识传授的质量。需要特别说明的是,在同时期内,那些掌握在宗教或者世俗权力手中的大学,由于受到外界权力的限制,不能自由迁徙,不能自主选择学校管理者等,因此缺少竞争和相对自由的发展空间,其学术影响往往要比其他大学小得多。譬如,在长时间内,那不勒斯大学仅仅是意大利的一所南部大学,是专制统治和毫无创新的产物,即使在萨莱诺大学衰落以后,在中世纪思想发展中所起的作用也非常有限。再如,创办于1212—1214年的帕伦西亚大学,当创办者阿方索八世去世后,该大学停办数年,直到1220年,费迪南德三世(Ferdinand Ⅲ)接手管理。该大学几乎未获得任何中世纪大学的特权,艰难生存到1243年之后,到了1263年帕伦西亚大学彻底消失了。[①] 及至中世纪后期,独立后的世俗国家纷纷创办大学,他们把大学置于自己的权力掌控之下,大学往日自由竞争的氛围不再,从而导致了中世纪大学逐步走向没落。

2. 特色发展:中世纪大学的实然状态

中世纪大学一般设有文学、教会法学、世俗法学、神学和医学五个学院组织,几乎没有大学能够完全拥有这些学科,但是作为初级形式的文学院却是必需的,因为它是进入法学、神学、医学等其他高级学院所必经的阶段。

在中世纪大学,尤其是原生型大学中,一所大学总有一到两个享誉欧洲的强势学科存在。尽管说牛津大学的产生深受巴黎大学的影响,但如同萨莱诺大学的医学学科,博洛尼亚大学的法律学科,巴黎大学的逻辑和推理神学均在欧洲知识界首屈一指相似,在13世纪前半期,牛津大学的数学和自然科学有着享誉欧洲的成就和声望;尽管说剑桥大学产生是由牛津大学分离出来的结果,但是市民法却是剑桥大学国王学堂所有高级学科中最为显赫的学科。[②] 一定意义上,正是由于牛津、剑桥等

[①] Hastings Rashdall, *The Universities of Europe in the Middle Ages: Italy-Spain-France-Germany-Scotland. etc.* (Vol. 2), Oxford: Clarendon Press, 1895, pp. 24 – 68.

[②] A. B. Cobban, *The Medieval Universities: Their Development and Organization*, London: Methuen & Co. Ltd., 1975, pp. 107 – 114.

发展了各自的优势学科，才能够形成拥有崇高学术声望的大学。相反，从博洛尼亚分离出来的大学，譬如维琴察大学、阿列佐大学等，由于没有形成自己的强势学科，仍然沿袭博洛尼亚大学的法律学科为主，也就没有形成像牛津、剑桥一样的学术声望。

即使在基础性的文学院中，各大学所关注的重点也不尽相同。在"三科"（语法、逻辑、修辞）的学习中，如果说在博洛尼亚大学侧重学习西塞罗的修辞学著作，在巴黎大学，语法则被拒之门外。多纳特、普里斯扬的古典著作经常被更新的语法所替代。这些新语法，完全关注文风高雅和修辞结构。"四艺"（算术、几何、天文、音乐）在博洛尼亚大学，尤其是在牛津大学的文学院具有崇高地位。在巴黎大学，辩证法总是最受推崇。[①] 不同大学对文学院中不同课程的关注，直接与其重视的高级课程密切相关。毫无疑问，在以法学为主流学科的博洛尼亚大学，学生需要更多的修辞学知识；在以神学为主流学科的巴黎大学，辩证法则是使神学上升为哲学的重要工具；在以数学和自然科学为主流学科的牛津大学，算术、几何、天文等知识是数学和自然科学发展的主要基础。

3. 知识创新：中世纪大学的存亡之道

当一种商品成为稀缺性资源时，那么该商品的价格就会提升，商家就会占据交换的优先位置。反之，伴随该商品在社会上的不断流通和扩大，就可能从稀缺性资源转变为普通商品、甚至是落后物品，这时候商品的价格不但会降低，还有可能转变为遭受淘汰的物品，商家就会处于交换的劣势地位。因此，商家要想在交换中处于主动位置，必须不断改进商品的质量，不断推出新的商品，使商品保持稀缺性。知识作为商品，其理相通。如果大学传授的知识不再具有创新性，知识交易就会受挫，大学发展就会面临危机。关于这一点，中世纪的萨莱诺大学为我们提供了经典的案例。

中世纪时期，萨莱诺大学在医学学科所享有的声誉，与博洛尼亚大学在法律学科和巴黎大学在神学学科齐名。科班在论述欧洲最早的大学

[①] [法] 雅克·韦尔热：《中世纪大学》，王晓辉译，上海人民出版社2007年版，第46—47页。

时，明确把萨莱诺大学称为"大学的原型"，把博洛尼亚大学称为"学生型大学"，把巴黎大学称为"教师型大学"。① 在 11 世纪的萨莱诺，医学教育的最大特点在于，该学校教师在教学中所使用的教科书水平非常高，教师的学术水平也很高，为欧洲之冠，形成了一批根据希波克拉底和盖仑的著作编纂的高水平教科书，使得萨莱诺既是古代医学与现代医学的直通桥梁，也是当时欧洲最具影响力的医学教育中心。② 然而，萨莱诺大学在 11、12 世纪发展到顶峰，而后逐步滑落。滑落的原因是非常明显的。这时候阿拉伯医学开始进入欧洲，带来了新思想、新草药和配方等。其他大学紧紧抓住这些新知识，盖仑和希波克拉底尽管没有完全丢掉，也已是黯然失色。萨莱诺纯粹出于保守的阻力，或是出于对医药新知识的盲目无知，拒绝低下高贵的头颅。其顽固性是致命的，致使学生蜂拥而至蒙彼利埃、帕多瓦和博洛尼亚等大学。③ 尽管学者们分析萨莱诺衰落的原因可能是多样的，譬如皇帝亨利六世在 1194 年洗劫了该城市；其近邻那不勒斯大学于 1224 年的创办，为萨莱诺大学增添了不确定的复杂因素；腓特烈二世与教皇之间的斗争，使意大利南部深陷战争泥潭。科班认为，这些都不是关键因素，萨莱诺衰落的主要原因是，没有形成一个保护性和凝聚力的组织。④ 但是，科班的分析并不能完全令人信服。因为，在萨莱诺兴盛长达二百余年的时间里，其本身的组织形式并没有发生多大变化。由此看来，知识创新与否，是萨莱诺大学兴衰最为直接、最为重要的因素。

知识的创新需要多方面的条件，既需要对外部知识的及时吸纳和改进，同时也需要内部各知识间的多元协同。后期的萨莱诺对于外部知识的顽固与保守，只是其知识创新能力不足的一个方面。另外，萨莱诺是一所单科性大学，仅有医学一个高级学科，并无民法、教会法、神学等

---

① A. B. Cobban, *The Medieval Universities: Their Development and Organization*, London: Methuen & Co. Ltd., 1975, p. 37.
② 张磊：《欧洲中世纪大学》，商务印书馆 2010 年版，第 38 页。
③ Nathan Schachner, *The Mediaeval Universities*, London: George Allen & Unwin Ltd., 1938, p. 52.
④ A. B. Cobban, *The Medieval Universities: Their Development and Organization*, London: Methuen & Co. Ltd., 1975, p. 37.

其他高级学科。尽管当时很少有拥有全部学科的大学，即使是巴黎大学也缺少民法，但是像萨莱诺这样的单科性大学，在中世纪早期重要大学中，还是较为少见的。甚至萨莱诺大学是否有基础性的文学院也不清楚。其传授的医学知识，譬如韭菜可以治愈妇女的不孕，狗尿或鼠血可以治疗肉赘，房事时在女性头上缠上红丝带可以避孕，等等，[①] 在今天看来甚至是非常荒诞的。内部缺少知识创新的条件，外部缺乏知识创新的动力，使得早期萨莱诺大学掌握的"先进"医学知识逐步风光不再，这些知识逐渐演变为遭到时代淘汰的"陈旧"知识。最终，这些过时的知识已经不能够再吸引学生前来学习，大学走向滑落实属历史发展的必然。

（三）学术资本的转化：大学与外部知识交换的途径

中世纪大学不是手工或商业行会，不能够自己创造经济资本，因此其生活上的物质来源要依靠知识的经济资本转化；大学要在复杂的中世纪社会环境中生存，不但要与教皇、王权等处理好外部关系，而且也要与城镇市民、其他大学处理好外部关系，从而不断积累自身的外部社会资本；大学作为一个有机体，其内部的网络关系链接，是大学能够作为整体的重要保障。作为传播高深知识的组织部门，大学唯有依靠高深知识及其学术声望，也就是依靠其学术资本，通过与外部交换来获得其他形式的资本。

1. 学术资本转化为经济资本

中世纪大学的经济来源一般有以下三种途径。一是来自学生的学费。学生缴纳学费其目的就是从大学教师手中获得知识、提高能力，以便将来谋取更好的职业。因此，这种由学术资本转化为经济资本的现象，主要是在教师和学生之间发生的。二是来自宗教组织。中世纪大学都有浓厚的教会色彩，教宗被视为教导和教育的最高监督者，在一切课程当中，神学具有主导地位。大部分的教师是圣职人员，他们的收入是教会提供的。[②] 教会之所以为大学教师提供圣俸，一方面是为了培养更

[①] Nathan Schachner, *The Mediaeval Universities*, London: George Allen & Unwin Ltd., 1938, pp. 53 – 55.

[②] ［德］毕尔麦尔等：《中世纪教会史》，雷立柏译，宗教文化出版社 2010 年版，第 281 页。

多有文化的牧师，更好地普及宗教思想，吸收更多教徒和信众，扩大基督教影响；另一方面是为了消除宗教异端，坚定基督教信仰。事实上，中世纪时期的慈善捐赠，大都属于这两种类型。另外，在中世纪，也是教权与世俗王权斗争激烈的时期，教会支持大学也是教皇为了保持其至高无上的地位进行合法性辩护。因此，这种由学术资本转化为经济资本的主体，是在大学和教会之间发生的。三是来自世俗王权或城镇当局。在与教皇争夺权力的斗争中，世俗王权同样需要为自己取得权力进行合法性辩护。另外，世俗管理中也需要诸多领域内有文化的管理人员。譬如，1158年，弗雷德里克·巴巴罗萨颁布敕令，诏谕各地学者，前往他所管辖的领地游学，并为学者提供经济安全的保证，既是为了在其皇冠上增添更多明珠，也是为了让学者为皇权辩护。[①] 阿方索八世则直接为其创办的大学提供薪俸，从巴黎大学和博洛尼亚大学吸引教师。及至中世纪后期，地方当局为大学提供薪水的现象愈加普遍，大学中所有管理者、教师乃至普通职员，全部获得薪俸资助。这里仅从费拉拉市政给予费拉拉大学教师薪金便可见一斑（表3－1）。因此，这种由学术资本转化为经济资本的主体，是在大学和世俗政权之间发生的。

表3－1　　1473年10月—1474年10月费拉拉市政给予费拉拉大学教师薪金

教师姓名	课程类型	课程内容	薪资（Lire）
Giacomo de Argetina	法学院院长，按照惯例发放薪金		120里拉
Alberto Trotto	普通讲座	教会法规	350里拉
Fillin Sandeo	普通讲座	教会法规	350里拉
Domenego de Bertolin	普通讲座	教会法规	300里拉
Ludovico Pauluzo	普通讲座	教会法规	350里拉
Antonio dai Liuti	普通讲座	《第六书》《仁慈》	150里拉
Antonio di Vicenzi	普通讲座	《第六书》《仁慈》	150里拉
Antonio da Quieto d'Arzenta	宗教节日讲座	教会法规	30里拉

---

① Nathan Schachner, *The Mediaeval Universities*, London: George Allen & Unwin Ltd., 1938, p. 46.

续表

教师姓名	课程类型	课程内容	薪资（Lire）
Augustin di Bonfrancischi	宗教节日讲座	民法	450 里拉
Zohane Maria Riminaldo	普通上午讲座	民法	500 里拉
Ludovigo Bolognin	普通上午讲座	民法	600 里拉
Alberto di Vicenzi	普通上午讲座	民法	350 里拉
Zohane Sadoletto	普通上午讲座	民法	500 里拉
Boetio di Silvestri	特别讲授课	民法	100 里拉
Federigo da Lugo	特别讲授课	民法	100 里拉
Cosma di Paxiti	讲座	法律、医学浅说	125 里拉
Alphoriso de MarchoGaleotto	讲座	法律、医学浅说	125 里拉
Hellia Bruza	讲座	公正术	60 里拉
Zohane Andrea Torexella	特别讲授课	民法	50 里拉
Lodovigo da Valenza	特别讲授课	民法	50 里拉
Nicolo da Pexaro	特别讲授课	民法	50 里拉
Zohane Andrea d'Arzenta	宗教节日讲座	教会法规	25 里拉
Michiel Costanzo	宗教节日讲座	民法	25 里拉
Ruberto di Girardin da lendenara	文学院院长，按照惯例发放薪金		100 里拉
FrzZohane da Ferrara	宗教节日讲座	《圣经》	50 里拉
M. Orazio di Zirondi	普通上午讲座	药学	600 里拉
M. Francesco Benzo	普通上午讲座	药学	800 里拉
M. Girolamo da Castello	讲座	医学治疗	500 里拉
M. Girolamo di Zirondi	讲座	医学治疗	500 里拉
M. Girolimo Nigrixollo	上午讲座	药学	250 里拉
M. Zanfrancesco Sandeo	上午讲座	药学	200 里拉
M. Mattiodel Brun	特别讲授课	医学治疗	130 里拉
Zacharia Zambotto	特别讲授课	医学治疗	100 里拉
M. Baptistad'Arzenta	特别讲授课	医学治疗	100 里拉
M. Ludovigodai Carri	普通讲座	物理学、形而上学	250 里拉
M. Nicolo de Girardin	普通讲座	物理学	250 里拉
M. Antonio Benintendi	普通讲座	物理学	150 里拉
M. Antonio da Faenza	特别讲授课	物理学	130 里拉
M. Bortolomio da Roma	讲座	外科学	200 里拉

续表

教师姓名	课程类型	课程内容	薪资（Lire）
M. Nicolo da Lonigo	讲座	伦理学	200 里拉
M. Jacomo de Piamonti	上午讲座	逻辑学	120 里拉
M. Palmerin da Piaxenza	上午讲座	逻辑学	100 里拉
M. Antonello dal Sagra	下午讲座	逻辑学	100 里拉
M. Zohanbaptista da Canan	下午讲座	逻辑学	50 里拉
M. Francesco Camazarin	宗教节日讲座	逻辑学	30 里拉
M. Lucha da Ragusa	宗教节日讲座	逻辑学	28 里拉
M. Ludovigo Carbun	讲座	修辞学、希腊语	450 里拉
M. Baptista Guarin	讲座	修辞学、希腊语	500 里拉
Don Baptista del Bello	撞钟人		23 里拉

资料来源：Lynn Thorndike, *University Records and Life in the Middle Ages*, New York: Octagon Books, 1971, p. 91。

2. 学术资本转化为社会资本

大学作为一个组织，其社会资本可以划分为外部社会资本和内部社会资本。外部社会资本主要是指中世纪大学与教会、世俗权力、城镇及其居民等之间的网络关系；内部社会资本主要是指中世纪大学内部教师、学生、管理者之间的网络关系。无疑，是否拥有范围广泛、层次高的外部网络关系和内部紧密、和谐的内部网络关系，是衡量大学社会资本多寡的一个重要层面。

中世纪大学有着广泛的外部网络关系，譬如，以巴黎大学和博洛尼亚大学为首的"母大学"与其"子大学"之间，各大学与教皇之间，大学与神圣罗马皇帝之间，大学与英王、法王等世俗王权之间，大学与城镇市民之间等。之所以形成大学中的"母大学"和"子大学"之间的关系，主要是"子大学"在产生之时，"母大学"向"子大学"的知识流动。换言之，"母大学"和"子大学"之间的联系纽带主要是高深知识的关联，没有这种知识关联，中世纪大学也不可能形成一个群体，从而增强对外部讨价还价的实力。在与教皇争夺权力的斗争中，无论是神圣罗马皇帝，还是英国国王、法国国王等，都积极向大学示出友谊，给予各种权力和优惠。这种主动示好，主要也是基于大学所拥有的学术资本。尽管在中世纪时期，大学与城镇之间纠纷不断，但是由于大学掌握自身的知识资本，且具有自由迁移的权力，所以当与一所城镇发生冲突时，大学就会迁移到另外一所城镇，譬如从牛津大学迁出而形成的剑桥大学等。因此，更多的城市参与对大学知识资本的争夺，往往会给大学带来更多的社会资本。中世纪大学不但通过培养的学生增加其社会资本，而且还有不少教师直接参与城镇管理、王权政治，甚至直接成为中世纪教会组织最高层的管理者——教皇。据统计，自1243年英诺森四世继任教皇，到1404年英诺森七世登位，在17任教皇中，有11任教皇曾在各大学任教，分别为：英诺森四世（1243—1254）曾是博洛尼亚大学教会法学的教授；英诺森五世（1276）在巴黎大学担任神学教授；约翰二十一世（1276—1277）曾任锡耶纳大学（Siena）医学教授；本尼迪克特十一世（Benedict XI，1303—1304）曾是多米尼加神学教授和文学院教师；约翰二十二世（1316—1334）曾是图卢兹大学和卡奥尔大学（Cahors）教会法和世俗法教授；本尼迪克特十二世（1334—1342）是巴黎大学神学教授；克莱门特六世（1342—1352）曾经是巴黎大学教授；英诺森六世（1352—1362）曾经是图卢兹大学市民法教授；乌尔班五世（1362—1370）曾是蒙彼利埃大学教会法学教授，曾经在图卢兹大学、阿维尼翁大学和巴黎大学任教；本尼迪克特十三世（1394—1422）曾经是蒙彼利埃大学法学教授；英诺森七世（1404—1406）曾经是佩鲁贾大学和帕多瓦（Padua）法学教授。[①] 无论是从范围，还是从层次来看，中世纪大学的学术资本都为其置换来丰厚的外部社会资本。

在中世纪大学内部，有一个由地缘关系组织起来的重要组织——同乡会。早在1191年，博洛尼亚大学就成立了伦巴第同乡会（Lombard），而后不断发展壮大。所有同乡会按地域组成两个大的学生团体：由意大利以外的学生组成的山外学生行会（*universitas ultramontanorum*）；由意大利半岛及其附近岛屿的学生组成的山内学生行会（*universitas citra-*

---

① Lowrie J. Daly, *The Medieval University*, *1200–1400*, New York: Sheed and Ward, 1961, pp. 211–212.

momanorum）。1265 年，山外学生行会设有 14 个同乡会，1432 年发展为 16 个；山内学生行会最早设有 4 个同乡会，后来演变为伦巴第、托斯卡纳和罗马等 3 个，这些同乡会下面又设有数量不等的分支。[1] 与博洛尼亚大学不同，巴黎大学包括法兰西、诺曼、皮卡德和"英—德" 4 个同乡会。同乡会组织在团结友爱、和睦共处、慰藉病患、接济贫苦、举行葬礼、化解纷争等方面发挥了重要作用。一定意义上，同乡会成为外地学生在大学内部的精神家园。但是，同乡会组织也为大学带来了诸多困扰，甚至导致分裂的危险。同乡会之间"因籍贯之有异而常起口角，恶毒攻击他人，尽可能地使用侮辱性的字眼来描述其他籍贯的学生。他们嘲笑英国人是酒鬼，有尾巴；法国孩子骄傲，女人腔，又好打扮；日耳曼人凶暴，在宴会上淫秽无礼；诺曼底人自负吹牛；法国西部人是卖国贼，行险者；法国东部人粗俗愚蠢；法国的布里多尼人（Bretons）善变、不易捉摸；而意大利北部人贪婪、淫欲、胆小、懦夫；罗马人则具煽动、扰乱及诽谤性；西西里岛人暴虐、残酷；法比边界居民轻佻、放荡、贪食，像豆腐一般柔顺、懒散。"[2] 一言以蔽之，以地缘关系而组织起来的同乡会，尽管对同乡会内部是有益的，但是对于大学整体而言却是极其不稳定的诱因，限制了同一大学内部不同种族学者之间的交流与融合。中世纪大学的学院，在一定程度上打破了基于同乡会组织的排他性和分割性。以知识为纽带的学院出现后，这种割裂和对立现象开始缓解，因为一个学者同时具有同乡会和学院成员的双重身份，而学院成员的身份，又促使各同乡会之间连接为一个整体的大学。[3] 换句话说，正是大学内部的学术资本连接了大学内部之间的关系，从而转化为大学内部社会资本，促使大学形成一个较为紧密与和谐的内部网络关系。

3. 学术资本转化为政治资本

正如拉什达尔在其三卷本《欧洲中世纪大学》开篇所讲的那样，教权（Sacerdotium）、皇权（Imperium）和学权（Studium）被中世纪作

---

[1] Lowrie J. Daly, *The Medieval University, 1200–1400*, New York: Sheed and Ward, 1961, pp. 31–33.
[2] 林玉体：《西洋教育史》，文景出版社 1985 年版，第 144 页。
[3] 胡钦晓：《社会资本视角下中世纪大学之源起》，《教育学报》2010 年第 1 期。

家描述为三足鼎立的神秘力量,它们的和谐相处才使得基督教世界得以维持生存。① 事实上,这里所指的学权,就是以巴黎为代表的中世纪大学。

思想影响行动,知识影响思想,因此,一定意义上,知识是思想和行动的基础。为了拉拢以巴黎大学为代表的中世纪大学,教权和皇权争相赋予大学特权。特许权包括免除所有形式的兵役和特别享有的经济利益,大学学者不缴纳向城市居民征收的间接税,也免除缴纳自用商品,特别是葡萄酒和啤酒的商品运输税。在城市,大学学者还享有某些物价的规定价,特别是向市民租房的房租价。最重要的是司法特许权,不仅使大学学者避开世俗司法,甚至在某些方面避开地方的教士司法。在1158年隆卡利亚(Roncaglia)的帝国会议上,四位博洛尼亚法学家帮助红胡子腓特烈(Frédéric Barberousse)的顾问,撰写作为意大利最高权威标志的宪法。宪法要求公社只能执行让他们屈服于皇帝的法律。对于这些法学家来说,他们完成了"居住"宪法,成为未来帝国学校的全部立法基础。这一宪法将游学的学生置于皇帝的管护之下,禁止将外国学生作为其同胞债务的连带人。同样,在教皇看来,大学就要行使宗教的基本职能,服务于教会。1286年,布尔日大主教对巴黎教师说,今天我们所处的职位,明天将属于你们。实际上,我不相信今天我们中间哪位高级教士不是出自于大学。菲利普四世从长期的友善中摘取了果实,因为大学不仅为他提供了一些优秀的谋士(诺加莱的纪尧姆),还在与博尼法斯八世(Boniface Ⅷ)对峙时获得大学的有力支持。同样的情况也存在于意大利。② 伴随中世纪大学的不断强大,大学尤其是巴黎大学获得了更为广泛的政治影响。她被冠之以"法国国王的大女儿",有时对教皇或者国王都直言不讳,曾多次作为法庭调解者,并被召唤调停王室之间的纷争。譬如,在1357—1358年马塞尔(Etienne Marcel)的反叛政府行为;后来的百年战争中,充当法国陷入非暴力的论战和争论的调停者,在西方教会大分裂(Great Western Schism)期间,还试图

---

① Hastings Rashdall, *The Universities of Europe in the Middle Ages*: Salerno-Bologna-Paris (Vol. 1), Oxford: The Clarendon Press, 1936, p. 2.
② [法]雅克·韦尔热:《中世纪大学》,王晓辉译,上海人民出版社2007年版,第30—65页。

解决教皇的选举问题。① 可以说，大学这些政治资本的获得，都是学术资本转化的最终结果。

第四节　中世纪大学的衰落：学术资本缺失与学术资本化

如果说中世纪大学产生时期，师生间的知识交换还存在公正、公平的逻辑，还受到诸多道德规范的约束，大学与外部知识的交换还存在多元竞争、特色发展和知识创新，那么，及至中世纪末期，大学内外部的知识交换逻辑发生了质的转变。高深知识作为商品，原本是中世纪大学产生的动力，中世纪末期大学将这种动力过度泛化，亦即知识的过度商品化，以至于知识被金钱蒙蔽，被利益关系隐蔽，被政治权力遮蔽，与道德渐行渐远，成为一种没有道德的知识。一言以蔽之，学术资本在大学中的主导地位缺失，经济资本、社会资本、权力资本等代替了学术资本，成为大学中主要的、引导性的资本形态。换言之，学术资本不再以学术为鹄的，学术资本的目的在于攫取更多的物质利益、关系利益和权力利益，学术资本发展成为学术资本化。

（一）知识被物质金钱蒙蔽

雅克·勒戈夫认为，14 世纪和 15 世纪的大学成员尽管拿着教会的圣俸或世俗的薪金，但是他们仍然没有放弃从现有工作中获得报酬。不仅如此，在这个大饥荒和大瘟疫相伴，各种战争频仍的艰难时世里，他们顽强地抓住这点不多的收益。他们越来越贪婪地要求大学生为听课付费。他们增加关于赠礼的规定，这些赠礼是学生为了通过考试必须送给教师的。教师们对大学里所有可能增加他们负担的开支都作了限制。可以无偿听课和攻读学位的贫穷学生数量，通过规章制度的形式，一再予以削减。教师们已经成为富有的土地所有主。此外他们还仿效其他富人的榜样，热衷于投机事业。他们变成放高利贷者，主要把钱借给急需的学生，作为押金，收取价值比借款高两倍的抵押物：

---

① Lowrie J. Daly, *The Medieval University*, 1200–1400, New York: Sheed and Ward, 1961, p. 213.

书籍。① 据韦尔热考证，15世纪，大学越来越排除贫穷学生。在帕多瓦大学，在博洛尼亚大学，每个学院都象征性地保留一个贫困学生。授课证书和博士学位收取的考试费用，本来已经相当可观，此时更高，甚至出现由于货币价值波动而采取考试费用的浮动等级。征收考试费用的严厉状况，极少有免除和缓缴的现象。新博士必须举办学位典礼（宴会、舞会、比赛），并邀请大学全体成员和社会名流出席。所有这些可观的花销，对于富裕的学生都可能要负债，对于其他学生则是不可逾越的障碍。② 中世纪大学产生时期那种托钵游走、沿街乞讨，争相奔赴大学学习的活跃景象已成过往云烟；中世纪早期大学那些因贫困，只能住在极其简陋被称之为"鸟窝"的阁楼上，学习时只能是在号称"麦秸街"的简陋教室内的学生也已近乎绝迹。

众所皆知，考试是大学教师控制学生的重要关口，而学位授予则是学生获得从业证书的最后一环。中世纪末期大学在这两个方面对盈利的热衷近乎疯狂。与考试不相关的花费，诸如葡萄酒、蜡烛等一一罗列，学位授予中的装束极尽奢华，譬如丝绸手套、山羊皮手套、绵羊皮手套、金戒指等应有尽有。这些与知识能力不相关的花费，从1427年帕多瓦大学的考生费用清单（包括个人考试的花费，集会和博士授予仪式的花费）中便可见一斑（表3-2，表3-3）。

表3-2　　　　　　　1427年帕多瓦大学个人考试的花费

支付款项	支付金额
支付12名学院教师	12杜卡托（duc.）
支付大学校长	2杜卡托
主教的代理	1杜卡托
教授会院长	1杜卡托
主教的主事	3杜卡托

---

① [法]雅克·勒戈夫：《中世纪的知识分子》，张弘译，卫茂平校，商务印书馆2002年版，第108页。
② [法]雅克·韦尔热：《中世纪大学》，王晓辉译，上海人民出版社2007年版，第141页。

第三章　从学术资本到学术资本化：一个中世纪大学兴衰的分析视角 | 97

续表

支付款项	支付金额
考试团	3 杜卡托
大学的人	7 里弗尔（libr.）
教授会	1 里弗尔
普通勤杂工	1 里弗尔
学院公证员	1 里弗尔
大学公证员	1 里弗尔
专门勤杂工	3 里弗尔
敲钟和鼓	1 里弗尔
板凳	12 苏（solid.）
5 本忏悔书	3 里弗尔 10 苏
8 瓶酒和 30 支蜡	14 苏
5 瓶白葡萄酒	2 里弗尔 12 苏
4 瓶山区葡萄酒	16 苏
短笛和小号	1 杜卡托

资料来源：[法]雅克·勒高夫：《试谈另一个中世纪——西方的时间、劳动和文化》，周莽译，商务印书馆 2014 年版，第 196 页。

表 3-3　　1427 年帕多瓦大学集会和博士授予仪式的花费

支付款项	支付金额
给各位考官	14 尺布，或 12 杜卡托
给勤杂工	8 尺布和 1 杜卡托
给各位考官的专门杂役	8 尺布
12 位学院教师	6 杜卡托
学院院长	1/2 杜卡托
教师团	1 里弗尔
学院公证员	1 里弗尔
板凳	1 里弗尔
5 双丝绸手套	7.5 里弗尔
5 打山羊皮手套	25 里弗尔
7 打绵羊皮手套	17 里弗尔

续表

支付款项	支付金额
6 枚金戒指	12 里弗尔
7 顶四角帽	5 里弗尔 5 苏
椅子和钟	2 里弗尔 16 苏
特别费	1 杜卡托
羊皮纸、蜡和丝绸	8 苏
小号和短笛	1/2 杜卡托

资料来源：[法] 雅克·勒高夫：《试谈另一个中世纪——西方的时间、劳动和文化》，周莽译，商务印书馆2014年版，第196—197页。

所有以上用于考试、集会和学位授予仪式的花费，都是帕多瓦大学章程明确规定的，而且支付费用清单开头第一句是"以耶稣基督之名"。毫无疑问，在一个基督教信仰统摄的中世纪世界里，这样的约束无疑是最为严厉的。知识不但被金钱所遮蔽，信仰也充当了教师窃取金钱的庇护神。与帕多瓦大学相比，15世纪巴黎大学的学生花费也毫不逊色。巴黎大学法学院、神学院和医学院等高级学院的学生需要在毕业时为所有教师赠送长袍，要为其他出席仪式的显贵赠送方帽。据估算，1562年巴黎大学文学院硕士学位获得者的花费大约在56里弗尔13苏，医学院的学生要花费881里弗尔5苏，神学院的学生则要花费1002里弗尔。这些仅仅是学位授予仪式上的花费，尚不包括之前一些小额费用。1452年，贵族乔治·内维尔在获得巴黎大学的科艺硕士学位时，第一天的宴会就准备了600人的膳用肉食，第二天又准备了300人参加的宴席。[①] 尽管很难对巴黎大学学生的学位授予及其后举行的宴会花费进行精确计算，但是从以上数字中不难看出学位仪式和宴会的奢华。如此高额消费，不能不使贫穷学生望而却步。知识因金钱的遮蔽，而渐成贵族的特权。

（二）知识被利益关系隐蔽

1280年博洛尼亚市政引进教师薪水制度时，教授的遴选仍然掌握

[①] Hastings Rashdall, *The Universities of Europe in the Middle Ages: Salerno-Bologna-Paris* (Vol. 1), Oxford: The Clarendon Press, 1936, pp. 475–476.

在学生手中。这种由政府出资,学生推选教授的做法无疑保障了高水平教师之间的市场竞争。但是,伴随市政拨款不断增加,当局介入教师遴选的力度也不断加强。到了1381年,博洛尼亚受聘的21位法学教授中,仅有一位是学生选举产生的,其余皆是市政当局委托的"学术改革委员会"(Reformatores Studii)任命产生的。为了弥补学生丢失选举教师的权力,市政当局承诺为6名学生提供薪水教席(salaried Chairs),这些教席可以由学生自主选举产生。但是,正是这一规定引发了竞争者及其支持者之间街头武斗的严重冲突,大量伪证(infinete perjury)出现,学有不逮(undeserving)甚至目不识丁(illiterate)者被选为薪水教席。最终,抽签(lot)代替了选举,事实证明这一措施更为糟糕。从此,学生教席已再无聆听的价值。① 基于知识能力遴选教师,是确保大学学术水准的重要环节,博洛尼亚学生教席的遴选明显违背了这一基本原则。在利益关系驱使下,学生教席遴选最终被武斗和伪证所裹挟。

除学生教席的遴选,在教师教席遴选中,中世纪末期大学同样面临被利益关系、甚至是裙带关系的遮蔽。早在13世纪,著名法学家阿库尔修(Accursius)就已经为博士们的儿子,请求在博洛尼亚大学得到空缺的教师职位的优惠权。但地方当局在1295年、1299年和1304年均予以拒绝。在以后的制度演变中,情况发生了悄然变化。1394年,帕多瓦大学宣布,一个博士,只要他属于某一博士的父系世裔,可以免费加入法学家学会,即使世系中有一员不是博士也无妨。1409年规定,一名博士的儿子必须被允许免费参加各项考试。这种大学寡头制的形成,导致知识水平大大下降,同时赋予大学人员一个真正的贵族特征:可继承性。② 雅克·韦尔热同样认为,通过对中世纪末期大学教师名录的研究,可以看到在许多大学存在子承父业的现象,对于教士,则是侄承叔业。这些现象不但可能导致大学教学水平的降低,而且也转变了教授对于知识和职业的态度。无功利的科学情趣、与他人分享的欲望、对辩论成果价值的确信,以及12和13世纪教师们为之奋斗的思想,所有人都能够

---

① Hastings Rashdall, *The Universities of Europe in the Middle Ages*: Salerno-Bologna-Paris (Vol. 1), Oxford: The Clarendon Press, 1936, pp. 213 – 217.

② [法]雅克·勒戈夫:《中世纪的知识分子》,张弘译,卫茂平校,商务印书馆2002年版,第110—112页。

并都有权教授的思想，均丧失殆尽。从此，知识被认为是一种占有，是一种财富。如同房屋、土地、书籍，知识成为教授家族遗产的组成部分，它保障着个人地位，从而保障着全部现存的社会秩序。① 在利益关系的驱使下，教师职业演变为可以继承的职业，不管继承者知识水平的高低；教授也从知识的"生产者"，逐渐演变为坐享其成的"食利者"。

中世纪末期，大学教师职业的继承性，绝不仅限于意大利大学。为了达到教师职业继承的合法性，意大利之外的大学也不断降低教师录用的学术标准。这种学术标准究竟降低到何种程度，主要看申请人（大学的主要利益相关者）的知识能力和水平。拉什达尔认为，15世纪时期，学位授予的低标准是导致诸多大学学术生活彻底丧失的一个重要原因。曾经一段时间里，牛津大学承认任何一位学院"近亲"或"创办家族"（Founder's kin）成员，均有资格获得学院教职（College Tutorship）。当巴黎大学的教师录用已经是一个普通人员都可达到的水平时，其教学必然沦落到比牛津大学还差的水平。更甚者，当贵族（aristocratic）或富人申请巴黎大学教职时，学院的大门则为其破例打开。② 可见，无论是牛津大学，还是巴黎大学，在教职申请过程中，都存在知识被利益关系遮蔽甚至绑架的现象。

（三）知识被政治权力遮蔽

及至中世纪后期，伴随神圣罗马帝国的权力式微，教会大分裂造成的教权威严降低，以及众多割据性诸侯王国势力的崛起及相互征伐，往昔"教权""皇权""学权"三足鼎立的稳定格局被渐次打破。大学发展的外部环境受到诸多政治权力牵制，或沦为教会权力的奴仆，或沦为世俗权力的羔羊，或沦为各种权力相互撕扯的猎物，知识发展最终被权力斗争所遮蔽。

1. 大学被动陷入权力纷争

在意大利的博洛尼亚，因地处神圣罗马帝国皇帝和教皇两大势力之间，时常成为两派争夺的对象。在两派势均力敌的初期，均争相拉拢博

---

① ［法］雅克·韦尔热：《中世纪大学》，王晓辉译，上海人民出版社2007年版，第146页。
② Hastings Rashdall, *The Universities of Europe in the Middle Ages*: Salerno-Bologna-Paris (Vol. 1), Oxford: The Clarendon Press, 1936, pp. 471–472.

洛尼亚大学并给予诸多特权和优惠。但是，及至中世纪末期，伴随帝国权力式微，博洛尼亚市政当局逐渐向教皇势力靠拢，并要求大学教师必须向教皇靠拢，对于不服管治的皇帝派人士进行流放。对于一些流放的教师，即使允许他们返回博洛尼亚从事教学，前提条件是他们必须放弃皇帝派的政治立场，宣誓归依到教皇派势力。对于那些不放弃皇帝派立场的教师，即使是能够留在博洛尼亚大学从事教学，也是整日生活在惶恐之中，时常受到来自学生和民众中极端分子的骚扰、威胁，甚至是迫害。博洛尼亚市政章程和评议会表决中，不断明确提到：教师绝对不能归属于皇帝党。① 事实上，在意大利其他大学中，教师同样也处于教皇派和皇帝派政治权力斗争的漩涡之中。这种深陷斗争的纷扰，具有极其鲜明的特征，亦即大学及其教师的被动性卷入。

2. 大学主动卷入权力纷争

中世纪时期，以巴黎为代表的重要大学，曾在社会各阶层斗争中发挥了积极作用。在教会大分裂期间，巴黎大学还曾经以神学仲裁者的身份参与宗教事务的调停。如果说在14世纪之前与政府和宗教还较少发生激烈冲突的话，那么在15世纪，由于过度参与政治斗争，巴黎大学不但参与教会大分裂等活动，逐渐失去了教会的信赖和支持，而且还招致法国国王的强烈不满。在英法百年战争期间（1337—1453年），巴黎大学全体成员宣誓服从《特鲁瓦协定》（1420年），承认英王亨利六世为法国国王。在英国人占领巴黎之际，大学与英国总督保持良好关系，并积极宣传有利于英国统治的新制度。1431年，在圣女贞德案的审判中，巴黎大学不但撰写了攻击贞德的檄文，还为审判贞德提供谋划人，并裁定以异端和女巫罪判处贞德火刑。1436年，法国军队收复巴黎，大学成员又旋即与法王查理七世重归于好。不久，大学又对查理七世的宗教政策表示强烈不满。最终，查理七世和后继的路易十一，都不信任巴黎大学这个"叛徒"。1437年，国王查理七世撤销巴黎大学的税务特权，并迫使它为收复蒙特里奥而征收的"资助"提供资金。1445年，巴黎大学的法律特权也被撤销，大学被置于议会的管辖之下。1470年，路易十一强使教师和学生宣誓效忠。最后，1499年巴黎大学失去了它

---

① 张磊：《欧洲中世纪大学》，商务印书馆2010年版，第233—234页。

的罢课权。① 正如雅克·韦尔热所言，在法兰西即将成为英国人的"殖民地"之际，巴黎大学学者只看到两件事情：战争对其特许权和薪俸带来的危险，对信仰本身和他们宣扬信仰的使命的威胁。大学不是提出合理的和平纲领，或做出有效的判决，而是满足于空谈全体信徒团结的必要性，空谈不惜一切代价直接重建和平，空谈战争的邪恶。这些空想置君主的雄心和民众的感受于不顾，几乎无法让人理会。② 巴黎大学主动卷入宗教纷争，在面临民族国家生死存亡之际，又主动讨好敌国，不但丧失了诸多特权，而且也逐渐失去了生存的根基。

3. 大学教师热衷政治权力

14、15 世纪，欧洲各地（如法国、意大利、西班牙、德国、荷兰、比利时、卢森堡、波兰、匈牙利、苏格兰和斯堪的纳维亚等）纷纷建起了大学。这些国家和地区的世俗权力，不断加强对大学的统治，甚至把大学看作政治组织的一部分。薪酬制度实行后，很快遍布南部欧洲大学，14 世纪末又发展到北部欧洲大学，尤其是德国和苏格兰大学。薪酬制度使教师不再依靠学费生活，但其消极方面是，学生们经常抱怨，教师花费过多的时间参与城市、贵族或皇家事务，从而造成教师旷课非常严重。大量教师不惜牺牲他们的教学责任，而热衷于大学外部事务。他们经常未经学生允许而指定代课者，甚至无故缺席。以至于威权部门不得不出面干预，但是仍然很难阻止教师参与外部事务的热忱。③ 毫无疑问，教师的主要职责应当是教学，就像工人的职责是做工，农民的职责是种田一样。如果教师将大量时间用于政治事务，而影响甚至忽略了教学，本质上就是职责的本末倒置。学者过度热衷于政治，不但对所在大学的教学秩序造成混乱，降低了大学培养质量，损害了大学学术声誉，而且影响到学者自身的知识探索和更新，从知识生产和传授的"自由人"，转变为政治权贵的"奴仆"，最终也为学者自身带来不可挽回

---

① ［法］雅克·勒戈夫：《中世纪的知识分子》，张弘译，卫茂平校，商务印书馆 2002 年版，第 125—132 页。

② ［法］雅克·韦尔热：《中世纪大学》，王晓辉译，上海人民出版社 2007 年版，第 128 页。

③ Alan B. Cobban, *Universities in the Middle Ages*, Liverpool: Liverpool University Press, 1990, pp. 16–18.

的负面影响。

（四）知识与道德操守分离

道德是知识的守护神，缺失了道德的知识不但不能够给人类带来福祉，而且还会败坏社会风气；不但使知识人遭受社会的谴责，而且也会使其所在的大学蒙受声誉上的损失。如果说在 12 世纪，中世纪大学的教师还秉持着职业操守，那么到了中世纪大学后期，这些操守逐步衰退。

1. 大学教师道德整体滑坡

中世纪大学早期，教师们遵循的是亚里士多德所推崇的理性道德形式，强调追求崇高是人类永远福祉的原始动力。这种道德追求不但为大学学者提供了神学之外的严密哲学，而且还为他们提供了传统教师理想之外的职业伦理，亦即，知识分子的劳动，作为求知的无私奉献，本身具有其公正性，因为它是自我完善的因素，是力量与智慧的源泉。15 世纪，大学教师的这种职业道德在教权和王权的多重诱导、牵制或压服之下，渐渐变得支离破碎。教师的工作已经不再是以追求知识为目的，大学学者的道德也不再是教师职业道德，而是宗教的和（或）政治的道德。在这种道德支配下，大学的自治、教学的自由、思考的自由、教授职业自身尊严的神圣感，都已不复存在。大学的贵族化、教授趋同于贵族的欲望，加重了社会对博士以知识为业思想的失信。博士期盼像贵族那样以食利为生，否认了 13 世纪形成的行会模式（师徒关系、甚至商人与客户关系），代之以从贵族价值领域借鉴的家长式模式（修道院长与修士的关系、领主与仆从的关系）。关于教师的这种生活方式，巴黎神学院的主要教师之一，让·博佩尔的职业生涯具有典型意义。自 1400—1420 年，他几乎规律性地往来于大学之间。在此期间，他获得巴黎和贝藏松的两份薪俸，使其得以悠闲生活。以后二十多年间，他仍为神学院正式教师。但实际上，他不停地旅行和出差：任勃艮第公爵的幕僚，参加圣女贞德的讼案，作为大学代表赴罗马，又去参加巴塞尔主教会。60 多岁回到贝藏松，在那里于 1463 年逝世。[①] 除此之外，教师

---

① ［法］雅克·韦尔热:《中世纪大学》，王晓辉译，上海人民出版社 2007 年版，第 146—157 页。

向学生发放高利贷，攫取学生的礼品及礼金，大学昂贵的考试费用和奢华的学位授予仪式等，均表现出大学知识已经与教师的道德分离，折射出大学学者的操守整体性滑坡。

2. 大学教学的道德性缺失

如果说在中世纪中期，哲学（理性）与神学（信仰）相结合产生了经院哲学，促进了大学的产生和发展的话，那么到了中世纪末期，经院哲学的理性和信仰开始分道扬镳，在中世纪传统大学中掀起的"反唯智论"，把理性从信仰中驱逐出去，"时人沉浸在宗教教义的研读中，追求天国与来生，希冀提升到'超自然'（Super-nature）的境界，因此只知道有神而不知其他"。① 大学中的神学一旦与理性脱离，不但造成教学内容的贫乏，而且还带来了方法上的畸形。大学只是部分地学习《警句读本》，《圣经》讲授重新成为神学教学的基础课程，并日趋僵化。神学院也更多地依附于教会权威，承担更多教会所期待的角色：打击异端学说，加强知识监督，阐释宗教正统。神学与理性的脱离，使中世纪大学的辩论法走向了穷途末路。原本辩证法是激发师生思维、阐明疑难及知识创新的一条重要途径，但是中世纪末期的辩论法已经退化成一种在词语上耍小聪明的游戏，而且平庸之极。有一位作者就描述过这样一个例子，论辩的目的是要决定，到底是系着猪的绳子还是牵着绳子的人，把猪拉到了市场。论辩经常蜕变成相互谩骂、粗言恶语乃至侮辱恫吓，甚至发展到拳脚相加、彼此撕咬，最后留下死伤者横在地上。② 14 世纪末 15 世纪初巴黎大学校长约翰·热尔森认为，有些人费尽心力，绞尽脑汁，想弄懂科学，这只是精神的空虚、徒劳与窘迫。如果这个世界本身将要消失，认识这个世界的事物对你们又有什么好处？在世界末日的审判中，不会有人问你们知道些什么。在你们匆忙赶去的地狱，不会再有任何一门科学。省了你们这番徒劳的辛苦吧！③ 不难看出，巴黎大学的校长对于知识都是这种态度，可以想象巴黎大学的教学

---

① 林玉体：《西洋教育史》，文景出版社 1985 年版，第 155—156 页。
② ［法］爱弥儿·涂尔干：《教育思想的演进》，李康译，渠东校，上海人民出版社 2003 年版，第 198 页。
③ ［法］雅克·勒戈夫：《中世纪的知识分子》，张弘译，卫茂平校，商务印书馆 2002 年版，第 121 页。

已经沦落到何种地步。

3. 学位授予的道德性缺失

及至 15 世纪,对于考官和申请人来说,买卖学位已经成为一个非常赚钱的商业行为。因为教师职位有限,而申请人不断增多,所以在学位授予中,行贿或者托关系开始出现。学位授予标准极其宽松,没有记录显示任何一个申请人是因为知识不足而被拒绝。[1] 特别是 1450 年之后,欧洲新设了若干大学,这些大学由于水平参差不齐,买卖学位也更为普遍。在阿维尼翁,有些学生经过几个月,甚至几周的逗留之后,便从教授手中获得了学士文凭或授课证书,那些教授则极其幸运地在这些机会中迅速地得到了学生交付的酬金和礼品;在奥朗热,大学在没有进行任何教学的情况下,竟然授予了部分博士学位,这完全属于毫无廉耻地兜售文凭。尽管巴黎法学院的历史较长,也没有特别好的声誉,因为其颁发的文凭也充满着金钱交易。最后,一些教士利用其与教廷的关系,不经任何考试,集体通过教皇通谕获得了授课证书。[2] 可见,中世纪大学末期,兜售文凭已绝非个案。如果说,教师增加学生考试和学位授予仪式的花费尚可以谅解,那么考官置学生知识能力于不顾,而进行学位证书的买卖,则已近乎达到无耻的地步。买卖证书完全摆脱了知识能力的考量,大学也就不能再称其为大学了。待到文艺复兴、宗教改革和启蒙运动时期,社会上普遍要求取消传统大学建制的呼声迭起,也就不难理解了。

总之,在中世纪末期,大学所传授的知识已不再是高深复杂,而是被宗教信仰所遮蔽;大学进行知识创新的动力,因物质、权力和关系而懈怠;在宗教和政治的双重打压下,大学进行知识发展的理性捍卫力量已不复存在,唯宗教或政治事务是瞻。学术资本在中世纪大学后期,或发生变异而不能再称其为学术资本,或被经济、政治、关系等利益所淹没而丧失主导地位。作为社会中的一个组织,大学不以学术资本积累为主导,就像企业不以经济资本积累为主导、政党不以政治资本积累为主

---

[1] Nathan Schachner, *The Medieval Universities*, London: George Allen & Unwin Ltd., 1938, pp. 134–137.

[2] [法] 雅克·韦尔热:《中世纪大学》,王晓辉译,上海人民出版社 2007 年版,第 106—107 页。

导、中介不以社会资本积累为主导一样，一旦其安身立命的基本职责被削弱或替代，大学也就不再是大学了。

第五节 结语

一 高深知识可以作为商品，学术资本转化是大学生存根基

从历史发展的视角来看，高深知识作为商品是中世纪大学产生的一个重要条件。尽管大学产生之初，教会曾三令五申反对知识作为商品，但是伴随民众对教育的不断需求，世俗化学校的不断产生，教会在资助教师薪俸力有不逮的时候，也不得不承认知识作为商品的合法性。当然，可以作为商品的知识，已经不再是以《圣经》为内容的单一性信仰知识，而是具有同时代的复杂性、综合性的高深知识；大学在传统知识和外来知识的基础上，不断进行阐释和创新，建立了以文学、法学、神学和医学等边界相对清晰、层次分明的学科知识体系，为"黑暗的中世纪"点燃了知识之光。尽管教会、王权等对知识强势介入，但是大学学者仍然坚守着知识的道德底线，坚持知识发展的理性捍卫，从而形成了"教权""王权""学权"三足鼎立的状态，为中世纪大学赢得了诸多特权，一定程度上实现了学术自由和大学自治，为大学发展创造了良好的外部生存环境。

作为从事知识教学的行会组织，中世纪大学与其他商业性质的行会运营具有高度相似性。大学之所以能够不断发展，主要是依靠自身的学术资本，与外部利益相关者进行利益交换，从而不断积累自身的经济资本、社会资本和政治资本等。换言之，没有学术资本，中世纪大学不可能获得生存发展所必需的经济资本；没有学术资本，中世纪大学内部不可能构建为一个整体，也不可能获得外部广泛的社会网络关系；没有学术资本，中世纪大学不可能获得教皇、皇帝、王权等授予的诸多特权，大学政治资本的积累也无异于缘木求鱼。一定意义上，高深知识作为商品，在中西方教育发展史上是相互通约的。在"天子失官，学在四夷"[1]的春秋战国时期，正是因为周王朝无力举办官学，才使以孔子为

---

[1] 《左传·昭公十七年》。

代表的私学兴起。"自行束脩以上，吾未尝无诲焉"①，无论当下对这句话作何解读，以知识传授为业的孔子，总归要满足日常生活，因此收取一定学费并没有降低其打破贵族对教育垄断的历史贡献，也没有降低其进行"有教无类"的思想高度。

二 学术资本化绝非当下独有，中世纪大学后期同样存在

20世纪80年代以来，伴随全球高等教育规模扩张，政府对公共事业支出的经费锐减，高等教育为了生存发展不得不依靠自己寻找更多的资金来源。在大学以及教师寻求外部资金的过程中，学术商业化运作、提高收费标准、热衷校外培训及兼职、忽视本科教学及培养等，也随之相伴而生，学术资本化甚至学术资本主义呈现出蔓延的态势。学术资本化，实质上就是学术牟利化；学术资本主义，实质上就是学术商品化。学术是一种资本，但是绝对不应该学术资本化；学术可以成为商品，但是绝对不应该学术商品化。当高深知识被物质金钱蒙蔽，当高深知识被利益关系隐蔽，当高深知识被政治权力遮蔽，当高深知识与道德操守相分离，遭受损失的最终是大学自身。中世纪大学后期所产生的学术资本化现象，已经为我们当下大学的学术资本主义发展敲响了警钟。

环顾当下大学之发展，高等教育遭受诟病之处，与中世纪大学后期的现象何其相似。大学象征性地免除学费，已经使越来越多的穷人子弟、少数族裔与大学尤其是研究型大学无缘；教师为了追求物质利益，不惜数据造假、剽窃抄袭，通过学术不端来谋取个人私利；教师热衷于校外兼职、辅导培训等，赚取额外收入是以牺牲教学为代价；私立（民办）高校管理模式中的"夫妻店""子承父业"现象，与中世纪大学后期的"教师世袭制"如出一辙。2004年普利策奖得主丹尼尔·金（Daniel Golden）揭示，尽管没有"长子继承"的传统，作为前参议院多数党主席比尔·弗里斯特（Bill Frist）和前副总统艾尔伯特·戈尔（Albert Gore）的长子，小威廉·哈里森·弗里斯特（William Harrison Frist Jr.）和艾尔伯特·戈尔三世却都继承了一笔价值不菲的财产：他们都轻而易举地进入美国最优秀的大学读书。他们凭借的不是自己的资

---

① 《论语·述而》。

质，而是父辈的声誉。普林斯顿大学录取哈里森，不是因为他们看中了这个年轻人的潜力，而是因为他的家庭捐赠了几百万美元，还因为他的父亲既是政界名人，也是该校的前董事会成员。艾尔伯特在 2000 年秋季申请哈佛大学时，这所美国最著名的大学当然也不会将自己的校友以及前监事会成员的儿子拒之门外，毕竟戈尔当年差点入主白宫。① 作为当今一流大学的常青藤盟校，哈佛、普林斯顿都未能在大学录取中抵挡住金钱、关系、权力的诱惑，学术资本化对当下大学侵蚀的程度由此可见一斑。凡事有始必有终，有兴必有衰，作为当下世界高等教育重镇的美国，如果不能抵制学术资本化蔓延，千里之堤就有可能溃于蚁穴，大学逐步走向衰落是迟早的事情。中世纪大学后期之发展，已经为这种趋势提供了鲜明例证。事实上，中世纪大学以降，从意大利大学（以萨莱诺和博洛尼亚为代表）到法国大学（以巴黎为代表），从英国（以牛津剑桥为代表）再到德国（以柏林大学为代表），最后到今天的美国大学（以哈佛为代表），在千年的历史演变中，高等教育重镇已经多次更迭。大学重心转移的原因，均可以从学术资本的被遮蔽，来寻找端倪。

三 如何规避学术资本蜕变，是大学面对的历史性课题

《北京大学教育评论》2014 年第 1 期，对"知识商品化：高等教育的福音还是灾难"进行了专题研究。主流观点认为："因为知识内在地具有公共属性，在高等教育中学生学习的内容就是公共产品。"② 纯公共产品的一个重要特征是，具有消费或使用的非竞争性和收益上的非排他性。与公共产品相对应的是私人产品，其特点是消费或使用中的竞争性和排他性。但是，当资源稀缺的时候，无论是公共产品还是私人产品，都具有竞争性和排他性。譬如，公共电话亭就是典型的纯公共产品，但是当公共电话亭稀缺的时候，使用公共电话亭的人员众多，那么我们说这种纯公共产品也具有了竞争性和排他性。同样，当知识变得稀缺，尤其是当高深知识变得稀缺时，这种公共产品同样具有了竞争性和

---

① ［美］丹尼尔·金：《大学潜规则：谁能优先进入美国顶尖大学》，张丽华等译，商务印书馆 2013 年版，第 2—4 页。
② ［英］西蒙·马金森：《为什么高等教育市场不遵循经济学教科书》，《北京大学教育评论》2014 年第 1 期。

排他性。换言之，公共产品也就变得并不必然纯粹。因此，要回答"知识商品化到底是高等教育的福音还是灾难这一命题"，主要应当看知识商品属性的广度和深度。当知识的商品性限制在一定范围、一定程度时，知识作为商品就可以为高等教育发展带来福音，无疑自食其力的大学会具有学术自由和大学自治的更大话语权，而学术自由和大学自治又是大学发展不可或缺的精神和灵魂。真理向前迈进一步，往往就会演变为谬误。当知识的商品性超出一定的范围和限度，演变为学术资本化甚至是学术资本主义的时候，大学自身的知识根基就会发生动摇，这种演变就可能成为大学发展的一种灾难。事实上，中世纪大学知识作为商品的发展历程，已经为该论断提供了最好的注脚。

由此来看，如何规避学术资本蜕变为学术资本化甚至是学术资本主义，是大学需要面对的一个历史性课题。当政府部门不能或者不愿完全承担大学的公共经费支出的时候，或者说，当政府部门不能或者不愿再为大学的培养人才、发展科学、服务社会等全部买单的时候，我们再奢谈知识作为公共产品不得进行商品交换，无异于纸上谈兵。20世纪末期英国创业型大学的崛起，实质上就是利用高深知识作为商品，为大学提供更多的生存和发展空间。那么成为创业型大学不可缺少的最低限度是什么？伯顿·克拉克明确提出，创业型大学需要五个基本条件，其中就需要一个整合的创业文化，它可能肇始于一个相对简约的制度理念，而后内化于组织信念，并最终形成大学文化。这种文化或者是大学象征，对培育组织特色和独特声誉异常重要。[1] 尽管克拉克并没有在著作中说明，这些文化究竟包含哪些内容，但是这种文化的重要性可以为我们提供基本的线索，亦即，高深知识作为商品，不能够危及大学以知识为业的组织特色，不能够有损于大学的学术声誉。这正如加州大学伯克利教授大卫·科伯在其著作前言中，开篇同时引用雅斯贝尔斯"大学是师生探索真理的社团"和迈克尔·克罗（Michael Crow）的"知识是一种风险资本"这两句相互制约的话语一样。[2] 知识是一种资本，但是更

---

[1] Burdon R. Clark, *Creating Entrepreneurial Universities: Organizational Pathways of Transformation*, Oxford: International Association of Universities and Elsevier Science Ltd., 1998, p. 7.

[2] David L. Kirp, *Shakespeare, Einstein, and the Bottom Line: The Marketing of Higher Education*, Cambridge: Harvard University Press, 2003, p. 1.

是一种风险资本，知识作为资本不能够危及师生探索真理的神圣使命，否则就可能将大学置于风险之中。我们绝不能因为科学技术（以爱因斯坦为代表）牟利便捷，而忽视了人文教育（以莎士比亚为代表）。无论是科学技术，还是人文社科，无论是大学中的何种人士，进入市场后都必须遵守基本的道德底线。这或许是科伯以"莎士比亚、爱因斯坦及底线：高等教育的营销"为论题的旨归所在。

总结伯顿·克拉克和大卫·科伯的基本观点，对照中世纪后期大学走向衰落的原因，在高深知识商品运作的过程中，大学的学术道德因素不能够商品化，不能受利益驱使而丧失了基本的学术道德底线；大学的学术自由因素不能够商品化，不能为了换取利益而接受外部对知识探索的干预；大学的学术创新动力不能够商品化，知识发展和创新是大学生命之树常青的根本；大学的学术责任不能够在商品化中枯萎，放弃了教学、学习和研究，大学的组织性质也必将发生变异。

第四章　学术资本视角下 19 世纪德国大学之崛起

　　欧洲中世纪时期，作为"学生型"的博洛尼亚大学和作为"先生型"的巴黎大学被称为世界大学之母，因此意大利和法国无疑是当时世界范围内的高等教育重镇。稍后成立的牛津和剑桥大学，使得英格兰也成为高深知识的圣地，学者追寻的麦加。相对于意大利、法国和英国，与之毗邻的德国大学产生较为晚近，直到 18 世纪末，德国大学的影响仍不能望其项背。然而，当高等教育发展的车轮进入 19 世纪初期，德国大学迅速崛起，并占领世界高等教育之巅长达一个世纪之久。无论是研究世界大学发展史，还是探寻研究型大学起源，19 世纪德国大学都是绕不开的重要节点。关于 19 世纪德国大学崛起的原因，学者们站在不同的研究立场给出了多样解读，有从思想家的理念出发，认为伊曼纽尔·康德、约翰·费希特、威廉·冯·洪堡、弗里德里希·施莱尔马赫和弗里德里希·谢林等新人文主义者关于大学的论说，对德国大学崛起发挥了重要影响；有从组织制度的视角出发，认为德国讲座教授制、编外讲师制、习明纳、研究所等内部组织架构对大学崛起发挥了重要作用；有从生态学的视角出发，认为 19 世纪德国大学能够在传统和创新之间保持一种平衡，既不像法国大学那样将传统大学全部取缔，也不像英国牛津和剑桥大学那样过于保守，符合大学生态发展是德国大学后来居上的重要原因。此外，学术自由、教授治校、教学与科研相统一，已经成为德国大学崛起原因的学界共识。

　　崛起是一个描述竞争性发展态势的话语，是建立在自我与他者比较基础上，后来居上、异军突起的发展状况。大学是从事高深知识的机构，因此大学竞争性发展，关键是高深知识和学术声望的竞争，大学之崛起也主要表现在高深知识和学术声望的繁荣和隆盛。从资本多样性来看，衡量大学崛起的主要资本形态应当是学术资本。尽管与法国类似，德国政府在大学发展中扮演着重要作用，但是从学术资本生成环境来看，政府主导下的大学高深知识发展究竟存在哪些不同，从而使法、德大学走向不同的道路；创新是高深知识不断发展的动力，也是学术资本生成的逻辑起点，相对于英国牛津、剑桥的宗教保守性而言，19世纪德国大学知识创新表现在哪些方面，从而使德国大学后来居上引领世界大学发展；培养人才是大学发展的根基，知识传授是培养人才的根本途径，也是衡量大学学术资本的一个重要方面，强调学术创新、重视科学研究的德国大学，是如何对大学知识传授进行演绎的，这种演绎与同时期的英国、法国大学等有着哪些不同；18世纪末期，法国将巴黎大学等传统大学全部取缔，建立起以大学校为主体的高等教育架构时，就一直强调高深知识的应用，与之相反，德国高等教育体系中对于知识的应用采取了不同的发展进路，从而使德国高等教育地位不断攀升，最终实现成功超越；在19世纪德国大学的内外部生存环境中，国家、大学、市民对大学及学者的学术声望是如何看待的，这种集体意识对于大学和学者的学术资本产生了哪些影响，等等。对于以上问题的分析和梳理，不但对于理解19世纪德国大学崛起的原因有所裨益，而且对于寻找高等教育发展规律、服务于当下中国大学发展的实践有所启迪。

第一节 政府主导：大学学术资本的生成环境

一 历史渊源及表现

与中世纪的法国巴黎大学、意大利萨莱诺大学和博洛尼亚大学，以及英国的牛津大学等不同，德国的大学一开始就不是自发产生的原生型大学，而是由政府直接创办的结果。当然在德国大学萌芽的初期，世俗权力部门只是给予大学部分资助和特权，整体而言，大学仍然是一个独立管理的自治社团。伴随中世纪欧洲大学世俗化不断加快，教会逐步淡出对大学的控制，政府对大学资助力度不断加大，国家对大学的行政干预也越来越强烈。从历史渊源来看，自大学产生之日起，政府主导大学的模式就在德国历史上烙下了深深的痕迹。

事实上，中世纪时期的大学都不能够完全摆脱教会的属性，大学的诸多经济来源、自由权力等来自于宗教授权，巴黎大学曾经一度扮演着宗教裁判机构，神学也在欧洲中世纪大学发展中发挥着学科统摄的作用。但是就德国大学而言，还有着明显的世俗性特征。从大学产生的法律意义来看，德国大学并不是由教宗授权的学者社团，而是由世俗当局资助建立、授予权力、赋予自由和维持运营的。因此，由政府直接创办的德国大学，以及同一时期由市政当局建立的地方学校，"实际上就构成了教育世俗化的开端"。① 从大学发展的趋势来看，尽管相对法国、意大利、英国等欧洲国家，德国大学成立的时间较晚，但是作为教育世俗化的策源地，在产生之时就代表着高等教育发展的历史潮流。大学教育世俗化不但打破了宗教组织的羁绊，使高深知识逐渐服务于政府和国家，而且也打破了神学学科对大学诸多学科的统摄，使高深知识逐渐向纵深及横向发展。具体来说，德国大学开始由神学统摄转移至哲学统摄，英国大学开始由神学统摄转移至文学统摄，法国大学开始由神学统摄转移至技术统摄，等等。

德国大学是由邦国建立，并依靠邦政府拨款生存，大学的资金主要来自于邦政府拨款及学费征收。以 1864 年柏林大学为例，其当年的收入为 196787 塔勒（thalers），约合 29518 英镑。这其中，大学直接收入仅为 161 塔勒（占年度总收入不足 1‰，几乎可以忽略不计），学费收入为 7557 塔勒（占年度总收入不足 4%），其余均为普鲁士州政府拨款，为 189069 塔勒（超过年度总收入的 96%）。大学教授的工资同样来自于邦政府拨款，在当时固定工资大约在 2300—2700 塔勒，约合 350—400 英镑，教授为此付出的义务是，每周至少进行两次的免费公开授课。此外，他还可以收取额外讲课费以及考试费。在海德堡大学，部分教授的工资和其他费用收入可以达到每年 1000 英镑，甚至是 1500 英镑。② 根据约瑟夫·本-戴维（Joseph Ben-David）的统计，普鲁士、萨克森、巴伐利亚和维藤堡这四个地区的大学预算总额在 1850 年是

---

① [德] 弗里德里希·包尔生：《德国大学与大学学习》，张弛等译，张斌贤等校，人民教育出版社 2009 年版，第 26—27 页。

② Matthew Arnold, *Higher Schools and Universities in Germany*, London: Macmillan and Co., 1874, pp. 149 – 155.

2290000马克,1860年是2961000马克,1870年为4734000马克,1880年为12078000马克,1900年为22985000马克,1914年达到了39622000马克。① 从邦政府对大学整体的经费预算来看,以1850年为基数,普鲁士、萨克森、巴伐利亚和维藤堡的大学预算总额,分别增加到1860年的1.29倍,1870年的2.07倍,1880年的5.27倍,1900年的10.04倍和1914年的17.3倍。以上数字不难看出,无论从大学组织层面,还是从教授工资层面,乃至邦政府对大学拨款的整体预算层面,德国政府都为大学发展提供了强大的经费保障。也正是德国政府的资金支持,使得德国大学的硬件建设得到普遍改善。尤其是1870年后,国家和市政当局在建设"宏伟建筑"方面做出了重要的财政努力,哈勒、海德堡、哥廷根、慕尼黑和卡尔斯鲁厄都从中受益。这一建设的成果在法国广为传颂,抱怨在巴黎之外,"大学殿堂"寥寥无几。而始于1855年"新索邦"的建设直到1901年才完成。直到20世纪初,法国的许多文学院、法学院和理学院仍然坐落在非常狭窄的、不卫生的且不舒适的建筑中。② 同样是政府控制大学,仅从财政支持的力度来看,法国大学与德国大学相距甚远。如果抛开大学学术资本自身的真实价值,仅从大学学术资本与外界(政府)交换的价格来看,德国政府为德国大学学术资本提供的交易价格,要远远高于法国政府为大学学术资本所提供的交易价格。

充足的经费支持,为德国大学及其内部组织运营提供了坚实的经济基础。普鲁士教育主管部门负责人历来重视大学原创性研究和学习,尤其是在舒尔茨和卡尔·阿尔滕施泰因的大力呼吁下,普鲁士政府不但为青年教授的创造性研究提供资助,而且对学生的原创性成果也予以奖赏。这是目前我们所能找到的,世界大学历史中,政府最先为青年教师和学生提供原创性成果资助与奖赏的实例。尽管这些物质奖励不多,但是它为获奖者带来的学术声望和精神鼓励是非常大的。赢得奖励,无疑是寻求职业的最佳助推器。在19世纪早期,神学、哲学领域的习明纳

---

① [以色列]约瑟夫·本-戴维:《科学家在社会中的角色》,沈力译,四川人民出版社1989年版,第189—190页。

② [瑞士]瓦尔特·吕埃格:《欧洲大学史》(第3卷),张斌贤等译,河北大学出版社2014年版,第107—108页。

(Seminars) 和自然科学的研究所大部分是个人性的而非组织性的。许多图书及实验仪器是在政府支持下，由讲座教授建立。伴随教授的退休或离世，这些机构也随之消失。到了19世纪下半叶，研究所和习明纳开始转变为官方性、永久性的。早期的习明纳是在教授家中进行的，在政府的资助下，习明纳逐步走向稳定，从教授家中搬到了大学校园，并拥有了自己的管理者、图书馆、教室、建筑和经费等。政府的持续、稳定投资，为德国大学内部组织的发展奠定了坚实基础。以柏林大学为例，从1820年到1870年，50年间大学预算增长了三倍多，大学教师的薪水增加了不到一倍，而大学的习明纳和研究所经费则增加了十倍，从1820年的37500塔勒，增加到1870年的375500塔勒。在1820年，柏林大学教授的薪水是研究所和习明纳的六倍，到了1870年，后者已经超过了教授薪水的总预算。[1] 可以说，如果没有政府的鼎力支持，大学内部的研究所和习明纳就不可能成为制度性、永久性的组织机构，也不可能拥有丰富的教学和研究的物质基础。

二 政府主导下的大学

在整个19世纪，德国和法国大学都是在政府主导下发展的，但是同样是政府主导，换言之，同样是由政府用经济资本来置换大学学术资本，但是两个国家的大学发展却产生了截然不同的结果。

在欧美高等教育先发国家中，德国大学率先通过国家对科学和教育的支持而兴起，这打破了早期的欧洲中世纪大学（尤其是以巴黎大学为代表的法国大学），乃至美国大学，是宗教扶持和家庭教育责任自然延伸的结果。从学术资本交换的视角来看，国家作为与大学学术资本交换的主体，不但代替了宗教组织的主导地位，而且也使家庭教育责任在大学教育中退居次要地位，这一点从大学运营经费中学生学费所占比例即可看出。"在德国，不但私立大学是被禁止的，而且也不提倡私人捐赠公立大学。相对英美高等教育来说，德国政府控制着大学，但是19世纪的德国并没有一所大学像法国那样成为全国性的官僚机构控制，大学教育的

---

[1] Charles E. McClelland, *State, Society, and University in Germany, 1700 – 1914*, Cambridge: Cambridge University Press, 1980, pp. 177 – 205.

管理被分配到各邦政府之中。"① 1806 年，拿破仑建立了帝国大学，虽然名为大学，实质上是专门负责法国教育和教学事务的行政机构。19 世纪初的法国大学，主要有三个目标：首先，为保障革命后的国家与社会的安全，为政治和社会稳定培养必要的官员；其次，要确保教育与新的社会秩序保持步调协调，防止新的专业阶级的产生；再次，如可能对国家造成危害，就可以限制思想自由。国家对于大学的严格控制，表现在学校的主导模式上，表现在对文凭的控制上，表现在对候选人及其考试进行分级上，表现在对统一的学习方案的详尽规定上，表现在对学位授予的垄断上，帝国大学是唯一的法人。② 不难看出，从对大学控制的政府主体来看，德国政府采取的是邦联制，而法国政府采取的是寡头制。换言之，在德国，不同大学学术资本交换的主体可能是不同的；在法国，无论何处的大学，其学术资本交换的主体都集中在中央政府的手中。

　　论述 19 世纪德国大学，不能不提及洪堡及其创办的柏林大学。一定意义上，洪堡是德国大学崇尚科学和自由的精神坐标。为确保柏林大学静心于科学，享受最大程度的独立和自由，避免大学发展中的财政不稳定和外部权力的潜在威胁等，在大学创办之初，洪堡甚至向国王建议为大学提供永久性的资金支持，并得到国王的原则性同意。但是，洪堡执掌普鲁士内务部教育主管不久，因教育不能升格为独立的部门而迅速离去。其后继者很快丢掉了洪堡为大学提供永久性资金的思想，取而代之的，是国家对大学定期进行拨款，以避免大学过于独立于国家。但是，洪堡关于崇尚科学和自由的精神却被其后继者不断继承和发扬。相对法国大学来说，德国政府在为大学提供充足经费的同时，并没有采取法国大学军事化的管理方式。以柏林大学为代表的德国大学享受着自由和独立，这与以法国高等专科学校为代表的高等教育组织接受一致与服从，形成了鲜明对照。

　　从大学内部管理来看，19 世纪的德国大学是一个自我管理（self-administering），但不是一个自治（self-governing）的法人社团。少数资深

---

① Charles E. McClelland, *State, Society, and University in Germany, 1700 – 1914*, Cambridge: Cambridge University Press, 1980, pp. 3 – 5.
② [瑞士] 瓦尔特·吕埃格：《欧洲大学史》（第 3 卷），张斌贤等译，河北大学出版社 2014 年版，第 47 页。

教授扮演着这种自我管理的核心力量。资深教师每年从自己队伍中推选大学管理者——校长、学院院长和大学理事会成员。但是教育部部长代表邦政府利益，同样在大学中拥有重要权力。1819年《卡罗维发利法令》（Karlsbad Decrees）颁布后，每所大学都设有一个教育部部长的代理人，可以就大学事务直接向部长汇报。无论是校长还是学院院长，必须经过教育部部长的批准方可就任。[①] 一定意义上，代理人是大学和政府之间的联络员。通常情况下，他并不介入大学内部的学术权力。代理人有权察看大学是否按照其章程和政府及部长的希望办学，有权就改进大学发展提供建议，当讲座教职空缺时，有权推荐合适人选。他负责接收大学管理者（如校长、院长）年度选举报告以及每学期学习计划和课程清单，将这些材料呈交教育部部长裁决。此外，代理人的一项重要职务是，维护大学教授的利益，保护他们的特权不被国家其他权力部门干涉，充当教授和政府之间的调停者，当他们有违大学法律时充当劝告者。[②] 因此，从大学内部管理来看，德国大学既保留了中世纪大学时期的自我管理的传统，同时又进行了制度创新。大学内部的直接事务是由资深教授管理完成，政府代理人是大学与政府之间的联络者，是代表政府监督大学办学的监督者，也是大学以及大学教授利益的直接保护者。

与德国大学内部管理相比，19世纪法国大学完全丢掉了中世纪法国巴黎大学的自治传统。在法国大革命强大的政治和社会影响下，法国大学发生了巨变。革命领导人如马克西米利安·罗伯斯庇尔等认为，法国传统大学是垂死的、反动的、保守的，是由宗教控制的社团，完全无视现代科学和学术之发展。1793年，革命当局取缔了全部22所法国大学，没收了它们的全部财产并充公。最后，涵盖人类全部知识的大学被丢弃，取而代之的，是一些特殊学科组成的专业训练机构，以前的大学学院变成独立的、碎片式的、非住宿的、目标单一的学校（schools）。由于专注于战争，加之无法控制的通货膨胀，政治宗派主义和捉襟见肘的经费，使法国高等教育改革目标大都流于一纸空文，直到拿破仑执政时

---

① Willis Rudy, *The Universities of Europe, 1100 – 1914: A History*, Rutherford: Fairleigh Dickinson University Press, Associated University Presses, 1984, pp. 103 – 104.

② Walter C. Perry, *German University Education, or the Professors and Students of Germany* (Second Edition), London: Longman, Brown, Green, and Longmans, 1846, pp. 30 – 32.

期，这些改革蓝图才得以逐步实现。特里·克拉克认为，拿破仑的治理机构是一个宗教控制思想、政府官僚主义和帝国军事化模式的混合体。在教育部之下，校长控制着法国所有高等教育机构。1808 年法兰西帝国大学垄断了国家的所有公立教育机构，包括所有相互分离的神学、法学、医学、科学和文学等各学院。拿破仑式的"大学"致力于为国家训练忠诚于君主、祖国和家庭的服务市民。所有阶层的教师必须穿戴标准化的服装，并配有能够明确区分职衔的标志以及军队式的肩章。在政府强权的控制下，不允许有教师对其批评和挑剔。在拿破仑三世时期，历史学家朱尔斯·米歇尔、斯拉夫学者亚当·密茨凯维奇被认为对政府不友好，而被解除大学教授的职务。[①] 可见，与德国大学相比，法国大学几乎没有任何自由和自治可言。事实上，不仅是法国，即使是向来以自由而著称的美国大学，在内部自由方面也很难与德国大学相比拟。美国学者弗兰克·梯利认为："我们还没有达到德国大学所享有的内部自由的程度。在美国，许多大学都存在以下一些问题：一人说了算，董事会对本应由学院或教师决定的纯学术事务进行干涉，政治和宗派主义对大学施加影响，大学有时会由于害怕失去拨款而产生不健康的压力。"[②]

纵观 19 世纪德国大学与政府之间的关系，可以发现，政府不仅为大学提供充足的资金支持，而且还容忍甚至支持大学的独立和自由。这显然与"谁付账，谁点唱"的市场交换逻辑是不相符的。而且，19 世纪德国大学所从事的科学研究和教学，是一种纯粹科学，这种科学是以哲学为统摄，强调高深知识的思想性、理论性和系统性，并不关注工商业界甚至政府所渴望追求的实用性、功利性知识。这显然与当下学术资本主义盛行的演绎逻辑不同，一方面，国家倾注大量物力财力，容忍和扶持看似无用的大学；另一方面，这些从事纯粹科学研究的大学，如果没有国家的大力支持几乎没有生存之地。一言以蔽之，德国政府支持与大学从事的纯粹科学，在今天看来似乎是一个现实中的悖论。这种"悖论"因何能够成为可能？

---

① Willis Rudy, *The Universities of Europe, 1100–1914: A History*, Rutherford: Fairleigh Dickinson University Press, Associated University Presses, 1984, pp. 101–102.
② [美] 弗兰克·梯利:《英译者序》，载 [德] 弗里德里希·包尔生《德国大学与大学学习》，张弛等译，张斌贤等校，人民教育出版社 2009 年版，第 16 页。

亚伯拉罕·弗莱克斯纳认为，大学作为科学（既包括自然科学也包括理智科学）发源地的思想，一经形成就得到极大的重视，因此它对德国人想象力的影响从未真正减弱过。尽管在当时应用科学已经取得了极为重要的地位，但是"纯粹科学"在德国人的思想中，仍然是其解决问题的基础，是技术发展的基础，也是企业家经营企业的基础。在表面上对大学构成威胁的那些变化，事实上增加了大学作为一种机构的重要性。尽管德国政府的权力足以支配大学，但是确保德国大学自治的安全屏障是法律、理念和传统。德国人对国家有一种近乎宗教的敬意，对大学也是如此。① 因此，弗里德里希·包尔生认为，19世纪德国大学发展具有以下两个明显特征：一是由政府代表大学所进行的活动和所付出的花销，有了超乎寻常的增长；另一个就是大学的内部独立和自由有了进一步提高。为了加强对大学的管理，政府专门成立了教育管理部门。普鲁士宪法第二十章规定，学习和教学的自由。一个政府，其基础越牢固，那么它就越不害怕接受这一原则，因而我们可以将大学的独立性，视为衡量一个政府对其稳固地位是否抱有自信心的指标。② 一个国家、一所大学能否容忍学习和教学的自由，事实上就相当于一个国家是否容忍个体的自由一样。"历史经验证明，当统一性对自己的优势有信心的时候，比较容易接受多样性，好像宽容和开放只属于那些不担心被异化的强势文化。早期的罗马帝国，中国贞观之治时期的唐王朝，鼎盛时期的奥斯曼帝国不但能容忍多元文化，甚至主动接纳外来文化，文化多样性甚至赋予帝国的霸权更多的合法性。相反，所有处于衰落时期的帝国都热衷于文化的同质性，统一性一旦感到多样性的威胁便将其各个击破，于是，统一性走向僵化，最后以分裂告终。当年的苏联就是在意识形态的正统观念严重僵化后，像纸牌搭的房子一样突然倒塌。"③ 19世纪的德国政府能够巨额资助大学从事看似无用的"纯粹研究"，主要是基于国家和人民对于大学的自信，这种自信以及对大学的信任，最终形

---

① ［美］亚伯拉罕·弗莱克斯纳：《现代大学论——英美德大学研究》，徐辉等译，浙江教育出版社2001年版，第304—305页。
② ［德］弗里德里希·包尔生：《德国大学与大学学习》，张弛等译，张斌贤等校，人民教育出版社2009年版，第73—75页。
③ 乐黛云、李比雄：《跨文化对话》第18辑，江苏人民出版社2006年版，第11页。

成了政府主导下德国大学茁壮成长的独特的外部环境。

三 政府主导下的教师

（一）编外讲师的聘任

德国大学的教职生涯始自于编外讲师或私人讲师。与大学教授属于国家公务员、享受政府薪水不同，编外讲师属于不拿薪水的大学职员，他们是通过开设课程收取学费，来开始大学职业生涯的。因此，从这一点来说，德国大学的编外讲师一开始就具有独立于大学和政府的教学自由和研究自由。

在中世纪大学时期，学生只要获得了硕士或博士学位，就意味着获得了教学通行权，可以到欧洲任何一所大学任教，一般来说，无须增加额外的资格考试，对于巴黎大学、博洛尼亚大学等著名大学的毕业生，更是如此。早在1799年，德国一些邦政府就开始在招募大学职员中设置特殊条件，博士获得者要想成为编外讲师，需要其论文得到学术同行的认可，而且他的授课能够证明其教学能力。柏林大学成立后，正式引入了第二次考试，亦即大学教学资格考试。所谓大学教学资格考试，也就是说，学院按照惯例，对编外讲师职位申请者的资格进行初步考察满意后，申请者还需要根据学院指定主题，或者经过学院同意后自选主题，进行一次公开授课，获得学院认可后，申请者方可获得编外讲师的职位。伴随19世纪德国大学的不断发展，以及博士学位获得者的不断增多，各大学对于编外讲师入职的条件也随之提高。编外讲师职位申请者，除要进行公开授课外，还需提供一份除了博士论文之外，能够证明其学术能力的科学研究成果，1831年哥廷根大学，1834年波恩大学，1838年柏林大学，1840年布雷斯劳大学，1842年巴伐利亚大学，1883年图宾根大学，以及1888年的奥地利以及瑞士德语地区的大学均对此做出了明确规定。及至19世纪末期，德国大学所有学院几乎都采纳了这一规定。[①] 为新聘编外讲师增加大学教学资格考试，打破了中世纪大

---

① Rüegg Walter, *A History of the University in Europe*: Volume Ⅲ, *Universities in the Nineteenth and Early Twentieth Centuries (1800 – 1945)*, Cambridge: Cambridge University Press, 2004, pp. 137 – 138.

学时期凭借教学通行权自然获得大学教职的惯例，能够确保新入职人员的教学水平和质量；为新聘编外讲师在博士论文之外，增加学术能力考核，能够确保新入职人员的学术水平和能力。

本-戴维认为，德国非常重视保证任命学术职位的高质量。学术任命的必要条件是取得大学授课资格，具有这种资格的人应该做出在独立研究基础之上的创造性贡献。与德国大学不同，法国为了确认相应的学术资格，每年在每个领域都举行一次困难的竞争性考核。[①] 这种竞争性考核，不是建立在对教学能力和学术水平衡量的基础之上，而是以职业获取为基础，直到19世纪末期，法国大学对新入职教师的学术考核才开始确立。如果从政府对新入职教师的聘任来看，与法国大学政府强势介入所不同，德国大学新入职教师的权力完全归由大学内部的学术共同体——学院来决定，政府并不介入新入职教师的遴选。从学术资本交换的视角来看，由于编外讲师不拿政府薪水，也就不存在与政府之间的知识交易关系，所以政府不介入编外讲师的遴选是有其合理性的。德国政府对大学教师遴选的作用，主要体现在讲座教授的选聘。

（二）讲座教授的聘任

与编外讲师不同，德国大学讲座教授是拿薪水的政府职员。与中世纪传统大学后期相仿，德国早期新教大学在17、18世纪也普遍存在教授任命的姻亲化现象。譬如，在规模不大的林特恩大学，1621—1809年的171位教授中，有68位可以很容易地辨识出血缘或婚姻上的联系。到了19世纪，德国大学教授的任命越来越趋于理性化。政府最终形成了一种贤能治理的教授聘任制度，颠覆了传统大学的学术情感和习惯。在传统大学中，跳槽和兼职是教授谋取更多名利的两条基本途径。为了避免学者出于提高薪水而争抢职位或身兼数职，德国政府的解决办法，就是让每个教授都固定担任一个教职并定期加薪，一方面通过资历增长，另一方面通过证实的才能提高收入。18世纪70年代，美因兹大学明令禁止按照教师的资历晋升，他们认为，只有当一个人表现出学识、

[①] ［以色列］约瑟夫·本-戴维：《科学家在社会中的角色》，沈力译，四川人民出版社1989年版，第177页。

授课能力以及职业道德时，才能获得学术晋升。[①] 从教授聘任按照传统的血缘或者婚姻关系，到遵循教授学术能力并打破按资排辈的惯例，德国大学率先实现了学术标准为第一要素的教授任职要求；把教授职位纳入政府公务员的范畴进行管理，也有效制约了传统大学中教师跳槽或兼职的制度弊端。这些教授聘任制度层面的突破，为德国大学在欧洲大学中后来居上提供了有力保障。

19世纪上半期，德国大学教授资格的遴选通常是基于大学内部全体人员共同选择的结果。直到19世纪60年代，大学教授聘任制度化的选择才开始出现，尽管公开招募新教授（Berufungsverfahren）早在18世纪晚期就开始出现了，但这段时期的公开招募却是多变的、缺少保证的。教育主管部门对于大学学院的推荐建议持严肃的态度。大学学院通过对空缺讲座教授建议名单的大量客观和科学调查，以及对被推荐教授的学术价值的认真考量，向教育部门主管施加压力，以期政府能够同意学院提供的教授遴选名单。同时，学院自身也设置了较高的学术门槛，以防止因偏袒、裙带关系等传统恶习的出现。尽管学院推荐的人员并非一直得到教育部部长的肯定，但是他们通常会认真考虑并尊重学院的建议。尽管有时教育部部长会做出与学院推荐不同的决定，通常也要为其选择向大学教授们做出合理说明。大约1850年，讲座教授的任命开始制度化。当讲座教授出现空缺时（通常是因为死亡或者离任），讲座所在的学院会召开会议，共同商讨教职的增补。会议前，教授们会向同行的讲座教授征求意见，并认真吸取这些意见以及申请者自身的推荐意见，这些教授会向同事们建议这个或者那个人选。经过反复研讨，学院通常会向政府推荐几位（通常是三位）候选人。学院的推荐材料包括：候选人学术工作及声望的详细描述；候选人教学能力的评价；提升竞争力的外部因素，譬如是否本土出生，有何宗教信仰，以及对一些不利因素的辩解和说明等。教育部部长收到这些材料后，开始着手对被提名者进行摸底，或者指定一个代理人（譬如其他教授）公开协商。有时候因候选人不感兴趣或者条件不适合，这一聘任并无结果。但是，大部分

[①] [美]威廉·克拉克：《象牙塔的变迁》，徐震宇译，商务印书馆2013年版，第286页。

情况下，学院推荐名单中的一位成员会被聘任。通常，新聘教授会就物质条件（如工资）与教育部部长直接协商。这一教授聘任制度，有效协调了大学学院与政府部长的关系，减少了两者的冲突。[①] 该制度也确保了双方均以学术标准，而非个人好恶进行聘任。以学术为衡量的标准，确保了教授队伍的学术性。

表4-1　19世纪普鲁士大学聘任法学讲座教授基本情况表（%）

任命性质 \ 时间	1817—1840	1840—1848 1850—1858	1862—1895
按照学院推荐意见	68	61	79
没有征求学院意见	22	30.5	17
没有按照学院意见	10	8.5	4

资料来源：Charles E. McClelland, *State, Society, and University in Germany, 1700 – 1914*, Cambridge：Cambridge University Press, 1980, p. 185。

从表4-1不难看出，在1817—1895年，普鲁士大学聘任的法学讲座教授中，政府完全按照学院推荐意见进行任命的，超过任命总数的69%；没有征求学院意见而直接任命的，尚不足任命总数的24%；没有按照学院意见任命的不足8%。及至1862—1896年，也就是德国大学发展更为成熟的时期，政府完全按照学院推荐意见进行任命的，则高达总任命数量的79%。包尔生对1817—1900年德国大学教授任命进行了较为详细的统计，这期间德国共任命了311名神学教授，其中209人为学院推荐，超过神学教授任命总人数的67%，102人未得到推荐或不属于推荐人选，占神学教授任命总人数的不足33%；任命432名法学院教授，其中346人为学院推荐，超过法学教授任命总人数的80%，86人未得到推荐或不属于推荐人选，占法学教授任命总人数的不足20%；任命612名医学院教授，其中478人为学院推荐，超过医学教授任命总人数的78%，134人未得到推荐或不属于推荐人选，占医学教授任命总

[①] Charles E. McClelland, *State, Society, and University in Germany, 1700 – 1914*, Cambridge：Cambridge University Press, 1980, pp. 182 – 183。

人数的不足22%。① 综合来看，自1817—1900年，德国大学在神学、法学和医学共计任命教授1355人，其中按照学院意见进行任命的1033人，超过任命总人数的76%，没有按照学院意见进行任命的322人，占任命总人数不足24%。政府对学院建议的充分尊重，可以确保学术同行在专业晋升方面的话语权，能够保证任命教授的学术能力，防止政府过多插手讲座教授任命的政府专制主义。

需要特别指出的是，教育部部长没有按照学院意见聘任讲座教授，并不能过度解读为对学术自由和专业标准的肆意践踏，学院本身也不能确保其在遴选教授方面的专业化，而且学院本身也可能存在着教育官僚化现象。关于这一点，从19世纪初德国杰出化学教授尤斯图斯·冯·李比希（Justusvon Liebig）在写给他的好友，黑森-达姆施塔特（Hesse-Darmstadt）首相达尔维克（Baron von Dalwigk）的信函中便可看出。李比希认为，在大学，学术和个人利益总是交缠在一起，每位教授的投票都或多或少受到个人或者经济利益的影响。因此，他们必须受到一个智力更高层次的领导，而非教授们自己决断，譬如巴顿的赖岑施泰因（Baron Sigismund von Reitzenstein）、汉诺威的明希豪森（Gerlach Adolf von Münchhausen）、普鲁士的阿尔坦施泰因（Baron von Steinzum Altenstein），他们都曾在教育部部长的任期中，代表政府直接任命教授，并做出了积极贡献。在政府积极介入教授任命的制度下，19世纪40年代以后，在德国大学内部，抱怨教授们的贪婪、自私、平庸的现象越来越少。李比希强调，教育部部长更乐意听从杰出学者的意见，而不是唯学院意见是从。这样可以防止学院嫉贤妒能，保障讲座教授的学术水平。② 事实上，早在柏林大学创办之初，洪堡就认为，对于学术自由的威胁，不仅来自于政治，来自于大学外部，同时还可能来自于大学内部的小团体和学院的教条思想。施莱尔马赫也认为，将教授的任命全部交给大学是不明智的、不恰当的。③ 反观当下中国

---

① ［德］弗里德里希·包尔生：《德国大学与大学学习》，张弛等译，张斌贤等校，人民教育出版社2009年版，第83—86页。
② Charles E. McClelland, *State, Society, and University in Germany, 1700 – 1914*, Cambridge: Cambridge University Press, 1980, pp. 186 – 187.
③ Lilge, F., *The Abuse of Learning: The Failure of the German University*, New York: The Macamillan Company, 1949, p. 19.

大学的教授晋升，尽管政府赋予大学人事上的充分自主权，大学也按照充分发挥学科自主权的逻辑，将教授任命主要交由学院学术或教授委员会来运作，但是学院内部的官僚制度、学阀制度如果不能够得到有效制约，必然会遭遇到血缘关系或其他利益关系的侵蚀，从而造成大学内部的近亲繁殖现象。

在弗莱克斯纳看来，德国大学教师的"游学"制度，是避免大学教师近亲繁殖的重要举措。一个人可能在其他两三所大学学习过一段时间后，才在慕尼黑大学获得学位，并成为编外讲师，也可能应聘去蒂宾根或格拉茨任教，接下去他可能应聘去波恩任教授，此后，如果他继续发表成果，他可能转到莱比锡，也许最后转到柏林或维也纳去任职。尽管也有些最有才华的学者可能会放弃都市的应聘机会，愿意留在规模虽小但生活"舒适"的大学里工作。大学的进步和资金状况取决于全国范围的激烈竞争，而要赢得进步和资金，主要的因素有两个：即作为教师的名声和作为研究者的成就，缺少两个因素中的任何一个，无论是对于大学发展来说，还是对于教师晋级而言，都可能是致命的。[1] 与19世纪法国大学系统的单一性、垂直性所不同，在德国大学系统中，各邦国管理的大学之间有着充分的平等。德国大学系统能够提供法国大学系统所不能提供的自由竞争。当一所大学的教授任命被学术寡头所垄断或统治的时候，教授申请者可以申请邦内的其他大学教职；当一个邦国的教授任命被行政寡头所垄断或统治的时候，教授申请者可以申请其他邦国的大学教职。换言之，在19世纪的德国大学系统中，不但大学与大学之间产生着竞争，而且邦国与邦国之间同样产生着竞争。这种自由竞争，迫使大学和邦国都不得不保持在引进教职时的高标准。

1824年，路德维希一世（1753—1830）经亚历山大·冯·洪堡的建议，在没有咨询学院的情况下，直接聘任了21岁的尤斯图斯·冯·李比希为吉森大学的化学教授，这标志着德国化学实验教学的正式开始，虽然化学在当时的法国和瑞典已经达到了较高的水平。李比希的特殊教学法强调课程和练习，意在尽可能快地让学生全面参与实验操作。从李比

---

[1] [美]弗莱克斯纳：《现代大学论——英美德大学研究》，徐辉等译，浙江教育出版社2001年版，第281—284页。

希的研究所走出了许多著名的化学家,他们对德国及其他地方的化学学术教学有着重要影响。① 德国政府直接聘任大学教授的做法,为其在诸多领域赶超欧洲其他国家大学发挥了重要作用。从表面上来看,德国大学拥有选拔自己新成员的自由,从理性层面来看,这个自由应该会使大学倾向于做出好的选择。但在实践当中,这套人才选拔的制度往往会倾向于选择第二流的人物。其实不但是大学,其他所有具有法团性质的实体,由于受比如惧怕竞争、嫉妒等反智行为的蛊惑,在下意识里面往往都倾向于维持一种针对优秀者和庸才的团结。优秀者是由于惧怕竞争的原因,所以从骨子里面就受到排斥;而资质较差的人则出于维护大学名声和影响力的考虑被拒之门外。于是,那些"称职的人",第二流的人,那些在学术上和自己处在同一个水准的人,就会被选中。这就更进一步证明,为什么不能把空缺教授职位的任命权毫无保留地交给相关的院系,而是必须交由某个第三方来控制。正如 J. 格林所说:"国家没有权利让学术职位任命的监督权旁落别人之手:交由每个院系自主确定它的组成人员的做法,是和更大多数人的普通经验背道而驰的。害怕遇到竞争的念头,甚至会在动机最为诚实的人身上激发起某种恶性的力量。"② 可见,19 世纪,德国政府对于大学教授聘任的有限介入,无论是在理论层面,还是在实践层面,都有助于提升德国大学教授队伍的整体质量。

(三) 教授的学术自由

尽管说德国大学教授的任职掌握在政府教育部部长和学院教授会的手中,但是这并没有妨碍教授们的学术自由。如果一个邦国对于大学教授的学术自由进行肆意践踏,那么教授可以聘任到其他邦国;如果一所学院或大学对于大学教授的学术自由进行控制约束,那么教授可以聘任到其他大学。包尔生认为,在正常情况下,作为教授本人基本上感觉不到教育部对大学教授监管的存在,他比其他任何政府雇员都更少有被监管的体会,尤其是他在履行职务时没有受到任何的干预,除非是他的工作的确与维护公共秩序相关。甚至在中世纪法人社团自治时期,大学所

---

① [瑞士] 瓦尔特·吕埃格:《欧洲大学史》(第3卷),张斌贤等译,河北大学出版社2014年版,第542页。
② [德] 卡尔·雅斯贝尔斯:《大学之理念》,邱立波译,上海人民出版社2007年版,第109—110页。

享有的自由都不如现在大，因为在那个时候大学教学几乎完全成为传播那些被认可教义的工具。对政府而言，国家也已渐渐确信，它的政治当局并不具备认识科学真理的能力，因此就要允许科学自己来对自身的问题进行规范。① 英国学者彼得·沃森认为，在德国，大学知识分子和国家达成了一个社会契约：这就是文化国家的理念。它主张，社会的存在是为了文化的演变。国家不但应该为它的大学和文化的寄托者提供服务和支持，还要保障大学的学术自由，从而使文化的保存和发展成为可能。一个国家的大学充当了知识强国地位的象征。如果国家这么做了，大学便应对国家支持、尊敬和服务。基于这些理念，不但大量资金流入大学，文化国家也为普鲁士知识分子和国家在政治上引人注目的合作奠定了基础。尽管大学和教授之间、政府与大学之间、政府与教授之间有着很多冲突，但是他们的合作仍然绵延了整个 19 世纪。② 换言之，文化国家的理念，将政府目标、大学目标和教授目标三者有机融合在一起，一个共同的目标能够使不同的利益相关者自觉整合利益，从而达致一个更高层次的目标实现。

在 19 世纪的德国大学，政府与教授之间并非没有冲突存在，政府对学术自由的侵蚀也不乏案例。譬如，1819 年的"德·威特事件"。威廉·德·威特（Wilhelm Martin Leberecht de Wette），耶拿大学编外讲师，1807 年受聘为海德堡大学神学讲座教授，1810 年柏林大学成立时受聘该大学，与施莱尔马赫关系密切。1819 年，德·威特曾致信并安慰卡尔·桑德（Karl Ludwig Sand）的母亲，而桑德是刺杀奥古斯特·弗里德里·科策布（August Friedrich Ferdinand von Kotzebue）的凶手。因为该事件，柏林大学辞退了德·威特，政府也将其逐出普鲁士。德·威特回到自己的故乡魏玛，一边著书立说，一边传经布道，深受当地民众欢迎。三年后，也就是 1822 年，他接受了位于图林根邦国的巴塞尔大学（Basel）神学讲座教授的职位。尽管他的聘任遭遇到普鲁士当局的强烈反对，但却受到巴塞尔大学和图林根邦国当地民众的强烈拥护。

---

① ［德］弗里德里希·包尔生：《德国大学与大学学习》，张弛等译，张斌贤等校，人民教育出版社 2009 年版，第 81 页。
② ［英］彼得·沃森：《德国天才（2）：受教育中间阶层的崛起》，王志华译，商务印书馆 2016 年版，第 22 页。

他被赋予当地市民权，后来成为巴塞尔大学的校长，更加奠定了他在神学研究领域的学术地位。① 如果说"德·威特事件"在19世纪德国大学早期尚属个案，不能够充分说明德国大学教授学术自由状况的话，那么1837年的"哥廷根七君子事件"，因其涉及人员较多且影响广泛，足以说明19世纪德国政府在学术上的自由和开明。

1837年，欧内斯特·奥古斯塔斯就任汉诺威国王，实行更加专制的政策，宣布废除汉诺威宪法，要求民众宣誓效忠王权。哥廷根大学的一些著名学者拒绝宣誓效忠，其中七名学者被汉诺威政权剥夺教职，包括德国语言和大众文学的奠基人雅各布·格林（Jacob Grimm）和威廉·格林（Wilhelm Grimm），著名的文学家、政治历史学家奥尔格·哥特弗里德·格维努斯（Georg Gottfried Gervinus），历史学家、政治学家弗里德里希·克里斯托夫·达尔曼（Friedrich Christoph Dahlmann），法理学家威廉·爱德华·阿尔布雷希特（Wilhelm Eduard Albrecht），物理学家、电报发明者威廉·爱德华·韦伯（Wilhelm Eduard Weber）和神学家、东方学专家乔治·埃瓦尔德（Georg Heinrich August Ewald）等。尽管七名教授全部被解雇，但是他们却获得全德国民众的同情，并向他们致以英雄般的礼遇。他们很快又获取了大学讲座教授的教职，譬如格林兄弟于1840年得到一定退休金后应召来到柏林，成为普鲁士科学院（Prussian Academy）的成员，并在大学中任教；格维努斯于1844年被海德堡大学（Heidelberg）聘为荣誉教授；运动的发起者达尔曼在莱比锡大学（Leipzig）和耶拿大学（Jena）逗留几年后，于1842年被普鲁士聘为波恩大学（Bonn）教授；阿尔布雷希特在1840年被聘为莱比锡大学法学教授；威廉·韦伯于1843—1849年在莱比锡大学担任几年物理学教授后，又被哥廷根大学聘为教授；埃瓦尔德被解聘后，旋即被图宾根大学聘为神学教授，1848年又被哥廷根大学召回，恢复了原来的教职。

19世纪三四十年代恰值德国克莱门斯·梅特涅（Klemens von Metternich）保守势力高压统治的时期，在国内梅特涅极力维护君主专制制度，对学术著作及报刊实行严格审查，学术自由遭受政府极力打压。1848年3月，在法国二月革命的影响下，德意志的三月革命爆发，工

---

① "Wilhelm Martin Leberecht de Wette"（https：//en.wikipedia.org，2018-5-1）.

人、学生、市民联合起来反抗梅特涅政府，运动几乎波及整个德意志联邦，要求制定一部全德国通用的宪法。同月，德意志国民大会（German National Assembly）在法兰克福的圣保罗教堂召开。其成员有近3/4的人是大学毕业生，其中主要是由法学专业毕业生组成。在830名会议成员中，仅占总人数6%的49名教授主导了这次会议，以至于后来人们称之为"教授议会"。① 1849年，议会不但终结了梅特涅的复辟时代，而且于1849年3月27日颁布了《德意志帝国宪法》，又称为"法兰克福宪法"，其中第152条明确规定"学术及其教学是自由的"，这一规定被1851年制定的普鲁士宪法第20条所采纳。此后，保障学术自由成为德国宪法的特色，被誉为德国的发明。② 自此，"对于国家统治下的德国大学而言，其学术自由是一种天然的成分。在德语语境中，自由只有一个词汇来表示，亦即Freiheit，而在英语词汇中，自由则有两种词汇来表示，亦即Freedom和Liberty。换言之，在德国大学中，一旦承认了学术自由，也就包括了学者和大学所应得到的内在自由和外在自由"。③ 不难看出，相对于英美大学，德国大学教授的学术自由不但内涵丰富，而且外延也更加宽广。

（四）政府主导下的学生

19世纪的德国大学，再不像中世纪大学那样，大部分学生从事法学、神学、医学的学习，为职业生活做准备。学生不再被认为仅仅是为将来成为国家公务人员做准备，而是把他们看作是需要通过无所禁忌的科学学习，在思考独立、思想自由和道德自由的环境中得到培养的年轻人。与德国大学的改造以及鼓励学生学习自由相反，19世纪初，法国同样改造了大学模式，22所传统大学被强行取缔，代之以专门学院（大学校）为代表的法国高等教育模式，它纪律严明，常带有军事性质，并由一套公开的专制制度来统辖课程及学位授予，并要求其观点与官方学说保持一致，甚至是个人生活习惯都受到严格管理，例如，1852

---

① ［瑞士］瓦尔特·吕埃格：《欧洲大学史》（第3卷），张斌贤等译，河北大学出版社2014年版，第158—159页。
② 王德志：《论我国学术自由的宪法基础》，《中国法学》2012年第5期。
③ ［英］彼得·沃森：《德国天才（1）：德意志的命运大转折 第三次文艺复兴》，张弢等译，商务印书馆2016年版，第119页。

年就禁止留须。① 是否留须这样的琐事，都是由国家来统一规定，法国大学对于学生的禁锢由此可见一斑。事实上，在法国，从帝国大学创建之日起，总监就必须向皇帝宣誓效忠，作为大学成员的学生也被迫强行服从。这一义务是由1808年3月17日颁布的帝国敕令，即法兰西大学宪章规定的，然后历任政权也没有废除这一义务。② 在整个19世纪，德国大学强调思考独立、思想自由和道德自由，与法国大学强调服从、高压制裁、处罚异端的做法形成了鲜明对比。

19世纪德国大学改革的主要力量是新人文主义者（Neo-humanism），一般被认为是德国中产阶级的中坚力量，他们既非农民也非贵族。但是，这些新人文主义者的资产阶级情结并不明显。其解放性和进步性集中表现在号召个人的内部努力，而非外部阶层的集体性社会重构。他们强调，教育和自我发展是一个真正受尊敬的人步入精英阶层的首要标志，而不是像普通市民阶层那样，以追求财富或者其他世俗财产为价值取向。这正是新人文主义者区别于资产阶级普通价值观的独特之处。③ 基于新人文主义者大学改革的指向，19世纪德国大学的学生组成也呈现出世俗性、现代性、平等性和进步性。如果在一个国家的高等教育体系中，对于学生家庭的宗教教派不做特别要求，那么我们认为这种高等教育类型具有世俗性和现代性；如果在一个高等教育体系所接受的学生中，有很大比例是来自社会的中底层和底层，我们就认为这个体系具有平等性和进步性。

尽管说，19世纪德国大学的学生主要也是来自于社会的中上层阶级和贵族家庭，整体上来看，来自医生、律师、官员、教授、商人、大地主以及相似阶层的学生在柏林大学大约为60%—80%。但是，通过调查非普鲁士大学在1800年到1870年的生源情况，可以看出贵族出身的学生，仅占学生总数的1/8。在1797年，德国大学的贵族学生大约占到学生总数的18%，到了1847年，贵族学生的比例下降到15%。此

---

① ［瑞士］瓦尔特·吕埃格：《欧洲大学史》（第3卷），张斌贤等译，河北大学出版社2014年版，第5页。
② 同上书，第97—101页。
③ Charles E. McClelland, *State, Society, and University in Germany, 1700－1914*, Cambridge: Cambridge University Press, 1980, p.114.

后，伴随大学入学人数增加，贵族学生不足10%。1867年，贵族学生在大学中的比例已经下降到5%到10%之间。① 在1830年到1870年间，德国大学学生人数一直维持着平稳、甚至紧缩状态。19世纪30年代，每十万人中平均有大学生40人；19世纪50年代，每十万人中的大学生仅为33.5人；到了70年代，每十万人中有大学生数介于30—40人之间；1876—1781年，每十万人中有大学生数发展到44.5人，1881—1886年为56人，1886—1891年为60人，1905—1906年则增长到70.5人。换句话说，按照每十万人拥有大学生数来计算，1906年比1870年增长了两倍。后期的增长，主要是中产阶级家庭、小职员家庭、小工商业者家庭子女。以柏林大学为例，45%的学生来自于专业阶层，包括高级政府官员、医生、法官等，32%来自于工商业者和大地主阶层，其他23%来自于社会较低阶层，譬如低级职员、基础学校教师、工匠和小地主等。到了1880年，第一阶层的子女在柏林大学的比例下降为31%，中间阶层子女的比例上升为42%，第三阶层的子女比例上升为27%。所有普鲁士大学的学生来源情况，也为柏林大学的生源分布提供了佐证。在所有普鲁士大学中，在1886—1903年，来自第一阶层的子女占到所有学生的21%—22%，来自中间阶层的占所有学生的46%—49%，来自第三阶层的子女占到30%—32%。② 从以上数字不难看出，整个19世纪德国大学在校学生的现代性、平等性和进步性。

与19世纪德国大学学生阶层分布不同，分析从18世纪晚期到1880年前后，法国大学的学生来源，来自中上阶层家庭的学生占了压倒性的多数。同时期的英国牛津和剑桥，来自土地乡绅和国教牧师家庭的学生分别占到近1/3的比例，几乎没有学生来自工匠群体。③ 据统计，1835年牛津大学仅有一位平民子弟，到了1860年就不存在任何平民子弟，所有学生均来自绅士、牧师等贵族家庭。在剑桥、伦敦和达拉谟大学，穷人的孩子亦不多见。19世纪初，保守的牛津和剑桥大学仍然坚持仅

---

① Charles E. McClelland, *State, Society, and University in Germany, 1700 – 1914*, Cambridge: Cambridge University Press, 1980, p. 199.
② Ibid., pp. 242 – 244.
③ ［瑞士］瓦尔特·吕埃格:《欧洲大学史》(第3卷)，张斌贤等译，河北大学出版社2014年版，第266—274页。

招收国教徒入学。在伦敦大学和"红砖"大学的影响下,辉格党皮尔派政府在格莱斯顿的帮助下,促使国会于1854年通过了《牛津法案》(Oxford Act)及随后的1856年法令,牛津和剑桥才开始向所有宗教开放,但是大学内的教职和管理者仍然坚持排斥非国教徒。直到1877年,牛津和剑桥的宗教束缚才得以全部取缔。① 从19世纪法国大学及英国大学的学生阶层分布来看,均与同时期的德国大学不可比拟。

19世纪英国大学学生的贵族化,直接导致大学内部教师阶层的贵族化。以1813—1830年的牛津大学为例,有45%的教师来自牧师家庭,28%的来自乡绅、骑士和绅士家庭,15%的来自商业和专业人士家庭,只有5%的来自非贵族阶层。② 与同时期英国大学教师贵族化相比,在德国,教师贵族化的组成并不明显。更为重要的是,许多杰出教授来自于贫寒家庭。他们依靠自己的研究贡献,同其他社会各阶层有科学天赋的人员一起,通过个人学术努力获得学术教职。1840年后,柏林大学出现了三位著名教授,他们通过发明创造,以及人才培养,不但推动了医学的改革和发展,而且还为德国培养了诸多杰出人才,分别是,生理学家约翰内斯·缪勒(Johannes Müller)出身于鞋匠家庭,病理学家、临床医学教师约翰·卢卡斯·舍恩莱因(Johann Lukas Schönlein)出身于造绳业家庭,外科医生约翰·弗里德里希·迪芬巴赫(Johann Friedrich Dieffenbach)出身于中学教师家庭。正是在鞋匠的儿子缪勒的带领下,柏林才成为欧洲比较解剖学的中心。而这主要得益于柏林当局——国王、教育部部长以及国王私人顾问等人员的大力支持。法国的情况则完全相反,克劳德·贝纳尔(Claude Bernard)不得不在地下室从事重要的生理学发现,而路易·巴斯德(Louis Pasteur)也在两间阁楼上进行其大部分的发酵实验,直到普法战争后,他才得到了实验室。之前,巴斯德也曾多次向国王恳求,但都未能获得成功。③ 此外,康

---

① Willis Rudy, *The Universities of Europe, 1100 – 1914: A History*, Rutherford: Fairleigh Dickinson University Press, Associated University Presses, 1984, p. 116.
② Konrad H. Jarausch (ed.), *The Transformation of Higher Learning 1860 – 1930*, Stuttgart: Klett-Cotta, 1982, p. 208.
③ [瑞士]瓦尔特·吕埃格:《欧洲大学史》(第3卷),张斌贤等译,河北大学出版社2014年版,第17—19页。

德、赫德尔（Herder）、费希特、温克尔曼（Wincklemann）、海涅（Heinrich Heine），他们都来自贫困家庭。

第二节　知识创新：大学学术资本的逻辑起点

知识创新的因素表现在多个方面。从思想意识来看，什么样的学科统摄为主导，是知识创新的基石；从创新的内容来看，关注什么样的知识，是知识创新的范围；从创新的方法来看，围绕教学和研究活动的形式，会产生知识创新的基本组织；从创新的侧重点来看，到底是以教学为导向还是以学术为导向，是知识创新的基本取向；从知识创新活动的人员来看，以什么样的标准来衡量学生能否毕业以及教师招募和晋升等，是知识创新的主体生成。

一　哲学代替神学：知识创新的基石

在中世纪大学，文学院、法学院（一般又可划分为教会法学和世俗法学或民法学）、神学院和医学院是大学内部基本的知识组织单位。其中，文学院是基础学院，也可称之为初级学院，以"三科"和"四艺"为主要学习内容，毕业可以授予学士学位，是进入法学院、神学院和医学院等高级学院的阶梯。换言之，文学院毕业的学生充其量只能是相当于行会中的"学徒"，高级学院的毕业学生拿到学位后才可以称之为行会中的"师傅"。从学科统摄的层面来看，中世纪大学内部的所有学院均受到神学学科的统摄，基督教的神学信仰，知识为宗教神学服务，是一切学科发展的出发点和归宿。"如果一门学科看起来是'非宗教的'、'营利性的'，或者是'机械操作性的'，那么该学科就会被视为低等学科，甚至会被强制取缔。根据学科地位的先后顺序、权力声望形成了鲜明的学科等级，神学院被置于首要地位，其次是法学院和医学院，文学院被排在最后，仅仅被视为'高级'学院的'预备学院'。"[①] 伴随文艺复兴、宗教改革和启蒙运动在欧洲范围内的次第兴起，英国大学、法国

---

① Ridder-Symoens H., *A History of the University in Europe: Volume Ⅰ, Universities in the Middle Ages*, Cambridge: Cambridge University Press, 1992, p. 42.

大学和德国大学面对社会环境的急剧变革，大学内部的学科统摄开始走向不同的道路。

在德国现代大学构建的过程中，哲学家沃尔夫发挥了重要影响，他是介于莱布尼兹和康德之间，德国最为著名的哲学家。沃尔夫的主要贡献是，明确否定了哲学对于神学的依赖。他依靠自己掌握的数学和物理学这些现代科学，宣布哲学应当从所有假定和设想中自由地探索真理，不必担心神学家的看法。在此之前，大学内部哲学话语体系是被经院哲学所控制的，亦即反复地向学生灌输亚里士多德学说，为学习神学做准备。因此，包尔生认为，沃尔夫的成功，真正意味着大学内部经院哲学的终结，同时意味着以沃尔夫系统为形式的现代哲学的崛起，并在德国大学成为主流。① 沃尔夫之后，康德、费希特、施莱尔马赫、谢林等早期德国哲学家，对于哲学在德国大学中的统摄地位的树立，均发挥了重要影响。

与德国大学内部现代哲学的形成与崛起相对应，在德国大学内部，具有中世纪传统大学预备学院性质的文学院也被易名为"哲学院"。早在1789年，康德在《学院的冲突》中就主张，文学院应当居于神学院、法学院和医学院之上，这是因为后三者都为教会和国家培养未来的仆从，它们都不是自由的；而前者，从其学科本质上来看，纯粹是为了追求知识，因此从自觉和自由的角度看，它应当处于最高级。柏林大学，从哲学理念上就将追求知识作为各学院教育的基础，并使得哲学院从"大学学术"的女仆上升为"大学学术"的主人。② 作为一个从纯理论角度保护和发展科学研究的机构，在19世纪哲学院的地位由最低提升到了最高，德国大学之所以能够在知识界、科学界赢得自身特色和地位，并建构形成德意志民族一切科学活动的基础，主要依靠的是哲学院。德国在整个欧洲国家科学生活中的领先地位，也归功于哲学院为科学研究所做的培养工作。正是哲学院的榜样作用，其他三个高级学院才将拓展科学知识的边界视为自身使命。正如医学院不断受到自然科学研

---

① Friedrich Paulsen, *The German Universities and University Study*, New York: Charles Scribner's Sons, 1906, p. 45.

② ［瑞士］瓦尔特·吕埃格：《欧洲大学史》（第3卷），张斌贤等译，河北大学出版社2014年版，第482—483页。

究的充实一样，法学院也受益于哲学、史学的研究。哲学院向法学院和医学院的学生开放，这些学生都要参加哲学、历史、数学和自然科学讲座，以及那些关于文学和艺术史的课程，目的是增强他们的普通科学教育，获得为专业学习所必需的知识。① 哲学院不但对内部的"三科"和"四艺"进行改造，还对法学院和医学院进行改造，甚至对传统上处于统摄地位的神学院也进行了改造。

哲学对神学的改造，成为大学的统摄学科，同时意味着，神学通过哲学改造，成为一门新的学科。学生要想在神学院获得学位必须具备必要的标准。在神学院有两种学位，一是毕业文凭（licentiate），一是博士学位（dacorate）。要想获得前者，需要至少三年的大学教育，而后申请者向神学院提供申请材料，包括全部课程学习和一篇"从神学领域自己选择的课题，并能够证明自身能力的"论文。通过审查后，申请者进入口试阶段，以证明他在所有主要神学领域和特定领域的能力和水平。任何人只是在某一领域或者不能够证明其"较高能力"（superior capability），都不可能通过考试。神学院对知识能力的考核进行了详细规定。譬如在宗教史领域，章程规定所有的调查必须是基于重要的宗教史档案基础上，要对史实具备融会贯通的能力，尤其是整体通览的科学能力；在圣经阐释领域，申请人必须具备原始语言的全部知识，具备正确阐释知识规则和运用知识的能力。申请者在经过判断，认定具备这些综合知识后，才被允许参加由学院举行的口试。通过学院答辩后，申请者需要进一步参加一个正式的、公开的答辩和晋升仪式，由神学院院长主持，最后才能获得毕业文凭。学院章程规定，要想获得神学博士，需要具备相关的神学服务背景和其他相关实际工作，特别强调其学术成果，这些成果远远超过证书的要求。最为重要的是，博士申请者要在神学研究领域从广度和深度上提供标志性成果。正如规定所要求的，申请人必须证明，其在思想深度水平上和学术广度思考上，具备特殊的才能。② 哲学对神学的改造，无疑开启了神学学习和研究的现代化进程。

---

① ［德］弗里德里希·包尔生：《德国大学与大学学习》，张弛等译，张斌贤等校，人民教育出版社2009年版，第415—417页。

② Thomas Albert Howard, *Protestant Theology and the Making of the Modern German University*, Oxford: Oxford University Press, 2006, pp. 191–192.

在德国大学中，哲学作为一个学院，不但摆脱了传统上的低级学院地位，具有与法学院、神学院和医学院同等的权利，可授予同样学位，包括博士学位，而且也上升为大学内部最为重要的学院。在此之前，文学院是不能够授予博士学位的，只能授予低层次的学士学位。在柏林大学首任校长、哲学家费希特等人的倡导下，不但哲学院能够授予博士学位，而且中世纪时期的博士头衔被改造为现代的哲学博士（Ph. D.）。哲学作为一门科学，不但包括了传统的、系统化的哲学，也包括历史哲学、社会哲学和宗教哲学，以及哲学史、知识论和逻辑，心理学和教育学等。1837年，第一份真正专业化的哲学学术期刊在德国产生，1847年，德国召开了第一届哲学家大会（标志着德国哲学学科共同体的形成）。[1] 哲学院及哲学学科统摄地位的形成，为19世纪德国大学的崛起注入了强大动力。哲学院作为德国大学内部必须设置的学院，统领其他各学院的发展，并经由哲学博士的授予，各学科所传授的知识，不再是中世纪大学的实用性知识，而是追求纯粹知识。一言以蔽之，哲学院成为德国大学所有其他学科科学研究的基础和支撑。

与德国不同，在英国，经过文艺复兴、宗教改革之后，尽管变革思潮留下了深刻痕迹，绅士教育的古典学科却仍然在大学课程中占据支配地位。此外，新兴学科如希腊文学、历史、修辞学、诗歌等作为选修性质也逐渐在大学内部获得认可。直到1851年，大学仍然与宗教、文学紧密相连。传统大学中的法学、医学分别设在大学之外的伦敦律师学院和伦敦医院等专门机构，维多利亚工程师和他们的先辈在古老的师徒制沿袭下接受训练。大学仅仅关注闲暇生活的人文教育。[2] 毫无疑问，以文学为统摄的英国大学，就人性培养、个性发展、气质养成等具有其独特优势，但是就思想深度的发展而言，与以哲学为统摄的德国大学相比不可同日而语。进一步来说，以文学为统摄的英国大学必然会发展为贵族阶层"文化再生产"的温床，社会中下层阶级无论是从家庭社会背景，还是从经济支撑能力来看，都很难承受如此昂贵的大学教育。伴随

---

[1] ［瑞士］瓦尔特·吕埃格：《欧洲大学史》（第3卷），张斌贤等译，河北大学出版社2014年版，第485—486页。

[2] Halsey, A. H. and Trow, M. A., *The British Academcis*, Cambridge: Harvard University Press, 1971, p. 47.

高等教育的民主化推进，以文学为统摄的英国大学越来越感觉到与社会现实发展的不适应，由此，学习德国大学模式，对英国本土大学进行改造成为19世纪后半叶英国大学发展中的一个重要现象。

18世纪后期，以巴黎大学、奥尔良大学、里昂大学等为代表的22所传统大学，因其学术保守、思想僵化、抱守残缺，不适应国家发展需求，甚至与国家对立，于1789年被政府强行关闭。坚守神学统摄的传统大学，在法国同样走向了历史终结。[①] 1808年3月17日，法国建立了帝国大学，并将高等教育划分为五个独立的学院：神学院、法学院、医学院、理学院和文学院。非专业的学院，如文学院和理学院，成为国立中学的附属。它们的任务依然主要是限于考试管理和学位颁发，科学研究并不是它们的官方使命。[②] 科学研究被剥离出大学之外，主要集中在巴黎的各个科学研究院，其他各省的思想生活乏善可陈。受工业革命、国内外战争等方面的影响，法国政府强调高等教育中的技术教育，强调教育要为国家服务，由此，一批缺乏科学思想精神、教学严格刻板的大学校次第产生，譬如培养军事工程和炮兵军官的巴黎理工学院（*École Polytechnique*）、培养大学教师的巴黎高等师范学校（*École Normale Supérieure*）、培养行政和商业人员的巴黎政治学院（*Sciences Po*）等职业专门化的国家大学校。从1798年，大学建制在法国消失以后，长达一个世纪的时间里，法国本土没有综合性的大学存在。1870年9月1日，普法之间爆发的色当战役，以拿破仑三世及其军队被俘，法国一败涂地而告终。以哲学为统摄的德国大学为国家提供的智力支撑，最终打败了以技术为统摄的法国大学校所提供的智力支撑。战争促使法国政府重申本土高等教育的发展，学习德国大学模式，对法国高等教育机构进行本土化改造，成为法国高等教育发展的必然选择。

二 自然科学兴起：知识创新的拓展

早在19世纪20年代，德国就开始着手现代实验科学的研究。1822

[①] 刘晓雪、胡钦晓：《学科统摄视野下的大学发展研究》，《现代大学教育》2013年第2期。

[②] ［瑞士］瓦尔特·吕埃格：《欧洲大学史》（第3卷），张斌贤等译，河北大学出版社2014年版，第534页。

年,在物理学家、工业家沃纳·西门子的建议下,德国成立了科学和医学协会(the Society of German Scientists and Physicians),这意味着德国现代科学的萌发。1824年,约翰尼斯·米勒在伯恩大学开始了生理学先驱性的研究。威廉·冯·洪堡的兄弟,著名科学家亚历山大·冯·洪堡也在柏林大学首次开设了关于自然历史与科学的讲授课程。在当时,亚历山大·洪堡的科学思维和方法在德国产生巨大影响,他的讲座课程也在公众中引起强烈反响,并引起公众对新科学的兴趣,但是,在德国现代科学发展史上,最为重要的是李比希化学实验室于1826年在吉森大学创办,这不但成为德国大学实验室建制的开端,也是德国大学实验科学教学的开端。经亚历山大·冯·洪堡的推荐,李比希受聘于吉森大学教授,他说服黑森政府在大学建立并资助实验室。当大多数实验室还是私人研究时,李比希在政府资助下,已经开始带领学生运用科学的研究方法开展工作。在李比希之前的德国大学中,哲学家拒绝运用观察和实验的方法,在他们看来,运用定量测量和机械方法来解释自然的力量,不但被认为是功利主义驱使下对于心智的背叛,而且也被认为是徒劳的。李比希化学实验室的创办,直接导致19世纪早期德国浪漫主义思潮下运用形而上学方法解决自然现象和自然问题的自然哲学统摄下的化学研究与教学趋于瓦解。[1] 在吉森大学的李比希化学实验室影响下,海德堡大学建起了本森实验室,莱比锡大学建起了科尔比实验室,慕尼黑大学建起了贝耶实验室,等等。利用实验方法解决自然科学问题,不但开启了德国现代科学迅速发展的新局面,而且也引起了大学内部学院设置重组,尤其是哲学院的不断分化。

及至19世纪中叶,伴随德国大学哲学院内部自然科学家的人数和学科不断增多,他们强烈建议在哲学院之外,组建新的管理组织。1863年,图宾根大学率先将科学学院从哲学院中分离出来。这一决议是在医学教授、生理学家雨果·冯·梅尔的鼓动下做出的。梅尔意识到,他必须打破这种古老的传统,认为:"自然科学学院的建立,意味着打破了自中世纪以来只有从人文主义角度进行学习的学科文化,也意味着自然

---

[1] Lilge, F., *The Abuse of Learning: The Failure of the German University*, New York: The Macmillan Company, 1949, pp. 57-58.

科学同其他学科分支一样获得了同等的认可和地位。自然科学必须按照自己的方法追求它们的特殊目标,以确保它们可以完成自己的目标任务而不被外部势力所误导。"① 在图宾根大学的影响下,1873 年的斯特拉斯堡大学,1890 年的海德堡大学,1910 年的弗莱堡大学的数学与自然科学学院相继从哲学院分离出来。由此,大学除了哲学院、神学院、法学院和医学院之外,拥有了第五个学院——自然科学学院。

德国大学内部率先成立自然科学学院,打破了中世纪大学数百年以来只有文、法、神、医四种学院的传统,为大学发展服务社会的理念生成,奠定了理论和实践的基石。自然科学的兴起,同时也打破了自中世纪大学以来的,尤其是德国早期浪漫主义者所秉持的只有从人文主义角度进行教与学的学科文化,通过实验研究发展自然科学,通过实验数据证明自然现象,通过实验分析解决自然问题,日渐成为大学科学研究的主流。自此以后,从哲学院甚至是自然科学学院,不断衍生出现代大学内部的诸多学院,譬如物理学院、数学院、化学院、生命科学学院、历史学院、艺术学院等。大学内部按照学科划分组建学院的趋势,呈离散式的状态不断发展,知识创新的领域不断拓展。一定意义上,19 世纪德国大学开创了现代学院建制的形成,也诱发了现代学院的数量攀升。但是,这些学院的发展仍然与哲学院保持着天然的姻亲,这从各学院授予博士学位的称号便可看出。无论是物理学院、数学院,还是历史学院、艺术学院,他们授予的博士学位统称为哲学博士。这种以学术研究为旨向的哲学博士,一直延展到当下世界各地的大学。哲学博士作为现代学位制度的一个主要类型,从 19 世纪初在柏林大学产生到 20 世纪 20 年代哈佛大学首创教育博士这一专业博士类型,曾独自占领学位制度之巅长达一个多世纪。尽管在当下除了一批专业博士之外,实践博士、新制博士、论著博士②等诸多博士称号已在世界学术市场中存在,但是哲学博士的"含金量"及其学术声誉,仍然是其他博士类型所不可比拟的。

---

① Lilge, F., *The Abuse of Learning: The Failure of the German University*, New York: The Macamillan Company, 1949, p. 65.

② Brabazon Tara and Dagli Zeynep, "Putting the Doctorate into Practice, and the Practice into Doctorates: Creating a New Space for Quality Scholarship through Creativity", *Nebula*, Vol. 7, No. 1–2, 2010, pp. 23–27.

三 习明纳与研究所：知识创新的组织

中世纪时期，大学内部的组织机构一般来说有三类：其一是按照学科进行划分的，设有文、法、神、医等，这些组织单位被称为学院；其二是由学生住宿场所演变而来的，被称为住宿学院；其三是按照地域进行划分的，被称为同乡会。三类组织机构，均不同程度地承担着培养人才的职能。在以神学为统摄的学科规约下，大学几乎不承担科学研究的职能。及至18世纪末19世纪初，伴随德国大学以哲学代替神学的统摄地位，大学内部生发出新的组织架构，即习明纳和研究所。相对于以文、法、神、医为知识集中地的学院，习明纳和研究所的知识涉猎范围更为聚焦；相对于中世纪大学内部的其他组织，习明纳和研究所更加强调科学研究和知识创新。

事实上，习明纳最早并非大学内部的一个组织制度结构，而是中世纪大学辩论教学的替代物，但两者存在根本不同。辩论是基于已经获得的知识在实践中的应用，习明纳则是侧重于探究未知的领域。习明纳的基本规则是，教师在专业领域内提出问题，学生自己寻求解决途径。学生提出观点相互评论后，在教师指导下集体讨论辨别是非。如果说先期建立的语言学习明纳，还是旨在教育学意义上的古典学校教师培养，那么柏林大学成立后，就逐渐发展成为旨在学术意义上的专业学者造就。在政府资助下，不同习明纳拥有各自的教室、图书馆等教学研究设施。这样一来，习明纳不但是科学研究的理论方法，而且成为科学研究的学者乐园。[①] 德国第一个习明纳是由古典学家格斯纳在哥廷根大学创办的，紧随其后，哲学家沃尔夫在哥廷根大学创办了同样的组织。最早的习明纳类型，是哲学习明纳，无论是建于哈勒大学还是哥廷根大学，都是教育学意义上的习明纳，旨在为古典中学培养未来教师。但事实上，习明纳有着更高的目标，它不仅是传授已知的知识，而且要带领学生共同探索未知的领域；它不仅是让学生获得知识，而且让学生学会获得知识的方法；它不仅是为学校培养未来的教师，更是为大学培养学者和哲学家。

---

① Friedrich Paulsen, *The German Universities: Their Character and Historical Development*, New York: Macmillan and Co., 1895, pp. 157 – 159.

及至 19 世纪中期,习明纳已经由原来的以实践教学为主发展到以研究为主。对于政府部门来说,他们希望习明纳的首要任务仍然是培养有能力的政府职员。这样学术自由和政府需求之间就形成了一定的张力。为确保学者的学术自由,一些小型习明纳在著名教授的带领下联合起来形成一个大的"学术社团"。譬如,布雷斯劳、哥尼斯堡、格来夫斯瓦尔德、波恩和柏林大学的历史习明纳开始在著名历史教授的带领下形成历史协会。由于教授是学生知识考核的终极审查者,所以也就形成了基于学者的学术权力。教授是习明纳的领导者,但是更多是在方法上而不是在详细的阐述和解释中,更多是在发现的技巧上而不是在发现的结果上进行指导。成功的习明纳参与者是在教授非凡权威的指引下,经过自身的实践探索,而非仅仅是吸收由教授提供的权威知识。[1] 可见,习明纳不但是教学与研究相结合的集中地,而且也是学者学术自由得以发挥的避风港。

作为大学内部的组织,习明纳更常见于哲学和历史学的诸多分支学科。对于自然科学和医学的分支学科,其研究和教学更多是在研究所、实验室和诊所内进行。与习明纳一样,研究所同样起源于 18 世纪并在 19 世纪获得显著发展。研究所最先在医学教学中设立,并伴随战争不断发展壮大。在很长的一段时期内,研究所只是偶尔讲授课程,并向学生展示少量的医学示范,到了 18 世纪,才开始逐步进行解剖学的教学,直到 19 世纪培养医生的教学内容才开始逐步完备。在医学和技术教学的影响下,物理学和化学等自然科学开始引进实证性的研究和教学。19 世纪前半期,只是存在一些小型的私人实验室,以供物理和化学的学生参加,及至后半期,才开始发展成为大型的、公立的物理和化学研究所。这些研究所不仅从事教学,而且将研究与教学有机进行结合,并且从物理学、化学领域,扩展到动物学、植物学、矿物学以及地质-古生物学等领域。[2] 拥有大型实验室的研究所迅速发展,为 19 世纪德国大学的医学和自然科学的研究和教学做出了巨大贡献。

一定意义上,正是习明纳和研究所为 19 世纪德国大学的崛起,奠

---

[1] Charles E. McClelland, *State, Society, and University in Germany, 1700 – 1914*, Cambridge: Cambridge University Press, 1980, pp. 178 – 179.

[2] Friedrich Paulsen, *The German Universities and University Study*, New York: Charles Scribner's Sons, 1906, pp. 218 – 219.

定了内部组织基础。因此，本-戴维认为，使科学获得一个与专门职业很接近的地位，并且使它变成一种有组织的科层性质的活动，这种转变发生在1825年到1900年的德国。到19世纪中期，实际上所有的德国科学家不是大学教师就是大学里的研究学者，他们越来越多地在许多小组里工作。研究工作已成为大学职业所必须具备的资格，并且也是教授工作的一部分。研究技能不再是教师私下的传授，而是在大学的实验室和讨论班里进行。① 可见，习明纳和研究所不但使大学内部的研究与教学相结合制度化，而且也使德国大学的研究与教学，从早期的私人传授走向了政府的公共支持。

政府对习明纳和研究所的支持力度，从拨款额度的增幅中便可看出。在柏林大学，教师薪水在1860年的年度预算中份额最大，接近250000马克。所有的习明纳和研究所共计花费170000马克。而后研究所和习明纳的投入不断增加，1890年研究所和习明纳的运营经费已经是教师工资的两倍。1910年，达到了3倍。此外，研究所的建筑和管理费用不断攀升。柏林大学的建筑费用在1870年为6000马克，1910年为180000马克；管理费用在1870年为35000马克，到了1910年接近190000马克。每个习明纳配有自己的建筑、员工和图书馆；每一个研究所都有必需的实验场所、仪器设备及其他设施。研究所和习明纳的扩张，直接与科学和学术的专业化迅速发展相关。当然，新的习明纳和研究所的建立，主要集中在医学和自然科学的研究和教学上，因为这些领域发展最快。此后，便是人文科学和社会科学学科的发展。神学和法学发展相对缓慢，因为这些学科主要是知识的应用，而不是新知识的发现。② 政府对大学习明纳和研究所的巨额、持续性投资，为德国大学科学研究的崛起注入了强劲动力。

与德国不同，法国自17世纪以来就是一个高度集权化的国家，即使是经过大革命洗礼，仍然是朝着更为集权化的方向发展。微弱的科学传统不是存在于大学内部，而是寄生于科学院、博物馆和大学校之中。

---

① ［以色列］约瑟夫·本-戴维：《科学家在社会中的角色》，沈力译，四川人民出版社1989年版，第159页。

② Charles E. McClelland, *State, Society, and University in Germany, 1700–1914*, Cambridge: Cambridge University Press, 1980, pp. 280–282.

因其高度集权化,才可能产生像乔治·居维叶(George Cuvier,1769—1832,法国自然科学家,比较解剖学的创始者)这样的"生物学独裁者"(dictator of biology),他不但是博物馆的教授,而且是皇家科学院(Académie des Sciences)的常务秘书长(perpetual secretary),并与拿破仑、历任波旁王权、路易斯-菲利普等统治者保持持续性的密切关系。居维叶去世后,尽管法国的生物学研究也曾取得一些重要贡献,但是生物学的学术领导地位已经很快被德国所取代。1810年柏林大学建立后,德国大学加快了"科学化"的步伐,主要是因为在德国,自由的科学研究被认为是大学生活的一个必要组成部分。教授以及其他教师的自由流动,可以使崭新的科学理念更好地交流和传播。对于德国内部的各邦政府而言,属地大学取得的科学成就已经成为提升民族自豪感的新的客观途径,大学存在的价值不再仅是以学习来衡量,而是要看科学创新的总量。[①] 国家资助大学进行科学研究,使19世纪德国大学产生了众多拥有崇高学术声望的学者。这里仍以生物学为例,著名生理学家、比较解剖学家、鱼类学家和爬行动物学家穆勒,在23岁时被波恩大学聘请为生理学和比较解剖学编外讲师,29岁时就升任为讲座教授,1833年,32岁时转任为柏林大学教授直至去世。穆勒于1833年至1840年完成的重要性著作《生理学基础》,[②] 被认为是开创了生理学研究的新纪元,穆勒也使柏林大学成为欧洲生理学和比较解剖学的学术中心。

在穆勒的学生中,声名卓著者众多,譬如赫尔曼·冯·亥姆霍兹先后任教于海德堡大学、柏林大学等,亥姆霍兹方程、亥姆霍兹共鸣器使其永载学术发展史;埃米尔·杜布瓦-雷蒙不但是穆勒在柏林大学讲座教授的继承者,而且还是神经动作电位的发现者;西奥多·施旺被认为是普通细胞学理论的创始人,胃蛋白酶的发现和研究者,酵母菌有机属性的发现者,术语"新陈代谢"(metabolism)的发明者;卡尔·路德维希于1865年在莱比锡大学创办了第一个现代生理学研究

---

① Walter Rüegg, *A History of the University in Europe*: Volume 3, *Universities in the Nineteenth and Early Twentieth Centuries (1800 – 1945)*, Cambridge: Cambridge University Press, 2004, pp. 522 – 523.

② Handbuch der Physiologie des Menschen 按照德语直译为《人体生理学手册》,英国医学家威廉·贝利(William Baly)将其翻译为《生理学基础》(Elements of Physiology)。

所，该研究所至今仍以他的名字命名。相比较而言，19世纪法国和英国大学中生物学领域声望卓著者就乏善可陈。绝大多数的生物科学工作集中在巴黎的科学院、自然历史博物馆和法兰西学院。生物学和生物医学则是在医学院进行的。杰出的生理学家都是在科学院所之间流动，譬如伯纳德先后就职于法兰西学院和自然历史博物馆，巴斯德则是任职于巴黎高师。但是当时的法国政府对于科学研究并不支持，巴斯德为了争取实验设备，不得不直接向拿破仑三世反复请求，最终还是从科学院中获得资助，直到1888年巴斯德研究所才宣告成立。19世纪的英国大学同样并不注重自然科学的研究，无论是达尔文，还是赫胥黎都不曾在大学任教。[①] 从19世纪德、法、英三个国家的生物科学研究来看，德国大学内部完整的习明纳和研究所组织，为其科学思想的碰撞与传播奠定了坚实基础，法国、英国的大学内部因为缺乏这种组织制度，生物科学的研究大都是在大学外部展开的，因此不但缺乏政府的财力支持，而且也很难形成学术之间的思想碰撞和代际传播。法国、英国的这种科学研究模式，不能不说是造成19世纪大学的国际地位整体下滑的一个重要因素。

四　强调研究的学术：知识创新的重点

中世纪欧洲大学是保存和传播知识的机构。换言之，在神学统摄下，无论是从知识创新的内容层面，还是从知识创新的方法层面，都是在宗教意识形态牵制下展开的，空间极其有限，大学的主要目的在于为学生提供谋生的职业。经过文艺复兴、启蒙运动和宗教改革的一次次冲击，欧洲大学开始走向不同的面向。法国大学强调培养学生的从业技能，以技术为统摄，将科学研究剥离出大学之外；英国大学强调培养绅士的贵族教育，以文学为统摄，自然科学研究较少得到重视；德国大学则开启了与英国大学和法国大学完全不同的道路，强调科学研究的重要性，学术研究强调知识创新。德国大学一改往日欧洲传统大学以学生谋

---

① Walter Rüegg, *A History of the University in Europe*: Volume 3, *Universities in the Nineteenth and Early Twentieth Centuries* (1800 – 1945), Cambridge: Cambridge University Press, 2004, pp. 528 – 531.

生为指向的培养模式，教师通过最新的研究成果与学生展开交流，共同迸发出新的思想火花，从而引导学生进入探寻未知的科学殿堂。

需要特别指出的是，19世纪德国大学强调"纯粹知识"的研究和教学，并非一种无谓的、徒劳的学术活动。相反，这种研究和教学是一种更高层次的知识传授和创新。事实上，德国大学强调知识创新的先声早在18世纪就已经开始了。以哈勒大学和哥廷根大学为代表的新大学，为19世纪柏林大学的创办及德国大学群落的整体崛起奠定了前期基础。在哥廷根大学，经由习明纳的教学组织形式，教师的古典研究不再是毫无用处地炫耀博学，也不再是对希腊和拉丁榜样的无谓模仿，而是将古典作家作为艺术与鉴赏的最高范型，与学生之间进行鲜活的文化交流。正是这种教学研究的组织形式革新，才使得古典研究又一次取得了合乎理性和人性的目的，亦即培养一种对文学之美与崇高的感受力和鉴赏力。一定意义上，也正是这种教学形式和方法的创新，使得古典研究不但能够得以在大学课堂中留存，而且还焕发出崭新的活力。以数学、物理学为基础的现代哲学取代烦琐的经院哲学，为科学研究注入了无限活力；通过研究促进教学、教学与科研相统一的原则，充分调动了师生共同探寻新知的积极性；习明纳和研究所及其相应的实验室、图书馆、讨论室等，成为师生共同创新的温床；以现代的、鲜活的、简练的德语，代替传统的、僵死的、烦琐的拉丁语作为大学教学与研究的主导语言，则为德国大学的崛起插上了腾飞的翅膀。"教师与学生的职能，是相互合作共同增进知识。'前者并不是为了后者，两者都是为了科学；教师的工作离不开学生的存在，如果没有后者，前者也就不会有所成就；如果学生不去主动地追随教师，教师就会去四处寻找他们以便更好地实现自己的目标，他要把自己的一颗更具偏见、缺少活力的练达的心，同他们的尽管弱小、未经雕琢但却敢于尝试一切可能的心，揉合到一起。'""如果仅将教学和传递知识的职能交给大学，而把发展知识的职能交给研究院，那么这对于大学显然是不公平的。在繁荣知识方面，大学教师所作出的贡献肯定不逊于研究院的院士们。"① 尽管威廉·洪堡主政普

---

① ［德］弗里德里希·包尔生：《德国大学与大学学习》，张弛等译，张斌贤等校，人民教育出版社2009年版，第48—54页。

鲁士教育不久,就离开了该工作岗位,但是他当时的就职演讲,仍然是对19世纪德国大学师生学术生活的鲜明概括。

在德国,各邦政府不但对教师的科学研究注入大量资金,而且与大学习明纳制度相匹配的是,几乎为所有参与习明纳的学生都提供奖学金。奖学金自诞生之日起,就有一个本质属性,它并不与需求,即贫困状态存在必然联系,而是与学生的学业表现直接挂钩。换言之,学业表现取代了经济状况,成为学生奖学金的首要评判标准。这成为现代研究生奖学金制度的起源。本科生奖学金仍保持中世纪以来的传统评判标准:经济第一,学业第二。尽管早期的习明纳肩负着培养教师的任务,但是很快就开始在学院中培养一种学科的自我意识,发展学科知识的学科意识开始逐步渗透到习明纳的全过程。到了1820年,这种学科意识已经占据了习明纳的主导地位。[1] 与德国大学不同,在19世纪上半叶,一个英国青年只有在满足下列条件时才能从事研究工作:如果他能负担得起时间和金钱,把研究作为一种业余嗜好,或者他愿意真的丧失其他东西而为科学献身。在法国情况要稍好一点。法国有若干难度不一的与研究无关的考试,一个有能力的年轻人,如果通过了这些障碍,就能得到一个可以用部分时间努力从事科学研究的职业,并且有某种希望逐渐上升到容许有越来越多的自由时间从事科学研究的职位上。在英国和法国,进入科研的最初机会来自与科学研究无关的途径和职位。但是在德国有一个需求研究者的固定市场,在大学里个人可以直接进入科学研究,并把在学位论文和大学授课资格论文上花费的四五年时间当成进入一个报酬合理且很有兴趣的职位的一项智力投资。结果,大约从19世纪中期开始,某些德国大学的实验室变成了研究中心,有时实际上是国际科学共同体的各个领域的活动中心。[2]

与德国大学强调科学研究的创新所不同,19世纪的法国大学,对教授演讲中的表演过分强调,而在教师资格考试中,也往往侧重于那些

---

[1] [美]威廉·克拉克:《象牙塔的变迁》,徐震宇译,商务印书馆2013年版,第190—193页。

[2] [以色列]约瑟夫·本-戴维:《科学家在社会中的角色》,沈力译,四川人民出版社1989年版,第181—182页。

擅长修辞技巧的人，能够为学者带来成功的品质是能言善辩和掌握大量已获得公认的真理。能言善辩属于知识运用技巧层面的东西，掌握大量已经获得公认的真理则属于熟记硬背的能力，两者与知识创新的关联性并不大。在法国，直到19世纪中叶，博士学位看起来仍然不重要。博士论文或学位论文通常比较简略，在写作过程中也少有监督。1851年以后，法国政府对教师学术的监管越发细致，开始发展出一种对学术研究的警察管理。政府官员们认为，学术著作应该是不具有争议性的，并且，如果可能，还应该是爱国主义的。法国大学的过分官僚化管理由此可见一斑。[1] 这种学术上的不自由，直接导致法国高等教育机构中学术创新活力的锐减。

1972年，普林斯顿大学R.史蒂文·特纳在其博士论文《普鲁士大学和研究律令（1806—1848）》中指出，到了1850年，德意志的大学几乎完全转化成研究机构，"以适应知识在许多深奥领域的扩张"。这一研究律令，包含了四项创新：其一，在原创研究的基础上出版新的成果不仅成为一个教授的责任，而且成为他获得一个哪怕并不重要的大学教职的必要条件；其二，为了支持研究，大学开始兴建图书馆、学院和实验室等基础设施；其三，教学重新定位，尝试向学生介绍研究方法；其四，普鲁士教授认同一种大学意识形态，即赞美原创研究。[2] 政府通过律令的形式，鼓励大学进行学术创新，无疑给19世纪德国大学的崛起提供了法律制度层面的保障。

五 强调知识能力：创新主体的评价

在中世纪大学后期，传统大学兜售学位的现象已经普遍存在，大学新入职教师也往往有着诸多的姻亲关系。非智力因素对中世纪传统大学的学位授予及教职遴选的侵袭，致使整个大学群落日趋走向没落。19世纪的德国大学一改中世纪大学留存下来的痼疾，逐步加强了大学在学位授予、人员招募以及晋升等方面的知识考量。

---

[1] ［美］威廉·克拉克：《象牙塔的变迁》，徐震宇译，商务印书馆2013年版，第542—543页。

[2] ［英］彼得·沃森：《德国天才（2）：受教育中间阶层的崛起》，王志华译，商务印书馆2016年版，第5—6页。

学位授予开始排除其他非智力因素，但是保留了中世纪时期对于道德的考量。新设的柏林大学在19世纪颁发了一系列规章，以此构建起了现代的博士候选人制度。候选人必须确实参加过某些课程，必须进行一些宣誓，还必须提交两个文件。第一，必须提交一份简历，这是公共身份表现为外在形式的文本。第二，必须提交一份道德证明书。最初可能是一种关于道德的证明，很快变成品行端正的证明，警察通过该文件证明候选人没有犯罪嫌疑，并且没有针对其发布的逮捕令。[①] 任何想获得哲学博士学位的学生必须在大学学习三年，其中医学博士必须在校学习四年。尽管德国大学中知识传授是用德语进行的，但是要想获得博士学位，必须要用熟练的拉丁文向学院院长提出书面申请，并附之以他以前生活的短评，以证明其道德上无缺陷。在允许参加答辩之前，他必须提交一份用拉丁文撰写的原创论文，不但能够证明在本学科已经完全熟练掌握相关知识，而且能够证明具备了原创思想和写作的能力。院长将论文以及附属材料交由学院全体成员，他们必须以书面的形式就申请者的价值提供自己的观点。如果论文能够被多数证明，具备了学位要求的知识和能力，院长则指定一天进行答辩考试（法学院和医学院还需进行书面考试），完全用拉丁语进行，学院全体教师作为考官参加。博士申请者必须轮流接受每一位教授严格的答辩测试，之后再决定是否考试通过。如果考试通过，他必须在院长和学院全体教师面前用拉丁文公开辩论，论文印刷后张贴在大学门口。辩论后院长将学位证书颁发给申请者。[②] 论文印刷后张贴在大学门口，很有点今天网上公示制度的性质了。换句话说，这种评价申请者原创性和写作能力的制度，不但要经得起"小同行"专家的评价，而且还要经过大学内部成员甚至是大学外部成员的评议。经过如此严格的程序，中世纪后期买卖学位的现象在19世纪德国大学中被杜绝了。

与法国实施的普遍性的国家考试不同，在19世纪的德国，大学更加强调的是一种更为自由、更为个性化的能力考试。这种考试不是把标

---

① [美] 威廉·克拉克：《象牙塔的变迁》，徐震宇译，商务印书馆2013年版，第235页。

② Walter C. Perry, *German University Education, or the Professors and Students of Germany* (Second Edition), London: Longman, Brown, Green, and Longmans, 1846, pp. 38–40.

准放在考生究竟吸收了或者熟记了前人的多少固定的知识，而是要考量学生从已知探寻未知的解决问题的能力。事实上，在19世纪德国高等教育发展史上，在博士学位授予中，倡议引入国家考试的大有人在。莱比锡大学化学家弗里德里希·威廉·奥斯特瓦尔德强烈反对那些主张在化学领域设置作为颁发文凭和头衔（即政府化学家）依据的国家考试。他认为，化学这个学科在德国成功的秘诀，就是其教学和考试所具有的自由、纯理论、学术和个性化的特征。法国在国家考试方面有着很大的优势，但是法国却失败了，主要是因为这种国家考试是以牺牲学生发展为代价带来的。奥斯特瓦尔德认为，在法国，一个人只有通过一大堆考试才能成为教师。如果一个人把自己人生中最美好的时光和最旺盛的精力都用在消化吸收别人的思想上的话，那么之后他就需要异乎寻常的精力，才可能产生出原创性的思想。通过这种方法培养出来的教师，也会自觉不自觉地把这种方法传递给学生，教师只是关注学生是否能够准确地掌握既有知识，是否能够通过考试，他不会让学生去做那些不相关的事情，特别是那些重要性还没有在科学中得到普遍认可的事情。与之相反，在德国，学习中的一切事情都是自由和独立的。对德国哲学博士的全部考试，实际上就是看他进行一项独立研究的表现如何，他要懂得"如何把握未解决的问题，如何从已知的东西推导出未知的东西"。这正是他日后具有解决技术问题能力的原因，这种能力使得他能够在世界的开放竞争中获得胜利。① 奥斯特瓦尔德关于国家考试的主张，不但适用于化学学科，也适用于其他学科，至今来看，这些思想对于回答"钱学森之问"，质疑因何大学人才创新能力不足等问题，仍然有着非常值得借鉴的地方。

19世纪的德国大学，不但在博士学位授予中坚持学习能力和水平的考量，而且对于大学新招募人员同样强调纯粹科学的高标准，扭转了大学职位申请人，像后期中世纪传统大学那样，通过家庭姻亲谋取教职的做法，同时也意味着只有那些最优秀的学生才可以获得教师工作。这使得年轻学生更能够发挥创造力，来挑战其他学术权威，以便赢得更高

---

① ［德］弗里德里希·包尔生：《德国大学与大学学习》，张弛等译，张斌贤等校，人民教育出版社2009年版，第348—349页。

的同行学术声望。进一步来讲,青年学者可以通过专业创造性,朝向更为专业的方向发展,以便获得最大成功,最终通过编外讲师,在新兴学科内设立新的讲座教授。① 在青年学者通过个人的创造性努力,通过编外讲师到达讲座教授的过程中,能够证明其能力的就是公开发表论著。事实上,早在1749年,普鲁士就发布法令,明确规定发表著作是大学内部一切任职和晋升的条件之一。威廉·克拉克认为,这某种程度上就是"不出版就走人"(Publish or Perish)。在18世纪中后期的哥廷根大学教师聘任中,以著作发表为标识,能够证明能力和学识的现代学术资本,逐步取代了以藏书和仪器为代表的传统学术资本。大学不仅看重教授已经发表的著作,或者更确切地说,是已经发表著作的名气,而且一旦教授获得任命,他们还应该以符合时代精神和潮流的方式继续创作,不仅要创作传统类型的学术论文,而且还有评论、教科书,以及编辑期刊等。② 一言以蔽之,在19世纪德国大学的学位授予、教师招聘和职称晋升中,强调知识原创能力是评价创新主体能否获得认可的主要衡量标准。

第三节　知识传授:大学学术资本的演绎基础

尽管19世纪德国大学致力于知识的创新,开启了高等教育发展史上大学的新职能——发展科学,但是大学作为一个组织机构,培养人才仍然是其最为基本的职能。换言之,知识传授仍然是19世纪德国大学学术资本演绎的基础。但是,相对中世纪时期以及同时期的英国、法国的大学教学而言,德国大学的教与学都具有鲜明的创新和特色。

早在洪堡担任普鲁士内务部教育主管期间,他就向国王提出,废除18世纪以来存在的、仍在施行的若干强加在大学上的限制。其中包括1749年普鲁士国王腓特烈大帝(Frederick the Great)颁布的禁止普鲁士学生去国外,也就是去其他邦国的大学学习的禁令。1810年,这一禁

---

① Charles E. McClelland, *State, Society, and University in Germany, 1700 – 1914*, Cambridge: Cambridge University Press, 1980, p. 169.
② [美]威廉·克拉克:《象牙塔的变迁》,徐震宇译,商务印书馆2013年版,第240—289页。

令得以取缔。另外,还有一个禁令,也是上一个世纪颁布的,禁止普鲁士大学的教授接受其他非普鲁士大学的职务。这一禁令首先被哥廷根大学在创办时打破,洪堡得以邀请德国各邦最优秀的人参与柏林大学各学院的组建。洪堡的抱负是,正如他反复向国王所陈述的那样,将柏林大学创办成一个国际化的大学,一个王权及所有德国人引以为自豪的大学。洪堡还建议,取消对学术、科学、文学作品(不包括新闻报纸)的审查制度,均获得批准。[①] 洪堡的一系列建议,不但打破了学生不得到外地求学的政府限制,而且打破了大学教授不得到外地大学求职的政府限制。

洪堡担任普鲁士内务部教育主管的时间很短,但实际上却是柏林大学建校背后的实际推手。洪堡在任不满两年,但他对于德国学术界的影响却极为深远,尤其是在大学理念的层面。洪堡认为,高等知识机构有一种特性,就是他们总是将知识视为一个有待解决的问题,并因而永远保持研究的状态。因此师生之间的关系不再是教与学的关系,大学导师不再是教师,学生也不再被传授知识。学生更多的是进行科学研究,而导师的任务是对学生加以指导。教师不是为了学生而生存,师生都是为了知识而存在。[②] 在洪堡关于知识理念的指引下,19世纪的德国大学的教学发生了根本改变,亦即"传授实用知识→传授教条或理论→通过学术进行教学"。前两者在于传授已知的知识,后者重点在于探索未知的世界;前两者重点在于教师讲授,学生记录,后者在于师生共同讨论;前两者不能超越神学的藩篱,后者则在哲学的引导下走向开放;前两者尽管有辩论法的存在,但只是为了证明传统理论的正确,后者则在习明纳的基础上,不断发展学科知识。尽管三者都以讲授教学法为主,但是前两者的讲授重在对已有知识的传达,后者的讲授则是基于科学研究进展基础上的新知探寻。

总的来说,19世纪德国大学教学较之于中世纪大学的教学,发生了巨大变化。包尔生将这些变化大致划分为六个方面:①主张人类理性

---

① Lilge, F., *The Abuse of Learning: The Failure of the German University*, New York: The Macamillan Company, 1949, pp. 17 – 18.
② [美] 威廉·克拉克:《象牙塔的变迁》,徐震宇译,商务印书馆2013年版,第526—527页。

独立原则,并以现代科学尤其是数学和物理学为基础的现代哲学,取代了亚里士多德烦琐哲学;②研究和教学自由的原则取代了严苛而僵硬的教学形式;③在教学方法上,由系统的讲座取代了死抠经典课本的陈旧形式,与此相关联,还出现了学期的划分,这使得转学者易于从一所大学转到另一所大学学习;④中世纪大学时期经院哲学的争吵开始渐渐消停,取而代之的是大学研究班的日渐兴盛;⑤呆板模仿古代语言的旧人文主义,被对古代尤其是希腊进行活的研究的新人文主义所取代;⑥德语取代拉丁语成为教学的载体。包尔生认为,采用僵硬、死气沉沉、烦琐的拉丁语,大学永远也不可能对普通文化产生全面而又深刻的影响。① 为进一步论述19世纪德国大学学术资本的演绎基础,澄清大学在知识传授方面的特色与创新,下面将从教师的教、学生的学、学院的教学以及研究的教学等四个层面分别论述。

一 基于自由竞争的教师授课

编外讲师是在德国大学中获得授课资格的第一步。任何想成为编外讲师的人员,完成大学学业三年,获得博士学位之后(其中神学获得从业学位即可),离开他所学习的地方并经教育部部长许可,能够进入学院从事教学工作。编外讲师申请者将拉丁文申请书递交给院长,附以生活简历和拉丁文或德文撰写的学位论文,并指出该论文在某些方面与他想要讲授的课程存在相关性。学院通过投票选出两位审查人员,其职责是对相关证明和论文进行严格审查,并给出书面评价意见。以上材料加上审查意见被送到每一位学院教授手中。是否接受申请将在下次全体会议上以简单多数决定。申请通过后,院长直接通知他在四周内准备一次由院长本人指定话题的演讲,学院教师集体成员对演讲效果展开讨论。之后再经过简单多数,决定是否同意申请人成为编外讲师。编外讲师获得允许后,可以向教育部部长随时申请提升为编外教授(extraodinary),也可以在任教三年后通过所在学院提出申请。但是可能被部长简单否定,因为在部长看来教学时间的长短并不是主

---

① [德]弗里德里希·包尔生:《德国大学与大学学习》,张弛等译,张斌贤等校,人民教育出版社2009年版,第50—51页。

要因素，关键是科研能力和业务水平。在教学中，他与那些更加有名望和拿着高工资的讲座教授进行平等竞争。他没有资格参加大学理事会，也不能成为校长或者院长，他将来的命运只掌握在自己的双手之中。为了获得安全晋升，他必须证明自己不但是一个有能力有学识的教师，而且是一个勤恳、不断进取的学生。仅仅聪明不行，勤奋但不聪明也不行，只有将两者结合在一起才有可能获得最后成功。全德国的专业教席，甚至是其他国家的，对他的抱负是开放的。编外教授可以不承担超过正教授的课时，但除此之外便无其他特权。他必须"等待时机"，多挤出时间增加知识，同时将这些新知运用于教学。在自己的知识学科内，尤其是所讲授的课程上，编外教授无须担心大学内任何所谓的权威。他处在一个公平竞争的领域，可以在同一时间、同一学科内与对手同时开设同一门课程。这种公平竞争的刺激，无论是对于那些试图获得声望的编外教授来说，还是对于那些已经获得声望的正教授来说，无论是对于学生来说，还是对于整个国家而言，都是非常值得肯定的。大学教授拥有或许是德国最值得尊敬、最为自由独立的位置。他拥有其他任何领域（无论职务高低）无可比拟的言论自由。而且这种自由伴随他能力和声望的不断提高而相应增强。尤其是在普鲁士，要想解除一位教授并非易事。它需要所有内阁部长的一致同意，还要德国国王的确认。[1] 在包尔生看来，德国大学的任教资格证书非常强调教师的科研能力。应试者必须讲两次课，一次课是面向学院的全体教师，随后是与教师之间的会谈；另一次则是公开课。能否获得资格证书不在于应试者的知识广博度以及对所传授知识的准备情况，不在于其措辞的文雅，不在于其讲座的形式，而在于他所能呈现的科学内容，在于能够证明他具有进行原创性科学研究的能力。与德国大学不同，法国的任教资格主要是由考试来构成，考官侧重于讲课而不是写作，主要考核学生吸收知识、记忆能力及表达技巧。其结果是，学生只关注死记硬背这些事情。[2] 从德国和法国大学对于新聘任教师的考

---

[1] Walter C. Perry, *German University Education, or the Professors and Students of Germany* (Second Edition), London: Longman, Brown, Green, and Longmans, 1846, pp. 42–46.

[2] [德] 弗里德里希·包尔生：《德国大学与大学学习》，张弛等译，张斌贤等校，人民教育出版社2009年版，第165—166页。

核来看，德国大学更加强调讲授内容的创新，法国大学则更加强调新聘任教师的知识记忆能力。新聘任教师的两次授课，无疑会在考察受聘者科研创新能力的同时，对于教学能力也具有较为详尽的考察。

因此，马克斯·韦伯在"以学术为志业"的演讲中提到，在德国大学里，每位受到召唤，有志从事学术工作的年轻人，都必须清楚地认识到，他所肩负的重任具有双重面貌。他不仅需要具备学者的资格，同时也必须能够做一位好教师；而这两种条件并不一定完全吻合。但是，说某某教授是个糟糕的教师，通常无疑是宣布他学术生命的死刑，即使他是举世数一数二的学者。那么如何评定一位教师是否是好的呢？韦伯认为，以听课人数的多寡作为唯一标准是不明智的。因为学生是否涌向某位教师多半取决于一些纯粹外缘的因素，诸如性情、甚至声音的抑扬顿挫。好教师应当是以适当方式呈现学术问题，而使一个未曾受学而能学的心灵，对这些问题有所了解，并对这些问题做出独立思考，这或许是教育使命里最艰巨的一项工作。依照德国的传统，大学教师应同时肩负研究与教学两种责任。[①] 美国学者弗莱克斯纳详细比较了19世纪美国、英国和德国的大学教育，对通常认为的德国大学教授从大学性质出发仅仅关注研究，而轻视教学的说法提出了质疑。他认为，这种错误观点无疑来自于德国大学教学并非填鸭式教学的缘故。洪堡关于研究与教学相结合的大学理念，在德国大学中得到始终贯彻。威拉莫维茨著述丰硕，被外国人视为典型的受人尊敬的德国学者，但是在回顾其职业生涯时，他声称他的所有著述均可以在职业发展中忽略，成为学者仅仅是附带性的产物，教职才是主要的职责，必须始终将其视作至高无上的。[②] 可见，无论是从本土学者马克斯·韦伯、威拉莫维茨来看，还是从美国学者弗莱克斯纳来看，19世纪德国大学的教师都对于教学赋予了崇高的地位。

德国大学教师对于教学的热爱，部分来自于职业忠诚，部分则来自于现实酬金的考量。教授们的演讲课通常有三种形式：①公开课。每位

---

① [德] 马克斯·韦伯：《韦伯论大学》，孙传钊译，江苏人民出版社2006年版，第94—95页。

② Abraham Flexner, *Universities: American English German*, New York: Oxford University Press, 1930, p.318.

教授和编外教授都要开设，每周至少两节课，这些课程是不收费的；②私人课。课程安排完全留给不同学院。这是最主要的课程，教授们从听课学生中收取费用，可根据每周课时数、教授工作量、设备损耗等来收取。这种课程一般每天一小时，每周四到六次。通常情况下，每门课需要 15 先令；③私家课。通常是在教授家里进行，学生不多且师生关系和谐。每门课程半年内每周工作时间为两到六小时（一般为五个）。一般在一个学科内一门课程要由不同教授同时宣布开设。毫无疑问，如果没有足够的学生来选择该门课程，那么开课教师的课就会被取消，一般情况下至少要有三人以上选择才可以开设。[①] 英国学者马修·阿诺德详细考察了德国大学教授的收入，一般来说，德国大学教授从邦政府获得的固定工资大约在 350 镑至 400 镑；此外他还可以获得考试费用和额外讲课费用。在海德堡大学，部分教授的工资和其他费用收入，每年可以达到 1000 镑甚至 1500 镑。编外讲师制度可以有效避免教授在教学中的昏昏欲睡和懒惰，始终保持达到教学标准。如果其讲课乏味或懒惰，他的教室就会荒芜。1864 年，柏林大学哲学院的教授和编外讲师的数量大致相当，正教授 28 人，编外讲师 29 人，特别教授 33 人。学生在大学内学习神学、法学和哲学，需要三年时间，医学需要四年或五年。每一个学生三年间，通常要在一到两所大学学习，也有更多的。学生入学注册费为 18 先令，讲课费大约在 16 先令到 1 英镑 14 先令之间，当然这些课程都不是公共的和免费的。通常情况下，柏林大学的课程费用要更高些。在医学学院，课程费最高，可以达到每学期 1 英镑 14 先令，每周大约要四个小时的课程。同样课时情况下，神学或哲学课程在柏林需要 17 先令每学期。要想正式获得博士学位，必须通过答辩考试和撰写论文，论文可以用拉丁文或者德文，通常需要出版。哲学博士在柏林大约要花费 17 英镑，也有学院或大学需要花费 22 英镑 10 先令。贫穷而又考试优秀的学生，是可以免费获得学位的。[②] 包尔生对 19 世纪德国大学教授的薪金来源进行了分析。一名教授的职务薪金主要有两个不同

---

① Walter C. Perry, *German University Education, or the Professors and Students of Germany* (Second Edition), London: Longman, Brown, Green, and Longmans, 1846, pp. 62 – 181.

② Matthew Arnold, *Higher Schools and Universities in Germany*, London: Macmillan and Co., 1874, pp. 154 – 158.

的来源：一是从国家那里获取工资，一是从学生那里收取开设私人讲座的教学补偿金。根据1897年普鲁士出台的相关规定，一名正教授的起薪是4000马克（柏林大学为4800马克），临时教授的起薪是2000马克（柏林大学为2400马克）。除此之外，每人还有住房补贴540—900马克。来自课酬的收入，不同教授之间变化很大，主要取决于所教授的科目、上课的人数以及课时数，同时还取决于教师个人的魅力，这笔收入的波动范围在几百马克到数千马克之间。在1894—1895学年度，普鲁士政府管辖的正教授当中，有191人每人得到了1000马克的课酬，87人得到了2000马克的课酬，74人得到了8000马克课酬，14人得到了10000马克的课酬，15人得到了15000马克的课酬，7人得到了20000马克的课酬，有4人的课酬超过了20000马克。① 可见，授课酬金直接决定着不同教授之间的收入和生活水准。德国大学的教授尚有政府工资，对于编外讲师而言，其生活收入则完全来自于学生缴纳的讲课费。因此，授课质量更直接关乎编外讲师的生存状况。因此，教授之间、教授与编外讲师之间的教学竞争是不可避免的。需要特别指出的是，这种竞争并非是不平等的竞争，教授与编外讲师的教学竞争是完全建立在自由竞争的基础之上。

　　编外讲师缘何可以甚至敢与教授在教学上进行竞争，这与德国大学建立的教师教学聘任、晋升等制度密切相关。所谓编外讲师就是申请者通过考核取得任教资格证书后，可以受雇于任何一所大学的学者。也就是说，大学教授群体（学者的"共和国"）承认并同意他作为国家同僚加入自己的学者群体之中。尽管编外讲师不像教授那样拿国家薪水，但是就作为授课者（dozent）的意义上来说，他们与讲座正教授处于同等地位。马克斯·韦伯认为，编外讲师制度是把竞争原理引入大学体制内并且是促使大学学术研究活跃的一个源头。在黑格尔担任柏林大学讲座正教授期间，编外讲师叔本华故意将其讲课安排在与黑格尔相同时间，从而促使黑格尔不得不面对挑战和压力认真对待。韦伯认为，上了年纪的教师与年轻教师之间的竞争，对于年长的教授来说，犹如在已经从业

---

① ［德］弗里德里希·包尔生：《德国大学与大学学习》，张弛等译，张斌贤等校，人民教育出版社2009年版，第86—87页。

很久的持有"专利"的专卖店里引入自由竞争的机制那样具有冲击性。就连黑格尔也曾经将自己的学生数与宿敌康德学派的弗里德里希·雅各布·费利斯的学生数相比较后忧喜交加。[①] 由此可见，编外讲师一旦取得了任教资格证书以后，他可以到任何一所大学任教，这本身就消除了受制于教授群体的身份固化。编外讲师由于没有政府薪水，完全依靠学生学费生活，因此选课学生的多少直接影响着自己的生活条件和水准，过少的学生选课甚至会威胁到自己的生存，因此为了吸引学生，编外讲师会及时为课程讲授融入新知识，从而不断吸引学生付费听课。编外讲师也使得老教师们不能够躺在功劳簿上睡大觉，船到码头车到站的思想不能够在老教师中有一丝存留，因为稍一疏忽，学生选课的人数就会出现下滑，从而不单单是影响经济收入，还会影响到自己的学术声望。同理，编外讲师能够赢得更多学生听课，不单单会影响到自己的经济收入，而且也会影响到自己的学术声望，进而影响到自己的晋升。后者对于编外讲师而言，往往是更为重要的。

  编外讲师能够与教授群体进行学术上的竞争，还在于编外讲师的晋升制度。毫无疑问，编外讲师是讲座正教授的后备军，能否晋升为教授是编外讲师职业生涯中的重要目标。如前所言，德国大学教师的"游学"制度，无疑为编外讲师的晋升提供了更为广阔的空间。只要编外讲师具备相应的学术成就和声望，他是不用担心找不到任职大学的。事实上，德国大学的编外讲师要想晋升为教授是绝不允许在同一所学校进行的。换言之，编外讲师要想晋升为正教授必须向其他大学提出申请，能否被推荐到教育部长官那里，决定权并不在现任职的大学教授群体的手中，而是在其想申请的另外任一大学教授群体的手中。再退一步来说，由于政府教育部长官具有在讲座教授聘任方面的直接决定权，因此编外讲师只要具有超凡的学术能力，便可以不经过教授委员会的推荐而被直接任命。这些无疑都为编外讲师能够并敢于同讲座教授进行学术上的竞争，从而保持大学内部学术群体的生命力鲜活，提供了基本的制度保障。

  [①] [德] 马克斯·韦伯：《韦伯论大学》，孙传钊译，江苏人民出版社 2006 年版，第 122—123 页。

德国大学教授之间、教授与编外讲师之间的教学存在着充满活力的竞争关系，同时他们又都享受着充分的学术自由。可以说，教学自由是 19 世纪德国大学所有特点中最为突出、最为重要的一个。包尔生认为，由于编外讲师制度，学术职业可以因此获得自由职业的特征，比其他任何正式职业都更加自由。一个人进入这一职业，不是通过任命、推选或者竞争，而靠的是个人选择的举动。无论是谁，只要他内心充满了对从事科学工作和教学工作的渴望，在让学院相信他具备资格之后，就完全可以服从来自内心的声音，在这个可能是最独立的职位上迈出探索的步伐。[①] 在德国大学中，教学自由绝非自吹自擂的空谈，而是坚实地融入每一个德国人内心的宝贵特权，大学被称为"德国自由的最后堡垒"。正是这一点确保了德国有才华的头脑，能够充分和自由地发展他们的能力，能够有一个施展抱负的适当空间。也正是这一点，为新发现的科学真理顺利进入大学学生的内心提供了一个现实入口，使他们能够远离偏见，养成对真理和知识最无私的热爱。[②] 正是基于德国大学教师的教学自由，19 世纪德国大学的授课方法，已经不再是中世纪的照本宣科，不再是传播权威建立的真理体系，而是教师用精确的语言，把自己的思想表达出来。课程讲授需要的是理解，而不是情感或意志，也不是雄辩或者煽情。德国学生，也许可以说是他们的优点，他们不太容易受修辞、煽情、标语口号等诸如此类事物的影响，而且很快就会对它们感到厌倦。课程讲授不应该是华而不实的东西，否则它就不会有力而尖锐地揭示出学科的主要轮廓，这要比深究细节重要得多。包尔生认为，最好的办法是，采用一种系统而便于掌握的形式，准备好一个包含了所有基本观点的大纲，然后围绕主题即席演讲，但可以自如、果断地利用重复来对重点加以强调，始终与听者保持积极的联系。讲座的外在形式是简约的，教师的个人装束丝毫没有官员的华丽或显贵。而法国的教授要端坐在椅子上，他身着庄严的礼服，并且还有一位佩戴官员标志的小官员陪伴，后者在整个

---

① ［德］弗里德里希·包尔生：《德国大学与大学学习》，张弛等译，张斌贤等校，人民教育出版社 2009 年版，第 179 页。

② Walter C. Perry, *German University Education, or the Professors and Students of Germany* (Second Edition), London: Longman, Brown, Green, and Longmans, 1846, pp. 11–12.

讲座过程中都站在教授身边。① 从内容到形式的教学自由，为德国大学教师将教学与科研相结合提供了充分发挥的自由空间。而在同时期的法国，不但教师在教学形式上是不自由的，而且在教学内容上也受到严格的限制和审查。根据著名的但可能是杜撰的故事，法国第二帝国时期的教育部部长拿出手表，声称："此时此刻，在某一个班级，帝国所有的学者都在学习罗马诗人维吉尔的某一页。"② 法国大学的教学不自由，由此可见一斑。德国大学教学自由不但不会受到大学的威胁和限制，而且也不会受到政府部门的威胁和限制。著名的"哥廷根七君子事件"发生后，使这所拥有崇高声望，号称德国首批的大学，在整个德国的地位迅速滑落。相反，七位教授却成为英雄，受到德国其他几乎所有邦的欢迎和崇敬。更加聪明的普鲁士和瓦滕贝格官员及时将这些天才纳入自己的大学。达尔曼，这位汉诺威宪法的主要捍卫者，没有因为欧内斯特国王的暴政而使前途和自由受损，相反，他正站在伯恩大学的讲台上获得更多的听众和成功，以及无可复加的自由。③

二 基于平等自由的学生学习

相对 19 世纪英国和法国，德国大学学生组成更加平等。换言之，19 世纪德国大学的学生组成并非像英国的牛津与剑桥那样大部分由贵族组成，也不似法国大学各学院学生之间明显的身份差异性。事实上，在中世纪时期，即使是在德国，人们一般也不认为贵族阶层都应当接受高等教育。许多德国皇帝在文件上并不签名，而只是盖上特有的印记。到了 19 世纪，德国民众对于高等教育的看法发生很大变化，人们普遍认为如果一个人没有接受过大学教育，那么他就失去某些东西，而这些东西是财富和贵族出身也无法完全弥补的。商人、银行家、富裕的制造商甚至是大地主，不管他们在其他方面多么有优越感，有时也会对自己

---

① ［德］弗里德里希·包尔生：《德国大学与大学学习》，张弛等译，张斌贤等校，人民教育出版社 2009 年版，第 206—207 页。

② Willis Rudy, *The Universities of Europe*, *1100 – 1914*: *A History*, Rutherford: Fairleigh Dickinson University Press, Associated University Presses, 1984, p. 102.

③ Walter C. Perry, *German University Education*, *or the Professors and Students of Germany* (Second Edition), London: Longman, Brown, Green, and Longmans, 1846, p. 49.

没有接受过大学教育的事实讳莫如深。与其他西方国家相比，德国的大学生更广泛地来自于社会的各个阶层。在德国大学的录取名单上，既可以找到上至王室的最尊贵家庭子弟的名字，也可以看到许多小人物孩子的名字，如小店主、工匠、工人、教师以及小官员的子弟。① 在法国，根据教学机构和学生教育路径的分野，教学团体的等级地位也有所不同，这也造成了学院与学校之间隔膜的加深。以法学为例，资格证书考试要求三年的学习，需要570法郎的学费。相应地，文学只需学习一年，学费仅为150法郎。医学博士需要1300法郎，而理学则是140法郎。经文、理学科的学习后，可获得省一级的教学职位，收入微薄，而经过法学、医学等专业职业教育的，可获得巨额收入，这一点在巴黎更为明显。学生的社会出身像一面镜子，反映了法学、医学、文学、理学的等级差异。② 这样一来，在法国学校内部就形成了不同的阶层部落，以文学、理学为代表的学费低廉，同样学生普遍出身低微；以法学、医学为代表的学费高昂，同样学生普遍出身高贵。这种学生组成的不平等，也带来了学科之间的不平等。

德国大学绝大多数学生是为专业或为国家服务而学习。那些只需在大学访学获得教育的，可以自由进入大学且无须考试。但是，公立中学的学生必须持有通过最终考试的证明才可进入大学。那些接受私人教育的，必须接受拟报考大学的教授组成委员会考试。入学考试非常严格，只有既聪明又勤奋的学生才能通过。考试一般需要以下几种基本能力：①希腊语，围绕荷马、希罗多德、柏拉图、色诺芬、修昔底德、索福克勒斯和欧里庇得斯的著作，能够将德文译成希腊文。②拉丁语，不但能够阅读所有的最为艰涩的拉丁文著作，而且能够熟练书写和演讲。③历史，测试内容包括古代史、德国史、其他欧洲国家史。④数学，测试内容包括立体几何、代数中的二项式定理。此外，考生还必须能够阅读法语，并能正确进行德法互译；必须了解德国文学史，以及逻辑学、物理学、机械学和统计学的基本知识；必须通过

---

① ［德］弗里德里希·包尔生：《德国大学与大学学习》，张弛等译，张斌贤等校，人民教育出版社2009年版，第120—125页。
② ［瑞士］瓦尔特·吕埃格：《欧洲大学史》（第3卷），张斌贤等译，河北大学出版社2014年版，第48页。

自然史的考试。① 如此高标准的入学考试，不得不使想进入大学的学生倍加刻苦学习。因此，相对18世纪，19世纪德国大学的学生学习更加刻苦。因为大学对学术价值日益重视，对专业考试也日益严格。在有限的职业机会中，只有那些高质量的学生才能够获得竞争中的优势地位。②

学习自由是德国大学学生的鲜明特色。在德国大学中，学生可以完全决定自己的学习方式，他们可以根据自己的爱好制定学习方案，也可以自己选择学习专业领域之外的讲座和习明纳，或者，参加编外讲师通过研究讲授的新知识。对于柏林大学的创办者而言，学习自由和自我负责不再是乌托邦的理念。③ 弗莱克斯纳认为，从理论上说，德国大学的学生与教师享有同等的自由。由于证书的字面价值得到广泛承认，学生可以想去哪里学习就去哪里学习——因此，如果学生自己愿意，他可以挤到人满为患的柏林大学去学习，尽管蒂宾根大学可能对他更有利。学生可以自己选择教师，也可以从一所大学游学到另一所大学，甚至是周游西方大学；他可以勤奋学习，甚至放弃假期到实验室或诊所做助教或助手，并利用最短的时间完成学业，也可以虚度光阴，沉溺于击剑或酗酒，用较长的时间修完课程。在那些重视学科知识的逻辑性的专业，他可以接受指导，也可以不接受指导，全由自己承担责任。从他被大学录取的第一天起，他就已经被认为能够自己照顾自己，并能够自己承担全部责任，简言之，他被当作一个成人对待。④ 应当说，德国大学学生的这种学习自由有其弊端之处。譬如从大学的内部社会资本来看，学生可以自由"游学"的制度，不利于形成中世纪大学内部的同乡会组织，学生之间互帮互助的现象大为锐减；从大学的外部社会资本来看，学生从一所大学转移到另外一所大学甚至是多所大学，不利于形成学生与大

---

① Walter C. Perry, *German University Education, or the Professors and Students of Germany* (Second Edition), London: Longman, Brown, Green, and Longmans, 1846, pp. 74–75.
② Charles E. McClelland, *State, Society, and University in Germany, 1700–1914*, Cambridge: Cambridge University Press, 1980, p. 202.
③ [瑞士] 瓦尔特·吕埃格:《欧洲大学史》(第3卷)，张斌贤等译，河北大学出版社2014年版，第22页。
④ [美] 亚伯拉罕·弗莱克斯纳:《现代大学论——英美德大学研究》，徐辉等译，浙江教育出版社2001年版，第280—286页。

学之间的母校情节，这样也就很难形成美国大学学生毕业后为母校捐赠的习惯。但是，如果从大学的学术资本来看，德国大学学生的学习自由是有其独特优势的。尽管不努力的学生可能会选择那些要求不严、水准不高的大学去学习，但是对于那些刻苦认真、勤奋好学而且智力超群的学生而言，这种学习自由可以使他们选择最具学术实力的学科和大学去学习。反之，这种趋势会促使大学和教师努力提升教学质量（毕竟每位教师的收入直接与跟随其课程学习的人数密切相关），不断扩大自己的学术声望，并进而吸引更多的优秀学生前来求学，更多的学术拔尖人才更有可能聚集在一起，形成人才培养上的"马太效应"。这无疑是产出高层次精英型人才的重要教学制度保障，也是可以解释何以自1901年开始颁发诺贝尔奖以来，直至1932年，德国在物理学奖、化学奖、生理学或医学奖这三大自然奖中的数量稳居世界第一。

三 基于交叉多样的学院教学

在19世纪前半叶，德国大学内部设有哲学院、法学院、医学院和神学院，从学院设置的数量和类型来看，基本上沿袭了中世纪传统大学的做法。但是，从学院设置的性质和关系来看，两者却有着较大不同。19世纪德国大学内的各学院除了不再是以神学而是以哲学为学科统摄之外，相对于中世纪大学而言还具有更多的共融性、交叉性、现代性和多样性。

在德国大学内，一般存在两个清晰而又独立的神学院，即新教神学院和天主教神学院。他们具有同等的权力和地位，在公共场合中轮流优先。其中新教神学院开设的课程主要有：神学概论，神学研究方法及对象，旧约和新约诠释，传教史、考古、教父文学及教义史，教义神学，基督教道德，不同教规或信条的比较批判，教会法（由法学教授讲授），实践神学。天主教神学院开设的课程主要有：传教史、考古、初期教父、邪教史，旧约和新约诠释、圣经批判、解释学（解释科学）、圣经考古学、教条、道德、教会法、实践神学。尽管在德国各邦大学之间的法学院课程设置存在诸多差异，但是法学院与其他学院的壁垒并非坚不可破。以普鲁士大学的法学院教学为例，它主要包括以下课程：法学研究的目标、方法及概览；由哲学院教授授课的自然法；罗马法律史，包括盖尤斯、查士丁尼等拉丁法律著作的阐释，罗马人权的法律全书，以及罗马市民法的讲授等；德国法，包括德国法律史、德国人权、德国与普鲁士法制比较、德国法律阐释等；普鲁士法；国际法；天主教和新教的基督教法律。医学院的学习课程则包括古典哲学、逻辑学、心理学、矿物学、植物学、动物学、物理学和化学等方面的知识。学生还要在不同医院和手术室经过解剖学、外科学、助产术的实际操作训练。[1]

从19世纪德国大学内的神学、法学和医学三个专业学院课程设置来看，各学院的教学具有以下特点。①学科的共融性。神学院内部的新教神学和天主教神学是相互融洽的（两者具有同等权力和地位，在公共场合轮流优先），法学院内部也是同时开设世俗法学和教会法学，而教会法学也同时包括了天主教法和新教法律知识。这种共融性不但在中世纪大学的神学院（不能容忍宗教异端，遑论新教神学）和法学院（法学严格区分为宗教法学和世俗法学）中是不存在的，而且在19世纪早期的欧洲其他大学也是鲜见的。②学科的交叉性。可以看出，在神学院内部有法学院的教授讲授教会法学，在法学的内部有哲学院的教授讲授自然法；不但新教神学院的学生要学习考古方面的知识，而且天主教神学院的学生也要学习考古学方面的知识。这种学科交叉，一方面可以打破学院之间的学科壁垒，促进学科融合，另一方面还可以形成学科上的相互促进，以及知识上的进一步澄明。③学科的现代性。无论是神学院开设的实践神学、圣经考古学，还是法学院开设的德国法、普鲁士法，尤其是医学院开设的心理学、矿物学、植物学、动物学、物理学、化学等知识，无不透露出现代知识的气息。尤其是，医学院的学生要进入不同医院和手术室，从事解剖、外科、助产等实际性操作训练，更是一改中世纪传统大学医学教育之弊端，同时也引领了19世纪欧洲其他大学的医学教育。从三个学院的课程设置来看，还有一个鲜明特征——多样性。关于学术多样性，最有代表性的学院无疑是19世纪德国大学的哲学院。

沃尔特·佩里（Walter C. Perry）特别强调，我们千万不要错误地

---

[1] Walter C. Perry, *German University Education, or the Professors and Students of Germany* (Second Edition), London: Longman, Brown, Green, and Longmans, 1846, pp. 67–69.

将词语"哲学"的意思理解为学问的一个分支。尽管它包含精神和道德层面的哲学，但是两者之间绝非同义。也不能将其简单等同于学院教育的基础，即数学和古典文学。在德国学术语境中，哲学要比古典文化和数学涵盖范围广泛地多。它类似于英文语系中的"文学"，包括精神和道德哲学、语言学、人类学、历史地理学、编年学、政治哲学、经济、金融、外交、数学和自然科学。最著名和有学术的哲学院教师经常是古典文学家、历史学家、数学家和天文学家等。哲学院的研究分为四个部分：①哲学本体；②语言文字学；③历史、政治经济学和金融学；④数学和物理科学。哲学院的第一部分，亦即哲学本体所讲授的内容主要包括逻辑学、形而上学、古今哲学批判、伦理学、哲学史、宗教哲学、法律哲学和自然哲学；哲学院的第二部分，亦即语言文字学讲授的内容主要包括希腊罗马文学、东方语言和文学、德国文学、现代语言文学、文学考古及历史和雄辩学；哲学院的第三部分，亦即历史、政治经济学和金融学所讲授的内容主要包括历史学、考古学、政治经济学、地理学和年代学；哲学院的第四部分，亦即数学和物理科学所讲授的内容主要包括数学、物理学、化学、天文学、地质学、植物学、动物学和科学技术。[①] 尽管19世纪德国大学的哲学院在学科多样性上具有与英文语系中的"Arts"相似，也与中世纪大学中的基础学院"文学院"相似，但是就学院地位而言，德国大学的哲学院并非处于基础性的、底层级的学院，而是与神学院、法学院、医学院等专业学院具有同等地位、可以授予博士学位的高级学院。一定意义上，正是哲学院而非其他学院，在19世纪德国大学内部的多样学科教学中，起着统摄性的作用。换言之，任何学科的师生教学，不是建立在单纯的知识传授层面，而是建立在知识传承基础上的不断探索创新的"真知"（纯粹性知识）。

学院与编外讲师。编外讲师是由学院赋予其教学权利的学者，但他并不是正式教师队伍中的一员，而且也没有规定的教学任务。如果他不希望上课，那么他的授课权只是被搁置起来而已，并不会就此失去；如果他连续两个学期都不对授课邀请做出回应，他的名字就会从授课名单

[①] Walter C. Perry, *German University Education, or the Professors and Students of Germany (Second Edition)*, London: Longman, Brown, Green, and Longmans, 1846, pp. 70 – 71.

中被抹去。除此之外，作为一名教师，他享有与教授平等的权利。他可以使用大学的教室和实验室，他讲授的课程和主持的课程都要被列入课表，而且如果学生正式选择了相应课程，他就要接受授课任务，并按照规章进行下一步工作。学生并不一定非得上那些拿工资的正教授的课。然而学院在组织教师上课时，却不容许考虑编外讲师的工作，因为人们认为在没有编外讲师的情况下，正式的教师队伍本身就是完整的。这种情况的存在，避免了节俭的管理当局以较低的成本聘用人才。[①] 就讲课费用来说，编外讲师与教授讲授相同课程的收费标准是相同的，不允许编外讲师的收费标准低于教授，也不允许教授将收费标准提高到超过编外讲师。编外讲师制度的教学安排，既是19世纪德国大学对中世纪大学时期行会学徒制的一种继承，譬如不拿固定的薪金等，同时也是对中世纪大学的一种创新，譬如授课与教授享有同等权力等。

学院与讲座教授。大学学院内教授的教学方式一般有三种：面向大班额的讲授，在助教合作下开设的实践训练课，为特别兴趣爱好的学生开设的习明纳，而后又在经常性开设的强制性研讨班的基础上，为真才实学的学生开设私人订制式的超级习明纳。教授为了给学生全面展示自己的课程，既需要拥有广博的知识，在为高年级学生开设研讨班时，还需要保持旺盛的成果发表能力。当然，尽管两者完美结合并非易事，但是那些享有盛誉的杰出研究者，往往也是认真负责并能启发学生心智的教师，譬如人们往往提及的魏尔啸、蒙森、科恩海姆、路德维格、施密特、哈纳克、米勒、威拉莫维茨等。他们将有志于学的学生聚集起来，并形成由门徒组成的学派，这些学生一个接着一个，带着新思想占据了众多早已设置的讲座教授职位。在公共演讲中，他们将各自的学科言简意赅地呈现给听众，富于启迪，从而使科学家的演讲经常吸引来众多的人文学科的学生，人文学家的演讲经常吸引来自科学和哲学的学生。[②] 教授知识的广博性与其学术成果的创新性相结合，不但形成了自己的学派，而且也为培养人才注入了强大动力。

---

① [德]弗里德里希·包尔生：《德国大学与大学学习》，张弛等译，张斌贤等校，人民教育出版社2009年版，第103—104页。
② Abraham Flexner, *Universities: American English German*, New York: Oxford University Press, 1930, pp. 318–319.

学院与学生学习。在学院教学中,能够形成学派,无论是从学术成果还是从学术声望上来看,都无疑提升了大学的学术资本。但是,学派也会带来门派偏见、相互隔阂甚至相互敌视的弊端。在 19 世纪德国大学学院教学中,通过制度性措施有效规避了这些不足。譬如,在哲学博士的培养中,语言学家可以自由交换博士生,这也为后来以实验室为基础的现代科学形成交流机制奠定了制度基础。"教授不仅把学生送到柏林这样实力强大且时髦的地方去,也会把学生送到在其选题领域有专长的教授那里去接受指导。有时候,教授还会把他的博士生送到学术对手那里去。在既有竞争又有合作的学术研究竞技场中,教授们利用博士生去刺探某些学者的情况,或者与其他学者建立同盟关系。从一种意义上看,博士生交流就好像是行会熟练工人的交换。但是从另一种意义上说,这也促进了知识交流,并缓和了对立阵营之间的敌意。"[①] 可见,19 世纪德国大学的学生学习,并没有因为学派偏见形成制度性的隔阂,不但可以在本学院、本学校、本学科自由交流和学习,而且还可以跨学院、跨学校、跨学科进行自由交流和学习。

四 基于研究互动的师生教学

(一) 强调研究的师生教学

正如西奥多·梅尔茨所指出的,用一句话来总结德国大学系统的特点,就是大学不但传授知识,而且最重要的是开展研究。这是德国大学系统引以为自豪之所在,也是德国大学获得声望的基础。柏林大学践行了这种理念,并很快成为其他大学效仿的对象。新大学如伯恩和慕尼黑试图与柏林大学竞争,老大学如海德堡也进行机构重组。强调研究的教学催生出来两个孪生概念:学习自由和教学自由,前者强调学生有权选择学习什么和在哪所大学学习的自由;后者强调教授可以不受干涉,自由研究和教学,在其领域内凭借研究发现证明其学术能力。在科学教学中,最为引人注目的是通过实验室进行教学和研究。现代科学实验室并非德国的发明,它早已在法国、英国出现。德国的创新是将实验室研究

[①] [美] 威廉·克拉克:《象牙塔的变迁》,徐震宇译,商务印书馆 2013 年版,第 257—258 页。

融入大学教学过程,培养博士人才。早在19世纪30年代,李比希就在吉森大学创办了化学实验室。这一教学实验室带领青年人系统地学习化学有关的全部知识和概念。吉森大学实验室的做法很快在德国其他大学推广,譬如蒲金耶在布雷斯劳大学创办的生理实验室等。结果,19世纪德国最著名的科学家都是大学成员,譬如数学家高斯,生理学家马勒,物理学家韦伯,以及杜布瓦-雷蒙、赫姆霍尔兹、魏尔啸、科赫(Koch)等。[①]

统览德国大学系统,可以看出教师是自由的,学生是自由的,他们都系统地追求科学的纯粹性,这是大学的基本理念。相比较而言,同时期的法国,其教学是没有自由的;同时期的英国,其教学是没有科学的。而德国,两者兼具。[②] 19世纪德国大学关于科研和教学相统一,规定了大学教师的专业任务,他们的教学将密切地和他们进行的科研相结合,而且直接地建立在他们进行中的科研基础之上。大学教师应该永远专心致志于科研,他们各自科研活动的具体见解和成果,应该直接地成为他们教学的财产。再者,大学教师有义务进行科研,其成果应立即用于教学的目的。[③] 相反,无论是法国,还是英国,非大学研究机构在研究中扮演着重要角色,大学从事科学研究的角色并不明显,通过研究促进教学,更是起步很晚。严格说来,在法国大学,将研究与教学结合起来并形成一个全国性的发展局面,直到1968年才开始施行。

(二)强调互动的师生教学

强调研究的师生教学,直接促使了德国大学师生在教学上的互动。这种教学中的师生互动,主要是基于追求知识的哲学化倾向,基于习明纳的教学组织形式,以及在习明纳教学形式中对师生辩论法的改进。

[①] Willis Rudy, *The Universities of Europe, 1100 - 1914: A History*, Rutherford: Fairleigh Dickinson University Press, Associated University Presses, 1984, pp. 128 - 129.

[②] Matthew Arnold, *Higher Schools and Universities in Germany*, London: Macmillan and Co., 1874, pp. 165 - 166.

[③] [美]伯顿·克拉克:《研究生教育的科学研究基础》,王承绪译,浙江教育出版社2001年版,第3页。

"陈旧的大学教育，无论在何处，都建立在这样一种假设之上：真理是已经确定了的东西，教学只是传播真理，管理当局的职责就是监督教学，以避免教授错误的教义。而新的大学的前提则是：真理是一定会被发现的，教学的任务就是让学生具备发现真理的能力，并指导他们完成这种使命。"[1] 在19世纪的德国大学，习明纳在教学规定中最为强调的，莫过于对方法论技巧的掌握，以及对辩论和写作的实践。事实上，辩论法在中世纪大学早已存在。但是，中世纪大学的辩论是一种口舌之争。它的目的不在于生产新知识，而在于演练已经确立的原理。辩论所生产的——口头争辩——都消耗在前提上。辩论并不积累和传播真理。辩论的目的在于如何为课堂中传授的经典文本提供辩护，一步步地减轻异议人对某一形式或理论瑕疵的异议。因此，论战的结局总是圆满的：击败不合逻辑的或不合正统的异议者。与中世纪大学的辩论法不同，在习明纳里，方法论训练、语法分析实践、文本解读和文本批判都不是抽象的理论，而是来自于对材料本身的研究。以文本解读和诠释为主的练习，非常有助于培养学生的独特个性。因为通过富有戏剧效果的角色扮演与角色交换，每个学生都会像演员一般，从合唱队里走到台前担任领唱，而整个过程中，教师只起指导和最终评审的作用。在哥根廷、基尔、赫尔姆施泰特、莱比锡、哈勒、柏林、伯恩和哥尼斯堡等大学的习明纳教师都要求在通过考试之外，还必须提交书面作品，方可进入习明纳。教师要求学生提交原创作品，终结了中世纪通过辩论进行排名和评估的方式。习明纳的辩论内容不再是选自教师的课堂讲授，而是选自学生自己撰写的论文。通常情况下，学生至少要提前一周完成论文。这样才可以供一两位辩论对手事先研读并准备好驳论。如有可能，论文还会在其他学生间传阅。学生一个接一个地成为众人瞩目的焦点，也有助于培养个人的学术方向和风格。最后，发表一份最终的、或许已经尽善尽美的论文，将其文章确认为原创作品，使其得以进入学术工作的新世界。[2] 正是通过习明纳和辩论的方式，德国大学的学生在教师的指导

---

[1] ［德］弗里德里希·包尔生：《德国大学与大学学习》，张弛等译，张斌贤等校，人民教育出版社2009年版，第48页。

[2] ［美］威廉·克拉克：《象牙塔的变迁》，徐震宇译，商务印书馆2013年版，第92—202页。

下，一步步由一名学习者转变为一名研究者，由一名知识接受者转变为一名知识创新者。

事实上，习明纳和辩论法不仅使学生受益，对于教师同样如此。包尔生认为，在德国人的一生当中，那些在大学里的岁月总是非常重要的，由于教授的影响而决定学生一生思想倾向的情况并不少见。另一方面，对于学者和研究者们自身而言，这样一种关系也是愉快而有益的。与年轻人的密切接触，使他们延长了自己的青春岁月。在课堂上与学生直接而又富于个性的思想沟通，使他们从听者安静但却明显能够察觉到的反应中获得了刺激和活力，而这种反应是那些孤单的作者们永远无法感受到的。不仅如此，听众的存在还使得教师总是专注于那些最本质和最普遍的东西。人们颇有微词的德国思想家的哲学化倾向和普遍化倾向，其实是与这样一个事实相联系的：在德国，人们创造知识的直接目的就是为了口头传授，这是与其他任何一个地方都不相同的。① 在这里，德国大学师生互动的教与学，达到了一种臻善臻美的境地，教学相长在习明纳和辩论法教学中得到了生动体现。通过师生合作的方法，教师将学生引入科学研究，这就是习明纳的真正目的，它们不但是科学研究的苗圃，而且也是人才培养的温床。除了定期举办、公开组织的习明纳之外，在德国大学中还有许多私人性质的学会、协会、读书俱乐部和练习班。为了使学生更加熟练地参加习明纳，教师还为初学者开设了初级习明纳，引导学生步入研究的殿堂，并为他们提供必要的语言及方法的提前训练。与习明纳并存的是大量的研究所、实验室和诊所，在这里主要是分学科地进行自然科学和医学方面的教学。与习明纳一样，研究所同样把教学和研究有机结合在一起。由此可见，19世纪德国大学之所以能够在世界科学发展中处于领导的地位，主要应当归功于习明纳和研究所的发展。② 换言之，习明纳和研究所不但为德国磨砺出诸多声名显赫的学者良师，也为德国培养出众多有着创新精神的后续人才。

---

① ［德］弗里德里希·包尔生：《德国大学与大学学习》，张弛等译，张斌贤等校，人民教育出版社2009年版，第8页。

② 同上书，第211—219页。

第四节　知识应用：大学学术资本的理性拓展

追求纯粹科学是影响 19 世纪德国大学的主流意识形态。Wissenschaft 作为一个德语词汇，原指任何领域的所有系统性研究，尽管有时候直接被翻译成英文"science"，但它所涵盖的知识范围要远远超过 science 的意涵，包括了文学、艺术、宗教等其他领域。Wissenschaft 强调知识是一个动态的发现过程，而非传承下来的东西。19 世纪赴德国留学的部分美国人，将 Wissenschaft 解释是纯粹科学，是指知识探究中不被社会目的所玷污，并反对传承性的文科。[①] 康德在《纯粹理性批判》中，明确区分了纯粹知识和经验知识，他强调尽管我们的一切知识皆自经验始，但是并不能就此推导出一切知识皆自经验发生。在来自后天的经验之经验知识之外，还有一种并非从经验得出，而是从普遍规律得出的"先天的知识"。与仅由经验而可能的经验知识不同，纯粹知识是先天的知识、没有夹杂经验事物的知识，是绝对离开一切经验而独立自存的知识。[②] 从 Wissenschaft 的词义分析以及康德对于纯粹知识与经验知识的区别，不难看出，经验知识是后天的、个别的、有限性的知识，纯粹知识则是先天的、普遍的、规律性的知识。纯粹知识不能被社会实用性的目的所左右，而是以探寻普遍性规律为鹄的。在这种思想指引下，19 世纪德国大学有着天然的对实用性知识的蔑视和排斥。然而，伴随大学内部知识结构的逐步扩张演变，英法两国对于技术教育重视的外部冲击，应用性知识不但冲破大学群体组织的抵制，自成另外一个大学群落，而且在普通大学内部，应用性知识也悄然而生。

一　从古典学到自然科学：大学知识重点的转换

早在 18 世纪时期，古典学的研究在德国大学中占有绝对优势，相对而言自然科学的研究明显不足。从学者发表论文的数量来看，自然科学的贫乏与古典学的富足形成了鲜明对比。这种学术出版形势与相应的

---

① Wissenschaft,（https://en.wikipedia.org, 2018-5-10）.
② ［德］康德：《纯粹理性批判》，蓝公武译，商务印书馆 2009 年版，第 31—32 页。

习明纳和研究机构的发展高度吻合。到 18 世纪 30 年代，由政府预算支持的古典语文学习明纳遍布各地，但是由政府出资支持的自然科学研究机构非常稀少。19 世纪中期，德国大学出现了机构性质的、有财政预算的研究性实验室。19 世纪晚期，这方面的财政支出已经相当可观。在实验室普遍用于自然科学教育之前，教授们经常难以找到合适的论文题目。与习明纳一样，实验室几乎就是一个生产研究课题的机器。在学术性的实验室普及之前，许多论文倾向于理论空谈或以文本为中心，就和古典学一样。直到 19 世纪中后期，自然科学才普遍提高了自己的学术地位。这当然与立足于科学的技术和工业的繁荣有密切关系，技术和工业对诸如物理学这样古怪疑难领域的高端毕业生产生了新的需求。[1] 事实上，在外部环境需求下，19 世纪德国大学一个鲜明的特色是，无论是在语言学、历史学、数学、物理学等哲学领域，还是在法学、医学、自然科学等领域，都出现了前所未有的创新热情，伴随创新成果的不断涌现，随之而来的是学科内部的急剧分化，学科知识不断向外延扩展。这里，从"柏林大学习明纳、研究所、临床机构数量之发展"以及"1910 年柏林大学神学院、法学院、医学院、哲学院的基本情况"便可见一斑。

表 4-2　　柏林大学习明纳、研究所、临床机构数量之发展
（1810—1900）　　　　　　　　单位：个

时间 机构	1810/ 1819	1820/ 1829	1830/ 1839	1840/ 1849	1850/ 1859	1860/ 1869	1870/ 1879	1880/ 1889	1890/ 1899	1900/ 1909
医学研究所	1	1	1	2	4	4	4	6	7	8
医学临床机构	6	7	8	8	10	11	12	14	19	23
自然科学研究所	2	3	4	4	4	6	10	17	18	21
哲学习明纳	1	1	1	1	2	2	3	8	12	16

资料来源：Peter Lundgreen, "Differentiation in German Higher Education", *The Transformation of Higher Learning, 1860-1930: Expansion, Diversification, Social Opening, and Professionalization in England, Germany, Russia, and the United States*, Vol. 13, 1983, pp. 157-173。

---

[1] [美]威廉·克拉克：《象牙塔的变迁》，徐震宇译，商务印书馆 2013 年版，第 256—257 页。

由表 4-2 可以看出，相较于 1810 年初创时期，柏林大学的医学研究所、医学临床机构、自然科学研究所和哲学习明纳在 1900 年均获得了长足发展，其中医学研究所由 1 个发展为 8 个，医学临床机构由 6 个增长到 23 个，自然科学研究所由 2 个增长到 21 个，哲学习明纳由 1 个增长到 16 个。仅从数量的增加来看，以 1870 年为拐点，19 世纪柏林大学后 30 年的发展速度远远超过了前 70 年的发展速度：医学研究所在前 70 年增加了 3 个，后 30 年增加了 4 个；医学临床机构前 70 年增加了 6 个，后 30 年增加了 11 个；自然科学研究所前 70 年增加了 8 个，后 30 年增加了 11 个；哲学习明纳则从前 70 年仅增加 2 个，到后 30 年急剧增加了 13 个。一个研究所或者习明纳的成立，就意味着一个新的学科产生和崛起，这种新崛起的学科也在改变着大学内部学科发展侧重点的整体布局。

表 4-3　　1910 年柏林大学神学院、法学院、医学院、哲学院的基本情况　　　　　　　　　　　　　单位：个/人

神学院		法学院		医学院				哲学院			
				研究所		临床机构		人文		自然	
机构数量	学术人员	机构数量	学术人员	机构数量	学术人员	机构数量	学术人员	机构数量	学术人员	机构数量	学术人员
2	2	2	—	10	72	20	76	14	31	12	90

资料来源：Peter Lundgreen, "Differentiation in German Higher Education", *The Transformation of Higher Learning, 1860–1930: Expansion, Diversification, Social Opening, and Professionalization in England, Germany, Russia, and the United States*, Vol. 13, 1983, p. 163。

由表 4-3，1910 年柏林大学的神学院、法学院、医学院和哲学院的基本情况来看，神学院和法学院经过一个世纪的发展，无论是从组织机构的数量，还是从学术人员的数量来看，其增长幅度微乎其微，甚至可以忽略不计。而医学院和哲学院的组织机构数量和学术人员数量则占了整个柏林大学的绝大部分。尽管在哲学院中，人文的组织机构有 14 个，超过了自然科学的组织机构 12 个，但是从学术人员的数量来看，自然科学为 90 人，人文科学为 31 人，自然科学是人文科学的将近三倍。如

果我们把神学、法学和哲学院中的人文科学类归纳为古典人文学的范畴，把医学、哲学院中的自然科学归纳为自然科学的范畴，[①] 可以看出，古典人文学科共计有组织机构18个，学术人员为33人；自然科学共计有组织机构42个，学术人员为238人。自然科学不但在组织机构上远远超过了古典人文学，而且在学术人员方面也远远超过了古典人文学。德国大学内部的学科发展趋势，从学生人数增长上也可见一斑。在柏林大学，能够便于为将来谋取职业的医学博士获得了压倒性的主流。在1860年后的十年里，有超过80%的博士选择了医学。其次是哲学博士，获得了持续的稳定增长，从1820年的7%提高到1870年的超过14%。法律博士也从1%达到了7%。而神学博士则一直维持在博士总人数的0.5%—2%。在哲学博士中，从事自然科学和数学研究的人数获得持续性增加。1870年以后，有大约1/3的哲学博士选择了自然科学和医学。[②] 德国18世纪时期，大学古典人文学科主流发展的学科布局已经不复存在，取而代之的是更加侧重于相对应用性较强的自然科学。

二 从技术学校到工业大学：技术知识地位的确立

以学徒制为特色的技术教育使英国成为第一次工业革命的策源地，开创了以大机器生产代替手工劳动生产的新时代，并使之很快成为号称"日不落帝国"、称霸世界的大英帝国。与英国学徒制为特色的职业技术教育不同，法国早在路易十四时期在专制政府的资助下，就建立起较为完备的国家技术教育体系，皇家工程学校、皇家军事学校、船舶学校、矿业学校等高等职业学校次第兴办。有感于法国和英国对技术教育的重视，德国开始在各主要城市建立了技术学院。1799年，柏林成立建筑学校。1803年，在布拉格建立了第一所新型技术学院，从而为德国在工程、机械、建筑，以及其他应用科学领域的优秀奠定了基础。[③] 无论是建筑学校，还是新型技术学院，这些本质上都是职业教育的范

[①] 事实上这样分类并不完全精确，因为如果从课程讲授等层面来看，它们之间是略有交叉的。但是从学院及学科的整体属性来看，这样分类也是有其合理之处的。

[②] Charles E. McClelland, *State, Society, and University in Germany, 1700 – 1914*, Cambridge: Cambridge University Press, 1980, p. 196.

[③] Ibid., p. 215.

畴，严格来说并不属于高等教育。换言之，它们独立于大学系统，并低于大学层次。到了 19 世纪中叶，德国技术学校获得突飞猛进的发展，学校数量不断增多，入学人数激增。伴随德国国力日益强盛，工业化进程加快，技术学校与工业界的联系也更加密切，尤其是在冶金、机械工程和化学工业等方面。

有感于技术教育之于国家发展的重大贡献，德国政府对技术院校给予了大力支持，并进一步推动了德国工业的飞速发展。1860—1900 年，德国把原来的国立专门学院或私立专门学院改造组建成 9 所工科大学，分别是 1879—1880 年的亚琛工业大学（Aachen，原为综合技术学校，建于 1865 年）、1879 年的柏林工业大学（原为皇家建筑学会，建于 1799 年）、1877 年的布伦瑞克工业大学（Brunswick，原为卡罗琳学院，建于 1745 年）、1868 年的达姆施塔特工业大学（Darmstadt，原为建筑学校，建于 1812 年）、1890 年的德累斯顿工业大学（Dresden，原为工程学院，建于 1742 年）、1879 年的汉诺威工业大学（Hanover，原为高等商业学校，建于 1831 年）、1865 年的卡尔斯鲁厄工业大学（Karlsruhe，原为建筑学校，建于 1800 年）、1868 年的慕尼黑工业大学（原为综合技术中心学校，建于 1827 年）和 1868 年的斯图加特工业大学（原为文理商联合学校，建于 1829 年）。这些工科大学建立后，适应了德国产业革命的发展要求，为推进德国的工业化进程发挥了重要作用。这些新建工业大学起初并没有获得与传统大学等同的学术地位，但是在政府支持下，1865 年，他们最终获得了大学自治权，并于 1899 年获得了授予博士学位的权利，从而与大学获得同等地位。自此，工业大学的招生也获得了较大增长，从 1871 年到 1903 年，工业大学的学生增长了原来的三倍多，而同期普通大学的学生数仅增长了两倍。[1] 据统计，1896 年，德国普通大学的在校生是 28500 人，工科大学的在校生为 9400 人；到了 1903 年，普通大学的在校生增长到 35000 人，工科大学的在校生 17000 人。[2] 在七年的时间内，德国普通大学的在校生增长了 6500 人，

---

[1] ［瑞士］瓦尔特·吕埃格：《欧洲大学史》（第 3 卷），张斌贤等译，河北大学出版社 2014 年版，第 59—60 页。

[2] Charles E. McClelland, *State, Society, and University in Germany, 1700 – 1914*, Cambridge: Cambridge University Press, 1980, p. 241.

工科大学的在校生增长了 7600 人,工科大学在校生同期比普通大学在校生多增长了 1100 人。

弗莱克斯纳对德国政府将工业专门学院升格为大学的这一重要改革举措给予了精辟概括。在当时,德国政府完全可以在大学内部增设工程学部,与哲学部、神学部、法学部和医学部具有同等地位,从而实现工程专业与其他专业学院的同等地位。但是一旦将工程学部纳入大学内部,哲学部、神学部、法学部和医学部强调"纯粹科学"的学术精神就会受到伤害,同时工程部的技术培训由于受到其他学部的影响也会受到忽视。于是,德国政府选择了另外一条道路,新建或将原来的技术学院改建成为具有大学地位的,亦即"将研究与教学相结合"的工科大学(Technische Hochschulen)。这些工科大学为了证明成功,获得政府以及普通大学的认可和尊重,必须不断提升自己的学术水平。从而形成工科大学与普通大学相互竞争的良性发展态势。为了增加专业竞争优势,工科大学不但增设了化学、物理学以及数学的讲座教授职位,而且还增加了具有人文性质的哲学,甚至是语言学的教席。[1] 竞争是产生活力的一个重要条件,大学和学术发展亦然。同质化的系统是造成组织惰性的一个诱因。19 世纪德国大学的崛起,正是在普通大学和工科大学的相互竞争中螺旋上升发展。一定意义上,普通大学后来不得不在工科大学的竞争压力下,逐步摆脱"纯粹科学"的樊篱,开始关注国计民生的专业发展。

此外,德国工科大学获得快速发展还受益于实验科学的发展。19 世纪中期以后,电力工程师和实验物理学家进行的最尖端的实验研究,深深影响了技术学校的教学,进一步加速了教学内容的复杂化。越来越多的时间被用于教授技术的理论基础,被用于教授学习理论所必备的专业教学技能。技术教学大纲本质变化的一个标志,就是从 19 世纪 80 年代起实验教学所扮演的重要角色。慕尼黑工业大学的卡尔·冯·林德成为欧洲机械工程学教学实验的开拓者,19 世纪 80 年代,德国的工科大学开始广泛采用这种方法,拥有机械工程学、物质测量学和技

---

[1] Abraharn Flexner, *Universities: American English German*, New York: Oxford University Press, 1930, pp. 330 – 331.

术化、电力技术学的实验室，是现代高质量学校的标志。与车间培训不同，实验室教学意味着完成学生的理论准备。教学大纲的升级和实验教学的发展极力说明了需要对高等技术学校的学术地位进行再评价。在德国，技术学校得到了联邦科学技术协会的支持。该协会成立于1865年，它在德国工科大学的发展和相关教育政策的制定方面扮演了重要角色。联邦科学技术协会是促使高等技术学校成为工科大学，并获得普通大学地位的主要推手。工科大学不但获得了博士学位授予权，而且大学校长在政府参政角色上也获得了同样尊重。相对德国大学技术教育的改革而言，法国的高等技术教育革新远远不如德国。尽管同期法国也曾经进行了技术教育的革新，譬如1857年，法国在里尔的农业科学技术协会组织下，成立了机车学校，1826年成立了米卢斯工业协会，但是收效甚微。新成立的学校课程既无法提供正规的资格证书，也没有得到政府的物质支持和地位认可。① 具有讽刺意味的是，作为工业革命的第一个故乡，英国在工程和科学教育方面提供大学教育非常缓慢。在1830年之前，在英格兰没有任何科学专业，也没有提供科学职业教育的任何机构。牛津和剑桥仍然被古典主义路线所控制，绝大部分英国的创造性科学家并没有任何学术训练背景，他们主要接受的是传统的师徒制培养模式。1851年举办的水晶宫博览会和1867年巴黎博览会使英国人感到震惊。在巴黎博览会上，英国仅获得12块奖牌。尽管英国率先开启了工业革命，更加容易获得原材料，但是大陆国家已经在工程的许多方面超过它。英国王子艾伯特从德国访问回国后，对吉森大学李比希的科学教学计划非常感兴趣。皇家学院的课程就是仿照其进行的。同时，霍夫曼被邀请到英国来帮助指导并向英国介绍德国的研究模式。② 经过19世纪工科高等教育的快速发展，德国从原来的技术教育落后国家，迅速赶超英、法。工科大学群落的形成，为德国成为世界高等教育强国做出了重要贡献。

---

① [瑞士] 瓦尔特·吕埃格：《欧洲大学史》（第3卷），张斌贤等译，河北大学出版社2014年版，第652—679页。

② Willis Rudy, *The Universities of Europe, 1100 – 1914: A History*, Rutherford: Fairleigh Dickinson University Press, Associated University Presses, 1984, pp. 130 – 131.

三 从激烈反对到理性认可：大学对应用科学的态度

韦伯在论述德国大学时，反复强调以学术为志业的重要性。所谓以学术为志业，就是学者经由"陶醉感"的热情与专心辛勤的工作结合起来，从而激发灵感获得创见。对于这一点，不但是从事纯粹理论研究者所必需的，而且，对于实验室、工业甚至商业领域的研究和实践者来说，同样是必需的。实验室的学问绝对不是仅通过冷冰冰的计算而获得的，如果没有正确无误的想法，如果不能对知觉的意义加以判定、评估及贯彻发展，一个人可能孜孜不倦地努力工作，但却永远没有自己的创见。"如果有人以为数学家只要坐在书桌前，把弄米尺、计算器等，就能得到具有学术价值的成果，这是很幼稚的想法。"[①] 事实上，没有任何东西能够阻碍理论与实践这两种形式的相互接近：工科大学在不断扩大科学工作当中所占份额的同时，也在越来越多地实现通识文化的理想；另一方面，大学（至少是部分大学）正在努力将学科的技术纳入自己的活动范围，尤其是考虑到对普通学校教师和工科大学教师的培养问题。此外，只要同一个地方同时有一所普通大学和一所工科大学，那么所有的学生都能够随意地享受到双方所拥有的特权，而双方的教师也会有频繁的交流。[②] 尽管普通大学及教授极力抵制大学直接服务于工商业发展，但是在德国政府的直接干预下，应用科学的研究所先后在许多大学兴起。在工科大学的竞争压力下，普通大学不得不调整工程学和纯粹科学的关系，应用性的电子技术学、数学、化学和物理学得以进入大学。新的农学研究所也将科学和农业有机结合。最终，德国商业家资助普通大学，并在大学内开设了经济学的习明纳。[③] 从19世纪德国大学和工科大学的发展来看，尽管大学强烈反对工科大学的升格，但由于政府的强势介入，工科大学最终取得了普通大学所具有的权力。一旦工科大

---

① ［德］马克斯·韦伯：《韦伯论大学》，孙传钊译，江苏人民出版社2006年版，第94—95页。
② ［德］弗里德里希·包尔生：《德国大学与大学学习》，张弛等译，张斌贤等校，人民教育出版社2009年版，第113—114页。
③ Charles E. McClelland, *State, Society, and University in Germany, 1700–1914*, Cambridge: Cambridge University Press, 1980, p. 284.

学与普通大学的地位开始平等，双方便开始了微妙的"学术漂移"，亦即工科大学为了证明自己的实力和水准，在确保自身特色的情况下，努力向理论性靠拢；大学在工科大学的竞争压力以及国家政治经济需求的推动下，开始调整纯粹科学与应用科学的关系，以便使自己适应具有实践性的应用科学的冲击。与德国政府早在1899年授予工科大学可以自行选举院长和校长，可以自行授予"大学授课资格"，可以自行授予博士学位所不同，在法国，直到1968年才由埃德加·富尔的《方向法》授予大学法律、管理、财政和教育的自治权；直到1984年，由教育部管理的其他高等教育机构才被《萨瓦里法》授权颁发学术学位。[1] 德法两国尽管都是自上而下、由政府为主导的大学管理模式，但是法国对大学组织及其他高等教育机构的牵制和约束，与德国赋予大学及工科大学的自由和自治形成了鲜明对比。大学校与大学（包括大革命时期，传统大学组织被取缔后形成的文、理、法、神、医等学院）长期不能够在一个同等的条件下进行竞争，无疑造成对理论性知识的忽视，以及理论知识与实践性知识的相互脱节，这不能不说是造成法国高等教育落后于德国高等教育的一个重要原因。

　　佐证19世纪德国大学对于理论与实践研究的理性认识，以及大学对于应用科学的发展态度，无疑耶拿大学的物理学家恩斯特·卡尔·阿贝与卡尔·蔡斯股份公司（Carl Zeiss AG）之间的故事是一个经典案例。阿贝曾就读于耶拿大学和哥廷根大学，1861年凭借一篇关于热力学的研究论文获得了哥廷根大学的博士学位，1863年获得耶拿大学教职，1870年被任命为耶拿大学物理学和数学教授。期间，1866年曾就光学问题与蔡斯公司的创办人卡尔·蔡斯多次讨论，并成为该公司光学研究所的研究总监。1868年，他为显微镜发明了高度消色的透镜系统，这一重要突破消除了显微镜下的颜色失真问题。1873年，阿贝发表的光学镜头设计的成像关系，被称为阿贝正弦条件，亦即阿贝正弦律成像原理，该原理成为以激光为实验条件的光学变换的基本理论之一。[2] 作

---

[1] ［瑞士］瓦尔特·吕埃格：《欧洲大学史》（第3卷），张斌贤等译，河北大学出版社2014年版，第125—126页。

[2] Ernst Abbe（http://www-history.mcs.st-andrews.ac.uk，2018-5-9）.

为大学物理学和数学教授的阿贝,通过与企业合作,不但实现了理论上的升华,而且也实现了技术上的突破。尽管后来阿贝在蔡斯去世后,接替蔡斯在公司中的位置,并因此为公司赢得了经济利益,但是在阿贝的亲自主持并起草规章下,成立了卡尔·蔡斯基金会,将大部分资金交给耶拿大学,并由教育部代为保管。阿贝不但在理论知识和实践知识之间达致了一个微妙的平衡,使理论知识与实践知识相互促进、共同发展,而且在实践科学创造了经济价值之时,并没有被经济利益所吞噬或者淹没。这种对待应用科学的理性态度,在当下大学发展中无疑也具有非常重要的启示意义。

德国大学对于纯粹知识的重视,直接影响了美国研究型大学的创办及崛起,同时德国对于应用科学的重视,也深深地影响了美国赠地学院的产生。19世纪留学德国的美国人,看到农业、采矿业和工程学院等在国民建设中的重要作用,回国后他们促使了农工学院理念在美国的迅速传播。美国内战后,政府根据农业及工业发展的需要,及时提出了向教育机构赠予公共土地的资助方略,1862年《莫里尔法案》(Morrill Act)的颁布,使众多赠地学院迅速创办并扩张。这为20世纪美国成为世界高等教育强国奠定了坚实的理念和组织基础。20世纪30年代,弗莱克斯纳曾对德国大学关于纯粹知识和应用知识的态度高度认可,并抨击了当时美国部分大学过度热衷于低层次的应用知识、成人教育和大学推广教育的做法,老牌的哥伦比亚大学和新崛起的芝加哥大学也不例外。他高度认可德国哲学家、心理学家爱德华·斯普朗格关于大学教授应当如何看待应用性知识的看法,亦即,现代大学的教授不能无视现代生活的社会环境需求,但是如果对于这种想法过于宽泛,如果假期和闲暇时间都在致力于讲授大众课程,那么大学作为一个学术组织将面临险境。大学教师必须努力向上、追求卓越,同时还要避免商业利益带来的诱惑。如果被商业利益所牵制,他将会很快丢掉自己的科学价值观,去追逐商业的或者社会的价值。[①] 斯普朗格的告诫,不但适用于大学教授对于纯粹知识和应用知识的理解,同时也适用于应用知识和商业价值之

[①] Abraharn Flexner, *Universities: American English German*, New York: Oxford University Press, 1930, p. 339.

间关系的判断。

第五节　声望感召：大学学术资本的积累动力

马克斯·韦伯在论述以政治为业的演说中提到，以政治为业有两种方式。一是"为"政治而生存，一是"靠"政治而生存。并提到，这种对照并不意味着它们是相互排斥的。人们通常是两者兼而为之，至少他有这样的想法，在实践中他也肯定会两者兼而为之。[1] 按照韦伯的思路，我们也可以将以学术为业划分为两种方式，即一是"为"学术而生存，一是"靠"学术而生存。就19世纪的德国大学而言，无论是从国家层面还是从大学层面，无论是从教师层面还是从学生层面，"为"学术而生存的思想理念和生活实践，较之于"靠"学术而生存的思想理念和生活实践，更为重要而凸显。即使是在"靠"学术而生存的思想理念指导下，也需要具备"为"学术而生存的能力和声望，才能够赢得"靠"学术而生存的多样资本。关于学术能力的论述，我们已经在前面，亦即19世纪德国大学的知识创新、知识传授和知识应用中做了较为充分的论述。除了学术能力之外，学术声望同样是影响学术资本的重要因素。一定程度上，学术声望是学术能力的翅膀，拥有广泛学术声望的学术能力才能够飞得更高，飞得更远。当然，学术能力无疑是学术声望的躯体，离开学术能力的支撑，学术声望只能是飘浮在空中的羽毛，不但会摇摆下落而且会随风消匿。反观19世纪德国大学，声望学术资本不但获得了国家、政府乃至民众的认可和支持，而且也获得了大学、教师和学生的强烈认同。

一　大学外部尊重学术声望

大学是以学术为业的组织，教师和学生是大学内部从事学术职业的个体，他们学术声望的确立有赖于外部世界对知识和能力的充分尊重，有赖于政府和社会对学术声望的甄别和评价。

---

[1] ［德］马克斯·韦伯：《学术与政治：韦伯的两篇演说》，冯克利译，生活·读书·新知三联书店2005年版，第63页。

德国学者包尔生认为，在19世纪的德国，学习为全民所高度重视，这是其他任何国家所无法企及的，而且这完全要归因于有这样一个令人愉快的环境：在这里，科学的伟人都曾经为我们的青年一代面对面地讲过课，而大学自身也有充分的理由期待在他们之后能够人才辈出。这些伟人们具有超凡的力量，其秘密在于他们能够聚拢和维持这个国家的前沿精神。而且只要他们能够做到这一点，也就能够稳固他们在德国人民当中业已赢得的崇高地位。① 在包尔生看来，具有卓越学术能力的教师不但被赋予了"科学伟人"的称号，而且还被赋予了在凝聚国家精神方面"具有超凡力量"的群体，前者侧重于科研方面的学术声望，后者强调教学方面的学术声望。为了充分尊重大学教授的劳动，德国在欧洲率先赋予了大学教授以公务员的身份，这无疑为大学教师的学术声望增添了一层制度化的色彩。如果按照马克斯·韦伯所创造的、耳熟能详的三大政治权威类型来分析德国大学教师的声望基础，亦即以家族长制和世袭君主制为代表的"传统型"，以个人领袖气质为代表的"卡里斯玛型"和以"国家官吏"为代表的"法理型"，不难看出，在包尔生的笔下，"科学伟人"具有"传统型"的声望特色，"超凡力量"具有"卡里斯玛型"的声望特色，大学教授的公务员身份则具有"法理型"的声望特色。换句话说，德国大学教授的声望特色凝聚了韦伯所总结的三大权威类型。

事实上，早在18世纪中后期，在德国大学中，能力和学识取代了传统的学术资本观念，亦即著作发表这一重要的现代学术资本取代了学者的藏书和仪器。在中世纪大学时期，拥有羊皮卷制成的藏书，一定程度上也就拥有了相应的学术资本。伴随印刷术的出现，书籍已经不再像中世纪那样难以获取，而德国大学率先打破了依靠有形的藏书和仪器来衡量教授学术资本多寡的惯例。政府聘任教授主要是看重申请人所发表的著作，或者更确切地说，是这些著作所产生的学术声望。通过著作的学术声望来评判申请人的学术声望，使学术成果与教授聘任产生了直接关联。更为重要的是，教授在获得政府认可赢得大学讲座教席以后，仍

---

① ［德］弗里德里希·包尔生：《德国大学与大学学习》，张弛等译，张斌贤等校，人民教育出版社2009年版，第9页。

然不能够止步不前，他们还需要以符合时代精神和潮流的方式继续他们的学术创造，不但要发表学术论文，出版学术专著，而且还要出版教科书甚至是编辑期刊。威廉·克拉克认为，教科书和期刊使德国大学教授成为全欧洲学术界的裁判者。在德国大学中，政府非常看重学者的"掌声"，获得"掌声"就是获得名声。一个人获得掌声部分取决于课程讲授的规模和成功，取决于学生们的手掌所造就的赞誉。德国政府想要的就是课堂上挤满学生。以"教学时伴随掌声"而闻名的学者具有获得认可的学术声望。学者获得掌声还来自于校外，并最终超越了课堂上的"掌声"。政府官员将加入精英学术会社以及科学学会的邀请视为来自校外的赞誉。其他学校发来的任职邀请更是最有力的声音。获得校外赞誉最普遍的方式是出版物。1749年以后，普鲁士就对教师晋升提出了出版要求。要成为一名讲师，至少要两篇论文；要成为编外教授还需要另外三篇辩论论文或出版物。最后，根据规定，编外教授要成为正教授，还要再有三份出版物。另外，还需要同行的推荐信。[①] 总结19世纪德国政府对大学教授学术声誉的考量办法，可以看出，就科学研究的声望而言，主要看教师发表的学术成果，以及这些成果在同行中的认可度；就培养人才的声望而言，主要看教师授课时能够吸引学生听课的多寡以及获得的"掌声"；就社会影响的声望而言，主要看教师能否加入精英学术会社、科学学会的邀请亦即其他学校的任职邀请。政府的这些考量措施，为无形的学术声望赋予了可以操作的具体手段。

19世纪德国政府和民众对于学术声望的推崇和尊重，恰恰印证了一个传承在德意志民族中的基本信条，亦即，"人的生命以至财产会随时间一起流逝，但是事业的荣耀、功绩却会永远留存"。[②] 所谓事业的荣耀，事实上就是指人的声望。从该信条可以看出，对于声望的重视不仅融入大学学人的日常生活中，而且也融入整个德意志民族的血液中。在这里无形的声望资本，已经远远超出了有形的人力乃至经济资本。

---

① ［美］威廉·克拉克：《象牙塔的变迁》，徐震宇译，商务印书馆2013年版，第289—310页。

② 杜美：《德国文化史》，扬智文化事业股份有限公司1997年版，第38页。

二 大学群体追求学术声望

无论是从培养人才来看还是从发展科学来说，大学学术声望的创建和发扬都需要一批批学术声望卓著的教师来完成。从大学的外部范围来看，德国政府和民众赋予德国大学教授学术声望的充分尊重和褒奖，这无疑刺激和激励了大学教师群体不断追求卓越，成为大学教授追求学术声望的强大动力。与同时期的德国大学相比较，法国大学经过大革命之后的洗礼，传统大学已经被完全破坏，大学被割裂成几个不相关联的学院组织，所承担的人才培养和发展科学职能远远不能与德国大学相比拟。在法国高等教育系统的顶端，是一些重视技术培养、以精英教育著称的大学校组织，由于入学人数较少且大都为贵族阶层，他们在19世纪所产生的学术影响也无法与德国大学相抗衡。昔日中世纪巴黎大学的学术辉煌已成为过往云烟。与法国高等教育机构过度强调技术的重要性所不同，在19世纪以牛津剑桥为代表的英国大学，沉醉在绅士教育之中。从政府到民间，对牛津剑桥的贵族化、宗教化教育都表现出强烈不满。在无法撼动牛津剑桥模式的情况下，英国政府和民众不得不另起炉灶，在其之外建立新的大学组织，一场新大学运动以伦敦大学创办为开端，以城市学院发展起来的"红砖大学"为鼎盛，几乎蔓延于整个19世纪中期。

就大学组织自身而言，19世纪的德国大学被誉为知识的主体，是学者从事研究和教学的乐园。当时德国著名的学者，都热衷于到大学参加工作，而不是像法国那样热衷于去研究院或科学院从事研究，或者像英国那样学者们游离在大学之外从事研究。包尔生对德国、法国和英国的大学对于杰出学者的吸引力进行了精彩的对比与描述。他认为，德国以及深受德国影响的邻国（如奥地利、瑞士、荷兰等）所沿用的模式，介于英国式大学和法国式大学之间，与法式大学相比，德国式大学保留了更多的大学原初性的特征，与英国大学相比，德国大学更多地回应了现代社会的需求。换言之，相对于法国大学而言，19世纪德国大学保留了传统大学的精华，相对于英国大学而言，19世纪德国大学展现出现代大学的基本特征。德国大学不但承担着传统大学培养人才的职能，而且也创造性地承担着发展科学的职能，这是无数杰出德国学者献身于大学事业的重要因素。德国所有的大学教授都是研究者和学者，所有的研究者和学者都是大学里的教师。的确，有一些很优秀的学者并非是大学教授，比如像威廉·冯·洪堡和亚历山大·冯·洪堡，而且在德国文科中学的教师中，也能找到不少学术上相当出色的人的名字。同样无疑的是，在教授当中不仅有从不做任何重要学术工作的人，而且还有唯一志愿就是做个好教师的人。但所有这些都是例外的个案。教授即是学者，这是一条原则。在德国，无论何时，只要一提到某位学者，就会立刻接着问下面一个问题：他是哪所大学的？如果他还没有在大学里成为讲座教授的话，人们就会自然地推断：他自己一定觉得被轻慢了。反之，无论何时谈到某位教授的时候，问题就会自然地随之而来：他都写过些什么？他为人类知识做出过什么样的贡献？德国的思想家和研究者不仅著书立说，而且还是开课授业的教师。在 19 世纪德国大学史上，杰出的学者往往与大学密切相连，从康德到费希特、谢林、黑格尔和施莱尔马赫，从哲学家海涅、赫尔曼和勃克到历史学家兰克、魏茨，从自然科学家、数学家高斯、李比希、赫尔姆霍茨、基尔霍夫、魏尔斯特拉斯，到声名远扬的诗人乌兰德、吕克特、毕尔格、席勒、盖勒特和哈勒都是大学教授。相反，当时英国许多杰出的学者，如达尔文、斯宾塞、格罗特、穆勒父子、卡莱尔、麦考莱、吉本、边沁、李嘉图、休谟、洛克、舍夫茨别利、霍布斯以及培根，都与大学毫无关系。即便是英国的教授，也并不是学生们的讲授者。的确，他们开设科学讲座，但真正的讲授却往往是由其学者和助教来进行的。在法国，与此相似，科学研究者、伟大的学者都属于研究院，属于法兰西研究院，这些人也许同时也是法兰西学院或者索邦学院的一员，这样他们就可以开设公共讲座，任何人都可以来听课。但是，与德国的大学教授不同，他们并不是与学生们朝夕相处的教师。另外，法国大学中各个学院的成员，尤其是在省里的大学教师，也不是独立的科学研究者。① 大学依靠名师而产生学术声望，名师依靠大学来扩大学术声望，是自中世纪"母大学"（意大利的博洛尼亚大学和法国的巴黎大学）以来就形成的基本规律。19 世纪德

---

① ［德］弗里德里希·包尔生：《德国大学与大学学习》，张弛等译，张斌贤等校，人民教育出版社 2009 年版，第 4—6 页。

国大学对于名师的追求，又达到了一个新的境界。

　　名师声望的形成，主要来自于学术成果的创新以及教学对学生的吸引力。在 19 世纪初期的德国大学中，没有学术成果的教师已经不再被政府聘任时所关注。1802 年哥尼斯堡大学的讲座教授孟道夫去世后，在没有薪水的情况下执教 33 年的傅罗秀曾经是哥尼斯堡政府关注的一个重要候选人。但是，当考察了傅罗秀没有与任何教席有关的著作之后，波茨坦和哥尼斯堡政府都共同做了一个决定：傅罗秀不行。尽管有着学院和大学的强烈推荐（将其列为候选人名单的第一位），尽管博罗秀本人不断上书柏林，尽管哥尼斯堡大学的监督员试图为其争取，哥尼斯堡政府最终还是选择了其他人选。伴随大学对学术卓越的不断追求，当大批符合聘任条件的教师开始出现，而学术蛋糕增长有限的情况下，教师学术水平的高低就成为是否能够被聘任的一个重要尺度。当哈勒大学发现，政府任命的教职蒲克尔的著作和出版物被学院贬低的一无是处的时候，又重新要求蒲克尔撰写一篇执教资格论文。蒲克尔的论文提交给学院后，被认为质量极为低劣，每页都有语法错误。即使蒲克尔是被政府任命的，即使他的后台至少是一位伯爵，但一切都是无用的，可怜的蒲克尔不得不辞去哈勒大学的教职。在政府和学院的双重规制下，教师想通过自我推销和耍手段的方法来获得加薪或者其他益处也是徒劳的。哈勒大学的季尔博在物理学教授葛兰去世后，试图取得葛兰《物理学年鉴》编辑的职位，但是在政府流程的审查下最终没有能够实现，柏林一方面认为他太年轻，希望更有名望的人担当此任，另一方面需要一位医学博士接手该职位，因为该职位实际上是属于医学研究的领域。不委曲求全、不降格以求，是 19 世纪德国政府和大学对于讲座教授的一个基本要求。当讲座教授费希特于 1814 年去世后，柏林大学的哲学教席空缺了许多年，他们认为，该讲座教席需要一个有着巨大声誉的人来担任，他必须将自己完全奉献给这门学科，并独自承担起学科成功的重任。直到 1818 年，该职位才由著名的哲学家黑格尔来担任。[①] 德国政府和大学对于讲座教授的学术能力和学术声望的追求，由此可见一斑。

---

① ［美］威廉·克拉克：《象牙塔的变迁》，徐震宇译，商务印书馆 2013 年版，第 327—330 页。

事实上，学术工作是一个永远无止境的艰难攀升过程，每一次的"完满"，就意味着新"问题的诞生"。学术工作者不但要在研究和教学中持续超越他者，而且还要不断地自我否定和超越。马克斯·韦伯认为，以学术为志业的人，在这种无止境的探索过程中，只有保持"为学术而学术"的人生态度，而不是图求看见别人因为利用学术而获得商业或技术上的成功，或是人们借此吃得更好，穿得更好，心志更开朗，统治管理更成功，才有可能将学术工作不断坚持下去。[①] 19 世纪德国大学的教师正是在"为学术而学术"的精神感召下，不断推陈出新，不断赢得声望。

三 学生群体影响学术声望

无论是大学的学术声望，还是教师的学术声望，学生的口口相传无疑是非常重要的一个表现途径。因此，大学内部学生组成的身份多样性，无疑是衡量大学学术声望的一个重要标准。相对英国大学，19 世纪德国大学的学生组成已经打破了仅有贵族才能够有权利、有能力接受高等教育的藩篱。在 19 世纪的牛津和剑桥，强制性的住宿导师制、高额的学费征收，以及必须是国教徒的限定，都使两所传统大学的学生组成较为单一。即使是在伦敦大学、红砖大学的影响下，牛津和剑桥的这些限定修正也极为缓慢，两所学校直到 1870 年才正式取消入学中的宗教限制。相对 19 世纪的法国大学校，德国大学因其重视科学研究而拥有远比法国高等教育机构更为卓著的学术声望。相对英法高等教育机构，德国大学内的教师和学生具有更为充分的学术自由，亦即教师教的自由、研究的自由和学生学习的自由。19 世纪德国大学师生的关系不再是传统的权威关系，不再是中世纪巴黎大学以同乡会为纽带、依附式的地缘关系，不再是中世纪学生型大学那种单纯建立在知识购买基础上的交换关系，而是基于师生之间非命令式、自由的合作关系。师生之间为了促进知识的发展进行互动，教师并非为学生而存在，师生之间都以科学和学术为目标，以获得学术成果和学术声望为鹄的。19 世纪，德意志在

---

① [德] 马克斯·韦伯：《韦伯论大学》，孙传钊译，江苏人民出版社 2006 年版，第 101—102 页。

研究和科学领域的伟大成就享誉海外。许多留学生来到德国完成学业，这些毕业生崇敬他们所发现的学术自由，并试图将这些有益的成果带回法国、美国、俄国、英国等。奥地利、比利时、尼德兰和瑞士的科学共同体具有相似性，并与北欧诸国有着密切的联系。这使得原有的科学联络得以保持，甚至得到加强。德语是最重要的学术语言之一，主流的科学杂志也都用德语出版发行，否则就会被视为严重的问题，甚至是难以接受的现象。① 德国大学的学生入学也重新回到中世纪大学的国际性，就如同中世纪时期，欧洲各国学生纷纷来到意大利大学和法国大学学习，19世纪时期，欧洲其他国家的学生，法国、英国、意大利等，以及欧洲之外的美国、日本、中国等其他国家的学生来到德国大学读书。

阿什比在《19世纪大学的理想》一文中说：德国的大学成为西方世界的骄傲。例如，在德国吉森的李比希的实验室，有来自整个欧洲的学生一起工作。每个学生得自己设法到吉森。李比希和他的学生从拂晓到深夜都可以在实验室找到。② 一定意义上，19世纪德国大学就是一种穿越国境的"无形大学"。它构建于教授和学生的流动基础之上，并且战胜了个别民族国家中大学政策内的政治与机制障碍。对教授来说，有会议或国际学术组织进行学术交流，它是建立在所有对学术知识感兴趣的各民族开放合作的基础之上的，它跨越了所有地理和制度的限制，预示着教学的自由是不受任何课程限制的。学生何处求学的选择取决于自由竞争和各门课程的创新和文化之间学术的紧密联系，以及学术专业的吸引力。③ 在19世纪上半期，美国到德国大学留学的人数不多，1825—1850年，在德国学习的美国人仅55人，19世纪50年代超过了100人，60年代增长了至少三倍，70年代又增长了三倍，超过千人。19世纪80年代虽然有少量增加，基本维持在一千人的规模，到了90年代则超过2000人，达到历史最高点，仅柏林大学就注册了345人，海德堡大学

---

① ［瑞士］瓦尔特·吕埃格：《欧洲大学史》（第3卷），张斌贤等译，河北大学出版社2014年版，第689—690页。
② ［美］伯顿·克拉克：《研究生教育的科学研究基础》，王承绪译，浙江教育出版社2001年版，第10页。
③ ［瑞士］瓦尔特·吕埃格：《欧洲大学史》（第3卷），张斌贤等译，河北大学出版社2014年版，第76页。

注册了253人，哈勒大学的美国人也达到了近百人。在数以万计的美国赴德国留学的学生中，有大量的并非为获得文凭，而是学习考察。他们从德国大学中不但获得了知识学习的惯例，而且学术独立也深深植入美国学者的内心，这是美国从德国大学中学到的最为宝贵的财富。这种独立性实质上就意味着学术自由。此外，美国人还从德国大学中学到了知识获取的方法，亦即获得知识的完整性。在美国人看来，尽管德国大学的学生是基于一个专业方向的专门领域的学习者，但是这种专家的培养是建立在广阔的知识基础之上的。数以万计的美国人，深深领会到教师持续将学术创新融入教学的重要性。在德国，一个教授无论怀有何种学术夙愿，也会认为其课程不能吸引学生是一种羞辱，为此他必须不断调整自己的授课，剔除谬误，融入新的研究发现。[①] 这些美国学者学成回国后，仿照德国大学模式对本土大学进行了改造，从而开启了世界高等教育史上又一次巨大变革。

从世界地理位置的分布不难看出，美国人选择留学地首先应当是英国和法国。"五月花号"不但使英美之间有着天然的民族连带关系，而且从北美大陆到欧洲大陆首先到达的国家应当是英国和法国，而不是德国。但是在19世纪的百年之中，美国学生为什么没有去法国和英国留学，而是选择了德国。查尔斯·富兰克林·特文认为，美国人之所以没有去法国留学，尽管原因是多方面的，但首要的原因是，法国的学者对于美国学生而言，远没有德国学者有声望。对于同时期的英国大学来说，由于在某种程度上存在着对高级研究的忽视，因此也无法与德国大学的学术声望相抗衡。从教学方面来看，即使是英国大学内部人员也有不少抱怨。譬如，牛津大学贝利奥尔学院教师周易特认为："牛津当前的教学对学生来说糟糕透顶，教师仅仅向学生照本宣科。教师们想创作，但是没有原创性；教师们想成为学者，却缺乏勤奋；教师们想成为绅士，却缺乏礼貌。"应当说，当时的牛津和剑桥还是不乏著名学者的。卡文迪什实验室是当时世界上最好的研究机构，牛津在学术和文学上也是多产的，尤其是在词汇学领域，绝对是遥遥领先。但是，这些状况和

[①] Thwing Charles Franklin, *The American and the German University: One Hundred Years of History*, New York: Macmillan Company, 1928, pp. 42–55.

成就是个人性的，而非学院性、集体性和制度性的。[1] 19 世纪德国大学的学术声望，吸引了世界各地的学生前来求学。1841 年赴德国留学的学生达到 4658 人，1851 年为 5646 人，1861 年为 4795 人，1871 年为 8673 人，1880 年达到了 9776 人。[2] 到了 20 世纪初，德国大学留学生人数已经占德国大学总人数的 9%。其中来自美国的学生队伍尤其庞大，这主要得益于爱德华·埃弗里特和乔治·蒂奇纳于 1815 年访问了哥廷根大学回国后所做的宣传。最后，主要沿着德国路线，美国建起了研究生院制度。迫于德国大学取得的巨大成功，法国和英国大学也不得不对他们自己的高等教育路线进行实质性重组。19 世纪 60 年代，在德国大学留学的英国人成立了一个学术研究组织协会，其中一位成员是马克·帕蒂森，他是牛津大学林肯学院院长，在 19 世纪 60 年代出版了两份引起广泛讨论的文章，呼吁按照德国路线进行大学改革。他强调大学应当更加强调研究，更多培育科学态度，他批评当时英国大学仅仅是充满考试的、中学教育的简单延长。在政府的推动下，牛津和剑桥进行了学术革新，1877 年的《牛津剑桥大学法》(The Oxford and Cambridge University Act) 强调和拓展了自然科学，赋予了学生更多的学习自由，有权参加其他学院的课程讲授，大学成员不用再保持独身，设立无关于教学或管理的新的研究职位等。[3] 正是 19 世纪德国大学的崇高学术声望，不但开创了现代大学的第二种职能——科学研究，而且也深深地影响了世界范围内的大学发展。除了美国、英国、法国之外，日本、希腊、荷兰、比利时、俄罗斯、丹麦、挪威和瑞典等国家的高等教育发展，都可以找到德国大学影响的痕迹。

第六节 结语

德国大学在 19 世纪创造了世界高等教育史上长达百年的辉煌历程，

---

[1] Thwing Charles Franklin, *The American and the German University: One Hundred Years of History*, New York: Macmillan Company, 1928, pp. 69–73.

[2] Johannes Conrad, *The German Universities for the Last Fifty Years*, Glasgow: David Bryce & Son, 1885, p. 48.

[3] Willis Rudy, *The Universities of Europe, 1100–1914: A History*, Rutherford: Fairleigh Dickinson University Press, Associated University Presses, 1984, pp. 130–133.

大学的迅速崛起不但使德国成为世界高等教育的中心，而且也为德意志国家和民族的崛起奠定了坚实的知识、智力和人才基础。自中世纪以降，伴随民族国家的迅速形成，大学在逐步走出"教权—王权—学权"三权分立的自治环境下，不断走进民族国家的控制与裹挟。民族国家治理下的大学，其外部环境和内部因素纷繁多样，19世纪的德国、法国、英国大学也分别走向了不同的发展道路。在比较和分析这些大学发展中利弊得失的同时，总结德国大学崛起的基本规律，无疑对于当下中国大学之发展，乃至世界高等教育的发展，具有非常重要的启迪意义和参考价值。尽管大学之间的竞争是多方面的，大学能够具有与他者竞争的资本亦是多样性的，但是，通过学术资本的视角，研究和分析以学术为业的大学间的竞争因素，却又是最为核心、最为关键的，因为大学之间的竞争，归根结底是学术之间的竞争，学术资本的多寡决定着大学在竞争中的序列。反思19世纪德国大学走过的学术资本积累历程，至少有以下几点仍然对于当下高等教育发展具有重要的指导意义。

一 政府支持是大学学术资本生成的外部保障

相对于工厂、企业、公司等营利性组织，大学是以知识为业的公益组织。如果说在中世纪时期，行会性质的大学由于规模较小，既无图书馆也无实验室，无须花费巨额资金，因此大学和教师通过收取学费尚可维持生存的话，到了19世纪，伴随大学规模的不断扩大，习明纳、研究所、图书馆和实验室等组织和设施的不断增加，如果没有国家和政府的支持，大学的健康发展是很难维持的。在英、法、美等国家尚未大幅度介入高等教育资助的情况下，19世纪的德国政府就率先实施了向高等教育注入大量资金的措施。1807年普法战争中，普鲁士的失败以及割地赔款，让国王更加认识到，要用智慧的力量来弥补国家在经济上的损失。[①] 不但将亨利王子的豪华宫殿作为柏林大学的校舍，同时为大学拨付巨额的建设经费。在国王的直接支持下，柏林大学1810年开学时就汇集了一批硕学鸿儒，很快聚集起了自身雄厚的学术资本。教授纳入

---

① Daniel Fallon, *The German University: A Heroic Ideal in Conflict with the Modern World*, Colorado: Colorado Associated University Press, 1980, p. 9.

国家公职人员管理，由政府提供薪水，不但能够使他们的生活得到保障，而且也避免了校外兼职现象，使之能够安心于教学和科研。更为值得关注的是，19世纪的德国政府并没有因为对大学拨付巨额经费，而将其视作自己掌控、可以随意介入的附属机构。相反，无论从大学的内部运营，还是从大学的外部管理来看，政府都赋予了大学组织充分的自由和自治。这与同样是政府管理体制下的法国大学相比，形成了鲜明对照。

二 学术自由是大学学术资本生成的源头活水

知识传承与创新是学术价值体现的一个重要方面，无论是从传承的角度来看，还是从创新的角度来说，自由都是最为关键的因素。学术自由是从中世纪大学产生之日起，就与之相伴而生的一个基本理念。中世纪以降，伴随民族国家的兴起，19世纪的英、法、德大学中的学术自由分别走向了不同的道路。以牛津、剑桥为代表的英国大学继续秉承中世纪大学以来的宗教保守传统，尽管对政府而言，牛津剑桥几乎是学术上的"飞地"，但是由于宗教特色使他们并无在学术上有整体的较大进展。相对英国政府对大学的放任，19世纪法国政府对大学过于牵制，从摧毁到创立，从课程到教学，从入学到就业，事无巨细皆有政府插手，学术自由更是无从谈起。相比较而言，19世纪德国大学的学术自由有效地做到了自由与责任的完美结合。无论是教师教的自由、学生学的自由，还是科学研究的自由，德国政府都给予了较为合理的制度设计。当教师教的自由受到外部权力挑战时，他们可以从一个邦国的大学游走到另外一个邦国的大学；当学生学的自由受到大学或教师权威挑战时，他们可以从一所大学自由转移到另外一所大学。只要拥有足够的学术能力，就有相应程度的学术自由，这是19世纪德国大学以学术为业的生动体现。

三 教授治校是大学学术资本生成的组织保障

从本质上来说，教授治校是教师学术自由的自然延伸，也是教师学术自由的一个具体体现。教授治校主要是针对校内官僚治校和校外官僚治校而言的。教授治校之于官僚治校的合理之处在于，学术是一项专门的、特殊的事业，应当交由行家来管理，这就是所谓的"上帝的归上帝，恺撒的归恺撒"。19世纪德国大学的实际情况是，一旦讲座教授获得聘任就成为该习明纳或研究所的负责人。无论是校内的大学校长还是校外的政府人员，对于教授以及所在机构的发展均无权干涉。也正是在这种制度运行下，在整个19世纪柏林大学的校长尽管每年一换，大学仍然能够保持健康平稳地发展。但是，19世纪德国大学的教授治校并不代表教授权力的无限扩张，讲座教授的聘任并不完全掌握在教授手中，编外讲师制度使青年人可以就教学能力向讲座教授发起挑战，异地寻找教职的制度有效避免了讲座教授学术"小帮派"的形成。

四　教研结合是大学学术资本提升的基本途径

培养人才是自中世纪以来大学就具有的基本职能，19世纪德国大学则开创了大学的第二种重要职能——发展科学。严格说来，在现代社会中，只有具备科学研究之上的培养人才，才能够真正有资格称之为大学。与以中小学为主体的基础教育所不同，以大学为主体的高等教育不能够仅仅是知识的传授，教师不能仅仅是教书匠，学生也不能仅仅是接受者，无论是对于研究型大学还是教学型大学，都概莫如此。教学和研究相结合，通过研究促进教学，是19世纪德国大学为后世大学所保留下来的一份宝贵的精神遗产。没有研究的教学，无疑又回归到中世纪大学时期的照本宣科；缺少创新的教师，很难能够培养出具有创新意识的学生；缺少反思的学生，很难成长为国家和民族未来的精英；没有研究的大学，也只能称之为培训学校或者技术学校；等等。同样，没有教学的研究，仅仅是专门研究机构的事情，既缺乏学生与教师之间思想上的碰撞，也很难存在多学科人员之间的交流，这样的人员只能称为研究员，这样的机构不能称为大学。

五　学术声望是大学学术资本积累的根本动力

康德在《实践理性批判》的结论中开篇提到："有两样东西，人们越是经常持久地对之凝神思索，它们就越是使内心充满常新而日增的惊奇和敬畏：我头上的星空和我心中的道德律。"① 星空代表着外部感官世界的无限，同时也对应着作为动物性被造物人的生命力的短暂，既是"生也有涯，而知也无涯"的日知日新，也是"以有涯随无涯，殆已"的现实无奈；道德律则是理智者的价值不断提升的重要凭借，它不依赖于感性世界而存在，并能够使合目的的理性不断走向无限。康德之后，追求"纯粹知识"一直成为德国大学学者信守的重要信条，即使是合乎应用性的工科大学创办及运行，也是在理性范围内的适度拓展。换言之，工科大学在脚踏实地的同时，也没有忘记仰望星空。这样的学术发展才有别于低层次的技术培训，才有别于沉陷于世俗的蝇营狗苟，才能够走向长远并不断达致无限。用当下流行的话来说，这个世界不只有眼前的苟且，还有诗与远方。尽管是一句心灵鸡汤，但也是对当下物欲横流的现实批判。学术声望的形成因素复杂多样，但是不断探索星空，不断将知识推陈出新，时刻坚守着心中的道德自律，无疑是学术声望形成的重要条件，这也是 19 世纪德国大学能够创造出诸多的辉煌，能够吸引世界范围的学子负笈求学的重要动因。

---

① ［德］康德：《实践理性批判》，邓晓芒译，杨祖陶校，人民出版社 2003 年版，第 220 页。

第五章　从俾斯麦到希特勒：学术资本视角下德国大学之滑落

在国内学术界，谈及德国大学，大都聚焦于19世纪德国大学的崛起，学术自由、教授治校、通过研究促进教学、教学与科研相统一、哲学博士、讲座教授制、编外讲师制等制度措施至今仍为学界津津乐道，然而鲜有论及德国大学是如何从辉煌走向衰落的，即使是有论及德国大学从辉煌走向衰落的研究成果，也往往将历史的拐点定位于第一次世界大战爆发的1914年或者是希特勒上台后至二战结束这段时间。这样的分析有其合理之处，毕竟战争期间，大量学生弃学从军，教授生活颠沛流离，城市遭受炮火摧毁，大学遭遇战争打击。大学的经济资本、文化资本、社会资本乃至学术资本均遭遇重创。但是，德国大学在世界大学中的衰落并不能全部归咎于战争。事实上，两次世界大战，之所以称之为世界大战，就意味着参加战争的国家具有世界范围的普遍性。正是因为参战，才使得美国政府认识到大学的重要性，政府一改往日不介入大学的做法，资助大学科学研究，从而推动了芝加哥大学、MIT、斯坦福大学等著名研究型大学的崛起；战争即将结束之际，美国国会颁布了《退伍军人权力法案》(*Servicemen's Readjustment Act of 1944*)，给予参战士兵优惠政策，使他们能够重返大学校园。从德国大学自身发展的历史来看，正是在1806年耶拿战役失败的废墟上，崛起了以柏林大学为代表的19世纪德国大学群落。因此，解读德国大学从辉煌走向衰落，战争尽管是一个重要的视角，但并非是一个最为重要的视角。

从学术资本的视角来看，如果把德国大学的辉煌界定在从1810年柏林大学成立到1914年第一次世界大战爆发的百年时间，那么德国大学的滑落起点恰恰是在"铁血宰相"俾斯麦执政之后，尤其是在1870

年至 1871 年普法战争胜利、德意志帝国崛起之时。德国学者塞巴斯蒂安·哈夫纳认为："俾斯麦的最高胜利已经暗藏着失败的根源，德意志国的覆亡已随着建国而萌芽。"① 就德国高等教育而言，伴随德意志帝国的崛起，经过半个世纪的发展，俾斯麦执政时期也同样是德国大学发展的顶峰。所谓"日中则昃，月满则亏"，恰恰是在德国高等教育发展的巅峰时期，也暗藏着德国大学走向滑落的根源。如果把德国大学的百年辉煌历程比喻成一个向下开口的抛物线，那么俾斯麦时期就可以看作抛物线的顶点，1810 年柏林大学的创办和第一次世界大战则可以被视作抛物线的两端，待到希特勒执政时期，德国大学则继续滑入深渊。大学是从事高深学问的机构，学术强则大学强，学术弱则大学衰，因此从学术资本的视角来分析德国大学的滑落历程，无论是对于解读德国大学滑落的原因，还是对于探索高等教育发展的规律，都具有非常重要的理论意义和现实价值。为分析德国大学半个多世纪的滑落历程，我们把从俾斯麦时代到希特勒时代大致划分为三个阶段，亦即俾斯麦时代、"一战"前后和希特勒时代。需要特别指出的是，因为比较的需要，每一个时代并不完全拘泥于一个特定的时间点，在集中论述一个时代的同时，也会涉及其他相近时代的事实或数据。

第一节 巅峰下的危机：俾斯麦时代德国大学的学术

1870 年至 1871 年俾斯麦建立德意志帝国可以看作是 19 世纪德国内政外交上的一个分水岭。神圣罗马帝国时期，德国人所居住的欧洲中央地带一直是由众多（最多时可达上千个邦国）大小不等的松散联邦所组成，即使是在德意志帝国统一之前，仍然还存在多达 39 个独立的邦国，它们彼此之间各自为政，货币、度量衡皆自行其法。帝国建立后，普鲁士一家独大，1871 年通过的德意志帝国宪法规定，帝国是君主立宪制的联邦制国家，帝国元首是皇帝，由普鲁士国王担任，帝国宰相由

---

① ［德］塞巴斯蒂安·哈夫纳：《从俾斯麦到希特勒》，周全译，译林出版社 2016 年版，第 33 页。

普鲁士首相担任，只对皇帝负责。依靠"铁与血"建立起来的德意志帝国，一开始就具备了中央集权性质的君主主义，贵族地主性质的容克主义，以及对外侵略扩张的军国主义的特征。19世纪70年代先后颁布的统一货币法、统一关税法、统一度量衡法等，使德意志帝国由原来一个松散的邦联国家，转变为一个紧密结合、高度统一的强权国家。

19世纪70年代德意志帝国的巨大政治变局，为德国大学学术资本的生成和发展带来了严峻挑战和困境。集君主主义、容克主义和军国主义于一体的德意志帝国不断加强对内部大学的官僚化控制，使往日德国大学群体学术自由、大学自治的土壤渐趋贫瘠；国家一元管理体制下的大学组织具有高度的同质性，缺乏公平竞争的环境，以研究所和习明纳为主体的大学内部组织越来越不利于学科的不断分化，不利于学科的交叉融合，强调"纯粹科学"研究的一意孤行，使德国大学渐渐失去了应用科学的领地；讲座教授日渐成为掌控大学内部组织资源、享受政府薪水的学术寡头，编外讲师制因缺少生活保障以及职位升迁的渺茫而渐趋瓦解，教师队伍双轨制的构成，对德国大学的人才培养和科学研究造成强大冲击。受容克主义的影响，大学越来越排斥穷人，不断增长的在校人数、不断延长的学习时限，更使德国大学学生面临着诸多的入学、就读的困境。

一　国家官僚学术管理的弊端

（一）大学自治与学术自由不断萎缩

长期以来，学术自由与大学自治（教授治校）一直被认为是19世纪德国大学崛起的重要动因。19世纪初，在耶拿战役失败，国家割地赔款的境遇下，德意志民族意识不断提升，国家政治和学术精英深深认识到大学发展之于民族强盛的重要性。以普鲁士国王和威廉·冯·洪堡为代表的政治精英，以及以费希特、施莱尔马赫等为代表的文化精英，对大学发展的理念达到高度统一。因此，即使是在邦政府一元资助的体制下，以柏林大学为代表的大学群落仍然能够异军突起，不断发展壮大。但是，正如约瑟夫·本－戴维所说，在德国，智力探索的兴旺发达如同温室里的花朵。主要得到了统治阶级中的一小部分人的支持。大学的地位和特权是军事贵族的统治阶级恩赐的，而不是一项自由事业发展的结果。因此，这是一种建立在统治者的诺言基础之上的不稳定的地位，国家的统治者把大学和它的人员看作是训练专业人才的工具。然而，统治者允许大学按自己的方式进行教育，也允许它们利用自己的地位追求纯学术和科学。因此大学不得不永远处于守势，免得统治者猜疑它们有颠覆作用，从而使大学失去能保证它们自由的高贵地位。① 一旦国家的政治经济形势发生变化，政府当权者对于大学发展的态度有所改变，那么，大学的发展环境就会随之而变。19 世纪 70 年代初，伴随德意志帝国的成立，以俾斯麦为代表的铁血管理政策，自然延伸到高等教育的管理之中，德国大学的外部管理以及内部管理都受到不同程度的冲击。

尽管在 19 世纪前半叶，德国大学教授任命的权力归由邦政府教育主管部门负责，但是从整体情况来看，大学尤其是学院的教授委员会拥有较大自主权。邦政府教育主管一般情况下是尊重学院推荐的教授人选的。及至弗里德里希·西奥多·阿尔索夫时代，亦即 1897—1907 年阿尔索夫担任普鲁士教育主管期间，大学教授的聘任几乎完全掌握在政府手中，大学学院的意见也几乎不被采纳。阿尔索夫个人通常事无巨细地介入大学管理。尽管他也召集著名教授咨询相关问题，但是对于这些代表性学者的建议和意见，他个人可以随意处置，从而使学者们感到渺小和无力。阿尔索夫通常在教授任命中，强迫一些教授签订秘密协议。这种被马克斯·韦伯称之为"颠倒"的做法，被认为严重违反了学术自由。譬如，在柏林大学著名军事历史学家汉斯·德尔贝克的案例中，阿尔索夫试图迫使他改变德尔贝克所主编的《普罗斯维奇·贾布鲁塞尔》的编辑政策，并以升任全职教授为条件。事实上，阿尔索夫的专横风格和对教授的羞辱并不鲜见。普鲁士以及其他各邦政府的官员在教授面前也持有同样态度。一方面是利用恐吓的手段制约教授，另一方面也采用授予教授更高学衔（Excellenz，卓越）来使他们屈从。② 正是这种"胡萝卜加大棒"的政策，使德国政府将教授的学术自由不断挤压，并进而

---

① [以色列] 约瑟夫·本-戴维：《科学家在社会中的角色》，沈力译，四川人民出版社 1989 年版，第 198 页。
② Charles E. McClelland, *State, Society, and University in Germany, 1700 – 1914*, Cambridge: Cambridge University Press, 1980, p. 296.

使德国大学的组织自治空间不断缩小。

马克斯·韦伯认为,教师的学术自由,因为国家的权力被赶出了大学,其标志就是祸从口出和文字狱。尽管在德国历史上,克里斯汀·沃尔夫曾被驱逐出境;晚年的康德也因为宗教观点导致"笔祸"事件;"三月革命"之前,哥廷根大学的七位教授也曾因为发表与邦政府不同的言论,而被迫流亡他乡,但是,他们依然具有教授的资格、可以成为编外讲师,同时成为这个学者"共和国"的一员。产业革命后,科学研究的专门化、大规模化和群体化成为发展趋势,必然在知识社会内部产生官僚管理体制。正教授与非正教授之间,成了领导与被领导的支配关系,正教授成了国家权力机构中权力执行者之一。于是,对学术自由的侵害不仅来自原先的大学外部的国家权力机构,而且在学者内部也出现了压抑不同思想的组织结构。[1]在德意志帝国成立之前,如果一位教师在授课或者公众演讲中,抑或是在学术成果发表中,冒犯了邦政府的权威,那么教师可以到其他各邦的大学谋生,对于杰出教授而言这种学术上的自由更是具有极大便利,但是德意志帝国成立后,统一的政治管理、统一的财务制度,使那些冒犯邦政府言论的教师,在德国境内变得无处可逃。这种集权式管理也为后期的纳粹政府将大量著名教授解雇甚至驱逐出境,并进而使德国大学的学术资本遭遇重创埋下了祸根。在韦伯看来,政府的官僚管理体制不仅是侵害了大学的外部自由,而且直接影响了大学内部的学术自由。讲座教授的运行体制,使正教授掌握了大学内部组织的人事、财务、管理等各项权力,并进而使正教授成为其他教师的实质性领导,一种学术霸权的氛围在德国大学内部不断形成和凝聚。

19世纪后半期,德国对于大学学术自由的侵害不仅表现在教授聘任、言论自由和出版自由等方面,而且还表现在教师薪酬制度的变革方面。在19世纪末期,一个普遍的趋势是对于教授双重薪酬制度的限制甚至瓦解。1896年奥地利教育部不顾大学的强烈反对,废除了"课酬

---

[1] [德]马克斯·韦伯:《韦伯论大学》,孙传钊译,江苏人民出版社2006年版,第141—142页。

薪金制度"。普鲁士政府也对教授的课酬薪金作了严格限制,一方面引入根据教师服务年限定期增长工资的制度;另一方面对超出3000马克（柏林为4500马克）的课酬,一半收入归政府所有,以此作为政府增加教师工资支出的部分补偿。最终,双重薪酬制度只能苟延残喘、名存实亡。包尔生认为,双重薪酬制度的消亡,既是政府加强大学管理的表现,同时也为大学带来了不可消除的负面影响。自此以后,教授完全依靠政府工资生活,教师的官员特征更加明显,教师通过教学吸引学生的动力不在,学生自由选择课程的空间被逐步压缩。[1] 教授完全依靠政府工资生活,使教授不得不在以后的学术生涯中唯政府马首是瞻,及至纳粹时期,大量教授为纳粹政策鼓与呼,也就不难理解;教授完全依靠工作年限来获得工资增长,无形中养成了教授学术创新的惰性;课酬薪金的限制乃至瓦解,打击了教授多劳多得的积极性,不但使大学内部开设的课程减少,而且也无形中降低了教授将精力用于教学,并进而降低了教授吸引更多学生选课的动力。

（二）大学扩招与经费缩减相伴而行

在19世纪前半叶（1819—1866）,德国政府和德国大学之间大多相安无事,大学能够保有充分的自治和学术自由。在当时,政府成功地阻止了大学规模的扩张,这样就不必承担不断增长的经费投入,也不必为大学毕业生找不到工作,以至于形成大量的学术无产阶级而担忧,同时也避免了在大学内部形成政治激进主义思潮。德国大学的学生（非奥地利籍）从18世纪末期的6000人,增加到19世纪60年代末期的12000人。[2] 在1864年,普鲁士大学有6362个学生和600名教授。这并不是说,普鲁士人上大学就这些人。因为他们还可以到德国其他大学学习,譬如海德堡、哥廷根、莱比锡、耶拿。在普鲁士大约2800名居民中有一名大学生。在整个德国地区,平均2600人中有一名大学生被录取。[3]

---

[1] [德]弗里德里希·包尔生:《德国大学与大学学习》,张弛等译,张斌贤等校,人民教育出版社2009年版,第94页。

[2] Charles E. McClelland, *State, Society, and University in Germany, 1700–1914*, Cambridge: Cambridge University Press, 1980, pp. 163–165.

[3] Arnold M., *Schools and Universities on the Continent*, London: Macmillan and Co., 1868, p. 223.

应当说在前精英教育的时代，以国家支付为主的高等教育财政运行体制尚且可以有效运行。及至1870年之后，德国高等教育无论是从总的注册人数来说，还是从某一所大学而言，都迎来了规模上的急剧扩张，如表5-1、表5-2、表5-3所示：

表5-1　　　　　　德国大学入学注册学生数统计　　　　单位：人，%

年份	入学注册学生数	与1831—1841年比例	每10万居民中学生数
1830—1831	15751	129	52.5
1831—1841	12247	100	38.9
1841—1851	11790	96	34.1
1851—1861	12149	99	33.1
1861—1871	13420	109	33.7
1871—1881	17832	144	40.8
1882—1883	24187	198	52.5

资料来源：Johannes Conrad, *The German Universities for the Last Fifty Years*, Glasgow：David Bryce & Son, 1885, p.17。

从表5-1来看，德国大学入学注册的人数在1871年成为发展的拐点，1871年之前的40年时间里，德国大学入学注册的人数与1830—1831年相比，不但没有增加反而有不同程度的缩减。如果按照10年一个单位进行比较，1861—1871年的入学注册学生数为13420人，1831—1841年的入学注册学生数为12247人，40年的时间里，入学注册学生数增幅仅为9%，从每10万居民中的学生数来看，不但没有增加，反而有所下降。但是从1871年开始，德国大学入学注册的学生数迅速攀升，在12年的时间里，达到24187人，不但相对1831—1841年翻了一番，而且每10万居民中的学生数也有了半个世纪以来的明显增加。

事实上，自1830年至1884年，德国大学的数量并没有增加。因此，后10多年增加的学生数完全由现有的大学所承担。换句话说，与美国大学入学注册人数增加，同时高校数量不断增加所不同，德国大学是在大学基数不变的情况下，完成了规模的扩张。从表5-2可以看出，

表 5-2 德国各大学入学注册学生数统计

单位：人

年份 学校	1831—1836	1836—1841	1841—1846	1846—1851	1851—1856	1856—1861	1861—1866	1866—1871	1871—1876	1876—1881	1883—1884
柏林大学 Berlin	1820	1762	1715	1461	1599	1593	1972	2218	1948	3102	4867
布雷斯劳大学 Breslau	902	661	707	766	822	831	957	927	1037	1279	1479
哈勒大学 Halle	810	655	712	671	639	710	765	833	966	1017	1544
格莱夫斯瓦尔德大学 Greifswald	206	196	218	190	214	273	345	420	508	538	725
柯尼斯堡大学 Königsberg	421	391	347	323	358	390	445	469	606	723	909
波恩大学 Bonn	795	647	632	806	807	813	896	866	766	944	1037
明斯特大学 Münster	261	213	238	234	348	473	524	453	409	289	280
哥廷根大学 Göttingen	865	774	670	676	684	687	721	772	1007	1002	1064
马尔堡大学 Marburg	331	273	263	265	245	254	264	232	401	510	720
基尔大学 Kiel	275	244	206	151	141	149	194	172	175	262	252
慕尼黑大学 Munich	1556	1302	1329	1095	1700	1292	1245	1216	1142	1582	2466
维尔茨堡大学 Würzburg	445	440	472	582	743	648	625	613	890	930	1167
埃朗根大学 Erlangen	278	297	316	396	475	522	474	509	404	452	730
图宾根大学 Tübingen	805	745	889	832	764	697	777	755	802	1076	1217
海德堡大学 Heidelberg	661	570	727	661	684	584	712	632	651	643	732
弗莱堡大学 Freiburg	474	343	235	291	281	313	303	277	280	426	615
莱比锡大学 Leipzig	1145	1002	917	970	845	854	991	1433	2066	3044	3433
耶拿大学 Jena	500	433	421	402	396	427	481	381	423	491	566
吉森大学 Giessen	355	367	484	476	382	356	373	294	315	350	497
罗斯托克大学 Rostock	95	95	88	87	95	121	144	152	141	176	233
斯特拉斯堡大学 Strassburg	—	—	—	—	—	—	—	—	687	713	844

资料来源：Johannes Conrad, *The German Universities for the Last Fifty Years*, Glasgow：David Bryce & Son, 1885, p. 28。

每所大学人数增加的幅度与表 5-1 所呈现的基本一致。与 19 世纪 60 年代后半期相比，1883—1884 年的柏林大学、慕尼黑大学、弗赖堡大学和莱比锡大学的入学注册人数均翻了一番。

尽管从 1866 年之后，德国各邦对大学拨款的数额不断增加，但是从相对数量上来说却是不断减少。譬如普鲁士大学，其经费预算占"文化"预算的 15%，但是在 1910 年，仅占 6.4%；在萨克森，大学和技术学校一起占了教育总预算的 25%，但是在 1910 年仅占 13%；在巴伐利亚各大学，同样也是如此，尽管降低的幅度略小。[1] 事实上，对于整个教育投资来说，19 世纪后半期的德国政府远远不如前半期重视。正如教育部部长阿尔索夫所说："当我走进财政部长约翰尼斯·冯·米克尔的办公室时，我要随身带一把枪，否则我不能从他那里获得大学需求的任何经费。"[2] 政府资助大学单一化的官僚管理体制弊端，由此可见一斑。这与同时期的美国大学资助系统形成了鲜明对比。在 19 世纪后半期的美国大学，自 1862 年的《莫里尔法案》之后，不但州政府给予大学巨额拨款，催生了诸如威斯康星大学等众多州立大学，而且长期形成的私人捐赠大学的传统，也产生了诸如芝加哥大学、约翰·霍布金斯大学等众多私立的研究型大学。这些新生大学与传统的哈佛大学、耶鲁大学、普林斯顿大学等一起，共同提升了美国高等教育的学术地位，进而逐渐代替了德国大学在世界高等教育体系中的领军地位。

二 大学学术组织发展的缺陷

（一）大学组织的高度同质化不利于学术竞争

19 世纪初，德国大学在传统中世纪大学的组织制度基础上，既进行了传承同时又进行了创新。譬如，德国将中世纪大学时期的文、法、神、医四类学院，创造性地改造为哲学院、法学院、神学院和医学院，由原来的神学为统摄的学科发展，改变为以哲学为统摄的学科发展。新

---

[1] Charles E. McClelland, *State, Society, and University in Germany, 1700-1914*, Cambridge: Cambridge University Press, 1980, p.308.

[2] Ibid., p.298.

建柏林大学将博士学位创造性地改造为哲学博士,强调"纯粹知识"的传承与创新。这些组织制度很快为德国其他大学所沿用。如果说19世纪初期的德国大学改革为德国高等教育逐渐走向世界高等教育之巅奠定了组织基础的话,那么到了19世纪的中后期,与美国大学相比明显表现出滞后性。

就大学组织而言,德国各大学具有高度的同质性,哲学院、法学院、神学院、医学院四个传统的学院几乎没有发生大的变化。1863年,图宾根大学在医学教授、生理学家雨果·冯·梅尔的倡议下,将自然科学学院从哲学院中分离出来,但是从德国大学的整体范围来看,图宾根大学的做法并未形成主流。从实践层面来看,不管其他领域的教授如何嫉妒和敌意,自然科学的教学和研究在大学最终得以确立,尤其是在普法战争后,对军事和工业中科学价值的认可,自然科学的实验室和科学讲座更加普遍;从理念层面来看,梅尔只是代表了一些较为极端团体的观点,反对之声、更加温和的群体则较为广泛。譬如当时著名的科学家赫尔姆霍茨、保罗(Paul du Bois-Reymond)和埃米尔·杜布瓦-雷蒙德兄弟、霍夫曼和迈耶(Lothar Meyer),这些人反对将自然科学从哲学院中分离出来,因为他们认为一旦允许不同知识持续分离,将会导致大学整体的分离,从而使大学演变为狭窄的专业和技术学院。① 正是这些反对声音不断强化,才使得德国一直到第二次世界大战结束,绝大部分大学仍然保持着四个学院的建制。这种学科设置高度同质性的弊端是显而易见的,它不利于大学根据自身特点以及社会需求等开设新的学科领域,不利于德国各大学之间产生有效的自由竞争,从而产生更加卓越的重点大学。

与德国大学不同,此时大洋彼岸的美国大学,已经形成了百花齐放、百舸争流式的大学群落。既有以哈佛大学为代表的建国之前就存在的私立大学,也有以"威斯康星思想"为代表的众多州立大学;既有以培养学士、硕士、博士为一体的研究型大学群体,也有以培养副学士为主体的二年制社区学院群体。美国大学在继承中世纪大学文、法、

---

① Lilge, F., *The Abuse of Learning: The Failure of the German University*, New York: The Macamillan Company, 1949, pp. 65 – 66.

神、医四类学院的基础上，不但保留了文学院的基础学院地位，将法学院、神学院、医学院仍然设置为高级学院，还创造性地将文学院（Arts）改造为文理学院（College of Arts and Sciences）或者本科学院（Undergraduate College），此外根据社会发展需要设立了农学院（College of Agricultural）、商学院（School of Business）、教育学院（School of Education）、管理学院（School of Management）和社会工作学院（School of Social Work）等众多学科各异、类型不同的新型学院。在一所大学里，农学院可能是其发展的特色学院，在另一所大学里，商学院则可能成为发展的龙头学院。正是不同学科间的错位发展，使美国大学都各具特色，形成了在大学竞争中的各自优势。

（二）研究所和习明纳不适应工业化发展需求

19世纪下半叶，世界范围的工业革命浪潮得到持续不断地向纵深发展，电气化时代逐渐代替传统的蒸汽时代。自1870年左右，工业革命的一个显著特点是科学技术开始对工业发展产生重要影响，大量的生产技术在高端智力人才的推动下不断得到改善和应用。美国联邦政府通过《莫里尔法案》，在全国范围内开展了一场轰轰烈烈的"赠地运动"，不断催生了众多新型大学，而且还拓展了大学的第三种职能——服务社会。向来以传统而著称的英国，面对第二次工业革命浪潮，也相继在原来的城市学院基础上，譬如曼彻斯特（Manchester，1851年）、南安普敦（Southampton，1862年）、利兹（Leeds，1874年）、伯明翰（Birmingham，1880年）、利物浦（Liverpool，1881年），批准成立了新的"红砖大学"，分别为曼彻斯特大学（1880年）、伯明翰大学（1900年）、利物浦大学（1903年）、利兹大学（1904年）、谢菲尔德大学（Sheffield，1905年）和布里斯托大学（Bristol，1909年）。这些"红砖大学"分别在采矿、酿造、冶金、玻璃技术、纺织等新兴工业领域，无论是从人才培养、科学研究，还是从服务社会来说，都发挥着重要影响。

相对而言，德国大学对工业革命变革以及社会发展的需求反应迟缓。其中一个重要的原因是，研究所和习明纳的培养模式已经不能适应工业化社会发展的需求。大量的实用化需求目标，与研究所和习明纳的研究和教学方式并不匹配。德国大学长时间对工业现实发展的排斥，并没有损害德国工业的进展，因为政府和工业已经将他们的需求转向其他的组织机构，譬如新建工业大学等。19 世纪 70 年代，工业和技术学院的联合发展迅速，然而这样的联合在大学与企业之间是非常罕见的。在大学中仍然普遍流行的，是洪堡主义者"纯粹科学"的研究理想：尽管科学与社会福祉相关，但这种福祉是间接达至的。为了发展应用科学，工业组织不得不在大学之外寻求帮助。

1887 年，德国工业参与创建了国家物理技术局，同时对西门子、蔡斯、奥托肖特等给予大力支持。从而开启了德国在大学和技术学院之外，发展应用科学研究的新道路。另外一个在大学之外发展科学研究的，是在 19 世纪末至一战之前的威廉皇帝学会。该组织的研究范围更加宽广，与国家物理技术局不同，它主要不是受益于政府资助，而是通过私人途径，主要是从德国工业家手中筹集资金。德国政府，尤其是普鲁士当局为威廉皇帝学会提供多元的资助渠道，从而使其实现了工业和政府高水平的联合，加强了科学研究、企业资本家和政府之间新的合作模式。与之相反，大多数大学的研究所不能够承担工业需求，也没有教授愿意放弃他们的研究独立性而服务于应用性研究带来的价值。[①] 德国大学不能适应工业化需求，为其发展带来了诸多不利。首先，它弱化了大学在科学研究中的优势地位，将应用研究拱手让给其他组织；其次，它损害了德国大学的生存空间，无论是政府、企业还是个人，都将应用研究的经费注入了其他学术机构，德国大学对政府资金的依赖性变得更加强烈，也就意味着自身学术自由和大学自治的空间不断缩小；最后，大学及其教授对应用科学的态度由无视到蔑视，最终必然会影响到学生对现实世界的看法，从而对大学所造成的影响不仅局限于科学研究，而且也对人才培养产生着持续性的负面影响。

（三）内部组织的壁垒不利于人文与科学融合

研究所和习明纳作为德国大学的基本学术组织单位，有一个不可避免的缺憾是很难有效达到在人才培养中的人文与科学的相互融合。对于

---

① Charles E. McClelland, *State, Society, and University in Germany, 1700 – 1914*, Cambridge: Cambridge University Press, 1980, pp. 287 – 306.

19世纪早期的人文主义者和理想主义者而言，大学教育意味着个人独立获得判断能力，不断拓宽知识领域，自觉平衡各种兴趣，在责任行动中增强自我与他者相互联系的意识。这些普遍的价值，有着不同的形式、不同的侧重点，是自柏拉图和亚里士多德以来就强调的教育内容。这些教育内容也被早期的新人文主义者洪堡所反复强调。而这些传统，伴随科学家对大学理念的理解，已经走向尽头。为应对这种局面，德国也曾进行过努力。譬如，在1889年德国科学家和医生协会年会上，一位医学教授建议，协会应当推进所有德国大学建立科学史讲座。建议者相信，该学科知识可以对大学学习的日益狭窄和专业化改善带来显著效果，如果这个建议得以施行，能够解决科学和人文的冲突。科学史可以与更为广泛的学科相连，譬如宗教、宇宙学以及哲学。从而学生可以理解到，科学思想来源于人类的想象和判断，科学发展依赖于此。然而不幸的是，这些思想并未形成主流，赫尔姆霍茨关于科学教学和大学学习的思想在19甚至20世纪都有代表性。正如当时的主流观点一样，赫尔姆霍茨并不认为人文的思想和价值对于个人成功如此重要，所以在教育中所应占的份额也就显得不是多么重要。他宁可认为，这些东西都是自然禀赋，或者是理所当然的事情。[①] 与此相应的是，在整个19世纪后半期德国大学的研究所和习明纳不断发生裂变，从而使这些学科领域变得愈加狭窄，这其中柏林大学的习明纳、研究所和临床机构的发展无疑最具有代表性。

如表5-3所示，相对1870—1879年的柏林大学内部组织机构，在1900—1909年，无论是医学研究所、医学临床机构和自然科学研究所，还是哲学习明纳，其数量最低均在原来的基数上翻了一番。为了证明这些研究所或习明纳的研究教学范围越来越狭窄，我们这里仅以医学研究所的发展为例：截至1900年，柏林大学共建有8个医学研究所，分别为：解剖学研究所、药物学研究所、生理学研究所、病理学研究所、解剖生物学研究所、卫生学研究所、显微抗药射线研究所和神经生物学研究所。

[①] Lilge, F., *The Abuse of Learning: The Failure of the German University*, New York: The Macamillan Company, 1949, pp. 74-76.

表5-3　柏林大学习明纳、研究所、临床机构之发展（1810—1900）单位：个

年份 机构	1810/ 1819	1820/ 1829	1830/ 1839	1840/ 1849	1850/ 1859	1860/ 1869	1870/ 1879	1880/ 1889	1890/ 1899	1900/ 1909
医学研究所	1	1	1	2	4	4	4	6	7	8
医学临床机构	6	7	8	8	10	11	12	14	19	23
自然科学研究所	2	3	4	4	4	6	10	17	18	21
哲学习明纳	1	1	1	1	2	2	3	8	12	16

资料来源：Peter Lundgreen, "Differentiation in German Higher Education", *The Transformation of Higher Learning*, 1860 – 1930: *Expansion*, *Diversification*, *Social Opening*, *and Professionalization in England*, *Germany*, *Russia*, *and the United States*, Vol. 13, 1983, pp. 157 – 173。

事实上，伴随自然科学在德国大学内部的不断分化，赫尔姆霍茨在1862年，埃米尔·杜布瓦-雷蒙德在1877年，A. W. 霍夫曼在1880年，分别发表学术演讲，反复强调大学是能够平衡学生心智兴趣的唯一机构。他们警告，不断专门化的训练将综合思考的想象力剥夺殆尽。如果科学脱离开人文教育，科学的研究和教学自身必然遭遇创伤。缺失道德和精神训练，不利于学科交叉发展，不利于学生从更广阔的范围学习知识。但遗憾的是，据考证，这些人只是提出了问题所在，从来没有将这些问题付诸实践。赫尔姆霍茨自己不断强调，伴随科学知识的不断增加，科学家个人的研究兴趣和工作急剧狭窄，他警告他的同事要定期进行交流，这样他们才可能将各自最新的进展相互沟通融合。他认为，科学在实验室的分化，已经使他们面临相互陌生的威胁，努力保持自己特殊领域的贡献于一体，是非常必要的。[①] 相对19世纪德国大学科学与人文的分离，此时以哈佛为代表的美国精英型院校，已经明确提出了通识教育，并且在查理斯·威廉·艾略特的推动下不断走向实践。

三　教师队伍双轨结构的冲突

19世纪后半叶，德国的编外讲师制度已经岌岌可危。对于不拿工资的编外讲师而言，他们几乎从政府得不到任何经济保障。正如马克斯

[①] Lilge, F., *The Abuse of Learning*: *The Failure of the German University*, New York: The Macamillan Company, 1949, pp. 70 – 75.

·韦伯在比较了美国初级教授相对丰厚的报酬后,德国高等教育系统在美国面前已经没有了任何优越性。编外讲师不得不为获得职位攀升而投入更多研究。然而,讲座教授却有着来自政府的保障性收入、充足的讲课费、完善的研究设备、助手以及更加自由的研究空间。如果说在19世纪早期,德国大学学术人员秉持自我依赖、自我更新换代的理念,那么到了1900年,则形成了双轨制(dual system):讲座教授已经不再依赖个人研究和外部工作而补充他们微薄的大学收入,政府已经使他们可以"脱离科学而生活"。编外讲师需要通过自身努力去赚取资源,洪堡所秉持的"为科学而生活"的理念实现了,但具有讽刺意义的是,这更多是对编外讲师而言的,对于讲座教授则不然。[①] 讲座教授可以"脱离科学而生活",与编外讲师必须"为科学而生活"的两条生活轨迹形成了鲜明对比。换句话说,讲座教授因为有政府的稳定收入保障,以及掌握的研究所或习明纳资源,完全可以不必献身于科学,而成为科学研究中的"大老板";编外讲师因为没有政府任何资助,只能依靠学费生活,而且为了谋取有限的讲座教授职位,又不得不产出更多、更具有竞争性和创新性的学术成果,而成为科学研究中的"打工仔"。

德国大学教师的双轨结构是在19世纪缓慢形成的。在1810年柏林大学刚刚创办的时候,大学拥有36名讲座教授和11名编外讲师,这样的编外讲师和讲座教授的梯次结构,使编外讲师们在建校之初就充满着"热情和喜悦"。[②] 可以想象,初期编外讲师和讲座教授的数量比例,无疑为编外讲师的晋升前途带来一片光明。据统计,在1796年,德国大学正教授与其他教师(辅助教授、编外讲师)的平均比例为100∶37;到了1864年,这一比例为100∶90,其中大约40位辅助教授、50位编外讲师。[③] 及至19世纪70年代以后,伴随德国高等教育规模的持续扩招,关于编外讲师的任命,在政府和大学学院(faculties)之间展开了持久的拉力赛。政

---

① Charles E. McClelland, *State, Society, and University in Germany, 1700 – 1914*, Cambridge: Cambridge University Press, 1980, pp. 312 – 313.
② [瑞士]瓦尔特·吕埃格:《欧洲大学史》(第3卷),张斌贤等译,河北大学出版社2014年版,第16页。
③ Charles E. McClelland, *State, Society, and University in Germany, 1700 – 1914*, Cambridge: Cambridge University Press, 1980, pp. 166 – 167.

府希望允许更多的青年人成为编外讲师，或者从编外讲师升为编外教授，因为对于政府来说不必支付更多的额外支出，同时又能满足大学规模扩张带来的师资不足等问题。对于大学学院里面的讲座教授而言，并不认可这样的逻辑，他们认为这些依靠收取讲课费来维持生活的人员不断增加，必然会对讲座教授自身收取讲课费造成更多的挑战，从而影响了教授们的收入。在政府和大学学院的持续博弈后，最终大学讲座教授处于不利位置，不但没有阻止住大批量的中低层教师涌入大学，而且讲座教授自身的"课酬薪金制度"也受到了不断限制甚至是瓦解。于是，不用政府出资的编外讲师和辅助教授渐渐成为大学教职群体中的主体部分。

在1870年，平均17名学生中就有一位讲座教授，1905年，34名学生中才有一位讲座教授；1840年，讲座教授占到全体职员的52%，1870年占到53%，1905年仅占到41%。相比较而言，如果不算上神学院和法学院，医学院和哲学院的讲座教授增长的比例更低。德国大学医学院在1840年有讲座教授135人，1870年166人，1905年246人，从1870年到1905年，讲座教授增长了80人；辅助教授和编外讲师从1840年的150人，增长到1870年的246人，1905年的483人，从1870年到1905年，辅助教授和编外讲师增长了237人，后两者增长人数是讲座教授增长人数的将近三倍，在1905年，医学院的讲座教授仅占教学人员总数的25%。与医学院一样，哲学院也面临着低层级教师的急剧增长，1840年有讲座教授270人，1870年383人，1905年636人，从1870年到1905年增长了253人；辅助教授和编外讲师从1840年的266人增长到1870年的344人，到了1905年激增到855人，从1870年到1905年，辅助教授和编外讲师增长了511人，后两者增长人数是讲座教授增长人数的一倍多。为什么会出现讲座教授增长缓慢，而低层级教职增长迅速的现象呢？主要是这段时期学科的专业化和急剧分化，特别是在医学、自然科学和社会科学领域。一方面教授为了减轻其教学负担，进行研究，必须雇佣较多的职员。而德国各邦政府很难支付不断扩张和分化的学科发展。[1] 增加一位讲座教授，就意味着政府为大学提供

---

[1] Charles E. McClelland, *State, Society, and University in Germany, 1700 – 1914*, Cambridge: Cambridge University Press, 1980, pp. 259 – 266.

更多的薪酬，提供更多的资金建设必要的实验室、图书馆及教学仪器设备等；增加一位辅助教授或编外讲师，不但不会使政府拿出更多的经费，而且最终也获得了大学认可：一方面可以缓解规模扩张带来的教学压力，另一方面也为讲座教授提供了更多的辅助性人力。德国大学教师队伍的梯次结构变动，直接为编外讲师等青年学者的发展带来强烈的不确定性，一定程度上，这些青年学者的成长之路已经变得非常渺茫，大部分已经被制度壁垒所阻隔。

马克斯·韦伯认为，及至19世纪末20世纪初期，曾经为德国大学带来辉煌的编外讲师制度逐渐瓦解了。其标志是在德国，研究所所长下面设立助教这一下属职位的新制度诞生了。助教职位属于国家预算支出项目，收入稳定，对于编外讲师是相当有吸引力的，尽管他们知道必须服从所长、正教授的指示、被编入等级森严的阶层组织等不利因素。助教制度最早从自然科学的实验室、研究所等产生，后来波及文科的教育机构中。一定意义上，德国大学编外讲师制度的瓦解和助教制度的生成，是德国大学美国化的鲜明案例。一名助教能够有朝一日晋升为正教授，甚至当上学术机构的主持人，纯粹靠运气。运气而非真才实学在教师晋升中发挥了重要作用。[1] 青年学者是大学学术资本的重要载体，一旦依靠运气来决定能否升迁至讲座教授，在选拔过程中，诸如社会资本、文化资本甚至是经济资本等，必然会对学术资本造成冲击，甚至是以其他资本来代替学术资本在讲座教授聘任中的作用。此时，大学学术逐渐走向滑落也就成为不可避免的趋势。

四　学生入学就读面临的困境

19世纪后半叶，伴随德国大学不断扩招，大学内部的习明纳教学研究方法对于学生而言，出现了诸多不适应。习明纳强调在某一专业领域进行研究和学习，学生将这些专业领域再拆分成不同的离散单元。学术生涯成功的标志，是在更为狭小的领域内取得创新性、前沿性和高深的研究成果。习明纳已经像行会一样，培养的是持续追求"纯粹知识"

---

[1] ［德］马克斯·韦伯：《韦伯论大学》，孙传钊译，江苏人民出版社2006年版，第92—93页。

的学徒，不但不适应现实经济社会发展的需求，而且也不适应学术市场的需求。就像马克斯·韦伯所说的，德国的学术世界的典型特征是"被召得多，被选得少"（many are called but few chosen）。追求纯粹科学的教学模式，延长了学生尤其是博士学位获得者的年龄。以柏林大学的博士学位授予为例，从 1810 年到 1910 年，博士获得者的平均年龄为 25 周岁，但是在 1810 年，哲学博士获得者的平均年龄为 21.6 岁，1910 年平均年龄跃升为 26.7 岁，博士学位获得者平均年龄增长了 5.1 岁。19 世纪中期以后，这种情况在德国的其他大学及学院，博士获得者的年龄也呈现明显的增长趋势。[①] 一方面博士学位获得者的年龄提升了，另一方面是博士毕业后工作竞争的压力伴随毕业人数的增多而加大了，这种趋势严重削弱了德国大学高层次人才培养的效率和国际竞争力。

与德国大学不同，此时的美国大学不但在本科学士学位之下，创造性地设置了副学士学位（associate degree），而且还在学士学位之上，分层级设置了硕士和博士学位，从而形成了"副学士—学士—硕士—博士"相互连接而又相互分开的学位授予制度。学生高中毕业后，可以就读社区学院取得副学士学位参加工作，也可以继续攻读大学直接取得学士学位；获得副学士的学生可以通过社区学院与大学之间的学分转换，继续到大学攻读学士学位；获得学士学位的学生既可以选择毕业工作，也可以选择继续攻读硕士学位；获得硕士学位后，既可以选择工作，也可以选择继续攻读博士学位。不难看出，美国的学位授予体系适应了经济社会市场对不同人才的需求，同时也适应了不同经济背景的学生自由选择学习的空间。这与德国大学长期形成的"学士—博士"二级学位授予有着明显不同。及至 20 世纪 20 年代，美国大学率先实施了学位制度中的专业学位制度，并把"副学士—学士—硕士—博士"四级学位授予制度与专业学位（professional degree）和学术学位（academic degree）相互打通，从而形成自下而上、专业学位与学术学位并举的学位授予格局，更是符合了经济社会发展的需求。相对而言，德国大学高层次学位授予中仅有"哲学博士"（Ph. D.）一个层次的弊端则更为明显。

---

① Charles E. McClelland, *State, Society, and University in Germany, 1700 – 1914*, Cambridge: Cambridge University Press, 1980, pp. 181 – 195.

此外，19世纪后期，德国大学出现越来越排斥穷人的倾向。在大学之前有九年文科中学的学习过程，大学之后又有一段实习期，而后也许在某种情况下还会有一个非常漫长的等待期。服兵役的一年由于需要经济上的支持，也必须被考虑在内。综合以上所有因素，大学的求学过程对于那些缺乏生活来源的人来说，正变得越来越艰难。在学术性职业内部，显然存在一种越来越明显的倾向，就是要阻止来自较低社会阶层的人从事学术。社会贵族的特性（它已经为德意志民族上一代人的精神面貌打上了非常明显的烙印），也反映出这个阶层本身对于博学职业所体现的"阶级荣耀"始终相当关注。贵族阶层采取种种措施力图阻止下层家庭多生孩子，就充分体现了这样一种情感。在过去，社会有着很强烈的帮助贫困家庭天才儿童的愿望，而如今情况却发生了一百八十度的转变。① 当读书成为阶级和身份的特权，当社会不再为优秀人才留有出口，大学的学术水准必然会不断走向滑落。

第二节　动荡中的衰减：一战前后德国大学的学术

如果以1914年第一次世界大战爆发为拐点，之前的二十余年（以1890年俾斯麦下台为标志）和之后的近二十年（以1933年希特勒担任德国元首为标志）可以视为德国大学发展的动荡衰减期。在不到半个世纪的时间里，德国自俾斯麦时代之后，先后经历了德皇威廉时代、第一次世界大战、1918年战败帝制结束期、魏玛艾伯特总统执政期（1919—1924年）以及魏玛兴登堡总统执政期（1925—1933年）等五个历史阶段。政局上的动荡不定，经济上的通货膨胀，战争带来的割地赔款等内政外交上的困顿，直接造成德国大学学术竞争力的衰减。德国大学在遭遇外部经济、政治以及学科的持续冲击下，其内部也越来越表现出与学术资本发展和积累不相适应的诸多方面。在大学内外部学术资本发展的动荡过程中，德国大学的学术声望不断遭受质疑，学术共同体

---

① ［德］弗里德里希·包尔生：《德国大学与大学学习》，张弛等译，张斌贤等校，人民教育出版社2009年版，第128—129页。

的国际性渐趋衰竭。

一 大学学术持续遭遇外部冲击

（一）学术遭遇社会经济的打击

在俾斯麦统治时期，德国在经济方面一直处于萧条状态。尽管在德皇统治时期，经济一度复苏，但是伴随第一次世界大战的失败，德国经济因战争赔款等因素又重新陷入更加艰难的困境。尤其是在1919—1922年，德国为摆脱战争赔款的负担，大量印刷货币，不断制造新币，从而造成严重的通货膨胀，一切金钱财富在这期间全面贬值。结果连印钞机都不敷使用，1923年光是想印刷足够数量的纸币也已经成为一个真正的难题。这样一来，就不得不动用民间的印刷机来帮忙印钞票。大战刚结束的时候，德意志马克对美元的汇率仍较为合理，大约是十比一。到了1923年1月，一美元已经可以兑换两万马克，8月时的美元汇率已经突破百万大关，又过了三个月以后进而突破千亿大关。1923年年底，一美元所能换得的金额已经高达4.2兆马克。德国所有货币资产已经变得一文不值，实际上德国已经不再拥有货币了。伴随1929年由美国爆发的全球经济危机，使德国的经济发展无异雪上加霜。魏玛共和国直到1932年都不断处于内耗的状态，其内部早就已经坍塌。[①] 不难看出，长达数十年的经济低迷，尤其是一战以后的割地赔款，使德国政府的经济入不敷出，大学的经济境遇由此也不难想象。皮之不存，毛将焉附。在一个主要由国家为大学提供基本经济支撑的制度环境下，一旦国家的经济持续处于低迷，一旦国家的经济滑入深渊，大学的经济支持也无疑会受到沉重打击。

与德国经济发展持续滑坡相伴的是，第一次世界大战后，大量退伍军人开始进入校园，德国大学的人数已经由战前的6万人增加到1931年的10万人。入学人数的剧增对德国大学的教育质量产生严重冲击。就当时的高等教育资源而言，德国大学充其量只能提供在学人数一半左右的学生。真实情况是，各大学在财政上远不如战前。教师职位的缓慢

---

① ［德］塞巴斯蒂安·哈夫纳:《从俾斯麦到希特勒》，周全译，译林出版社2016年版，第137—148页。

增长仍然滞后于学生增长。从1910年到1931年，学生增长了接近50%，而教师仅增长了32%。魏玛共和国时期，讲座教授获得了较快增长，但同期也仅增长了41%。毫无疑问，这直接导致大学教育质量的急剧下滑。学生和教师都将这种问题归结于魏玛"体制"。[①] 事实上，德国大学学生数量剧增，而教师数量增长有限，其背后的主要原因是德国经济状况不能够有效支撑大学发展。经济上的打击直接导致大学质量的滑坡，而大学质量的滑坡又导致师生对当时政治体制的质疑和不满，这些无疑都为魏玛政权颠覆、纳粹政府登台提供了隐性祸根。

（二）学术遭遇外部政治的压迫

在俾斯麦之后，一战之前的德皇时代，政府对于大学教师发表政治观点的不容忍达到德国大学历史发展上的一个顶峰。这期间，以1898年政府颁布《阿隆斯法》和1906年将社会学学者米歇尔斯逐出学术界最为典型。

《阿隆斯法》是因德国物理学家和社会民主党政治家马丁·利奥·阿隆斯而命名，该法律不允许德国社会民主党的成员在普鲁士大学任教。阿隆斯出身于柏林一个富有的犹太银行家庭，1890年任柏林大学编外讲师，当年加入德国社会民主党，并积极支持社会民主党参加普鲁士政府选举。在阿隆斯成为社会民主党成员后不久，普鲁士政府就试图将他从教职中解雇。柏林大学数次驳回了普鲁士政府的要求，并认为大学应当是自治的，大学教师在政治信仰方面是自由的，即使是编外讲师也不例外。但是威廉二世（Kaiser Wilhelm Ⅱ）认为"我不能够容忍我们的年轻教师作为社会主义者任教于皇家大学"（I will not tolerate Socialists as... the teachers of our youth at the Royal universities）。迫于皇家宣言的压力，普鲁士政府不得不提出解决方案。因为政府没有直接任命编外讲师的权力，因此于1898年6月通过了一个法案，使编外讲师服从于国家政府纪律。因为该法案是针对阿隆斯制定的，因此被称为"阿隆斯法"。[②] 尽管一直到1918年，阿隆斯是该法案的唯一适用判例，但是该法案对

[①] Charles E. McClelland, *State, Society, and University in Germany, 1700–1914*, Cambridge: Cambridge University Press, 1980, pp. 327–328.

[②] Ibid., p. 267.

德国大学学术自由和自治的影响是深远的。一方面，该法案改变了以前编外讲师只受大学学院内部管理的规则，自此以后政府尽管不为编外讲师提供薪俸，也将其纳入集中管理。换言之，新的法令赋予政府与学院对编外讲师进行处罚的同等权力。另一方面，阿隆斯的经历为德国大学的教授和编外讲师群体提供了一个警示范例，任何一个大学内部的成员都会因为政治上的不忠诚而被政府解聘。前者违反了德国大学历史上形成的教授治校制度，后者违反了德国大学历史上形成的学术自由制度。

阿隆斯被解聘不到十年，1906年1月，德国年轻的社会学学者米歇尔斯，因其社会民主党党员的身份，被政府不予任命为教授资格，从而被撵出德国学术界。马克斯·韦伯认为，这是德国政府对于学术自由进行打压的典型案例。[①] 如果说之前的沃尔夫、康德甚至是"三月革命"前期哥廷根大学的七位教授，受到打压尚可拥有教授资格的话，米歇尔斯则是因为其党派身份而被逐出学术界，无疑是党派不容忍对学术研究的绑架。如果说哥廷根大学"七君子"在19世纪30年代被汉诺威政权解雇后，受到其他各邦政府大学的英雄般礼遇，那么米歇尔斯被逐出德国学术界之后，则变得在德意志帝国各邦内无处可逃，最终只能够远走他乡。尽管1919年的魏玛共和国宪法第142条款规定，艺术、科学及其教学是自由的，国家应予提供保护和扶持，但是在纳粹政权上台后，这些规定旋即名存实亡，刚刚复苏的学术自由再一次遭受更为严厉的政治镇压。

（三）学术遭遇学科发展的阻碍

学科是大学学术的根基，无论是培养人才、发展科学，还是服务社会，大学职能的发挥都是建立在学科发展的基础上。近代以来，学科分化是高等教育知识生产中的一个整体趋势，不但意味着学术研究领域横向持续拓展，意味着学科边界地段新领域的不断滋生，而且也意味着学术研究在原来的基础上走向纵深。经过分化后的学科再次重新整合，不但可以衍生出新的学科，而且对于大学中的人才培养具有特殊意义，因此学科整合同样具有理论和现实的价值。综观"一战"前后德国大学

---

① ［德］马克斯·韦伯：《韦伯论大学》，孙传钊译，江苏人民出版社2006年版，第143页。

的学科发展，无论是从学科整合而言，还是就学科分化来说，都表现出明显的不适应。

从学科整合来看，以习明纳和研究所为大学内部组织，辅以讲座教授制管理，使各习明纳和研究所之间自成一体，学科整合的阻力重重。从学科分化来看，伴随德国大学入学人数不断扩张，大学本应该乘势扩展学科领域，以避免造成大学毕业后的结构性失业，但是德国大学反而采取了一种限制新的学科领域发展和旧的学科领域分化的紧缩方针。本-戴维研究认为，德国大学在自然科学领域中所取得的进展，也许是因为研究机构的不断增加，但这些研究机构鼓励实验科学中的教授们，把他们各自的领域看成是个人所有的领域。社会科学的生长受到阻碍的主要原因，是在那些意识形态敏感的领域中，很难把政治争论从经验探索中分离出来。所有这些都使个人在学术生涯中产生了一种受到挫折和没有希望的感觉。大学教授享有高度特权，与他们的上述保守主义有密切关系的一个证明是他们反对任何实际的或应用性质的革新。在基础科学领域和早年确立的那些直接应用领域，扩张活动在继续进行，但变得有所选择了。在现存学科领域中，只有数学和物理学的教授数目在迅速增长，其他领域就很少有扩充。重要的智力创新，如物理化学、生理化学等领域，仅勉强得到了学术承认。大学并不为这些领域的专家设立教授职位，而是采用不严格的证明书来任命他们。① 当学科分化和学科整合同时遭遇阻隔的时候，大学学科整体也就必然面临发展危机，并最终导致大学学术面临发展的危机。

总体来看，德国大学一战之后遭遇的外部打压较之于战前不但范围拓展，而且程度上也更为严峻。哈佛大学社会学家、二战后负责德国大学重建的美军政府教育主管爱德华·亚纳尔·哈特肖恩（Edward Yarnall Hartshorne）认为，自 1914 年以来，德国大学不断遭遇学术外部力量的打击——军事的、物质的、生理的、心理的、政治的和经济的。当前形势（20 世纪 30 年代）最为悲伤的一个方面是，无论是那些"内部"还是那些"外部"的学者所遭遇的心理压力，都类似于知识无产

---

① ［以色列］约瑟夫·本-戴维：《科学家在社会中的角色》，沈力译，四川人民出版社 1989 年版，第 190—192 页。

阶级。① 如果说在一战前后，德国大学受到外部的经济、政治以及学科的冲击和阻隔是有形的、基本可以度量的，那么德国大学学者所遭遇的心理压力则是隐形的、不可测度的。

二 大学内部学术的动荡与衰减

一战前后，德国大学持续遭遇外部的经济、政治、军事、文化等冲击。在外部冲击下，德国大学的学科分化和学科整合远不能适应社会经济以及大学自身的发展，德国大学学术生存的环境日趋恶化。从德国大学的内部学术发展来看，这段时期的德国大学也表现出诸多的不协调、不适应，并进而影响到大学通过高深知识发挥培养人才、发展科学和服务社会的职能。

（一）师生人数与组织结构的不协调

1905年，柏林大学著名的神学家阿道夫·冯·哈纳克，出版了一本名为《作为企业的大学》（*Vom Grossbetrieb der Universität*）小册子，将大学组织比喻为大型企业。题目本身就反映出来，对于德国过去三十年来教授数量和学生人数急剧增加的担忧。换句话说，此时的德国大学已经不再是精英教育的代表，而渐渐演变为批量生产"生产者"的企业。在整个19世纪大部分时间里，德国大学的入学人数并没有太大变化，这是确保在大学投入没有发生巨大变化的情况下，大学教育质量能够得以保障的基本底线。从1830年到1870年，德国大学每年注册学生约有14000人；1900年，德国大学注册人数迅速增长到34000人；1914年，德国大学的注册人数已经高达61000人。在巴登大学（Baden）、弗里堡大学（Freiburg）等，大学入学人数增长了8倍；在埃朗根大学（Erlangen）、吉森大学（Giessen）等，大学学生人数增长了4倍。② 事实上，德国大学的入学人数远远超过了德国人口增加的比例。自1840—1931年，德国人口总数增加了不到1倍，而大学学生人数却增加了10倍，详见表5-4。

---

① Hartshorne, Edward Yarnall, *The German Universities and National Socialism*, Cambridge: Harvard University Press, 1936, p. 158.

② Charles E. McClelland, *State, Society, and University in Germany, 1700 – 1914*, Cambridge: Cambridge University Press, 1980, pp. 239 – 240.

表 5-4　　　　　1840—1931 年德国人口及大学学生数　　　　单位：万人/人

年份	人口（万人）	大学学生数（人）
1840	3300	13000
1880	4600	26000
1900	5700	50000
1913	6500	80000
1922	6200	121000
1931	6400	138000

资料来源：Hartshorne, Edward Yarnall, *The German Universities and National Socialism*, Cambridge: Harvard University Press, 1936, p.77。

从表 5-4 可以看出，在 1840 年到 1900 年的 60 年时间里，德国人口数量增加了 24000000 人，大学学生人数增加了 37000 人；与之相比，从 1900 到 1931 年的 30 年时间里，德国人口数量增加了 7000000 人，大学学生人数则增加了 88000 人。不难看出，20 世纪的前 30 年所增长的大学学生人数，是 19 世纪后 60 年增长的大学学生人数的 2.4 倍。因此，尽管自 1840 年之后德国大学学生人数是保持着持续增长的，但是相比而言，一战前后德国大学学生人数的增长幅度则更为迅猛。

应当说在同一段历史时期内，英国大学、美国大学的学生注册人数也得到了不同程度的增长。从表 5-5 中不难看出，自 1860 年到 1930 年，英国大学入学注册人数增长了 11 倍，美国大学入学注册人数增长了 22 倍，都超过了德国大学入学注册人数的增长幅度。但是，与德国大学学生人数不断攀升，而大学机构增加有限（从 20 所大学增加到 23 所）形成鲜明对比的是，英国大学从 1860 年的 5 所增加到 1930 年的 16 所，而美国大学则从 1870 年的 560 所增加到 1930 年的 1400 所。

表 5-5　　英国、德国、美国大学及入学注册人数增长比较（1860—1930）

　　　　　　　　　　　　　　　　　　　　　　　　　　单位：人，个

国家	英国		德国		美国	
年份	学生	大学	学生	大学	学生	大学
1860/1861	3385	5	12188	20	22464	

续表

国家	英国		德国		美国	
年份	学生	大学	学生	大学	学生	大学
1870/1871	5560		13206		31900	560
1880/1881	10560		21209		49300	
1890/1891	16013		28621		72250	
1900/1901	17839		33739		100000	
1910/1911	26414		53364		144800	
1920/1921	34591		86367		251750	
1930/1931	37255	16	97692	23	489500	1400
增长（倍）	11		8		22	

资料来源：Konrad H. Jarausch, "Higher Education and Social Change: Some Comparative Perspectives", *The Transformation of Higher Learning*, 1860–1930: *Expansion, Diversification, Social Opening, and Professionalization in England, Germany, Russia, and the United States*, Vol. 13, 1983, p. 13。

因此，从德国高等教育机构数量来说，一战前后变化不大。大部分机构有着较长的历史，可以追溯到18世纪和19世纪早期。所有机构都希望获得大学身份，譬如19世纪70年代的技术学校升格为技术大学，与普通大学获得平等地位。但是，德国新大学机构设置的速度进展缓慢，除了1904—1919年，两所技术大学［布雷斯劳大学（Breslau）、担泽大学（Danzig）］和两所新大学［法兰克福大学（Frankfurt）、科隆大学（Cologne）］建立外，再无其他新大学建立。如表5-6所示：

表5-6　　　　普鲁士学术机构一览（1875—1930）　　　　单位：个

年份 机构	1875	1885	1895	1905	1915	1920	1925	1930
大学 universities	10	10	10	10	10	12	12	12
技术大学 Technical universities	3	3	3	4	5	4	4	4
矿业学院 Mining academies	2	2	2	2	2	1	1	1
农业学院 Academies of agriculture	3	3	3	3	3	2	2	2
林业学院 Academies of forestry	2	2	2	2	2	2	2	2

续表

年份 机构	1875	1885	1895	1905	1915	1920	1925	1930
兽医学院 Veterinary academies	2	2	2	2	2	2	2	2
哲学与神学院 Academies of philosophy and theology	5	5	5	5	5	7	4	4
商业学校 Business schools	—	—	—	2	3	2	2	2
管理学院 Academies of administration	—	—	—	—	1	1	2	2
教师培训学院 Teacher training colleges	—	—	—	—	—	—	3	15

资料来源：Peter Lundgreen, "Differentiation in German Higher Education", *The Transformation of Higher Learning, 1860–1930: Expansion, Diversification, Social Opening, and Professionalization in England, Germany, Russia, and the United States*, Vol. 13, 1983, pp. 150–151。

从表5-6可以看出，如果以1915年为对比年份，那么到1930年普鲁士高等教育机构数量变化可以总结为：①极少数高等教育机构类型略有增加。其中教师培训学院增加幅度较大，从无到有并发展到15所，另外，大学增加了2所，管理学院增加了1所；②少数高等教育机构类型保持平衡。其中林业学院、兽医学院一直分别保持2所院校的规模；③大部分高等教育机构类型出现缩减。其中技术大学由5所减少为4所；矿业学院由2所减少为1所；农业学院由3所减少为2所；哲学与神学院尽管由5所增加到7所，但是旋即又减少为4所；商业学校由3所减少为2所。大学入学注册人数急剧增加，高等教育机构整体数量不增反减，从而使原来的精英大学演变为"大规模的大学"（mass university），由此造成阿道夫·哈纳克所批判的"企业大学"也就不难理解了。

一战前后，德国大学的外部结构没有发生多大变化，但是其内部的教师结构却发生了显著变化。首先，在教师数量方面。1810年，柏林大学正教授的数量超过大学教师总数的一半，到了1909年，助理教授已经占到该大学教师总数的51%。资深学者越来越少地直接与学生接触，学生与教授比例，由21∶1扩大到64∶1，因此有四分之三的课程是由非全职教师来讲授的。其次，教学领域和分支领域的数量持续繁殖增加，同一门课程不仅分割为不同部分，而且基础讲座伴随新、奇、亚学科的发展也出现了新的变种，而且有时候存在时间十分短暂。最后，研究机构的数量增加。习明纳和研究所数量激增，尤其是在人文、科学、医学，技术领域更是如此。[1]

表 5-7　普鲁士大学中的教师数、学生数及师生比（1875—1930）　单位：人

年份	大学			技术大学		
	教师数	学生数	师生比	教师数	学生数	师生比
1875	866	7924	1∶9			
1885	1066	13395	1∶13	154	962	1∶6
1895	1267	13598	1∶11	223	2824	1∶13
1905	1621	20813	1∶13	325	4737	1∶15
1913	1790	27564	1∶15	431	4906	1∶11
1920	1916	34470	1∶18	430	8781	1∶20
1925	2303	28282	1∶12	412	8472	1∶21
1930	2433	44889	1∶19	437	8668	1∶20

资料来源：Peter Lundgreen, "Differentiation in German Higher Education", *The Transformation of Higher Learning, 1860-1930: Expansion, Diversification, Social Opening, and Professionalization in England, Germany, Russia, and the United States*, Vol. 13, 1983, p. 152。

如表 5-7 所示，普鲁士的大学和技术大学师生比，在 1913 和 1905 年就分别达到了 1∶15 的比例，到了 1920 年则分别达到了 1∶18 和 1∶20 的比例。如此高的师生比，且不说与 20 世纪初期世界范围内的精英教育相比较，就是与当下大众高等教育甚至普及高等教育的部分大学相比较，也已经远远超过了一流大学的师生比。居高不下的师生比已经严重影响到德国大学的人才培养质量，大学教育使命因为入学注册人数的攀升而不断受到威胁，所有大学的学生就业开始越来越困难。考虑到社会政治因素，教育管理部门对学生学习的限制不断降低。尽管缺少学术

---

[1] Konrad H. Jarausch, "Higher Education and Social Change: Some Comparative Perspectives", *The Transformation of Higher Learning, 1860-1930: Expansion, Diversification, Social Opening, and Professionalization in England, Germany, Russia, and the United States*, Vol. 13, 1983, p. 21.

奖学金补助，大学教育的费用不断攀升，但是政府在警告没有更多的职业岗位提供时，也没有阻挡住中产阶级学生的涌入。试图提高入学标准，也在权力群体如社会民主党和天主教的反对下废弃。教授满足于不断增加的讲课费收入，对于政府提高学生入学标准的政策也不感兴趣。伴随学科发展的不断专业化，德国教育部门相应增加教学职位，但是没有考虑到教育问题，尤其是没有解决好年轻教师的薪酬问题。出于对大学教师声望的向往，德国家庭愿意支付他们子女多年不能获得薪酬的教学活动，讲座教授和政府权力部门过度透支非讲座教授们的智力资源。[1] 这种过度透支非讲座教授智力资源的状况，必然会招致他们的不满。

（二）编外讲师与临时教授的不满意

在19世纪，编外讲师制度曾经是德国大学走向辉煌的一个重要制度设计。从个人身份而言，编外讲师不受政府控制，可以以自由人的身份在大学开课讲学；从个人的收入来看，编外讲师不同于讲座教授，可以享受政府薪水，他们只能依靠自己优秀的教学来吸引学生付费听课；从个人的教学来看，编外讲师教学能力不但是德国大学培养人才的源头活水，而且也是讲座教授不得不将精力投入教学的一个重要竞争动力；从个人的科学研究来看，编外讲师因其异地受聘的规则，使他们更能够摆脱原有学术权力的羁绊，以更大的学术自由空间投身于学术创新；更为重要的是，在整个19世纪大部分时间里，编外讲师晋升讲座教授的道路基本上是通畅的，他们完全不必为没有足够空缺而焦虑，只要他们足够优秀，一定会有充足的讲座教授职位虚席以待。据统计，在1840年，所有德国大学的教席数为886名，1870年增加到1140名，1892年为1650名，1938年增加到1850名；与之相对应的是，没有教授头衔的临时教授、编外讲师的数量分别是，1840年的324名，1892年的643名，1938年增加到2117名。[2] 可以看出，1840年讲座教席数是非教授职位的2.7倍，1892年讲座教席数是非教授职位的2.5倍。然而

---

[1] Charles E. McClelland, *State, Society, and University in Germany, 1700 – 1914*, Cambridge: Cambridge University Press, 1980, pp. 324 – 325.

[2] ［瑞士］瓦尔特·吕埃格：《欧洲大学史》（第3卷），张斌贤等译，河北大学出版社2014年版，第132页。

到了1938年，非教授职位已经远远超过讲座教席的数量，超出数额达到267人。从理论上来说，这也就意味着，无论这267人如何努力，都会因为讲座教席的缺少而无缘于教授职位。

政府扩大非教授职位的数量是有其自身经济考量的。在1899年，一名讲座教授的基本工资是4000—6000马克。相比之下，临时教授的起点工资为2100马克。"对政府而言，临时教授是一笔极好的买卖。一份微薄的工资雇佣到一位全职的大学教师。这年头，这些工资既雇不到中小学的教师，也雇不到铁路的护路工，事实上，只够雇佣到一名临时工（day-labourer）。"[①] 相对临时教授，编外讲师的经济困境早在1875年就得到了普鲁士的官方承认。19世纪末，编外讲师为被迫免费给学生提供教学而怨声四起。学生们希望从编外讲师那里学习课程，但是他们不得不付费注册讲座教授的课程。相比较而言，讲座教授的课程学术覆盖面更为广阔。在教授们的鼓动下，学生普遍认为，讲座教授的课程是通过政府组织考试的必要条件，官僚化组织下的各种考试委员会，已经与大学教授紧密联系在一起。这样，不但破坏了学生学习的自由，而且实际上也削减了他们付费编外讲师课程的愿望。伴随编外讲师的大量增加，而讲座教授的设置远远不能适应这种增加速度。从而使学术职业越来越具有专业化和排他性。讲座讲授越来越成为吸引人的职业，不但是因为教授的声望，而且还因为相对稳定的经济收入。然而，证据表明，其他行业并不像教授职业这样对于进入的标准不断增加。因此，无论是马克斯·韦伯，还是包尔生都承认，追逐教授职位本质上就是一种冒险和赌博。[②]

当现有制度安排不能充分保障编外讲师和临时教授利益的时候，当编外讲师和临时教授的学术资本不能够充分维持其生存的时候，他们不得不依靠社会资本的聚集来争取自身利益。1909年，临时教授为了维护自身利益，成立了普鲁士临时教授联合会，而后，编外讲师参照临时教授联合会的模式，于1910年成立了德意志编外讲师协会。1912年，

---

① [瑞士] 瓦尔特·吕埃格：《欧洲大学史》（第3卷），张斌贤等译，河北大学出版社2014年版，第146页。

② Charles E. McClelland, *State, Society, and University in Germany, 1700 - 1914*, Cambridge: Cambridge University Press, 1980, p. 271.

这两大协会与德意志其他邦国的机构合并，形成了德意志非教授联合会。① 德意志非教授联合会的成立并非出于学术发展的需求，而是为了维护自身的经济社会利益。就大学内部的非教授会成员而言，他们的聚集也并非为了学术发展，而是依靠社会资本来维持生存。这种从学术资本到社会资本静悄悄演变的过程，尽管说是无形的、渐进的，但对于大学学术发展而言，却近乎是致命的。

（三）哲学统摄沉醉于纯粹而忽略实践

任何一个时代的大学，往往会有一个主流学科成为左右或者主宰当时大学其他学科发展的统摄学科。譬如，在中世纪时期，神学成为文学、法学、医学等学科的主宰，换句话说，这些学科的人才培养是建立在基督教教义基础之上的，其学科知识的发展也要受到神学的规约。因此，从这个意义来说，中世纪大学仅仅具有培养人才的职能。及至18世纪末19世纪初，德国大学率先冲破了神学的藩篱，将哲学提升为其他学科的统摄学科，其标志性的制度安排就是设立了哲学博士，其突出的特征是强调"纯粹知识"的探究。正是基于此，德国大学开创了世界大学发展史上一个新的大学职能——发展科学。应当说，以哲学为统摄的德国大学，相对以技术为统摄的法国大学和以文学为统摄的英国大学，顺应了经济、社会、知识以及大学自身的发展，从而为德国大学创造了无数辉煌。但是，19世纪末20世纪初，经过一个世纪的发展，哲学统摄的学科进路已经明显表现出不适应性。尤其是受第一次世界大战影响，美国、法国、英国等纷纷意识到科学知识应用到实践的重要性，以美国大学为代表的科学统摄渐趋引领世界高等教育发展的潮流。

然而，一战前后的普鲁士大学仍然深受哲学统摄的学科影响。在德意志帝国时代，哥廷根是一座受普鲁士气息影响最少的城市，哥廷根大学也成为不同于普鲁士大学的一个异军突起的机构。1893年，哥廷根大学数学教授费利克斯·克里斯汀·克莱因（Felix Christian Klein）出席了在美国芝加哥举办的世界博览会并顺便考察了几所美国大学。他发现，人类不但面临着由过去的"工匠革命"阶段进入到"科学家革命"

---

① [瑞士] 瓦尔特·吕埃格：《欧洲大学史》（第3卷），张斌贤等译，河北大学出版社2014年版，第143页。

的新时代，而且美国大学自然科学学科与工业技术运用相结合的尝试具有划时代的意义。他认为，德国大学的自然科学仍然在"哲学统一王国"中承担解释世界的任务，然而科学的任务显然不仅在于解释世界，更在于认知并改造世界。归国后，克莱因特别提倡"突破柏林大学模式中不合理的限制"，"向美国大学模式学习"，"走一条理论与实践相结合的道路"。从而开启了哥廷根大学的新模式。① 但是，统览此时的德国大学，哲学统摄仍然占据着不可动摇的地位。哥廷根大学模式仅仅是德意志帝国大学群落中的一枝独秀，这与同时期美国大学在科学发展上的百花齐放、百舸争流不可同日而语。德国大学最终走向衰落，其国际地位被美国大学所取代，已经成为不可逆转的趋势。

三 学术共同体的生存危机

所谓学术共同体，就是指具有共同价值、共同信念、共同规范的科学研究人员，有目的或者自发组织起来的社会群体。所谓共同价值，是指社会群体内部成员在选择行动的判断标准上具有一致性，它是衡量个人或者组织行动成效和方向的标尺，就学术共同体而言，兼容并包、学术自律、学科交融等都是具有普适性的共同价值。所谓共同信念，是指社会群体内部成员对事情应当怎样的一致性看法，就学术共同体而言，是指共同体成员对学术的共同认知、学术情感、学术志向等，学术无国界、学术自治、学术自由等都是具有普适性的共同信念。所谓共同规范是指社会群体内部成员共同遵守的规则，就学术共同体而言，既有形式上的学术规范也有内容上的学术规范，规范参考文献引用、不得抄袭剽窃等都是具有普适性的共同规范。一般来说，共同价值、共同信念属于学术共同体的精神层面，共同规范则属于学术共同体的制度层面。第一次世界大战爆发，是德国大学学术共同体精神危机爆发的一个重要拐点，同时也是德意志学术共同体逐渐脱离国际学术共同体走向孤立的一个重要拐点。

（一）教授群体对德军暴行的态度

1914年8月，德军入侵比利时，放火焚烧了包括创办于1442年，

---

① 李工真：《哥廷根大学的历史考察》，《世界历史》2014年第3期。

收藏了很多中世纪珍贵文献资料、文物的鲁汶大学图书馆及一些古建筑。面对国际舆论的普遍谴责，1914年10月4日，德国各大报纸上刊发了由93位德国顶级科学、艺术和文化界人士签署，以十种语言书写的《向文明世界呼吁书》。签署者中包括被公认为量子力学创始人、时任威廉皇家学会会长的马克斯·普朗克，以及首先从空气中合成氨的弗里茨·哈伯、X射线发现者伦琴等人。① 在呼吁书中，他们断然拒绝接受对德国人在比利时所犯下的野蛮罪行的所有指责，反而坚持认为"倘若德意志文明不支持德意志军国主义，那么德意志文明早就被敌人从地球上抹去了。德意志军国主义崛起，来自保卫德意志文明的需求"。德国历史学家认为，存在于兰克时代的欧洲国际秩序很快将被一小部分世界性国家所取代，其中德国即将获得这种地位。甚至连马克斯·韦伯于1916年8月，在纽伦堡的一次演讲中也说："假如我们缺乏勇气去证明，无论是俄国式的野蛮、英国式的无聊，还是法国式的夸夸其谈，都不足以统治世界，那么这是值得羞愧的事。这就是这场战争何以发生的原因。"该宣言在英法两国均激起强烈反响，他们将其视为德国"知识分子奴性"的充分体现，签署宣言的学者因此也被冠之以"缺少客观性、精神懦弱"。② 德国教授群体对德军暴行的态度，充分表现出了德国学术共同体的学术价值和学术信念的危机。

（二）学术声望逐渐脱离国际认可

第一次世界大战使战前国际性的"知识共同体"瓦解了，各方学者都为民族主义的浪潮所淹没。几乎没有人认识到这将扭曲他们先前的理念——尤其是恪守的科学客观性。早在1914年10月，德国方面就发布了"德意志帝国大学教师宣言"，宣称要反对"以英格兰为首的德国的敌人"。与此相应，法国、英国也相继开除了德国学术成员。一战失败后，德国人不能理解，更不能相信，科学如此发达的民族竟然没有取得胜利。《凡尔赛和约》，使德国人感到耻辱，被认为是不公正的，这给

---

① 胡成：《科学本应"无国界"》，《读书》2018年第6期。
② ［英］彼得·沃森：《德国天才（3）：现代性的痛苦与奇迹》，王琼颖等译，商务印书馆2016年版，第221—229页。

大学及教授带来了沉重的精神压力。他们失去的是帝国时期实现的极为理想境界的环境,失去的是德意志科学的黄金时代和学术自由。1918年10月,在伦敦召开的国际科学学院大会决定,在20年内,德国人不得参加任何国际会议。过去受人尊敬并居于领先地位的德国大学及其学术,不再像19世纪那样享誉世界了。[1] 由此来看,国际性知识共同体的瓦解,主要表现为德国大学学者被外部学术世界的排斥和孤立。这种排斥和孤立一直持续到第二次世界大战爆发。伴随希特勒法西斯政权的进一步否定学术自由和大学自治,大学教授群体或远逃他乡,或服膺纳粹,德国大学学术共同体不但遭遇精神危机,而且开始波及经济危机、政治危机甚至生存危机。

第三节 纳粹时的没落:希特勒时代德国大学的学术

如果说纳粹上台之前,德国大学从俾斯麦时代就已经出现危机的先兆,第一次世界大战前后这种危机逐渐演变为现实,进而使德国大学的学术资本开始出现全面滑坡,那么纳粹上台以后,德国大学的学术资本开始全面没落。从学术资本的主体来看,大学学生入学开始受到种族或政治歧视,大学入学注册和毕业人数开始出现全面削减,学生的学习自由开始遭遇普遍剥夺;大学教师因为种族或政治原因,面临大范围的解雇、流放,不得不远走异国他乡,声势浩大的文化清洗运动使德国大学的高层次人才近乎泯灭,那些没有被解除教职而在国内大学留任的教师,他们的生活境遇也是朝不保夕、心力交瘁,大部分教师或被局势迫使或出于自愿,最终沦为替纳粹摇旗呐喊、俯首帖耳的犬儒;纳粹时代的德国大学,学科和课程遭遇重创,"德国学科""犹太学科""政治神学"这些带有鲜明意识形态色彩的学科名称,不但毁掉了德国大学长期以"纯粹科学"和"价值中立"而自豪的学术理念,而且也使德国众多原本领先世界的学科专业不断陨落。

---

[1] [瑞士]瓦尔特·吕埃格:《欧洲大学史》(第3卷),张斌贤等译,河北大学出版社2014年版,第690—694页。

一 学生入学受到种族或政治歧视

1934年，德国大学学生入学标准出台，主要包括三个方面的内容：智力、体力和道德政治水平。1935年，学生入学标准又增加了一条——种族。在大学入学前，学校校长需要就学生的基本标准提供证明性的推荐信。这一推荐信连同申请书和其他文档，交到政府长官手中，亦即邦政府高等教育部部长手中，由他来做最后决定。邦政府高等教育部部长仅与国家社会主义德国工人党（NSDAP）当地负责人就申请人的"政治可靠性"（political reliability）进行协商。换言之，如果说NSDAP负责人认为申请人的政治不可靠（主要是种族原因），那么学生将会被取消入学资格。此外，申请人还必须提供承诺证明，服务于纳粹青年组织。在这样的入学标准规定和严格审查之下，非雅利安[①]学生在大学中的人数逐渐减少。纳粹掌权后，一系列排除非雅利安学生报考专业的禁令不断颁布。譬如1933年11月25日规定，禁止非雅利安学生报考商科；1935年4月6日规定，禁止非雅利安学生报考兽医；1935年2月5日规定，禁止非雅利安学生报考普通医学；1935年5月15日规定，禁止非雅利安学生报考牙医。为确认申请人的种族，入学者要提供出生证明、婚姻证明，确保父母以及祖父母具有雅利安血统。[②] 一系列禁止非雅利安种族的学生报考或入学规定，事实上已经把非雅利安人看作低等级的"贱民"群体，聪慧的非雅利安申请人明白，他们要想获得高等教育入学资格，要想证明他们在学术上的发展潜力，就必须到海外求学。因此从学生层面来看，优秀生源大量流失，无疑是对德国大学学术资本重要主体的一个沉重打击。

事实上，纳粹时期，德国不仅仅是面临优秀生源的大量外流，就第二次世界大战前而言，大学的各个专业在学和毕业人数也出现不同程度的削减。从大学在学和毕业人数来看，自1931年到1935年除了天主教

---

① Aryan（雅利安）一词源自梵文，意为"高贵"，雅利安人原指印度语、伊朗语支诸民族共同的祖先。近代，纳粹将金发碧眼的日耳曼人定义为雅利安人，并开启了对犹太人、罗姆人（吉普赛人）以及其他一切非雅利安人的灭绝性压迫和屠杀。

② Hartshorne, Edward Yarnall, *The German Universities and National Socialism*, Cambridge: Harvard University Press, 1936, pp. 80–84.

神学和制药学略有增长之外，普通医学、法学、基督教神学、哲学、普通经济学均出现了较大幅度的削减，如表 5-8、表 5-9 所示，毕业年级学生数的下降幅度普遍高于入学注册的人数，按照 1931—1932 年与 1934—1935 年的数据对比，普通医学入学注册学生数削减了 4.1%，毕业年级学生人数削减了 53.9%；法学入学注册学生数削减了 40.9%，毕业年级学生人数削减了 61.8%；基督教神学入学注册学生数削减了 17.9%，毕业年级学生人数削减了 56.7%；普通经济学入学注册学生数削减了 30.1%，毕业年级学生数削减了 72.4%；哲学入学注册学生数削减了 58.8%，毕业年级学生数削减了 67.3%。在这些专业中，唯有天主教神学和药学有小幅度的提升，其中天主教神学入学注册学生数提升了 14.4%，毕业年级学生数提升了 7.4%；药学入学注册学生数提升了 35.8%，毕业年级学生数提升了 10.1%。其中，药学学生数的增加可以解释为政府因为药剂需求而发生的变化，但是天主教神学的人数增加的原因较为模糊。或许可以更为严谨地解读为学生对于新的政治神学的形而上学或道德伦理缺陷的一种排斥，抑或是天主教堂正在成为物质和精神世界的避风港。但是，无论是从学生注册总数还是从毕业年级学生总数来看，均出现了明显的下滑趋势，其中学生注册总数下滑了 28.6%，毕业年级学生总数下滑了 45.2%。

表 5-8　　按学科的所有年级学生注册数（1931—1935）　　单位：人

学科 \ 年份	1931—1932	1932—1933	1933—1934	1934—1935
普通医学	23294	24781	23463	22338
法学	18094	15645	12349	10693
基督教神学	6689	6832	6137	5495
天主教神学	4269	4499	4690	4881
普通经济学	3592	2519	2936	2508
哲学	1560	1108	810	643
药学	1392	1745	1833	1891

资料来源：Hartshorne, Edward Yarnall, *The German Universities and National Socialism*, Cambridge: Harvard University Press, 1936, p. 107。

表5-9　　　　按学科的毕业年级学生数（1931—1935）　　　　单位：人

年份 学科	1931—1932	1932—1933	1933—1934	1934—1935
普通医学	4895	3330	1502	2256
法学	3877	2610	1356	1480
基督教神学	1545	987	503	669
天主教神学	1176	1209	1205	1263
普通经济学	1050	735	418	290
哲学	550	346	197	180
药学	763	745	741	840

资料来源：Hartshorne, Edward Yarnall, *The German Universities and National Socialism*, Cambridge: Harvard University Press, 1936, p.107。

在纳粹领导下，德意志学生组织于1933年4月12日发表了《反非德意志精神的十二条论纲》，犹太人和自由主义者的出版物遭到学生焚烧。随着希特勒上台，这些焚书活动在全德国范围内展开，从1933年的4月26日一直持续到5月10日。在国家社会主义党执政时期，德国大学内的学生还要肩负起各项责任（"工作""防务""为同伴服务"），他们必须组编成一个个的团队，重复性地参加各种体力训练。当大学校长向政府抱怨，说留给学生们学习的时间太少时，帝国在1933年就中止了学术自由的权利。[①] 这也就意味着，往昔值得德国大学所骄傲的，学生学习自由的制度被彻底取缔。

二　因种族政治问题被解雇的教师

因种族和政治问题，德国大学的学生群体深受影响，强行剥夺非雅利安人学生的学习资格，取缔学生的学习自由，使德国以学生为主体的学术资本受到重大损失。对于德国大学的教师而言，情况则更为糟糕。1933年4月7日，希特勒刚刚被兴登堡总统任命为德国总理，就颁布了《重设公职人员法》，宣布解聘所有与纳粹主义原则不相符合的公职人

---

① ［瑞士］瓦尔特·吕埃格：《欧洲大学史》（第3卷），张斌贤等译，河北大学出版社2014年版，第367页。

员，具体条文如下："1. 凡属共产党或共产主义辅助性组织的成员；2. 凡在未来有可能从事马克思主义、社会民主主义或共产主义性质活动的人；3. 凡在迄今为止的活动中不能证明自身会随时、无保留地支持这个民族国家的人；4. 凡属非雅利安血统者。这样的公职人员都将被解聘。"① 由于德国大学教师一直享有公务员身份，当然属于被政府重设之列。这场针对犹太血统、针对进步知识分子的重设法律，逐渐演变为一场对德国文化近乎浩劫的清洗运动。

根据伦敦学术援助委员会，后改为科学与学术保护协会于1933年5月份公布的统计清单（表5-10），被德国政府解除学术职位而接受学术保护的总计高达1684人。在这1684名学术人员中，大学教师为1145人，占到被解雇总数的68%；非大学教师为539人，占到被解雇总数的32%，大学教师占到了被解雇总数的绝对多数。在被解雇的1145名大学教师中，有教授职称的为781人，占到被解雇大学教师总数的68.2%；有编外讲师及以下职称的为364人，占到被解雇大学教师总数的31.8%，教授职称占到被解雇大学教师的绝对多数。由此不难推出，在这次大面积的文化清理中，大学属于"重灾区"，其中拥有崇高学术地位的教授，又是这场文化清理运动受害最为严重的群体。

1933年5月统计的德国大学流失教师总数为1145人，如果按照1932—1933年冬季学期德国大学教师总数的7979人来测算，那么德国大学教师的流失率为14%；如果按照1934—1935年冬季学期德国大学教师总数的7116来测算，那么德国大学教师的流失率为16%，其中讲座正教授的流失率为10.9%。根据表5-11所示，如果从单所大学的教师流失率来看，每所大学有着较大差异，譬如杜塞尔多夫大学的教师流失率高达50%，柏林大学、法兰克福大学的教师流失率超过30%，海德堡大学、布伦斯堡大学和布雷斯劳大学的流失率也超过了其教师总数的五分之一；如果从单所大学教师被解雇人数来看，曾经为19世纪德国大学创下辉煌的柏林大学，以被解雇242人高居被解雇人数最多的大学首位。如此众多的大学教师被解聘，对于一所大学而言，近乎是毁灭性的打击。

---

① 李工真：《纳粹德国流亡科学家的洲际移转》，《历史研究》2005年第4期。

表 5-10　　　　　1933 年 5 月被解雇学术人员的基本情况　　　　单位：人

身份	学衔	人数	总计
大学教师	正教授	313	1145
	杰出教授	109	
	非官方杰出教授	284	
	荣誉教授	75	
	编外讲师	322	
	讲师	11	
	代理讲师	13	
	无学衔教师	18	
非大学教师	研究助理	232	539
	非大学研究所雇员	133	
	最近毕业人员	105	
	知识分子、图书馆员、博物馆员、作家、教师、作曲家、指挥家等	69	
合计			1684

资料来源：Hartshorne, Edward Yarnall, *The German Universities and National Socialism*, Cambridge: Harvard University Press, 1936, p. 93。

据统计，被解雇的学术人员绝大部分逃离德国，到其他国家避难。从表 5-12 可以看出，除了不确定的 590 人，继续留置德国的 277 人之外，德国大学学术人员所逃往的国家多达 41 个，这其中又以逃往英国（226 人）和美国（167 人）的居多。另外，即使是留在德国的 277 人，他们也绝大部分居无定所。表 5-12 显示了这些人员当时的居住状态。

表 5-11　　　　1932—1933 年德国各大学流失教师数及比例
（不含研究助理）　　　　单位：人，%

大学	流失率	解雇人数	人员总数
杜塞尔多夫（Düsseldorf）	50.0	10	20
柏林（Berlin）	32.4	242	746
法兰克福（Frankfurt-am-Main）	32.3	108	334
海德堡（Heidelberg）	24.3	60	247

续表

大学	流失率	解雇人数	人员总数
布伦斯堡（Braunsberg）	22.2	4	18
布雷斯劳（Breslau）	21.9	68	311
哥廷根（Göttingen）	18.9	45	238
弗赖堡（Freiburg im Breisgau）	18.8	38	202
汉堡（Hamburg）	18.5	56	302
科隆（Köln）	17.4	43	241
基尔（Kiel）	12.1	25	207
莱比锡（Leipzig）	11.4	43	379
哥尼斯堡（Königsberg）	11.3	23	203
哈勒（Halle）	10.0	22	220
格赖夫斯瓦尔德（Greifswald）	9.7	14	144
马尔堡（Marburg）	8.7	15	172
耶拿（Jena）	8.5	17	199
慕尼黑（München）	8.3	32	387
波恩（Bonn）	7.8	24	309
埃朗根（Erlangen）	7.0	8	115
罗斯托克（Rostock）	4.2	5	120
图宾根（Tübingen）	1.6	3	185

资料来源：Hartshorne, Edward Yarnall, *The German Universities and National Socialism*, Cambridge: Harvard University Press, 1936, pp. 94–95。

表5-12　　　　　　　被解雇学术人员当时的居住状态　　　　　　单位：人

国家	定居	暂时居住	没有定居	不确定	总计
不确定	7	8	65	510	590
阿根廷（Argentina）	2	—	—	—	2
澳大利亚（Australia）	3	1	2	—	6
奥地利（Austria）	7	1	8	1	17
比利时（Belgium）	5	6	1	—	12
巴西（Brazil）	5	—	—	—	5
加拿大（Canada）	4	1	—	—	5

续表

国家	定居	暂时居住	没有定居	不确定	总计
智利（Chile）	2	—	—	—	2
中国（China）	4	1	—	—	5
哥伦比亚（Columbia）	1	—	—	—	1
塞浦路斯（Cyprus）	—	—	1	—	1
捷克斯洛伐克（Czechoslovakia）	1	2	4	—	7
但泽（Danzig）	1	—	—	—	1
丹麦（Denmark）	5	10	2	—	17
埃及（Egypt）	4	—	1	—	5
爱沙尼亚（Esthonia）	—	—	1	—	1
法国（France）	14	26	18	—	58
德国（Germany）	2	1	274	—	277
英国（Great Britain）	77	120	29	—	226
希腊（Greece）	—	2	—	—	2
危地马拉（Guatemala）	—	—	1	—	1
荷兰（Holland）	4	15	10	1	30
匈牙利（Hungary）	—	1	1	—	2
印度（India）	5	2	—	—	7
意大利（Italy）	3	8	6	1	18
日本（Japan）	—	1	1	—	2
南斯拉夫（Jugoslavia）	2	—	—	—	2
挪威（Norway）	1	—	—	—	1
巴勒斯坦（Palestine）	38	4	6	—	48
巴拿马（Panama）	6	—	—	—	6
波斯（Persia）	2	—	—	—	2
秘鲁（Peru）	4	—	—	—	4
波兰（Poland）	1	—	—	—	1
葡萄牙（Portugal）	3	—	—	—	3
罗马尼亚（Rumania）	2	—	—	1	3
南非（South Africa）	2	—	—	—	2
西班牙（Spain）	3	5	1	—	9
瑞典（Sweden）	1	12	3	—	16

续表

国家	定居	暂时居住	没有定居	不确定	总计
瑞士（Switzerland）	9	8	16	—	33
土耳其（Turkey）	40	6	1	1	48
美国（United States）	96	61	8	2	167
苏联（Soviet Russia）	16	—	—	—	16
委内瑞拉（Venezuela）	2	—	—	—	2
合计（Totals）	384	302	460	517	1663

资料来源：Hartshorne, Edward Yarnall, *The German Universities and National Socialism*, Cambridge: Harvard University Press, 1936, pp. 96 – 97。

由于数据不充分，在1684个被解雇的案例中，有788人被解雇的原因是不清楚的，其余896人的解雇原因见表5－13。从896人已知被解雇原因可以看出，绝对非雅利安人、绝对"政治上不可靠"者、犹太人或"政治上不可靠"三者共计748人，占到已知被解雇原因总人数的83.5%。可见种族迫害和政治不容忍是造成学者被解聘的绝对原因。关于种族问题占被解雇人员绝对原因的另外一个佐证是，法学院教师被解雇的情况。如表5－14所示，德国大学法学院共有教职363人，其中雅利安人299人，非雅利安人64人。在被解雇的79人中，雅利安人仅为17人，占到雅利安人总数的5.7%，远远低于被解聘法学教师的平均值21.8%；非雅利安人则高达62人（仅有2人没有遭到解聘），占到非雅利安人总数的96.9%，远远高于被解聘法学教师的平均值。

表5－13　　　　　　　　学者被解雇的已知原因　　　　　　单位：人

原因	人数
绝对非雅利安人（Definitely "Non-Aryan"）	230
名义上的新教徒（Nominal Protestants）	60
名义上的天主教徒（Nominal Catholics）	22
绝对"政治上不可靠"（Definitely "politically unreliable"）	18
犹太人或"政治上不可靠"（Either Jewish or "politically unreliable"）	500
其他借口（Other pretexts）	9

续表

原因	人数
"自愿"辞职（"Voluntary" resignations）	57
合计（Total）	896

资料来源：Hartshorne, Edward Yarnall, *The German Universities and National Socialism*, Cambridge: Harvard University Press, 1936, pp. 99 – 100。

表 5 – 14　　　　　法学院教师因种族问题被解雇的情况　　　　单位：人,%

	"雅利安人"	"非雅利安人"	合计
教职总计	299	64	363
被解雇总计	17	62	79
占比	5.7	96.9	21.8

资料来源：Hartshorne, Edward Yarnall, *The German Universities and National Socialism*, Cambridge: Harvard University Press, 1936, pp. 99 – 100。

1937年1月26日，纳粹政府颁布《德意志公职人员法》，到1938年初，又解聘了160多名"拥有非德意志配偶或非同种类配偶"的教师；而在1938年3月吞并奥地利后，又将400多名具有犹太血统或者有犹太配偶的奥地利科学家解聘。到1939年，整个纳粹德国大学教师岗位中的45%，已被纳粹党内不学无术的党棍们占领。[1] 据统计，在纳粹期间，大约有三分之一的大学教师，即11,500位教授失去了教席，一些人死于集中营，大多数则移居国外。[2] 综观纳粹期间德国大学教师被解聘的原因，可以看出，因种族和政治问题占了绝大多数，而且就种族层面上来说是步步逼近，从原来只考察教师本人的种族身份，发展到考察教师的配偶；从德国本土大学的种族清洗，发展到被占领国家的大学种族清洗。从被解聘教师的去向来看，大部分移居国外，其中又以移居美国和英国居多。一定意义上，20世纪上半叶美国大学能够迅速崛起并代替德国大学在国际上的地位，20世纪中后期美国大学和英国大

---

[1] 李工真：《纳粹德国流亡科学家的洲际移转》，《历史研究》2005年第4期。
[2] ［瑞士］瓦尔特·吕埃格：《欧洲大学史》（第3卷），张斌贤等译，河北大学出版社2014年版，第135页。

学能够在世界高等教育发展中占有重要位置，与这些移民德国学者的学术贡献是分不开的。

三 未被解雇大学教师的学术生态

爆发于1933年的文化清洗运动，使德国大学流失教师的人数约占大学教师总数的15%到21%，但是科学的流失却远远不止这些。这无疑是德国大学迅速走向没落的一个重要原因。从另外一个方面来看，即使是少部分教师留在了德国，他们的生活境遇也异常堪忧。据哈特肖恩考证，为了生活，这些人被迫在不同大学之间转移（Versetzungen）。以前的学院分崩离析，在中心著名大学的杰出学者被迫转移到地方大学，或者从著名的学院转移到普通学院。为避免搬家造成的麻烦，也有人同一年内在三所大学任教，每天的时间和精力都浪费在路途上。任命时间和薪水的不确定性，使德国大学教师时刻面临物质生存的考验；面对随时而至的非智力批判，德国大学教师不得不担负沉重的心理压力；不得不满足狂热的、准军国主义的（quasi militaristic）、额外的课程需求，教师们必须在成排的纳粹分子面前讲课，与成群的狂热年轻纳粹青年教师举办习明纳和非正式讨论；在空余时间，教师们会被传唤并参与官方活动，阅读官方报纸和期刊；当想到他的同事和老师被驱逐并移居海外时，教师们备受煎熬；厌恶别人的习惯性地妥协和欺骗，但又不得不强迫自己这样行事；面对恐惧或犬儒般的未来，大学教师并不是一个值得羡慕的职业。当一个知识共同体（universitas litterarum）失去了知识的尊严，当博学隐居被谴责为政治犯罪，这是对古老学术之城（civitas academica）的真正讽刺。那个在德国久为信奉的听从科学召唤（calling）、以学术为业（Wissenschaft als Beruf）的信条几乎失去了意义。[①] 如果说德国大学教师的流失，使德国损失了巨大的人才资源，那么留在德国的大学教师的困境和压力，则使德国大学教师这一学术资本主体，从根基上开始溃烂。

在纳粹高压统治下，部分大学教师甚至是知名学者在人格上已经发

---

① Hartshorne, Edward Yarnall, *The German Universities and National Socialism*, Cambridge: Harvard University Press, 1936, pp. 100–102.

生了极度扭曲。菲利普·冯·勒纳德最引以为自豪的不是获得诺贝尔物理学奖，而是希特勒的登门拜访。在反犹情绪和种族主义的驱使下，勒纳德公开反对相对论，并积极参与迫害爱因斯坦等犹太人。后来，勒纳德完全停止了前沿的实验物理学研究，将主要精力用于科学史著作写作和撰写评论文章，主旨是从物理学和科学中清除"犹太精神"，建立起"日耳曼物理学"。1933年，勒纳德退休后上书希特勒，表示愿意做"元首"的科学事务私人顾问。① 当大量科学家遭到解聘时，所有的德国大学却向希特勒政府表达了集体的忠诚。这份在德国教育与科学发展史上最令人蒙羞的《德意志大学对阿道夫·希特勒以及纳粹主义国家的表白书》中写着："这个民族的阳光再度照亮了自己。我们将建设和扩展伟大的元首所开创的事业，并全心全意地追随这个新的国家。"② 1933年，海德格尔被纳粹任命为弗莱堡大学校长时发表就职演说，他主张，为了德意志民族的历史命运，要牺牲大学的自治。海德格尔因其学师与业师胡塞尔的犹太血统，不但后期断绝了与胡塞尔的往来，而且直至胡塞尔病去，海德格尔都未曾（敢）参加拜祭。如果说海德格尔屈于纳粹淫威而担任弗莱堡大学校长，并公开宣称大学可以牺牲自治尚可理解的话，他对胡塞尔的恩断义绝，一直是学术界口诛笔伐、不可原谅的人生污点。

长期以来，大学都在为是以教学为主还是以研究为主进行辩论，但是很少有人否认，大学应当以教室、图书馆、实验室为中心，提供创造性的知识获得。传统的德国大学教师是以寂寞和自由为主的学术生活，纳粹统治下这种生活已成过往云烟。为促进大学教授的社会化，柏林大学号召教授周三和周六从上午7点到9点要参加健身操（setting-up exercise）。大学运动委员会（University Athletic Board）还为教师设置了特殊训练课。每逢假日，教授们必须列队出演。③ 德国大学教师已经脱离了寂寞与自由的学术生活，教室、图书馆、实验室不再是他们从事知识

---

① 王克迪：《从科学大师到灵魂出卖者——勒纳德其人其事》，《自然辩证法通讯》2002年第3期。
② 李工真：《纳粹德国流亡科学家的洲际移转》，《历史研究》2005年第4期。
③ Hartshorne, Edward Yarnall, *The German Universities and National Socialism*, Cambridge: Harvard University Press, 1936, pp. 126 – 127.

创造的精神家园，无休止的政治运动、特殊训练、列队表演等，已经使他们日渐脱离学术创造的场域。这正如伯顿·克拉克所说，在纳粹德国，大学已不再是原先意义的大学（universitas）。许多大学蜕化成官方的意识形态宣传机构。因为大学像任何其他机构一样，在每一方面都受国家社会主义意识形态的影响，非学术的原则决定了大学生活。在行政层面，领袖原则（Fuhrerprinzip）的采用意味着教授和学生的管理权力被完全排除。教授和学生分别组织成"教联"（teaching-corps）和"学联"（student-corps），各自有一个"领袖发言人"。他们直接对作为"大学领袖"的校长负责。没有一个官员是由大学教授民主选举产生的，全部是由教育部部长直接任命的。① 在纳粹管制下，当大学不再是"大学"，当大学已经蜕化为一个官方机构，当学术权力在大学没有任何遗存，这时候再奢谈大学学术资本，无异于痴人说梦。

四 文化思想与学科专业的没落或毁灭

1933年5月10日夜晚，在柏林歌剧院广场上，纳粹德国人民教育与宣传部部长保罗·约瑟夫·戈培尔（Paul Joseph Goebbels）亲自到场，主持了一场"对一个世纪的德国文化实施的火刑"。在这场"焚书运动"中，狂热的柏林大学学生将一大批代表"非雅利安精神"的书籍扔进了火堆。这批书籍的作者包括从海涅、马克思、伯恩斯坦到普罗伊斯、拉特瑙；从爱因斯坦、弗洛伊德、卡夫卡到克劳斯、黑塞；从托马斯·曼、海因里希·曼到巴拉赫、布洛赫。短短几个月内，有近3000种书籍被列为禁书，并被从全国所有的公共图书馆中清除。② 这场针对一个世纪德国文化的火刑，不但是对有形书籍的焚烧，也是对长期以来形成的德国杰出文化的清除，更是纳粹对德国思想进行禁锢和重整的预演。这种思想很快就波及大学内部。1934年，一份没有公开的部长命令宣布，将科学研究与国家政治需求密切结合起来是德国大学的一项任务。由此，大学管理需要重组，教师需要重新再教育，学生需要新

---

① ［美］伯顿·克拉克：《研究生教育的科学研究基础》，王承绪译，浙江教育出版社2001年版，第14—15页。
② 李工真：《纳粹德国流亡科学家的洲际移转》，《历史研究》2005年第4期。

训练，课程需要重新改编。① 纳粹时期的德国，不但将民族的文化思想推向深渊，而且也对大学内部的学科专业进行了近乎毁灭性的摧残。

"文化清洗运动"使数以千计的大学教师被解雇，甚至是被驱逐出境，从而对德国大学的学科造成沉重打击。如表 5-15 所示，按照学科分类，其中被解雇超过 100 人的，就有医学、社会科学、法学和物理学这四个学科，其中医学被解雇学者多达 412 人。另外，文献学、语言学、化学、技术学、历史学、数学、生物学、物理化学、心理学、艺术学及艺术史等学科被解雇的学者都多达 50 人以上。这些被解雇学者对于德国大学的学科专业造成怎样的影响，仅以数学学科的状况便可见一斑。1934 年，第三帝国的教育部部长伯恩哈德·鲁斯特问数学家大卫·希尔伯特，在清除了犹太数学家之后，享誉世界二百年的数学中心哥廷根遭受了怎样的创伤？"创伤？"希尔伯特回答："它没有遭受创伤，部长。它消失了！"②

表 5-15　被解雇学者的学科分类（不包含零散的知识分子）　　单位：人

学科	人数
医学（Medicine）	412
社会科学（Social Science）	173
法学（Law）	132
物理学（Physics）	106
文献学、语言学（Philology）	95
化学（Chemistry）	86
技术学（Technology）	85
历史学（History）	60
数学（Mathematics）	60
生物学（Biology）	53
物理化学（Physical Chemistry）	52

---

① Hartshorne, Edward Yarnall, *The German Universities and National Socialism*, Cambridge: Harvard University Press, 1936, pp. 106–107.

② ［英］彼得·沃森：《德国天才（4）：断裂与承续》，王莹等译，商务印书馆 2016 年版，第 55—56 页。

续表

学科	人数
心理学（Psychology）	51
艺术学及艺术史（Art and Art History）	50
哲学（Philosophy）	33
神学（Theology）	32
农学（Agriculture）	26
地质学（Geology）	24
教育学（Pedagogics）	13
药物学（Pharmacology）	11
不确定（Uncertain）	61

资料来源：Hartshorne, Edward Yarnall, *The German Universities and National Socialism*, Cambridge: Harvard University Press, 1936, p. 98。

可见，纳粹对于数学和数理物理学（mathematical physics）的打击是毁灭性的。1933年4月至11月，哥廷根大学的数学研究所多数成员纷纷迁至美国、英国和其他地方。理查德·冯·米塞斯（Richard von Mises）应土耳其政府邀请，来到伊斯坦布尔，建立起来理论与应用数学研究所（institute for pure and applied mathematics）。与数学一样，在1933至1939年，德国的物理学和化学同样遭受重创，许多著名的科学家被政府解聘或驱逐，如爱因斯坦，德拜，博恩，费米和薛定谔。[①] 在德国大学科学家大量逃往国外的情况下，以美国为代表的诸多有识之士发动起了轰轰烈烈的救助运动。1933年5月初，纽约国际教育研究所所长斯蒂芬·达根（Stephen P. Duggan）成立了"援助德国流亡学者紧急委员会"，旨在挽救那些因纳粹暴政而从德国大学中驱逐出来的学者的知识和研究才能，为美国科学和教育服务；美国经济学家阿尔文·桑德斯·约翰逊（Alvin Saunders Johnson）在纽约曼哈顿创办了"新学院"（The New School），以"新学院"为依托大量接收前来逃难的德国

---

① Walter Rüegg, *A History of the University in Europe: Volume 3, Universities in the Nineteenth and Early Twentieth Centuries (1800 – 1945)*, Cambridge: Cambridge University Press, 2004, p. 513.

社会科学学者，因此被称为"流亡大学"。① 在魏玛共和国时期，社会学讲座教授就曾在科隆大学、法兰克福大学、莱比锡大学和柏林大学开设。社会学也是技术大学、教师培训学院和警察学院讲授的课程。及至希特勒时期，国家社会主义将其视作犹太人和马克思主义者的捏造。以法兰克福学派而著称的德国社会学中心不得不辗转迁移，于1934年迁至纽约的哥伦比亚大学，最终于1941年再次迁至加州，在二战后产生了重大影响。② 纳粹期间，德国学科的种子不得不在异国他乡维持命脉、生根发芽。

对于继续存在于国内的学科而言，以希特勒为代表的纳粹政府也对其进行了重大改造。1937年，希特勒在哥廷根发表演说，公开宣示纳粹对于科学和知识的新理解，也就是，德国要抛弃国际的科学，要抛弃国际的学问共和国，要抛弃为科研而科研。教医学和学医学，不是要增加细菌的数量，而是要使德国人民保持强壮和健康；教历史和学历史，不是要说事情实际上是如何发生的，而是要使德国人民了解过去；教科学和学科学，不是要发现抽象的规律，而是要磨快德国人民和别国人民竞争的工具。③ 这充分体现出国家社会主义对理论科学的偏见，以及对实践科学的热衷。

对于纳粹来说，大学学科发展有着各自不同的身份。首先，直接实用的科学相对其他科学来说最为重要；其次，远离实践的科学部分，要演变为宣传的工具；最后，非实用的学科，也不可用于宣传的，往往会被忽视。在科学工具化的过程中，那些以追求纯粹科学知识的学科分支，必然被那些以实用为目的的学科所压制。哲学在博士考试中被剔除，就是一个鲜明的例证。在纳粹支持下，德国大学的科学明确划分为"德国科学"和"犹太科学"。这种分类在诺贝尔奖获得者、德国物理学家勒纳德教授《德国物理学》（*Deutsche Physik*）的前言里得到鲜明体

---

① 李工真：《阿尔文·约翰逊与"流亡大学"的创办》，《世界历史》2007年第2期。

② Walter Rüegg, *A History of the University in Europe*: Volume 3, *Universities in the Nineteenth and Early Twentieth Centuries（1800－1945）*, Cambridge: Cambridge University Press, 2004, p. 487.

③ ［美］伯顿·克拉克：《研究生教育的科学研究基础》，王承绪译，浙江教育出版社2001年版，第14—15页。

现，也因此而臭名昭著。该著作对英国以及其他国家科学家极尽嘲笑，并宣称"雅利安物理学"（Aryan Physics）是穿透现实和完成真理探索的物理学，那些认为科学无国界且无止境的看法是错误的。与其他人类的产出一样，在科学世界里是具有种族性，并受制于血液的。就应用科学而言，"德国科学"和"犹太科学"在纳粹那里泾渭分明。纳粹理论家恩斯特·克里克（Ernst Krieck）针对医学专业发表意见，他认为，无论一个医生医术多么精湛，如果没有认清和执行新德国的政治种族哲学（political-racial philosophy），就不是好医生，这一信条应当成为大学教育的主要目标。① 在纳粹看来，"健康"意味着政治权力，意味着体质、基因和种族优生。为此，要求大学对课程做出诸多调整，尤其强调种族卫生学、优生学和军医的培养，包括空袭的影响与防御毒气战。进一步，体力活动受到更多的重视，学生们被要求去工厂、医院和部队的特殊部门工作。医学院的师生最终接受了1933年7月14日法案，法案要求彻底消灭那些影响种族优越性的遗传病基因携带者。这就是所谓的种族健康安乐死计划。这些行为最终影响到二战后出现的医学院道德委员会。② 当道德与学术不但分离，而且背道而驰的时候，学术必然会演变为刽子手的帮凶，学术资本也就彻底沦为罪恶的撒旦。

在政治高压下，德国大学往日自由组织的核心元素已经消散。免受外部政治权力干预的诸多特权也已随风而去。在外部政治伦理的干预下，半自治的管理和传统的教师独立轰然倒塌。在某种意义上，科学已经成为世俗神权政治的政治神学（political theology）。哲学再次成为神学的婢女（ancilla theologiae）。意见分歧被视为异端学说，反对国家信仰的异端学说即为背叛。③ 出于种族原因，纳粹驱赶了大量学者，直到战争结束后，党魁和一些军事将领才意识到不应再继续无视科学及一些天才专家，但悔之已晚。所谓的国家社会主义科学，抑或说"德国科

---

① Hartshorne, Edward Yarnall, *The German Universities and National Socialism*, Cambridge: Harvard University Press, 1936, pp. 111–114.
② ［瑞士］瓦尔特·吕埃格：《欧洲大学史》（第3卷），张斌贤等译，河北大学出版社2014年版，第635—638页。
③ Hartshorne, Edward Yarnall, *The German Universities and National Socialism*, Cambridge: Harvard University Press, 1936, p. 153.

学"，例如军事研究、种族研究、史前史与古代史、特殊人种学，还包括其他一系列庞杂的因教学人员的因素而得到执政党批准的学科，都只不过是科学臆想的大杂烩，是不可能产生出一种系统深邃的理论和世界观的。德国的文化思想和学科专业在纳粹政权的反复摧残下，最终从没落走向毁灭。

在德国，政党、政府和军队的领导者始终相信杰出的发现与发明只靠个别杰出的研究者就能实现。但是在美国，研究是一个部门中的科学家团队共同努力的结果，他们不断交换信息、分享成果。1944年，德国国家研究所下拨了360万马克的研究经费，美国则是4亿美元。在射频工程领域，美国的资助是德国的10倍，而在制冷——冷冻食品方面——德国仅为美国的4%。其他各领域的情况也大同小异。1945年后，有1/3的研究者和教师由于卷入"第三帝国"的工作而被迫辞职。魏玛共和国几乎没有留下年轻力壮且清白的学者：其中1/3被驱逐或被杀害，另外1/3则由于年事已高而未被列入名单。这样，在1946—1947年重建时期，只留下一些年轻而且缺乏学术训练的学者来主持工作。德国科学家，以及作为科学用语的德语，全都失去了其在科学共同体中的主导地位。[①] 至此，德国高等教育强国的地位已被美国完全替代，作为德国时代的高等教育也已成为历史的记忆。

第四节 结语

一 国家支持与现代大学学术资本发展

国家支持、学术自由、教授治校是19世纪初以柏林大学成立为标志的德国高等教育发展的基本特色，也是德国作为欧洲大学之林中产生大学较晚的后发国家，一跃成为欧洲高等教育强国并蜚声世界的重要原因。但是这三种基本特色中的至少两种，亦即学术自由和教授治校，在俾斯麦建立德意志帝国后便遭遇严重危机，往日学术自由之风不在，教授治校被官僚体制所替代。尽管从1870年之后，德国大学拨款的数额

---

① [瑞士]瓦尔特·吕埃格：《欧洲大学史》（第3卷），张斌贤等译，河北大学出版社2014年版，第709—714页。

不断增加，但是伴随入学人数的不断扩张，大学经费的相对数量不但没有增加，反而不断减少。与德国政府对大学拨款绝对数量的不断减少相对应的，是美国在 1862 年颁布了《莫里尔法案》，联邦政府开始意识到大学在社会发展中的作用，并为大学发展注入资金，一批赠地学院在联邦政府和州政府的共同呵护下产生并茁壮成长。州的边界就是大学的边界，让赠地学院开创了大学服务社会的第三种职能。从此，高等教育的天平开始向美国倾斜。数以万计的美国人在 19 世纪来到德国，把德国大学发展科学的精髓带到本土并进行创新性改造，从而使美国高等教育逐渐代替德国高等教育，走向世界高等教育之巅。

自中世纪大学以降，伴随民族国家的独立并日益壮大，不同国家开始采取不同的大学治理策略。自大革命以后，法国政府对大学进行了革命性改造，新建高等教育机构一直没有摆脱政府监控，这不能不说是法国大学由盛转衰的一个重要原因。当学术自由不在，当大学自治无存，想要大学进行学术上的创新并能引领世界，无异于缘木求鱼、镜花水月。英国政府几乎走了一条与法国截然不同的道路，政府长时期对大学发展漠不关心，以至整个英格兰只有牛津和剑桥大学长达六个多世纪，到了 20 世纪初期，英国政府才开始成立大学拨款委员会，对大学发展进行资助。大学与政府若即若离的关系，使牛津和剑桥尽管在世界高等教育发展史上没有起到诸如柏林大学似的重大引领作用，但是它们作为世界高等教育的一个重要分支能够绵延至今。19 世纪上半叶，德国政府结合了英法两国的特点，亦即将大学纳入政府管理，并给予大学自治和学术自由。最为重要的是，相对英法两国，德国政府对大学注入了大量经费。既给予自治和自由，又给出巨额拨款，这是德国大学的学术资本能够迅速积累的重要原因。然而，这种状态伴随俾斯麦执政，一切都戛然而止。

到了希特勒时期，大学完全归由政府管理的弊端开始暴露无遗。长时间在政府温室中生存的大学组织，一遇到外部社会的狂风暴雨便花落树折。因纳粹政府的种族歧视，德国不但流失了世界上最优秀的学者，而且也丧失了世界上最优秀的学科。无论是学者还是学科，都是学术资本依存的重要主体和平台。一定程度上，美国高等教育正是吸纳了德国流失学者和学科的多数，才能够迅速代替德国成为世界高等教育的重心。但是，美国之所以代替德国高等教育强国地位的原因，远远不止这些。仅就大学与国家的关系而言，德国就明显处于劣势。德国政府高压政策与资助减少，与美国政府宽松环境与资助增加，在19世纪70年代以后形成了鲜明对比。除此之外，美国大学还拥有无数富可敌国的私人财团提供资助，这都是德国大学所不具备的。应该说，一直到20世纪70年代，创业型大学开始产生之时，在此之前的大学发展都具有高度的外部依赖性。换言之，大学只是高深学问的传承、创新和应用机构，其基本的生存费用要么依靠政府拨款，要么依靠社会捐赠和学费，要么兼而有之。当学术资本的交换对象只有政府时，当政府不可信赖时，大学必然陷入发展困境，俾斯麦之后的德国大学就是这种情况；当学术资本的交换对象除了政府，还有无数民间团体、公司企业时，大学发展的空间就会扩展，政府再施以巨额资助，大学就会迎来发展的春天，1862年之后的美国大学就是这种情况。

二 学科交叉与现代大学学术资本发展

学科发展自有其内在逻辑。在亚里士多德时期，无论是高等教育机构还是学者，不存在分科教学的现象。换言之，在那个时期，知识是一个统一的整体。也正是因为这样，才能够出现"上知天文，下知地理"百科全书式的人物。中世纪大学率先实现了在高等教育机构内的分科建制，文、法、神、医各自成立学院，且以"三科四艺"为主体的文学院作为基础学院，其他三个学院作为高级学院。在神学统摄下，大学内部的学科分化与整合异常缓慢，整个中世纪大学时期，除了法学院分裂出世俗法和教会法以外，大学内五个学院的学科建制维持了数百年之久。19世纪初期，伴随德国大学制度改革，文学院易名为哲学院，并上升到与法学院、神学院和医学院同等的地位。这样，为"三科四艺"的裂变与整合提供了制度基础，打破了长期以来"三科四艺"是低层次学科，即使是有新的知识增长点也无人问津的基本认知。费希特等人将中世纪传统博士进行改造，设立了哲学博士，更是为哲学院内部的学科分化与整合插上了翅膀。尽管在整个19世纪，大学内部的学院设置没有明显增加，但是哲学院内部学科的分化与整合已经成为不可阻挡之势。自然科学、社会科学和人文科学都可以从哲学院分裂整合而出，这些学科都可以授予冠名为哲学博士的高级学位。

以哲学代替神学在大学中的统摄地位，为现代科学的解放和不断发展提供了重要契机，德国大学在这次学科转向中独领风骚。在19世纪的上半叶，在政府财力的支持下，德国大学内的学科以习明纳和研究所为依托，以讲座教授制为统领，实现了学科发展上的欣欣向荣。然而，正是这种制度安排成为俾斯麦之后大学学科发展的桎梏。声名显赫的讲座教授作为习明纳和研究所的唯一领导者，掌控着组织内部的财政权、人事权及实验设备的使用权等，讲座教授的就任和离任，都要与邦政府进行无数次的协商，每一个讲座教授都要配备必要的人力、物力。这种"教授权威"高度膨胀的制度安排，压制了底层学科分化的活力。每个讲座教授都要配备一套人员设施，也使得政府无力支持学科的无限分化与整合。每个习明纳和研究所在讲座教授的带领下，逐渐形成大学内部的一个个壁垒，不利于文理交叉，也不利于学科融合。19世纪来到德国学习的美国人，把哲学博士、学术至上等理念带回，把习明纳的研究方法带回，但是他们并没有照搬以讲座教授为统领的校内组织设置，而是在学院下面设立学系。民主、平等的学系为美国大学的学科分化和整合提供了重要平台。此外，尽管美国把哲学博士带入本土，但是在大学内部并没有形成一个以哲学为统摄的学科发展样态。科学代替哲学成为美国大学高深知识发展的学科坐标，也正是基于此，美国大学的学科才能够突破哲学的樊篱，设立了一系列以职业应用为导向的专业博士。在德国大学坚持哲学博士独大之时，专业博士开始与哲学博士共同成为美国大学发展的车之两轮、鸟之两翼。

三　公平竞争与现代大学学术资本发展

大学学术的发展需要竞争，尤其是需要公平竞争。只有竞争才能够使学术永葆活力，只有公平竞争才能够使学术百花齐放，尤其是当大学成为国家的一个组织部门，大学教师拥有国家公务员身份的时候，公平竞争之于学术发展更为重要。

俾斯麦之后的德国大学渐渐失去了竞争的氛围。往日，编外讲师通过收取讲课费谋生，他们可以在教学中与讲座教授站在一个平台上进行竞争。这种公平竞争从讲座教授黑格尔与编外讲师叔本华的争执可见一斑，也可以从黑格尔和宿敌康德学派的弗里德里希·雅各布·费利斯的竞争中看出。因为听课人数不仅反映出他们的学说能否在同时代产生共鸣，而且也决定着他们的生活水准，所以当黑格尔将自己班上的学生数与费利斯的学生数对比后喜忧参半，由此可见编外讲师对讲座教授的冲击力。[①] 但是，伴随大学讲座教授的权威逐渐强势，讲座教授职位的相对数量越来越少，编外讲师的职位越来越多，讲座教授和编外讲师的公平竞争已成过往云烟，讲座教授日益成为坐享政府高薪、日益慵懒的食利者，编外讲师渐渐成为生活无依无靠、前途惨淡的打工仔，终身能否晋升讲座教授全靠碰运气。编外讲师竞争教授职位，犹如赌徒般激烈且充满不确定性。在这种生态下，学术走向滑落实属必然。

俾斯麦之后的德国大学，不但在教师之间缺乏公平竞争，而且在大学和学生之间也缺乏公平竞争。在19世纪的德国，并没有形成诸如哈佛和耶鲁、牛津和剑桥、东京和京都、北大和清华等类似的国内大学竞争架构，柏林大学一家独大。这种高等教育系统在发展中，一方面会养成独大者唯我独尊，另一方面也会造成组织发展的高度不确定性。18世纪末期，正是巴黎大学长期在法国的一家独大，才使得其被强行取缔后，法国丧失了高等教育的领导地位。同样，希特勒战败后，柏林大学伴随国家分裂而一分为二。柏林洪堡大学和柏林自由大学再也没能创造出昔日柏林大学的辉煌。19世纪后半期，德国大学入学人数不断攀升，然而与这种趋势相悖的是，大学越来越排斥穷人，更为严重的是，希特勒时期，种族成为学生进入大学不可逾越的障碍。学生是大学教师未来之补充，而且是大学学术增长的生命力，以贫富和种族将其排除在外，大学无异于自断后路。与俾斯麦、希特勒等政府的政策相反，美国联邦政府和州政府不但对贫穷子女进入大学提供资助，而且对少数族裔的子女予以政策倾斜。两国学术发展后劲判若云泥，高等教育中心地位发生转移也就不难理解。

---

① 胡钦晓：《社会资本视角下19世纪柏林大学之崛起》，《华东师范大学学报》（教育科学版）2008年第1期。

第六章 从学术资本到学术资本主义：动因、表现及展望

第一节 从学术资本到学术资本主义：以美国高校为中心

学术资本作为高校多样资本的一个最为基础、最为重要的资本形式，与经济资本、社会资本等其他资本形式一样，在大学发展中同样发挥着正面和负面的作用。水能载舟，亦能覆舟，学术资本在大学发展中承担着内部动力与外部交换的双重责任，但是当这种动力为物质利益所驱使，当这种交换丧失了基本的道德规范或制度约束时，学术资本就会成为脱缰野马，将大学带入物欲横流之地。一定意义上，中世纪后期，欧洲传统大学的没落主要是源于学术资本化程度不断加深、扩展，直至演变成具有普遍性的、类似于今天的学术资本主义潮流。18世纪末期，以巴黎大学为代表的法国22所传统大学被政府强行取缔，正是大学忘却自身主要职责，在追求经济利益或（和）政治利益的道路上越走越远，最终走向穷途末路。

如果从1793年巴黎大学被法国政府取缔算起，世界大学的发展走到今天，已经有超过两个世纪的跌宕历程。粗略划分这两个世纪的世界高等教育发展史，毫无疑问，德国大学和美国大学各领风骚一百年。19世纪初期的德国大学在内忧外困中，凭借其创新性的学术资本发展，使德国从一个欧洲高等教育后发国家，一跃成为引领世界高等教育发展的强国。俾斯麦之后，德国大学在发展到巅峰之后开始逐步走向滑落。两次世界大战使德国大学的学术资本更是遭遇重创。19世纪70年代，德国大学从巅峰开始走向滑落之时，正是以赠地学院运动为标志的美国大

学群落开始崛起之时。19世纪末20世纪初，伴随哈佛大学、耶鲁大学、普林斯顿大学等传统私立研究型大学的现代化改造，斯坦福大学、芝加哥大学、约翰·霍普金斯大学等现代私立研究型大学的次第崛起，以及康奈尔大学、MIT、威斯康星大学等赠地学院的半个世纪的发展，一个百舸争流的美国大学群落已经蔚为壮观。

　　历史发展总是表现出惊人的相似，大学发展亦然。如果从芝加哥大学（1890年）、斯坦福大学（1891年）的创办算起，美国大学占领世界高等教育之巅也已经长达一个世纪。在这一个世纪里，与德国19世纪70年代俾斯麦执政后大学开始从巅峰走向滑落一样，20世纪70年代美国大学开始遭遇自产生以来的最大冲击——学术资本主义。尽管我们尚不能断定学术资本主义是否会将美国大学引入穷途，并进而失掉世界高等教育领跑者的角色，因为美国复杂多样的高等教育系统自身具备一定的修复功能。但是，从中世纪大学和德国大学走向没落的历史分析中不难看出，学术资本主义乃学术资本发展之恶，学术资本主义乃大学发展之恶是毋庸置疑的。20世纪70年代，伴随全球高等教育经费拨款的缩减，学术资本发展表现出两个明显不同的进路：其一，从学术资本发展到学术资本主义，这是学术资本展现恶的一面。换句话说，学术资本愈益走向学术资本主义，大学发展也就愈益走向困境。其二，运用学术资本生成创业型大学，这是学术资本展现善的一面。也就是说，在政府支持不再可靠的情况下，大学主动运用自身的学术资本获取发展资源。本章的重点在于分析前者，学术资本生成创业型大学将在下章专门论述。

　　这里之所以选择以美国高校为中心，主要是基于以下原因：第一，从大学发展演进来看，在本书之前研究的基础上，选择美国高校可以对学术资本形成一个连贯性、系统性认知。在分析学术资本与大学发展的前期论述中，我们先后选择了学术资本与中世纪大学，学术资本与德国大学进行研究。如果按照大学职能演进的先后顺序来划分，中世纪大学聚焦于培养人才，德国大学则是以发展科学为鹄的，美国大学开拓了大学的第三种职能，成为大学服务社会的策源地，因此在对中世纪大学和德国大学进行研究之后，分析美国大学的学术资本发展，会使本书形成一个连续性、系统性的论述，亦即按照"中世纪大学

（培养人才）→德国大学（发展科学）→美国大学（服务社会）"的演进理路来层层推进，这样更容易把握学术资本与大学发展的基本规律。

第二，从当今世界大学学术资本的存量来看，选择美国高校为研究对象更加具有代表性。尽管20世纪70年代以来，美国高等教育遭遇到学术资本主义的冲击，但是从目前来看，美国大学群落仍然是占据在世界高等教育之巅。尽管学术资本与社会资本一样是很难精确度量的，但是从大学整体发展来看，美国高校的学术资本仍然是世界上最为丰厚的，这也是毋庸置疑的。这从目前公认的世界四个权威大学排行榜的数据中就不难看出。按照2019年QS世界大学排名，在前20位的大学中，美国占据了11所；按照2019年泰晤士高等教育世界大学排名，在前20位的大学中，美国占据了15所；按照2018年世界大学学术排名（上海软科），在前20位的大学中，美国占据了16所；按照2019年US News世界大学排名，在前20位的大学中，美国占据了16所。

第三，从学术资本主义理论来看，美国学术界是该理论产生的温床。希拉·斯劳特、拉里·莱斯利是学术资本主义理论的最先提出者。事实上，斯劳特和莱斯利在使用学术资本主义这一概念时是非常犹豫的。关于学术资本主义这一术语，他们曾经与同事有过无数的长时间的讨论。尽管有些人认为这个术语是合适的，但也有一部分人认为这个术语是不合适的，因为它带有与企业阶级达成浮士德式（出卖灵魂）协定的强烈意味。反对者认为，学术资本主义唤起的是更强烈的剥削学术劳动力的印象，而非由目前高等学校里的实践所保证的那种。最终，因为没有人能想出更精确的术语，斯劳特和莱斯利决定使用学术资本主义，而非学术创业主义或创业活动，来表达利益动机对学术界的侵入。他们将学术资本主义界定为：为保持或扩大资源，教学科研人员不得不日益展开对外部资金的竞争，这些资金用来进行与市场有关的研究，包括应用的、商业的、策略性的和有目标的研究等，不管这些钱是以研究经费和合同的形式、服务合同的形式、与产业和政府合作的形式、技术转让的形式，还是以更多的、更高学费的学生的形式。院校及其教师为确保外部资金的市场活动或具有市场特点的活动即为学术资本主义。①在斯劳特和莱斯利看来,学术资本主义是一种类似于人力资本的概念,进一步来说,学术资本主义就是将学术资本看作一种特殊商品的活动。尽管斯劳特和莱斯利在使用学术资本主义概念时,有意规避了企业阶级性质"出卖灵魂"的强烈意味(而这恰恰是学术资本主义最为本质的一个特征),但是作为学术资本主义理论的最先倡导者,其研究为该理论的进一步辨明提供了基础性的理论框架。

第四,从学术资本主义的实践产生来看,美国高校不但是先发者而且也是普遍流行之地。斯劳特等认为,所谓学术资本主义理论是对高校融入新经济过程的解释。② 换言之,学术资本主义理论的产生来自于美国高校发展的现实实践。在整个20世纪的世界高等教育发展中,无论是相对高等教育先发国家的德国、法国、英国、意大利来说,还是相对高等教育后发国家的日本、苏联、中国而言,美国高等教育的市场化,甚至是商业化,不但起步早而且影响也更为深远。哈佛大学前校长德瑞克·伯克(Derek Bok)认为,远在20世纪初,芝加哥大学就定期刊登广告招生;宾州大学也曾设立公关室,负责提高该校的知名度;1905年,哈佛大学为了训练替学校赚进大把钞票的美式足球队,特别聘请一名26岁的教练,他的薪水竟然与校长不相上下,是正教授的两倍。美国大学商业化的今昔之别,不在于此一现象的存在与否,而在于它的涵盖范围与普及程度。1970年之前,大学校长偶有市侩作风,会运用广告或借助某些商界做法。但是这些现象当时只存在于校园生活的边陲地带,如一些体育活动、函授与进修课程等。可是现在,资讯系、生化系、企管系和其他许多科系的教授无不利用各种学术活动赚钱。商业挂帅的现象如今不仅见之于大学运动校队及校务发展室,还扩及理学院、商学院、推广教育中心及校园内的其他学术单位。③ 正是美国大学商业

---

① [美]希拉·斯劳特、拉里·莱斯利:《学术资本主义》,梁骁等译,北京大学出版社2014年版,第8页。
② Slaughter, S. and Rhoades, G., *Academic Capitalism and the New Economy: Markets, State, and Higher Education*, Baltimore: Johns Hopkins University Press, 2004, p.1.
③ [美]德瑞克·伯克:《大学何价:高等教育商业化?》,杨振富译,天下远见出版社2004年版,第24—25页。

化的涵盖范围和普及程度不断增加，才使得学术资本主义产生并逐渐盛行。

第五，选择以美国高校为中心并不排斥对其他国家高等教育的发展分析。之所以是以美国高校为中心，就是要强调主要研究对象是美国的大学和学院，但是绝不仅仅局限在美国高等教育的范畴之内。在学术资本主义现象滋生的其他国家，譬如英国、澳大利亚等国家的高等教育同样也会涉及。

在梳理学术资本的概念时，我们曾对"学术资本""学术资本化"和"学术资本主义"三者进行了区分。但是，在分析从学术资本到学术资本主义演进的历程时，还需要进一步确定学术资本与学术资本主义的基本边界。结合前期研究成果，我们认为，趋利取向是学术资本与学术资本主义最为重要的行动边界。这里的趋利取向绝非仅仅是为了追求商业化的经济利益，还应当包括对政治利益、社会等级、社会声誉等其他利益的追逐和摄取。同时，趋利取向也绝非仅仅是为了提高收益，还应当包括为降低成本而不顾质量的诸多行为，譬如为了降低培养成本无限制扩大课堂规模等。具体而言，可以从以下几个层面对学术资本和学术资本主义进行区分。①在大学发展中，是以学术发展为宗旨，还是以逐利（或是减支）为宗旨。大学是从事高深学问的机构。因此，大学应以学术发展为宗旨，始终坚持通过学术培养人才，通过学术发展科学，通过学术服务社会。以逐利（或减支）为鹄的，学术资本主义笼罩下的教育机构充其量只能被视作"学店"而非大学。②在学术资本对外交换中，其导向是有利于学术创新，还是压制甚至损害学术创新。学术创新是大学得以生存发展的根本保障。如果一所大学传授的知识不再具有稀缺性，大学内部不再具有创新思想和创新意识，那么这所大学的没落将不可避免。③在学术资本对外交换中，是真正通过学术获取合法性利益，还是假借学术的名义进行纯商业行为。大学不是物质生产和销售部门，但是大学生存发展不能缺失经济支持。通过学术发展获得外界认可和支持，恰恰是大学发展自身的基本方略。但是，这种获取合法性利益是有其限度和边界的，一旦跨越限度和边界，超越了大学组织的特质，就会产生学术资本主义现象。大学不是名利场，过度追名逐利最终伤害的是大学自身。④在学术资本对外交换中，是否以互惠、利他主义抑或是公共福祉的思想作为行动的指导。学术乃天下之公器。现代大学从产生至今，已经走过千年的历程，之所以能够绵延至今，与其从事高深知识的公共福祉性密切相关。无论是公立大学，还是私立大学，在学术资本交换中都不能够丢失利他主义和公共福祉思想。从长远来看，这种思想指导是确保大学基业得以常青的重要元素。⑤在学术资本对外交换过程中，是否注重组织和个人的学术声誉。学术声誉本身就是学术资本的一个重要组成部分，相对学术成就，一般来说学术声誉的获得更为漫长（当然一夜爆得大名的也不乏其人）。无论是组织还是个人，在学术成就对外交换中，如果能够考虑一下是否会对其学术声誉造成损害，那么一般就不会陷入学术资本主义的泥潭。

在德瑞克·伯克看来，美国高等教育商业化现象的拐点出现在20世纪70年代。尽管在此之前美国高校也存在着诸多商业性行为，但一般来说是局部的、边缘的。20世纪70年代之后，这种商业性行为演变为一种全局性，并直达学术组织的核心。从"商业性"到"商业化"的演变，一定意义上也是从学术资本到学术资本主义的演变。这种演变的动因是多元的，既是政治、经济、文化等外部力量裹挟的结果，也是大学组织管理者、教师和学生内部驱动的结果。

第二节 演进动因：外部裹挟与内部驱动

一 政治、市场、文化、教育等外部力量的裹挟

（一）政府力量的推动

自中世纪以来，政府抑或是政治的力量就在大学的产生、发展中扮演着重要角色。教权、王权、学权的三足鼎立，曾经被认为是稳定中世纪社会的基本权力架构。但是伴随教会权力的逐渐式微，世俗王权的日益张扬，大学权力也随之凋敝。大学作为现代国家的一个部门，其发展模式受到政府力量的强烈影响。以德国、法国、意大利为代表的欧洲高等教育先发国家，均以国家权力的强势介入而直接影响着本地区的大学发展。英美国家的高等教育发展路数，与德国、法国、意大利有着很大不同，政府力量通过经济资助在大学产生和发展中发挥明显作用，都是非常晚近的事情，英国以1919年的大学拨款委员会成立为标志，美国

则是以1862年《莫里尔法案》出台为标志。伴随政府力量对大学发展的强力支持，尤其是足额的公共拨款支持，英美两个国家的大学与政府度过了很长一段时间的关系和谐期。但是，20世纪70年代以后，两国政府对于大学经济支持的力度和方略均发生了质的变化，在英国是以撒切尔夫人于1979年就任首相为标志，在美国则是以里根于1981年就任总统为标志。

1979年，撒切尔夫人就职三天内，英国大学的预算就被砍掉1亿英镑。1980到1984年间，政府给大学拨款委员会（提供给英国大学大约90%的运营经费）的拨款中17%被挪走，4000个学术岗位被取缔，取缔的原因大部分是由于政府资助的学术岗位提前退休所导致。而且从1985年起，大学的预算每年减少2%。20世纪80年代中期，英国企业领导与撒切尔政府共同在高等教育中建立了一种企业文化。1992年英国的二元制高等教育体系被政府取消。在以往，教学和研究，曾经被认为是大学资金的单一职能，现在被加以区分，分别以一种独立的招标制度划拨给院校。教学经费取决于本科生的人数和质量评价，质量评价看的是量化结果，并且由校外机构来完成。以前包括在大量自动拨给大学的院校经费中的研究款项被拿走了，对研究的竞争向作为一个整体的体系开放了。取消二元制这种方式是通过允许声望较低的理工学院和一般学院与大学公开竞争，减少大学高额的费用。[①] 撒切尔政府对英国高等教育大幅度削减拨款，并将企业化竞争引入大学，开启了现代国家不再包办教育，尤其是不再包办高等教育的历史先声。在英国政府率先将削减经费与企业化运作相结合影响大学发展的时候，德国、法国、意大利等资本主义国家以及社会主义国家的高等教育仍然从政府获得绝大部分的生存资源，高深知识的传承、发展、创新及应用仍然被视为一项公益事业，不但与市场化竞争无缘，而且也与牟利取向相去甚远。

相对欧洲大陆国家而言，美国政府对高等教育的支持几乎与撒切尔政府同步。里根政府先后出台的经济政策，将美国大学引入一个公共资金锐减的时代。里根经济政策通常意味着国家福利职能的资金减少，意

---

① ［美］希拉·斯劳特、拉里·莱斯利：《学术资本主义》，梁骁等译，北京大学出版社2014年版，第35—38页。

味着简化政府职能，通过政策促进公共部门实体的私有化、放松管制和商业化，或利用公共部门潜在的利润要素产生财富。换句话说，它意味着多种组织形式的创新，为公共和私人创造财富搭建桥梁。里根经济政策对美国高等教育产生了重要影响。联邦政府通过立法，改变了大学知识产权的传统立场，也就是说，在传统上知识产权是大学对知识追求的副产品，现在知识产权则是大学通过知识赢得外部资金的一个主要动力。20世纪80年代，联邦政府与国会共同制定了一系列政策，旨在促进商业和高等教育之间建立更为紧密的联系。其目的在于提升美国公司企业的经济竞争力。联邦政府对大学研究的资助策略反映了这一变化。大学在应用研究资金和发展资金中所占的份额不断增加，社会科学在国家科学基金中的份额被削减了一半，国家艺术基金也相应减少，然而生物技术和工程的资金却大幅度增加。[①] 政府减少不实用的社会科学和艺术基金，增加应用科学和技术的研究资金，尤其是增加应用性较强的生物技术和工程基金，无形中就反映出政府对知识价值的态度。那些应用性、可以带动经济发展的技术知识在政府心目中的位置，逐渐取代了传统上以探寻真理为目标的"纯粹知识"，知识的价值在国家层面开始以金钱而非用文化来衡量，这为学术资本主义的滋生提供了宏大的外部环境。

　　20世纪70年代以后，基础科学不再是联邦政府优先资助的对象。这段时期，美国经济增长开始缓慢，同时面临欧洲与日本工业的强力竞争，促使美国国会寻求刺激经济增长的方法，意图将大学的创新性研究与美国企业发展的需求相结合。美国国会在1980年通过《拜杜法案》（*Bayh-Dole Act*），赋予大学享有联邦政府资助科研成果的专利权，而在此之前联邦政府资助的科研成果专利只能归由联邦政府享有。《拜杜法案》的出台激发了大学发明及转化科研专利的积极性，使大学更容易用公费补助的研究成果取得商业利益。美国国会与各州议会也资助各类大学与民间企业合作的创业投资，以帮助学术研究的成果转化为新的产品或生产方式。此外，政府更以赋税优惠，鼓励民间企业对大学研究项目

[①] Gary Rhoades and Sheila Slaughter, "Academic Capitalism, Managed Professionals, and Supply-Side Higher Education", *Social Text* 51, Vol. 15, No. 2, 1997, pp. 24-25.

进行更多投资。在专利政策的鼓动下，不但自然科学的专家忙着申请专利，担任公司顾问，参与股东分红，甚至直接创办公司，而且经济学、政治学、心理学等其他学科的专家，也参与到私人企业、顾问公司和其他组织，他们的专业建议均可待价而沽。学校的业务单位向商家出售专利使用权，把校名印在上衣、杯子和相关物品上；学校附设的纪念馆推出各种吸引人的摊位，贩卖这类商品。短短几十年内，美国大学进入了一个充满商机、知识可以变黄金的全新世界。① 《拜杜法案》打破了学术机构和企业之间分离的"火墙"（fire wall）。当联邦政府和州政府的规则环境发生变化以后，公司开始吸引大学的智力资源，大学教员、系科、管理者之间的松散联系，为一部分人员首先进入市场提供了先机。法案之后，更多师生及管理者卷入市场。② 凡事有利必有弊，《拜杜法案》在激发大学科研成果转化方面发挥了重要作用，但是该法案对于学术资本主义在美国大学滋生和蔓延也起到了推波助澜的作用。

1997 年，哥伦比亚大学教师学院院长亚瑟·莱文（Arthur Levine）认为，20 世纪 80 年代以降，美国政府对高等教育的支持不断下降，无论是在财政上还是在政治上。主要基于两种原因，其一这时候政府的经济也遭遇困境，没有更多的资金支持。其二，在政府看来，高等教育的重要性应该让位于监狱、医疗卫生和高速公路建设。即使在教育领域，中小学也优先于大学发展，孩子也优于成人发展。此外，莱文认为，美国政府对高等教育拨款的持续下降还有第三种理由，而且这种理由更为持久，亦即美国高等教育已经成为一个成熟的产业。美国的高等教育毛入学率已经达到 60%，政府没有兴趣将其提高到 70% 或者 80%。③ 高等教育经济学专家、纽约州立大学总校前校长布鲁斯·约翰斯通在分析联邦政府和州政府对高等教育拨款下降的原因时认为，在日益稀缺的公共资源争夺中，高等教育的优先位置在美国不断下降。在对公共资源提

---

① [美] 德瑞克·伯克：《大学何价：高等教育商业化?》，杨振富译，天下远见出版社 2004 年版，第 32—36 页。
② Slaughter, S. and Rhoades, G., *Academic Capitalism and the New Economy: Markets, State, and Higher Education*, Baltimore: Johns Hopkins University Press, 2004, p. 129.
③ Arthur Levine, "Higher Education Becomes a Mature Industry", *The Chronicle of Higher Education*, Vol. 2, No. 3, July 1997, p. 31.

出需求者的排名中，高等教育尽管重要，但却居于相对较后（至多是"中等"）的地位。约翰斯通认为，这主要是由三个相关因素影响的结果：第一种因素是高等教育要与强大的公共需求竞争，如初中等教育、公共医疗、公共基础设施、住房以及对穷困老人、孩子及其他无依无靠人的需求。第二种因素是相对中小学教育、公共基础设施或其他政治上紧迫的项目，高等教育在政治权力中的砝码不重。在欧美，著名研究型大学经常被认为是独立于政府，或是与政府和社区需求无关的机构。第三种因素是相对其他公共项目，高等教育表现出更强的自筹能力。多数申请财政投入的竞争对手，不具备高等教育收费、提供利用教师的时间和专业知识的有偿服务、出租大学资产以获得收入的能力。政治家们在考虑用有限公共经费去满足多种公共需求时，高等教育因其自筹能力而被排在后面。① 一定意义上，正是莱文总结的第三条理由（高等教育已经成为一个成熟的产业）和约翰斯通提出的第三条因素（高等教育具有更强的自筹能力），为美国大学纷纷走向学术资本主义道路提供了土壤。

事实上，在联邦政府和州政府拨款减少的岁月里，公立大学被迫勒紧裤腰带、削减项目、提高生产率，但这远远不能弥补政府补助的缺失。很多州都希望获得在公立高等教育中创造市场的力量，这使高等教育从一个基本免费的产品变成一个有一定价格即学费的商品。从联邦政府来看，学生资助的政策也发生了重大转变，已经从无偿资助演化为贷款，然后又变成了税利。联邦政府这种资助方式的转变，同时也意味着更深层次的理念转变，亦即，从把高等教育看作是一个有益于全社会的公共产品变为把它看作是一个使个体受益的商品。② 毕业税更是将学生成本分担由家长转移到学生毕业后偿还。所谓毕业税是指学生（有时只指完成学业的学生）上大学期间因为接受了政府的补贴（以低学费或免费形式，有的还可能得到额外的生活费补贴），他们毕业后整个获得

---

① ［美］D. B. 约翰斯通：《高等教育财政：问题与出路》，沈红等译，人民教育出版社2004年版，第153—155页。

② ［美］詹姆斯·杜德斯达、弗瑞斯·沃马克：《美国公立大学的未来》，刘济良译，王定华校，北京大学出版社2006年版，第64—65页。

收入期间负有缴纳收入附加税的义务。① 联邦政府对学生资助从无偿到贷款再到税利的转变，不但意味着政府试图摆脱对个人接受高等教育的公共资助的压力，而且也意味着家庭可以在子女接受高等教育中摆脱监管人的角色。毕业税的推行，让接受高等教育完全成为一种私人商品。谁受益谁还账，使知识中的公共价值被集体遮蔽，还使得家庭承担教育成本的传统做法受到挑战，知识中的交换价值被过分张扬，这些都为学术资本主义中教学商品化提供了合法性依据。

事实上，联邦资助大学科学研究是二战后美国研究型大学的重要经济来源。与联邦政府对学生补助的普惠性不同，联邦资助科学研究大部分都是以研究为导向的大学。换句话说，联邦政府把大部分科研资金投入到了少数的精英大学当中。根据国家科学基金会的统计，100所授予博士学位的大学，会得到超过联邦研发经费总数的80%。传统上，这些研究经费是通过专业领域的专家评估，以竞争的方式来分配。这种做法遵守了学术能力优先的原则，强调学术资本在大学发展中的重要作用，有利于大学之间的竞争依靠学术上的发展和创新，而非依靠其他非学术性的东西。在1980年，国会无须正式的竞争和评估，开始以大约1000万美元的指定经费资助特定的计划（主要回应研发经费资助太集中的问题），1993年该类补助已达到7.3亿美元。这种不经同行专家评估就指定经费的做法，被强烈批评为类似"政治分肥学"（pork barrel science）。② 尽管《拜杜法案》在一定程度上促进了学术资本主义滋生，但是就促进大学研发成果尽快转化为生产力而言，其积极性仍然是不容忽视的。与《拜杜法案》不同，联邦政府推出的"政治分肥学"完全是借用公平之名，对于公共支出科研经费的分赃。不经同行专家评估就指定经费，不但是对于学术能力和创新能力的无视，而且为政治介入学术、政治代替学术、滋生学术腐败等种下了诸多隐患。"政治分肥学"可能导致的结果是，大学开始增加对政治权力的游说力度，学术向权贵

---

① ［美］D. B. 约翰斯通：《高等教育财政：问题与出路》，沈红等译，人民教育出版社2004年版，第294页。

② ［美］Philip G. Altbach、Robert O. Berdahl、Patricia J. Gumport等：《21世纪美国高等教育：社会、政治、经济的挑战》，杨耕等主审，北京师范大学出版社2005年版，第156—159页。

低头;"政治分肥学"还可能导致,平均主义政策下的科研经费分配无须通过刻苦的学术创新来完成,科研经费的获取是一种自然组织应该具有的权力,最终学术向平庸低头。

在美国,政治介入学术的努力从来未曾间断。从哈佛学院产生到达特茅斯学院案,无不证明政治力量介入大学管理的方法、策略和决心。联邦政府在1940—1990年间曾尝试通过将高等教育基金提高25个百分点来将高等教育"国有化",并尝试对教育标准施加一些权力。但在大部分州,大学通过评估机构建立了自己的标准,为了便于竞争中的比较,大学越来越选择接近企业质量管理的统计经验主义。1987年,美国国会设立旨在"促进美国商业的竞争力"的国家质量奖,2002年,由总统乔治·布什和商务部部长堂·埃文斯(Don Evans)颁奖的组织是威斯康星大学的一个区域分校和设在田纳西金丝伯特和圣安东尼奥的两个学校管区。在政府看来,所有的质量都是相似的,一家快餐连锁店,一个私有化的支票生产公司,一个天主教学校管区,可以和一所大学相提并论。① 政府将促进商业竞争力的国家质量奖颁发给高校,将高校视作快餐连锁店或者生产公司,是从管理层面推进学术资本主义在美国高校的盛行。

(二)市场经济的催化

从历史上看,德国、法国等近代欧洲大学在传统上是由国家给予经费支持,大学可以专心于人才培养和发展科学,不必为衣食而忧。"二战"之前,私人赞助者以相似方式资助美国除赠地学院以外的大部分高等教育机构。1945年以后,联邦政府开始代替私人赞助者的角色,承担起大学学术研究资助的更大份额。大学认为这种支持已被增进知识的内在价值正当化,但是,政府机构提供这些资金主要是为了促进它们自己的使命。20世纪70年代的大部分时间,高等教育渴望联邦政府能够恢复其20世纪60年代的慷慨资助。但是大学寻求资源不得不由政府转向市场。② 寻求资源的主要途径由政府转变为市场,这一特征在美国公

---

① [美]埃里克·古尔德:《公司文化中的大学》,吕博等译,北京大学出版社2005年版,第20页。
② [美]罗杰·盖格:《大学与市场的悖论》,郭建如等译,北京大学出版社2013年版,导言第2页。

立大学中表现得尤为明显。在 20 世纪 90 年代初期，因美国经济不景气造成公立高等教育经费被削减，是二战以来前所未有的。1992 年，各州不顾在公立大学注册学生数增加 5% 的事实，拨给高等教育的公款比前两年更低。到了 20 世纪 90 年代中期，各州的经济状况与大多数的州政府拨付高等教育的经费已恢复到原来的规模，但是这种表面上的恢复却是骗人的，因为如果把通货膨胀计算在内，测算出 1995 年度的州政府拨款总额其实比 1990 年度还低了 8%，且不论学生在公立大学的注册人数已经提高了 6%。① 与大学招生人数持续增加相悖的是，政府实际拨款在不断减少，这一现象是将大学教学活动推向市场的一个重要原因。反过来，大学教学的市场化运作，也使大学自身渐渐远离了培养人才的公益性。市场经济成为促进教学学术资本主义的催化剂。

高等教育是文化知识的宝库，是快乐体验的场所，是社会平等的推动者，这一切代表了一股强大的潮流，但是这种潮流最终被经济至上的漩涡所吞噬。② 被经济至上所吞噬的不仅是大学的人才培养，还包括大学的科学研究。政治经济变化的全球性、结构性已成为社会大势所趋，不大可能消失而让我们回到往日。跨国公司开始主宰世界经济，为保持在市场中的竞争力，这些公司越来越多地求助于研究型大学，以取得科技产品和工艺到全球经济中销售。③ 尽管科学研究与工业联姻早在斯坦福大学、MIT 等成立不久便开始出现，但是两者普遍性地结合而且是跨越国家的全球化联合却是 20 世纪 80 年代以后的事情。科学研究与工业联姻促进了教学研究人员直接深入市场，从而取代了 19 世纪法国巴斯德式的科学研究。研究人员致力于将基础研究与应用研究相结合，在发现诸如狂犬病、鸡霍乱、炭疽病、蚕病等疫苗后，不是将这些疫苗生产方法转交给工业并重返实验室，而是将这些疫苗投入生产并直接赢取利益。大学和研究人员直接介入产业，促进了高新技术的转化，同时也改

---

① [美] Philip G. Altbach、Robert O. Berdahl、Patricia J. Gumport 等：《21 世纪美国高等教育：社会、政治、经济的挑战》，杨耕等主审，北京师范大学出版社 2005 年版，第 112 页。
② [美] 亚瑟·科恩：《美国高等教育通史》，李子江译，北京大学出版社 2010 年版，第 384 页。
③ [美] 希拉·斯劳特、拉里·莱斯利：《学术资本主义》，梁骁等译，北京大学出版社 2014 年版，第 6—7 页。

变了科学研究的无私性，并为科研学术资本主义提供了滋生的土壤。

受市场经济影响，在高等教育系统中直接导致学术资本主义最为突出的一个案例，是私立营利性部门的出现并迅速繁殖。过去私立部门进入高等教育的主要障碍一个是巨大的投资成本，再一个就是投资传统的以校园为基础的大学不赚钱。但是现在，技术和不断变化的社会需求使这些有新投资重点、低成本、有利可图的私营竞争者得以进入高等教育市场。在1988年到1998年的十年里，有学位授予权的营利性机构的在校生增加了59%，达到36.5万名。2001年，美国有650多个营利性的专营性教育提供商。在美国历史上，营利性部门第一次把高等教育看作是一个重要的投资机遇。与传统的学院和大学倾向于把重点放在投入（譬如入学质量、师生比例、学生支出标准等）上不同，新的营利性机构把重点放在产出上，放在衡量学生学习效果以及某个项目、教学方法和教师所实现的利润上。[①] 伴随私立营利性机构的进一步发展，教育开始与其他企业一样发展成为上市公司。1991年，在美国获得认证、具有学位授予权的营利性中学后教育机构中，只有一家上市公司，即德夫里公司，8年以后，这样的教育公司增加到了40家。奎斯特教育公司专门收购各种大学，它在11个州拥有30个分校，除1所外，其他29所分校都是收购来的。它收购的这些大学中，绝大多数面临财政困境，这些学校有的办学历史已长达百年。仅1998年，公司就收购了12个分校，包括新罕布什尔州的海瑟学院，衣阿华州的汉密尔顿学院以及宾夕法尼亚州的CHI学院。1996年对于营利性高等教育来说则是划时代的一年。这一年凤凰城大学（University of Phoenix）成功上市，并成为全美最大的私立大学，美国高等教育统计中心旗下的中学后教育综合数据（Integrated Postsecondary Education Data System，IPEDS）重新定义了高等教育，将其范畴扩展为包括符合联邦财政资助的营利性私立学校。在此之前，美国教育部把高等教育机构定义为得到教育部承认的认证机构认证的学校。这一政策的改变，仅一年的时间（1996），教育部管辖的高校数目就提高了7.5%，其中营利性大学为669所。2000—2001年，

---

① ［美］詹姆斯·杜德斯达、弗瑞斯·沃马克：《美国公立大学的未来》，刘济良译，王定华校，北京大学出版社2006年版，第66—68页。

美国两年制和四年制营利性大学的分校数量增至750所左右。① 教育私立营利性机构和上市公司的出现,形成了完全以趋利为目的的教育机构,颠覆了近千年以来宗教组织、国家政府、民间团体对教育公益性的定义。

(三) 文化因素的浸染

学术资本主义归根结底是一种在高等教育领域内产生的有悖于学术发展的文化现象。高校作为国家、社会上的一类组织部门,其文化现象的产生必然受到外部文化力量的浸染和推动。就学术资本主义产生的文化因素来看,20世纪最后20年里,在美国出现的新自由主义发挥着非常重要的影响。

第一,新自由主义导致高等教育与社会之间传统的社会契约相背离。传统上,高等教育和社会之间的契约是建立在公共福祉之上的共同体哲学(communitarian philosophy)。新自由主义是对传统自由主义观点的改变。新自由主义哲学建立在这样一种信念之上,私人的必然是好的,而公共的必然是坏的。经济理性取代了所有其他形式的逻辑,人们为了个人利益的最大化可以采用任何形式。根据这种新自由主义哲学,对满足个人需求的强烈关注,将更有益于强大的公共福祉。而且,私人机构比公共组织更有效地支持公共福祉。私有化、商业化和公司化是新自由主义的三个基本趋势和特征,由此孕育并催生出了高等教育的产业模式(industrial model),当然也有文献将这种模式描述为创业的(entrepreneurial)和公司的(corporate)类似术语。② 新自由主义不但解构了高等教育的公共福祉性质,而且也解构了高等教育的学术共同体性质。在新自由主义文化思潮的影响下,高等教育活动(无论是教师的活动,还是学生的活动,抑或是大学的活动)开始以追求个体需求的满足为目标。

第二,新自由主义导致消费主义在高等教育领域的流行。在比尔·雷丁斯看来,消费主义——这被正确地认为是对北美大学教育中的传统

---

① [美] 理查德·鲁克:《高等教育公司:营利性大学的崛起》,于培文译,北京大学出版社2006年版,第57—60页。

② Adrianna Kezar, "Obtaining Integrity? Reviewing and Examining the Charter between Higher Education and Society", *The Review of Higher Education*, Vol. 27, No. 4, 2004, pp. 435-437.

主体最紧迫的威胁——是伴随着民族国家的衰落而到来的对政治主体性的清空在经济上的对等物。消费主义预示着对这个体制的产品几乎完全的内化和再消费，表明外在于体制的任何福利都是不可想象的，没有哪种福利能够逃脱成本—收益的分析之列（比如问这样的问题：那个假期合算吗？）。[1] 可以看出，雷丁斯将消费主义视为对北美大学教育传统最主要的、紧迫的威胁，而这种威胁正是源自于新自由主义的私有化和商业化趋势。换言之，在新自由主义强调私有化和商业化的趋势下，任何事物包括闲暇都可以置换为金钱的损益，高等教育当然也概莫能外。正是基于高等教育消费主义的理念，新自由主义政府不再聚焦于市民社会福利的整体发展，而是将每一个个体都看作是一个经济行动者。最终，新自由主义政府将社会福利功能从公共资源中移出，向产出功能发展。以《拜杜法案》为代表的系列法律公布，正是基于新自由主义文化的深刻影响。此外，在学生贷款方面，尽管应大学管理者要求增加联邦政府的学生助学金（student aid），但是它不是以补助金（grants）的形式发放，而是扩大学生贷款的力度，将在校大学生视之为消费者（consumers）而非学习者（learners）的重新界定的意识不断加以强化。新自由主义政府使美国促进了私有化、商业化、放松管制，并用一种新的方法管理。高校在这些过程中获得知识收益。新自由主义政府重新阐释了劳动法，增加了大学内部工作场域的灵活性。一些州政府通过法律和管理政策，允许大学使用"柔性"（flexible）或非全日制人员，并对营利性组织如凤凰城大学进行认证。[2] 消费主义文化将学生身份由传统上的学习者改变为消费者，为私人购买高等教育提供了文化场景，也为高等教育机构不断提升学费提供了交易理由；消费主义文化打破了传统上的全日制教师身份，终身教职在消费主义文化面前变得不再那么重要，大学为了节约培养成本更是聘用大量非全日制人员；消费主义文化将传统上的公益性大学重新进行了定义，营利性组织开始突破传统的壁垒登上学术的殿堂。

---

[1] ［加拿大］比尔·雷丁斯：《废墟中的大学》，郭军等译，北京大学出版社 2008 年版，第 45 页。

[2] Slaughter, S. and Rhoades, G., *Academic Capitalism and the New Economy: Markets, State, and Higher Education*, Baltimore: Johns Hopkins University Press, 2004, pp. 20–22.

第三，新自由主义导致产业文化逐渐压制学术文化。罗杰·盖格认为，产业文化和学术研究的文化在根本上是不同的。①从目的来看，产业利用研究的目的是从一些技术优势中获得经济回报，而学术研究的使命是推进并传播知识；②从表现形式来看，产业文化的优势在于专有的知识，体现为商业机密、先发优势或专利，而学术研究的表现形式是通过公开出版或者发表进行同行共享，从而带来专业认可、奖赏和声誉，大学则以晋升、终身教职、薪水和更进一步的专业承认来体现；③从知识的性质来看，产业文化旨在将专有知识转换成可售产品的过程，无论最初的发现或突破是多么基础，后继的研究和改进将不可避免地推向应用，而学术研究则倾向于理论贡献越多，承认就越大。一言以蔽之，产业研究拥有朝向应用研究及不泄密的固有倾向，学术研究倾向于理论主题及公开发表。① 新自由主义强调私有化、商业化和公司化，也就是说强调高深知识的私有化、商业化和公司化管理。在新自由主义驱使下，产业文化中的经济回报战胜了学术文化中的推进并传播知识，无数私立营利性高等教育机构的成立就是最有力的明证；在新自由主义驱使下，产业文化中的商业机密战胜了学术文化中的公开发表，专利法案的出台就是对商业机密的法律保护；在新自由主义驱使下，产业文化中的应用研究逐渐对学术文化中的理论研究产生了压倒性态势，政府积极支持应用研究，逐渐减少甚至取消对人文社会科学研究的资助，就很好地反映了这种文化影响力。

第四，新自由主义促进科学的价值和判断标准发生改变。在美国文化语境中，关于科学的价值和标准判断有着不同的路线。第一条称之为莫顿线路（Mertonian strand），将科学和科学家的价值捆绑在一起，有时候甚至不将两者分开。莫顿（1942年）将科学视为开放的（open）、共有的（communal）、普遍的（universal）、无私的（disinterested）及适度怀疑的。开放意味着科学的无私密性，共有意味着非商业化，普遍是指科学无国界、知识免费跨越边界流动，无私则强调科学家在追求知识的过程中的客观性、无党派性，保持怀疑精神可以使科学家不断对结果进行质疑。莫顿

---

① ［美］罗杰·盖格：《大学与市场的悖论》，郭建如等译，北京大学出版社2013年版，第186—187页。

模式对大学环境的要求是大学自治，独立于政府和市场，对于卓越科学来说至关重要。第二条则是对莫顿线路的批判和挑战，强调运用马克思主义的观点，无论从历史来看，还是从现实来看，科学都是具有服务于军事、工业等商业价值。第三条路线是社会建构者路线，也对莫顿路线提出挑战，但却是从另外一个不同于批判的角度来看。强调科学的去理想化，这种科学的实利主义强调通过建构科学事实来组织研究资源。第四条是大学工业联合路线，认为科学并非是"无关价值"（value-free）的，而是同时拥有学术价值和市场价值。该观点强调科学通过应用融入新经济，而且是新经济的关键部分，科学能够融合市场和学术价值。第五种路线，也就是我们常说的大众路线，是从公共利益的角度来看待科学及其价值。该观点强调科学为公共福祉和知识共享服务。开放的、自由的和不可转让的（nonalienable）特质让科学走向繁荣，反之则是对科学的毁灭。[①] 在新自由主义冲击下，科学价值和判断标准的莫顿路线逐渐被冷淡甚至被抛弃，一种融合第二条、第三条和第四条路线的，强调科学的商业价值，强调科学的去理想化，强调科学融入新经济的复合科学价值观逐渐在高校内外形成，并强烈影响着大学学术产出的导向。

第五，新自由主义影响了外部力量的评估和问责机制。无论如何融入经济发展，从整体上看，高校终究不是生产部门，维护其生存发展的基础来自于组织外部。高校外部群体是否资助高校，如何资助高校，以及资助高校的份额都是建立在对高校发展评估和问责的基础上的。传统上，因为高校的主要资助来自于政府抑或慈善，因此公共资助下的自我管理（大学自治）是大学发展的理想模式。在20世纪的最后几十年里，包括大学在内的许多专业机构都面临着自我管理理想的挑战。越来越多的政府官员利用绩效指标和其他机制，将非学术性评估标准引入研究和教学之中，例如效率、社会针对性以及社会、经济和环境影响。政府资助机构强调他们从研究中获得回报。工业家和其他研究用户将事前、事后评价系统与研究资助捆绑在一起。[②] 大学作为公共部门和非营利机

[①] Slaughter, S. and Rhoades, G., *Academic Capitalism and the New Economy: Markets, State, and Higher Education*, Baltimore: Johns Hopkins University Press, 2004, pp. 75 – 79.

[②] Mary Henkel, "Current Science Policies and Their Implications for the Formationand Maintenance of Academic Identity", *Higher Education Policy*, Vol. 17, No. 2, June 2004, p. 172.

构，政府对其管理越来越依赖于问责制和审计机制，与之相应的，大学经费来源也越来越依赖于商业资助。英美众多学者详尽分析了大学这一商业化进程，有的称之为"企业化大学"（the entrepreneurial university），有的称为"公司大学"（the corporate university），有的称为"知识工厂"（the knowledge factory）。但是他们都提出了大学所面临的一个生死攸关的命题，也就是说，大学学术实践的价值越来越依靠转化成现金或者商品的能力，而不是诸如审美、闲暇乐趣等方面，最终连同其他非经济价值一并丢失。[①] 提供经费保障的外部力量，在新自由主义影响下，通过非学术化的评估和问责，来决定资助的对象、方式和力度，从而形成影响大学学术发展的重要外部动力。

（四）教育群体的跟进

刺激学术资本主义产生的教育动因，主要是高等教育发展由大众化迈向后大众化乃至普及高等教育之后，政府不愿或不能完全承担由此产生的巨额费用引起的。在精英高等教育阶段乃至高等教育大众化前期，由于高校数量和在校学生规模相对较少，在国家财政支持的情况下，高校不必要也没有动力去主动获取外部资源，同样利用学术资本恶的一面去牟取更多利益也就不那么普遍。20世纪70年代以降，伴随美国高等教育入学人数不断攀升，一方面家长和学生为高等教育消费买单已经得到普遍认可，另一方面这些学费仍然不能满足高等教育无限制花费。在学费不能满足和花费无限制的张力下，高校群体的学术资本主义愈演愈烈。

马丁·特罗在1975年指出，工业国家的高等教育正由精英阶段进入大众化阶段，甚至普及阶段。1970年，瑞典的高等教育入学率为24%，法国为17%，美国则已高达50%。到了20世纪90年代，大多数欧洲国家的高等教育毛入学率已经上升到30%，美国的高等教育则已经完全进入普及化阶段。整体而言，全球性的高等教育规模扩张已经成为不可阻挡的发展趋势。[②] 据统计，20世纪70年代，美国高等教育

---

① Jon Nixon, "Education for the Good Society: The Integrity of Academic Practice", London Review of Education, Vol. 2, No. 3, November 2004, p. 248.

② ［美］Philip G. Altbach、Robert O. Berdahl、Patricia J. Gumport 等：《21世纪美国高等教育：社会、政治、经济的挑战》，杨耕等主审，北京师范大学出版社2005年版，第20—21页。

注册入学人数就已经非常可观，最高纪录是 865 万名学生在 2573 所机构里由 383000 位全职教师授课，这些机构在 1969—1970 年度颁发了 1072581 个学士学位，授予了 29872 个博士学位，高等教育的总流动资金收入是 21.5 万亿美元。如果说 1970 年美国的高等教育是一项巨大产业，那么它同时也是一个陷入麻烦的巨人。所有地区学院和大学的年度经营预算和长期经济资助都出现了开支过大的问题，可是他们却没有能力处理这种每况愈下的财政状况。这从刘易斯·梅休（Lewis Mayhew）1980 年描述的一所巨型大学中就可看出，梅休提到，在 1967 年，这所大学的财政记录是用钢笔和墨水写在那种学生笔记本上而得以保持的。① 当高等教育迈入普及化之后，高等教育的重要性在政府视野中逐步降低，甚至成为政府眼中的麻烦，公共资助日益缩减与整体规模扩张之间形成了大学发展中的一个现实悖论。

　　资源依赖理论认为，只要参照外部力量的作用，组织成员的内部行为就是可以被明确理解的，给像大学这样的组织提供资源的人，有能力对这些组织行使很大的权力。简言之，就是"谁付账，谁点唱"。资源提供者可以用于影响的资源交换有两个方面：即交换的相对量（relative magnitude）与所给予接受者资源的临界度（criticality）。相对量用所提供的资源份额来测定。只从一方那里接受资源的组织将会严重地依赖于这一资源提供者，而这一资源提供者，只要他愿意，就可以对该组织行使很大权力。临界度是指在资源缺乏的情况下组织能继续行使职责的程度。一个钢厂没有铁矿、焦炭和电就不能运转。缺了任何一样，哪怕它在总体资源中所占份额再小，工厂也会处于险境。所有的都是临界资源。对于大学而言，临界资源包括教学科研仪器设备、教学科研人员、学生、图书资料等，但最终的问题还是经费。② 当政府不能够提供充足经费的时候，大学首先考虑到的是增加学费收入。收取学费是私立大学产生以来，获取运营经费的一个重要渠道。公立大学收取学费也有其合理性的一面。用学费补偿近乎全部成本的做法可以减少浪费，鼓励把资

---

　　① ［美］约翰·塞林：《美国高等教育史》，孙益等译，北京大学出版社 2014 年第 2 版，第 292—293 页。
　　② ［美］希拉·斯劳特、拉里·莱斯利：《学术资本主义》，梁骁等译，北京大学出版社 2014 年版，第 61 页。

源投向最具生产力的用途。把学费作为主要财政来源也使高等教育受益者分担成本压力,而不是由并不直接受益于高等教育的一般纳税人来分担,也不是由那些可能来自不利经济背景的人来分担成本压力。与此同时,向处于不利地位的人提供更多机会、向所有公民提供社会和经济福利,都要求向某些纳税人提供高等教育补贴和根据经济状况向无力支付学费的家庭提供补贴,这种做法是适宜的和必要的。[1] 但是,学费收取也是有一定限度的,尤其是对公立大学来说更是如此。20世纪80年代以后,无论是父母还是政客在谈论高等教育的时候,费用总是谈得最多的话题,而且一般是在表示不满。因为美国大学的学费一直在上涨。从1980年到1995年,学费平均每年增长9%,几乎是通货膨胀的两倍。这种不断攀升的学费,很大程度上是源于"优胜主义"的竞争性费用。传统上经济资助的依据是根据学生需要,现在越来越根据"绩优资助"的原则来吸引学生。保守的招生官员认为学生需要是颁发奖学金的唯一公平方式,他们为这样的变化痛心不已。在竞争中,不能存在利他主义的倾向,因为一旦如此就会有他者来吃掉免费午餐。[2] 不断攀升的学费并非完全源自生均培养成本的提高,而是主要来自"优胜主义"的竞争性费用,不难看出,高校群体学术资本主义的跟进,是整个教育趋势发展的结果。此外,伴随联邦政府《拜杜法案》的颁布,几乎全美一流大学都组建了专利办公室,激励教授参与营利性的应用知识开发。这种趋势并不是建立在大学意愿基础之上的,而是被金钱利益驱使和高校群体共同跟进的结果。

伴随终身教育理念不断向纵深发展,人们接受教育的方式和方法也随之改变,这些为学术资本主义的滋生提供了可乘之机。讲究实用的这代人的不同学习风格,再加上高绩效的工作环境对终身学习的需求,很可能导致这样一个转变,即从一种建立在一个人早期的学位课程基础上的"以防万一"式(just-in-case)的教育,向一种在职业生涯中获得知识与技能的"随时随地"(just-in-time)的学习方式转变,再向一种按

---

[1] [美]D. B. 约翰斯通:《高等教育财政:问题与出路》,沈红等译,人民教育出版社2004年版,第73页。
[2] [美]大卫·科伯:《高等教育市场化的底线》,晓征译,北京大学出版社2008年版,第12—14页。

照学生的需要定制的"正适合你"（just-for-you）式的教育服务转变。[1] "以防万一"式的教育，是远离学术资本主义的闲暇教育；"随时随地"获取知识和技能，接受"量身定做"式的教育服务，都是教育商业化的重要途径。无疑，教育中的互联网技术助推了高等教育商业化的进程。在预言"数码大学"时代即将来临的思潮冲击下，大学管理者经由有商业头脑的董事们的思想灌输，纷纷加入到通过远程教育淘金的热潮之中。纽约大学投资 2000 万美元，其目的在于通过在线教育、合作培训、专业法学课程和国际教育获取适度的利润，以期达到教育公司挂牌上市获得更大收益。纽约大学坚信，如果他们出售 49% 的股份，便可以获得相当于投资 50 倍的收益。在这样的热情之下，纽约大学成为一个非常出色的公司。1998 年到 2000 年，与网络学习公司合作的大学名单就像是高等教育"名人录"一样：潘萨尔（Pensare）与杜克大学合作，"点击学习"与纽约大学在线合作，宾夕法尼亚大学沃顿商学院（Wharton School）与加利伯公司（Caliber）合作，康奈尔大学派生出了 e 康奈尔（eCornell），尤尼克斯（Unext）建立了卡丁大学并与哥伦比亚大学、芝加哥大学合作，"大学通道"（University Access）与北卡罗来纳大学、哈佛大学和南加州大学建立合作。[2] 终身教育、互联网技术以及高深知识商品化，共同将高校群体带进一个争相牟利的潮流之中。

二 高校、管理者、师生等力量的自我驱动

学术资本主义在政府力量、市场经济、文化力量和教育群体的综合作用下，从产生到发展不断侵蚀着大学机体。但是，从辩证唯物主义的观点来看，之所以产生学术资本主义现象，不仅是大学外部力量作用的结果，高校及其内部组织人员的自我驱动也是不容忽视的重要动因。

（一）高校组织的自我驱动

伴随知识经济的涌入，大学也由单纯的学术机构，演变为科技发展的重要场所。学校外面的世界也早已演变为以金养金的商业市场，它需

---

[1] ［美］詹姆斯·杜德斯达、弗瑞斯·沃马克：《美国公立大学的未来》，刘济良译，王定华校，北京大学出版社 2006 年版，第 3 页。

[2] ［美］大卫·科伯：《高等教育市场化的底线》，晓征译，北京大学出版社 2008 年版，第 177—178 页。

第六章　从学术资本到学术资本主义：动因、表现及展望 | 271

要的是智慧技术的养分与未来创意的不断提供，两者之间其实有供需关系。因此，大学与外面商场之间的鸿沟，并不是那么大，只要大学学术至上的护城河稍有破漏，学坛沦为商场的决堤之日，应该是可以预见的。[1] 20 世纪 80 年代以后，众多营利性大学在北美次第兴起，事实上就是大学沦为商场的鲜明例证。20 世纪 90 年代以后，一个明显的趋势是，跨越国界的私立高等教育相继产生。一个国家的大学可能在另一国建立分校，或是以各种形式联结起来的两个国家以上的大学共同提供课程和授予学位。一个大学被另一个大学授权使用该大学的课程和实践项目。这种情形被称为高等教育的"麦当劳化"。[2] 更为重要的是，这种高等教育作为商品对国外的输出往往是单向的，且以营利为目的。这些私立高等教育分校与中国近代教会大学的建立有着完全不同的目的。学术资本主义倾向在这些分校办学过程中表现得淋漓尽致。

事实上，商业化现象不仅在高等教育生根，也普遍存在于美国生活文化之中，医疗保健、博物馆、公立学校、甚至宗教都处处可见。企业化创新、主管拿高薪、强势行销等做法已经纷纷跨进与商业原本毫无瓜葛的领域，这种现象开了恶例，让大学可以理直气壮地跟进。[3] 公立大学也开始毫不掩饰对金钱的偏好。像公司一样，高校开始将知识看作一种原料。1981 年之前，大学每年通过的专利数不足 250 个。在 1999 年，高校申请专利数量已经达到 5545 个，2000 年，被调查的 67 个研究型大学样本中，有 70% 的大学参与了至少一个融资交易项目。在过去五年（1997—2002），有将近一半的州政府通过调整利益冲突的法律，使大学通过校长作为管理者，教员作为开发和咨询者，能够在与私人企业交往时持有与私人企业相同的地位。[4] 无论是公立大学，还是私

---

[1] 曾志朗：《序 大学之道：创新、创投、创业、创资？》，载［美］德瑞克·伯克《大学何价：高等教育商业化？》，杨振富译，天下远见出版社 2004 年版，第 11 页。
[2] ［美］菲利普·G. 阿尔特巴赫：《私立高等教育：引言》，载［美］菲利普·G. 阿尔特巴赫等《私立高等教育：全球革命》，胡建伟等译，中国社会科学出版社 2014 年版，第 3 页。
[3] ［美］德瑞克·伯克：《大学何价：高等教育商业化？》，杨振富译，天下远见出版社 2004 年版，第 26 页。
[4] Slaughter, S. and Rhoades, G., *Academic Capitalism and the New Economy: Markets, State, and Higher Education*, Baltimore: Johns Hopkins University Press, 2004, p.17.

立大学,在商业化浪潮推动下,都很难不为所动,大学在牟利活动中尽显所能。科研水平不高的社区学院,不具备争取可以营利的高水平专利的实力,就通过聘请大量兼职教师来降低培养成本,而将决定组织生存的培养质量放在次要位置。

(二)大学管理者的自我驱动

传统上,欧美大学校长是学术权威的化身,无数大学校长都曾是本专业领域的学术精英,维护学术自由和大学自治是他们作为大学校长的重要职责。深受德国大学影响的美国大学,在院系层面上更加强调院长(系主任)的学术地位。大学董事会和理事会的组成人员,往往是那些与大学学术发展有着密切联系的利益相关者。在凡勃伦看来,这种现象早在20世纪初就发生了重大变化。他认为,当作为高深学问发源地的美国大学逐步走上正轨的时候,董事会里出现了大量的世俗人员代替神职人员的现象,这一现象十分普遍。这些世俗人员,是商人和政客。最终,大学政策事务上的支配权落入商人手中。[①] 凡勃伦的抨击尽管具有一定的感性色彩,但却反映了当时大学权力转移的基本状况,这无疑是学术资本主义在大学滋生的重要原因。

伴随大学商业化管理,大学规模越来越大,看起来也越来越像公司企业。大学校长的遴选很少看重他们的学术成就,更加看重他们管理大型企业的能力。1997年,当加利福尼亚州立大学系统准备选任一名新校长时,遴选条件不再强调学术资质。董事会把有关学术资质的条件——"候选人必须具有卓越的学术成就,在学术界享有很高的专业威望……具有丰富学术经历的正教授"——删掉了。一位董事会成员指出"具有企业管理经验并不是一个附加条件,而是一个必不可少的条件"[②]。在美国,很多大学,尤其是排名中高居前列的大学,与金钱世界走得非常近。顶尖大学的领导人在他们的校长薪水(七位数不再闻所未闻)之外捞点外快,加入高报酬的企业董事会,这种事很常见。布朗大学的校长成为高盛公司的董事,为此她每年收入30多万美元,到她

---

① [美]索尔斯坦·凡勃伦:《学与商的博弈:论美国高等教育》,惠圣译,上海人民出版社2009年版,第90页。
② [美]亚瑟·科恩:《美国高等教育通史》,李子江译,北京大学出版社2010年版,第342—343页。

离职的时候，可以得到价值 400 万美元的股票。当然，相比于营利性大学，这些收入简直是小巫见大巫。譬如，塞耶大学（Thayer University）的校长年收入高达 4300 万美元。此外，斯坦福和普林斯顿的领导你追我赶地进入了 Google 的董事会，华盛顿大学的校长在耐克公司的董事会里捞到一个席位，该公司跟华盛顿大学签订了一份合同，向学校供应印有耐克标志的运动衫。[1] 美国语境中的大学校长，已经不再是在学术座席上前排就座的领导者，而是善于经营钱财的董事长、总经理和总裁，校长的商人倾向遮蔽了学术倾向。大学校长身份特征的转移，必然影响到机构性质及其内部人员的行动偏好。上有所好，下必甚焉，大学校长在逐利中的表现深深影响到专业学者的学术态度。

以《美国新闻与世界报道》为代表的年度大学排行榜加剧了各大学间的竞争。竞争带来的一个结果，就是各大学都要设法筹集资金，因为几乎每一项能够提高学校声誉的措施都得花钱。久而久之，大学行政官员称职与否，取决于筹钱能力的高低。感受到企业化压力的大学官员不得不使出浑身解数，充分利用商界提供的各种赚钱机会。[2] 大学校长不得不鼓励教学科研人员充当创业家，他们的希望是通过以营利为目的的活动开发能产生资源的产品和服务，如许可和专利权使用费、直销、教学科研人员咨询服务的分成。管理人员用来推动学术资本主义的方法多种多样。一些管理人员让科研人员采取主动。这些管理人员提供一般的政策指导，通过奖励机制鼓励研究人员为市场发现和开发产品与工艺，一些人员瞄准某些产品与工艺，直接控制开发，还有一些人员联系企业和政府共同建立一支资源队伍，支持复杂技术开发。他们更像是商业文化的一部分而不是学术文化的一部分，倾向于把商业价值带到工作中，精力放在使本教学科研单位更像小公司一样地经营上，扩大商业活动，产生更多利润。[3]

---

[1] [美]安德鲁·德尔班科：《大学：过去，现在与未来——迷失的大学教育》，范伟译，中信出版社 2014 年版，第 168 页。

[2] [美]德瑞克·伯克：《大学何价：高等教育商业化？》，杨振富译，天下远见出版社 2004 年版，第 36—37 页。

[3] [美]希拉·斯劳特、拉里·莱斯利：《学术资本主义》，梁骁等译，北京大学出版社 2014 年版，第 18 页。

（三）大学师生的自我驱动

教师是学术资本主义形成的行动主体。伴随大学与外部交往的日趋频繁，教师身份也日益多样，教学科研甚至已经不再是其主要职业，"老板"逐渐成为学生对导师的称呼。在媒体的介入下，整日出现在大众视野中的学术明星，与影视明星相差无几。教师利用学术名誉过度摄取物质利益。大学内不惟学术至上的兼职教师开始成为一个重要群体。在"非升即走"（up-or-out）和"不发表就出局"的双重压力下，高校教师不得不牺牲最为本质的教学工作，越来越少的时间和精力用于人才培养，越来越多的时间用于科技研发。他们深知教学工作是一项强调责任和精力投入的"良心活"，相对科学发现，其评价标准也更加具有弹性。相反，以出版发表、专利申请为代表的科学研究，不但能够为其本人带来稀缺的学术名声，而且还会产生更为丰厚的利益回报。归根结底，教师重视科研而忽视教学，其背后是学术资本主义的趋利牵引。

学生群体是大学学术资本主义形成的重要力量。早在20世纪60年代，美国大学校园内部爆发了一系列以学生运动为代表的激进主义行为，这些事件所带来的结果，莫过于信任危机及其在大学所造成的精神沦丧。由于人们对大学的信任危机，大学将进入一个不得不努力争取资助的时期。自此以后，大学学费开始急剧增长，学费占大学总收入的比例翻番。[1] 可以看出，学生学费的急剧增长，也不全然是大学外部原因造成的，学生自身不能珍惜学习机会，群体性的激进主义行为换来的是公共资助下降，个人不得不为其行为买单。伴随学生学习的财政补助日益走向市场化，传统意义上的学生群体已经被剥夺了以前专享的联邦政府拨款，非传统的、非全日制的、在线学习的学生大量涌现。基本教育机会补助金，后又称为佩尔助学金成为代金券，学生可以用代金券在他们选择的学校里支付部分教育费用。这一转变增加了大学为获得联邦提供给学生费用的竞争力度。这些机构既包括非营利性的公立、私立大学，也包括私立的营利性大学，譬如凤凰城大学，接受资助的学生也已经由传统的全日制学生扩展到非传统的、非全日制和在线学习的学生。

---

[1] ［美］亚瑟·科恩：《美国高等教育通史》，李子江译，北京大学出版社2010年版，第255页。

非营利性的公立和私立高校开始模仿凤凰城大学所提供的教育项目。[1]这些行动无疑进一步冲淡了高等教育内部营利性和非营利性的边界,学术资本逐渐朝着学术资本主义靠拢。

第三节 具体表现:从学术价值到商业价值

20世纪70年代以后,美国高校学术资本主义表现在高等教育系统的方方面面。首先,从学术资本到学术资本主义表现在大学理念层面。经典大学理念,从英国的约翰·亨利·纽曼到德国的威廉·冯·洪堡,从亚伯拉罕·弗莱克斯纳到克拉克·科尔,无不强调高深知识的学术价值。伴随市场化、商业化对美国大学的侵袭,指导大学发展的理念开始逐步转向,营利性高等教育机构的滋生和盛行,更是完全颠覆了传统大学观的认知。其次,从学术资本到学术资本主义表现在大学职能层面。经典的大学职能主要有三个:培养人才、发展科学和服务社会。在纽曼那里,培养人才的主要目的在于陶冶人的性情,培养人的心智,通过知识的整体性向学生传递普遍知识;在洪堡那里,发展科学的目的在于通过"纯粹知识"的研究,探寻事物的本真,在国家层面,按照当时主持普鲁士政务的弗列德力克·威廉国王的话来说,是国家用智慧的力量来弥补物质资源的损失。[2]在科尔那里,大学是经济社会发展的动力站,按照威斯康星思想阐述,大学的边界就是州的边界,公立大学是州政府的智囊团。然而,这些职能发生了近乎质性的转变,培养人才的目的越来越趋于功利性,大学为了生存不得不将教室塞满并不断提高学费;发展科学已经渐渐远离"纯粹知识"的探究,杀鸡取卵式的科研产出不断被物质利益所诱惑;服务社会已经跨越州的、国家的边界,不断向商业集团扩展,在义利之间,舍义取利、追名逐利者使知识殿堂充满铜臭。最后,从学术资本到学术资本主义表现在大学管理层面。大学是从事高深学问的机构,这一基本性质确定了大学应该是一个底部沉重

---

[1] Gary Rhoades and Sheila Slaughter, "Academic Capitalism, Managed Professionals, and Supply-Side Higher Education", *Social Text* 51, Vol. 15, No. 2, 1997, p. 35.

[2] Daniel Fallon, *The German University: A Heroic Ideal in Conflict with the Modern World*, Colorado: Colorado Associated University Press, 1980, p. 9.

的组织，学问的事情应该主要交由学者来解决，这也是学界对"学术同行评议"的基本认同，学术自由与大学自治是现代大学管理中的基本遵循。然而，这些管理理念和实践已经成为明日黄花，大学组织自上而下渐渐形成一种公司化的管理模式，校长不再是大学学术的象征，而成为企业组织的 CEO，类似企业组织的公关部、人力资源部、战略规划部等在高校内部相继产生，教师由大学的主人演变为受聘的雇员，学生由大学的主体演变为付费买单的顾客。一言以蔽之，无论是大学理念，还是大学职能，抑或是大学管理，其内含的学术价值均为商业价值所遮蔽。

一 大学理念的商业化

（一）大学目的商业化

世界上不同时间、不同地域的高等教育，其主要目的存在很大不同。有时候他们为教会服务，有时候他们为古老的职业服务，有时候他们为意识形态服务，有时候他们为贵族和（或）富裕阶层服务，有时候他们为国家的效率和权力服务。克拉克·科尔认为，在当今时代，越来越多地方的高等教育，其主要目的已经变成为经济服务，目前的美国就是如此。简言之，美国高等教育经过 350 年的发展，已经由服务于崇高的上帝转变为服务罪恶的金钱。[1] 殖民地学院时期，新教移民在北美创办高校，主要在于让他们的宗教信仰能够薪火传承。私立大学的创办者怀着无比的虔诚，投资于造福子孙后代的高等教育事业，约翰·哈佛、伊莱休·耶鲁、尼古拉斯·布朗无不与声名显赫的美国早期大学联系在一起。一个多世纪以后，在试图建立国立大学失败后，联邦政府开始通过资助介入高等教育，伴随《莫里尔法案》的公布，赠地学院以公立大学的身份成为美国高等教育的重要群落。几乎同时，又有一批慈善家注入巨额资金催生出了一个研究型大学群落，利兰·斯坦福、约翰·霍普金斯、埃兹拉·康奈尔等人，把美国大学创办的无私性、公益性推向又一个历史高峰。

在殖民地学院和大学时代，美国著名高校的创办者和赞助者不但心

---

[1] Clark Kerr, Others, *Troubled Times for American Higher Education: The 1990s and Beyond*, New York: State University of New York Press, 1994, p. 51.

怀公益，拒绝通过大学谋取私人的经济利益，而且在工业革命期间，大学的教学科研人员也能够将自己的位置摆在资方与劳方之间，保护自己免受市场的惩罚。专业人员与整个社会达成默契，他们在社会接受执业垄断，作为对无私地为公共利益服务的回报。专业人员这个概念取决于是否避免市场回报以换取实际垄断。专业人员证明了他们是受服务和利他主义理想指导的。他们不追求利润最大化，声称将客户和社会的利益放在首位。[①] 然而，这一切都伴随着20世纪70年代以后大学经费紧缺，高等教育市场化高歌猛进，无私性和公益性淡然而去。历史学者罗杰·盖格在其著作《知识与金钱》中明确指出，即使是最优秀的研究型学院也面临着"市场化悖论"。市场的力量已经严重影响着大学基本任务的完成。市场也许为美国的大学提供了更多的财富、更优秀的学生以及与经济间更紧密的联系，但市场也同样加剧了不平等，令学校对其自身的行为失去控制，削弱了学校为公众服务的目的。[②] 在市场化推动下，大学目的商业化越来越削弱大学的无私性和公益性。

（二）大学精神商业化

大学目的商业化与大学精神商业化紧密相连，具有什么样的组织目的往往会伴随着相应的组织精神，校训无疑是反映大学精神的最好表达。哈佛大学的"与柏拉图为友，与亚里士多德为友，更要与真理为友"，耶鲁大学的"真理与光明"，斯坦福大学的"让自由之风劲吹"，等等，这些人们耳熟能详的精神标识不但将大学推向知识高地，而且使这些大学成为社会的精神坐标。然而，这些反映大学特质的精神元素不断被企业家精神深深浸染。《华尔街日报》1997年的一个大标题写道："名牌大学的殿堂效仿商业殿堂"，就是对大学精神商业化的猛烈抨击。同年的《经济学家》杂志发表了调查翔实的长文报告，现代大学如何和过去的大学毫不相同。调查报告认为，现在的大学丝毫不掩饰自己的俗气，庆祝他们成为实用知识制造者的成就。教员变成了知识工作者，学生变成了人力资本，对知识的投资就是对成长的投资。简言之，后现

---

① ［美］希拉·斯劳特、拉里·莱斯利：《学术资本主义》，梁骁等译，北京大学出版社2014年版，第4页。
② ［美］约翰·塞林：《美国高等教育史》，孙益等译，北京大学出版社2014年第2版，第347—348页。

代大学是"知识经济的发动机房"①。真理、自由、光明等照亮人类前行的灯塔，在商业经济的笼罩下日趋暗淡。

大学精神的失落，必然带来大学道德水准的滑坡。在许多院校，师生的亲密关系已经荡然无存，教师无法组织小班化教学，师生间的对话销声匿迹，取而代之的是"远程学习""自主学习"和大班教学。为了保住同事和自己的饭碗，教师视创收为当务之急。现代大学的精神变成了"适者生存"的丛林法则，在其中，学术责任更多的是一种忍受，而不是一种自觉，更不是一种享受。发表成果仅仅是为了满足评估要求，指导学生是为了完成基本任务，所有这一切让人身心疲惫，削弱了教育使命，与学术道德严重不符。美国大学正在大规模地由"共同体"（community）世界（教师和学生有着强烈的整体意识），向由不同的陌生人组成的"联合体"（association）世界（人们之间的精神联系极少）转变。"学术社区"（*Gemeinschaft*）正向"学术协会"（*Gesellschaft*）转变。所有学科的学生都从相同的学校获得了作为他们成绩证明的文凭。大学已经成了一个专门从事资格认证的机构。②从传承、创新高深知识的机构到专门从事资格认证的机构，大学精神日趋矮化。

（三）学术自由遭遇商业侵犯

自由一直是美国励志故事的主线，新教移民从欧洲远涉重洋主要是基于对自由热切向往的动力。当北美建立起自己的高等教育机构后，学术自由就成为美国高等教育发展史上一个争论不断的话题。经济学家爱德华·罗斯、本杰明·安德鲁斯，哲学家亚瑟·洛夫乔伊、约翰·麦克林、约翰·杜威等学者，以及美国大学教授协会（American Association of University Professors，AAUP）、终身教职（Tenure Track）等组织制度都与美国大学学术自由的故事密切相连。可以说，学术自由作为现代大学制度的基本因素已经融入美国大学的机体内部。就目前而言，在大多数的学术圈子里，"商业化"也不是一个中性的名词，更不被大学赋予正面的涵意。如果某所大学努力把教学或研究活动"商业化"，很少会

---

① ［美］埃里克·古尔德：《公司文化中的大学》，吕博等译，北京大学出版社2005年版，第14—26页。

② ［英］安东尼·史密斯、弗兰克·韦伯斯特：《后现代大学来临？》，侯定凯等译，北京大学出版社2014年版，第7—17页。

得到校内学生与教职员的赞赏。在传统学术领域的学者看来,追求知识比追求财富更有意义。但是,正如德瑞克·伯克认为,当市场力量凌驾于学术专业的时候,金钱以及效率必然会代替学术价值,从而主宰着大学行动的决策。商业化也会助长教职员的不良心态,从而只把教学与研究当作追求其他目的的手段,而不是根本目的。更为重要的是,商业化会有损于学术中最为重要的个人自由。[①] 当个人自由深陷商业化的旋涡,当个人自由受到经济利益的纠缠,学术自由就会被蒙上阴影。

许多大学鼓励教授与产业密切合作,教授通过技术入股的方式,拥有高科技公司股票,有时学校甚至投资帮助教授成立公司,这样的产学合作事实上卓有成效,促成了加州硅谷、麻省128号公路高科技环带,以及北卡罗来纳州三角研究园区等高科技园区的建立。但是,当研究与商业利益如此直接挂钩,研究人员常常会被要求在工作时保密,不与同行讨论,以保护公司及学校拥有的智慧财产权,这明显违反了长久以来学术界资讯公开的惯例,长远看来,也会影响学术的进步。更糟糕的是,因为利益太大,有时会引诱研究者隐瞒结果,不立即公布,甚至阻止研究者发表某些可能不利于公司的研究结果,这种直接侵犯学术自由的例子,在美国大学已经出现好几起。[②] 千里之堤,溃于蚁穴,与前期教授为争取学术观点发表的自由不同,在商业化的冲击下,公司阻止研究者发表成果的事例,并未受到学者们的强烈抵制。物质化的诱惑已经超过政治压力,成为学者们保持学术自由的劲敌。

(四) 大学组织发生商业变异

在商业化浪潮冲击下,私营大学开始成为美国高等教育机构中的一个重要群体。与传统的哈佛、耶鲁等非营利性私立大学不同,这些私营院校的股份可以买卖,学校收入也需要纳税。在全美中学后高等教育机构中,大约有将近一半的组织属于营利性院校。与传统大学相比,这些营利性学校的校区规模都很小,往往坐落在购物中心或商务区之中。美国的营利性大学分为三个类别:①十几家上市的大学,年营业收入超过

[①] [美] 德瑞克·伯克:《大学何价:高等教育商业化?》,杨振富译,天下远见出版社2004年版,第41—42页。

[②] 刘兆汉:《序:平衡利益与学》,载 [美] 德瑞克·伯克《大学何价:高等教育商业化?》,杨振富译,天下远见出版社2004年版,第5—6页。

1亿美元，这些大学包括阿波罗集团、职业教育公司、教育管理公司、Corinthian学院股份有限公司、Kaplan学院股份有限公司等；②近20所私立学院，年营业收入介于5000万美元至1亿美元之间；③年营业收入在5000万美元以下的教育公司，近4000所营利性学院大都属于第三类。营利性大学的办学更多地受到市场的驱动而不是学术驱动，这些大学更多关注就业需求旺盛的项目和课程。传统的人文教育并没有列入课程菜单。[①] 在菲利普·阿尔特巴赫看来，这些营利性学校根本不能够称之为大学，而是一种冒牌大学，它们具有以下特点：①冒牌大学不像传统大学，这些机构是以赚取利润为首要目标；②冒牌大学是高度专业化的机构。它们并不提供学科范围内广泛的教育计划，而是集中于特定的市场、需求迫切的领域，并根据顾客需要调整重点；③冒牌大学不存在终身教职。教师缺少学术自由，他们讲解指定内容，不能偏题；④冒牌大学不存在共同治理。权力完全集中在管理层手中；⑤冒牌大学缺乏科研兴趣，因为科研影响院校的营利使命。[②] 冒牌大学大量产生，不但是学术资本主义盛行的具体表现，也是大学精神萎靡的重要例证。当正能量的大学精神遭遇商业化侵袭而不能得到张扬时，那些负能量的组织精神不但会侵蚀传统的大学，而且也会催生出这样的变异组织。

这些被称之为冒牌大学的私营高等教育机构，是在披着官方办学许可证的外衣下进行的，亦即，要想开办私营学校必须获得本州的办学许可，并得到联邦教育部认可的认证机构的认证。一旦获得联邦教育部认可的认证机构的认证，就可以享受联邦政府为学生提供的资助基金。自20世纪80年代以来，每个州都为这类学校指定了一个或多个认证机构，共有8个全国性的认证机构。从1993年到1997年，联邦教育部取消了900所私营学校的联邦资助计划，主要是因为25%或者更多的学生拒不履行还贷责任。部分私营院校为了骗取更高的政府奖学金，将学

---

① ［美］古尔伯特·C.亨切柯：《美国营利中等后院校：背离还是拓展？》，载［美］菲利普·G.阿尔特巴赫等《私立高等教育：全球革命》，胡建伟等译，中国社会科学出版社2014年版，第199—201页。

② ［美］菲利普·G.阿尔特巴赫：《冒牌大学的兴起》，载［美］菲利普·G.阿尔特巴赫等《私立高等教育：全球革命》，胡建伟等译，中国社会科学出版社2014年版，第19—21页。

费提高了一倍，以此来平衡开支。到1997年，私营学校学生中获得佩尔奖学金者下降了10%。其他一些更为边缘的机构也开始出现。这是一些可以颁发学位的机构，从提供非大学学位，到只要收到学费就邮寄各具特色的学历证书。其中一些在国外具有相当大的市场，国外的雇主根本无法区分纽约大学的博士学位与康尼岛大学（University of Coney Island）的博士学位。政府的作用非常有限，1977年，加州制订了《私立中等后教育法案》，试图通过出台一套颁发营业许可证的制度来对这些机构进行控制。但是，他们仍然继续发展，在该法案颁布后的20年里，院校总数增长了80%，其中一些院校只要缴纳营业执照费就可以获得批准。总体上看，没有几个州对这类院校进行十分认真的审查，通常也不在意公布这样一个事实，即大多数院校并没有得到审查就给它们颁发了营业许可证。[①] 私营大学的乱象已经严重侵蚀了美国高等教育的肌体，利用国外一部分雇主的无知而贩卖文凭，与中世纪大学后期的文凭买卖如出一辙。长此以往，不但在文凭上可能会产生劣币驱逐良币的效应，而且在组织发展上也会产生类似倾向。

伴随高等教育全球化发展，私营高等教育机构绝非美国个案。阿尔特巴赫通过调研发现，在高等教育大众化的过程中，一些国家产生了家族类型的大学，譬如墨西哥、泰国、日本、韩国、菲律宾、阿根廷和中国。所谓家族大学是这样一类大学：个人或家庭集团直接拥有对大学的控制权，或者其成员直接介入或总体掌握大学的行政事务管理以及财务问题。企业家热衷于办大学，特别是在发展中国家，其主要目的是赚钱。[②] 一定程度上，这些家族类型的大学比美国私营大学的私利性有过之而无不及。父子兵、夫妻店式的高校在招生、培养、学位授予、财务预算等方面存在着更多盲区，在市场监管缺失的情况下，它们更多考虑的是私人利益而非社会公益。

---

① [美]亚瑟·科恩：《美国高等教育通史》，李子江译，北京大学出版社2010年版，第281—282页。
② [美]菲利普·G. 阿尔特巴赫：《家族类型的大学》，载[美]菲利普·G. 阿尔特巴赫等《私立高等教育：全球革命》，胡建伟等译，中国社会科学出版社2014年版，第23—24页。

二 大学职能的商品化

大学的基本职能包括培养人才、发展科学和服务社会。这三种职能并非自中世纪大学产生就同时具备的，而是在时间上具有先后顺序。培养人才是中世纪大学产生之初就具备的最为原初、最为基本的职能。在神学统摄的中世纪大学，文学、法学、神学、医学的教学都是在基督教义的指导下进行的，发展科学的职能并不具备。及至1810年德国柏林大学创办，发展科学的职能才正式进入大学，通过研究进行教学，教学与科研相统一成为当时大学发展的基本理念。此时的发展科学是建立在追求"纯粹知识"意义之上的，因此大学尚不具备服务社会的职能。1862年，《莫里尔法案》的公布，伴随一批赠地学院的成立，大学服务社会的职能得以确立。至此，培养人才、发展科学和服务社会这三种职能得以完全成型。事实上，以后学人总结出来的其他大学职能，都可以从这三种基本职能中延伸出来的。

培养人才、发展科学、服务社会这三种职能产生有着先后顺序，它们之于大学的重要性也有着轻重之分。从大学的基本性质出发，毫无疑问培养人才是大学最为重要的基本职能，因为没有了大学中传授知识的教师和接受知识的学生，大学也就不能称之为大学了。但是，以美国为代表的世界范围内的大学，呈现出一种重视研究轻视教学的现象。之所以出现这种现象，其中一个重要因素是，卓越的研究成果所获得的回报，远远超过杰出教学成就可得的回馈。成功的科学家可以享誉全球，得到无数的肯定、奖牌、奖品、担任顾问的机会、其他机构的工作邀约，以及学校为留住他们而增加的薪金。相形之下，教学出众的教授通常在校园以外就默默无闻，他所能得到的回报，仅限于把工作做好的成就感和来自学生的感激与赞赏，虽说所有的辛苦都很值得，但在名气和其他实质收益上，却无法和成功的研究人员相比。[①] 不难看出，重视研究轻视教学背后的原因，是把大学的职能当作商品来看待，作为发展科学的科研活动价值，要远远高于作为培养人才的教学活动价值。教学活

---

① [美]德瑞克·伯克：《大学何价：高等教育商业化？》，杨振富译，天下远见出版社2004年版，第192页。

动之于科研活动,后者所获得的个人利益要明显高于前者,同样,教学活动之于专利开发下的服务社会活动,后者获得的个人利益同样也高于前者。由此,当培养人才、发展科学、服务社会这三种职能在大学内产生冲突的时候,大部分教师轻视教学,重视科研和科技成果转化,也就不难理解了。大学职能的商品化不但动摇了培养人才的基础地位,而且也是学术资本主义的重要表现。

(一) 培养人才的商品化

所谓培养人才的商品化,是指高校在招生、教学管理、课程安排、学生运动和学生资助等方面,将培养人才的核心过程或要素当作一种商品,或为趋利贴近市场提高学费,或为降低成本减少支出,人才培养质量、社会公平正义在经费收支或追名逐利面前不再居于首要位置。

1. 高校招生的商品化

20 世纪 70 年代以后,美国最为明显的一个趋势是,联邦政府对学生学习资助的方式开始由学校转向学生,佩尔助学金确立了高校之间为获得联邦更多的学生拨款而激烈竞争。伴随联邦政府和州政府对非营利性大学拨款的日益减少,这些大学一方面要靠扩大招生人数,另一方面要靠提高学费,来获得更多的运营收入。对于非营利性大学来说,高校招生中的商品化表现得淋漓尽致,对于营利性大学更是如此。凤凰城大学等私立营利性高等教育机构与非营利性高等教育机构一样,可以享受招收联邦政府补贴的学生,这些大学没有自己的图书馆,学生必须利用公共图书馆和公共资金贴补的高校图书馆,以降低培养成本,减少大学开支。这些营利性大学的经济行为,表面上来看是市场和市场化的,但是背后却是有着政府和许多补贴在提供支撑。[1] 换句话说,营利性大学一方面大量削减招生成本,另一方面享有与非营利大学同样的联邦政府学生资助,这无疑增加了非营利性大学招生中的焦虑感。营利性大学的一些商品化招生措施,潜移默化地影响着非营利性大学,各种商务性的招生宣传在非营利性大学中普遍展开。

为了能够招到智力突出但经济困窘的学生,各大学使出浑身解数进

---

[1] Slaughter, S. and Rhoades, G., *Academic Capitalism and the New Economy: Markets, State, and Higher Education*, Baltimore: Johns Hopkins University Press, 2004, pp. 4–5.

行价格竞争。为了不在竞争中损失更多经费，1989年，由包括常春藤盟校所有成员在内的24所私立大学组成了交叠集团，宣称共同决定联盟中学生接受适当资助的额度。这一联盟因被认为违反了反托拉斯法，而被司法部门叫停，但是联盟把美国高校群体带入了一个相互竞价的热潮。1992年，国会通过反托拉斯豁免案，允许私立大学实行不事先考虑需求的招生政策。在国会相应颁布了改善公立学校状况的法令后，28所全国排名最高的大学组成了568集团（568 Group），从1999年起致力于提供额外的以成绩为基础的资助金。威斯康星大学麦迪逊分校的法学教授彼得·卡斯坦森（Peter Carstensen）认为，事实上这些大学为争取生源所采用的方法与其他商品及服务商争取顾客的方法没有什么两样。出售大学教育是一门生意，对最优秀学生的竞争日益激烈。大学财务资助的战略和汽车制造商为让自己的产品更有吸引力所提供的返款及低成本贷款政策也没什么差别。购买一个学生资源无异于说服顾客买一辆汽车。[①]

伴随高等教育普及化趋势以及终身学习思想的推进，高等教育已经越来越成为一种消费模式。最为典型的是，在20世纪70年代中期，"非传统学生"（non-traditional student）这样的术语开始出现在高校招生办公室和学生事务中心。院系负责人与教师们日益认识到他们的学生顾客并不都是年龄在18—22周岁的全日制住宿学生，他们也不必在四年完成学士学位，然后继续攻读更高学位。同时，大学内部一种致力于职前学习的"新职业主义"（new vocationalism）普遍流行。在工商管理、管理学、会计学，以及一切与法律、医学或商学研究生项目的招生挂点边的领域，学生注册人数都发生了急剧增长。[②]"非传统学生"的加入以及"新职业主义"的流行，促进了招生中的学术资本主义形成。在这种学术消费主义至上的模式下，各种夜校、私立营利学校次第兴起。

2. 教学管理的商品化

所谓教学管理的商品化是指大学在教学管理过程中，为了降低培养

[①] ［美］埃里克·古尔德：《公司文化中的大学》，吕博等译，北京大学出版社2005年版，第41—42页。

[②] ［美］约翰·塞林：《美国高等教育史》，孙益等译，北京大学出版社2014年第2版，第300页。

成本,提高管理效率,而采取的一系列教学管理措施。教学管理的商品化在私立营利性大学和非营利性大学表现得不尽相同。

美国私立营利性大学的代表凤凰城大学,拥有 100 多个校区和学习中心,在学的学生数多达 10 万人,主要满足成人学生群体的学习需求,学习领域集中于实用性较强而培养成本不高的一些学科,譬如卫生保健、商务和教育等,课程高度紧凑且设计高度集中。一门授予本科学生的课程通常为连续 5 周,每周 4 课时。传统上一个教师需要承担的工作(如教师需承担课程设计的任务)被分解到多个部门来完成,有一些工作(如教师必须开展科学研究)则被完全剔除。凤凰城大学所聘用的教师主要是帮助学生学习特定的课程,他们的聘期按照凤凰城大学 5 周为一学期计算。教师们除了在凤凰城大学从教以外,必须有一份全职工作。换句话说,凤凰城大学的教师都是非全职的,也就没有终身教职的制度安排。凤凰城大学的教学强调,学生在星期二晚上学习到了什么,那么星期三早上就能在自己办公室用到这些知识。凤凰城大学坦言营利是自己的底线。[①] 营利是凤凰城大学的底线,意味着所有教学管理的安排都是朝向高度实用性、高度市场化、高度节俭性进行的。

与私立营利性大学不同,非营利公立大学的教学管理呈现另外一种面相。2010 年 8 月,保罗·范恩在访问华盛顿大学(西雅图)时认为,华盛顿大学看起来并不存在经费困难,如诗如画的校园、哥特风格的建筑等,但是奢华的表面下暗流涌动。州政府预算削减已经严重威胁学校的教学质量,学生更多是去上课而不是进行实验。毫无疑问,更多地去上课而不是进行实验,主要是为了节约教学成本。更为担忧的是,在美国大多数州,州补助以及学费的增加带来的收入被大学用在了非教学方面。经常有报道称大学提出行政方案以减少科研计划以及削减教工人数,或者将终身教职变为非终身制的。但大学却没有减少副校长数量的迹象。事实上,2009 年到 2010 年间的数份报告指出,行政膨胀导致的

[①] [美]凯文·金赛:《私立营利性大学的师资:凤凰城大学算是新模式吗?》,载[美]菲利普·G. 阿尔特巴赫等《私立高等教育:全球革命》,胡建伟等译,中国社会科学出版社 2014 年版,第 199—201 页。

花费已经足以令人担忧。据估计，在过去的 20 年间，大学行政部分的人数已经上升了 39%，而全体教职工的数量只增加了 18%，也就是行政人员的增幅达到了教职工人数增幅的两倍。① 可以看出，承担人才培养的教学活动，不但不能与其他大学职能相抗衡，而且教学活动在行政管理面前也远不及后者。宁可牺牲教学管理中的教师数量和质量，也不愿削减行政人员和大学领导的职数，这是公立大学教学管理的典型特征。这种学术资本主义表现并不在于增加或减少支出，而在于行政管理对教学管理的排挤和压榨。换句话说，这种学术资本主义并非是金钱压制了学术，而是政治权力压制了学术。

3. 课程学习的商品化

美国丹佛大学埃里克·古尔德认为，一般来说高深知识既具有交易价值，也具有象征价值。通识文科课程主要强调象征意义，而不是交易价值。如果没有通识教育，即使极尽讽刺挖苦和自我评价之能事，也将很难总结出什么是好的，什么是快乐的，什么是公平的，什么是有力的，也难以发展出至少对这些观点不会产生怀疑的世界观。这些通识教育功能在美国大学被更多赋予了交易价值。在各学科中，学习了一两门顶尖课程或者跨学科课程后，学生们就被认为具备了清醒思考的能力，理解艺术行为的能力，以及具有道德意识的能力，等等。事实上，一点点通识教育的疫苗并不能提供太多的免疫功能。② 由于具有象征意义价值的通识教育课程，在学生毕业后影响就业的因素远远低于具有强烈交易价值的科学技术课程，因此在高校教学中的比例被不断压缩。涵盖通识教育的课程所占比例，从 1914 年的 55% 降到了 1939 年的 46%，到了 1993 年更减少到 33%。而必修课的平均节数则从 1914 年的 9.9 节，降到了 1993 年的 2.2 节。在美国大学中，一个整体趋势是必修与整合性的课程被分门别类的课程所取代，让学生从更多样的课程里做选择。然而当一个学生到了大学之后，发现学校科系五花八门，课程更是令人眼花缭乱，在没有人告诉他应该要修什么课时，最简单的方法就是依照

---

① ［美］约翰·塞林：《美国高等教育史》，孙益等译，北京大学出版社 2014 年第 2 版，第 352—353 页。

② ［美］埃里克·古尔德：《公司文化中的大学》，吕博等译，北京大学出版 2005 年版，第 12 页。

工作来选择，为就业做准备。① 毫无疑问，一个为工作做准备，而非为生活做准备的学习取向，其课程的选择无疑具有强烈实用性，人文社会科学的课程也必然遭受冷落。事实上，这种重理轻文的态度绝不仅仅表现在学生层面，也表现在高校和国家层面。近年来，课程政策在英美国家中已经造成人文艺术学科和社会科学的缩减，更多受资助的学生是在科学技术领域而不是其他领域。例如在英国，分配给社会科学和人文学科的学费被砍掉 30%，削减为生均 1300 英镑，而科学和工程实验课程获得的费用涨到生均 2772 英镑。② 美国大学的文理科课程的境遇与英国别无二致，通识教育课程遭遇冷落近乎成为全球性高等教育教学的病症。

为吸引更多学生学习，以获得更大经济利益，私立营利性院校广泛开设大量的"即学即用"的商业课程。更为严重的是，非营利性院校也在不断跟进，在本科生和研究生教育中开设大量商业管理课程。以弗吉尼亚州的威廉玛丽学院为例，商业课程成了最流行的课程（占 20%），而这所大学一向被认为是在公立院校中最深入致力于人文学科教育的。另外，远程教育成为美国高等教育转型的创新方式，营利性的凤凰城大学提供了最为高度发达和先进的远程教育。传统大学也随之跟进。"的确，一个人可以通过网络课程从杜克大学取得工商业管理硕士学位，而不需要依靠那些增加花销的校园服务和设施，但它实际上使学生花的钱比他们去杜克大学亲自上工商管理硕士学位还要多。著名大学们已经找到一个取得专业学位的划算方法，提供'品牌'力量是相对廉价的，同时意味着索取高额的学费——这成为大学的摇钱树。"③ 为了索取高额学费，为了降低培养成本，大量利用远程教育，不惜牺牲培养质量，不惜学术声誉受损，这些都是典型的学术资本主义。

20 世纪 70 年代以来，这种学术资本主义对美国大学产生了深远影

---

① ［美］Philip G. Altbach、Robert O. Berdahl、Patricia J. Gumport 等:《21 世纪美国高等教育：社会、政治、经济的挑战》，杨耕等主审，北京师范大学出版社 2005 年版，第 428 页。
② ［美］希拉·斯劳特、拉里·莱斯利:《学术资本主义》，梁骁等译，北京大学出版社 2014 年版，第 51 页。
③ ［美］约翰·塞林:《美国高等教育史》，孙益等译，北京大学出版社 2014 年第 2 版，第 333—337 页。

响。据统计，美国大学的文理学科的学位授予数量从 1973—1974 年的 45%，减少到 1990—1991 年的 34%。相应地，实用性的专业学位（professional degrees）获得快速增长，从 1973—1974 年的 55%，增加到 1990—1991 年的 62%。调查显示，20 世纪 80 年代的"经验核心课程"（empirical core curriculum）——学生获得学分最多的课程——主要由商业课程主导。在 80 年代，选择数量前 35 门的课程中，有 6 门是工商和会计学，而 20 世纪 70 年代只有 2 门。传统的通识教育课程地位不断下降，譬如生物、化学、美国文学、音乐、物理、心理学、社会科学、美国历史和西方文明等。20 年间，退出核心的 6 门课程中，有 3 门属于通识课程（地质学、地理学和德语），其他两门职业课程是女性参与较多的教育和护理（第 6 门是圣经研究）。① 在线网络课程教学中，会表演、会包装的教授，通常最受欢迎，实际内容的传授反而成为次要；另外，这种可供一些教授名利双收的教学安排，很可能会影响学校正规的授课。② 换句话说，教授们为了赢取更多的在线课程讲授费，可能会牺牲本职工作中的课堂讲授精力投入，并进而影响课堂质量。为金钱利益而牺牲本职工作中的课堂质量，必然会引起同事心理的不平衡，教学风气也就必然随之浮躁。如此往复，最终将没有赢家。

4. 学生竞赛的商品化

大学之间的校际运动比赛，其本意是大学培养人才活动的校外延展，目的在于减轻学生学习压力，强健学生身体素质，增强学生集体荣誉，促进学生身心全面发展，发展校际之间学生友谊。然而，受经济利益影响，大学校际运动比赛在美国早已发生变异。由地产商和铁路运输业者于 1852 年发起的，以哈佛、耶鲁学生划船比赛为代表的美国大学校际运动比赛，到 20 世纪 70 年代以后已经成为大学赚钱的机器。③ 校际运动的蓬勃发展，为美国大学融入商业提供了助推剂。大学的体育馆越盖越大，以吸引更多观众买票入场。为了给运动经费的"赞助人"

---

① Gary Rhoades and Sheila Slaughter, "Academic Capitalism, Managed Professionals, and Supply-Side Higher Education", *Social Text* 51, Vol. 15, No. 2, 1997, p. 25.
② 刘兆汉：《序：平衡利益与学术》，载［美］德瑞克·伯克《大学何价：高等教育商业化?》，杨振富译，天下远见出版社 2004 年版，第 6 页。
③ 同上书，第 3—4 页。

腾出更多空间，学生观众不得不逐渐退让，部分大学甚至在球场加盖豪华包厢，让企业赞助人和其他金主拥有特权，享受包厢内的餐饮和其他舒适服务。为了获得运动比赛的收入，培养一支威名远扬的常胜军，大学不得不聘请身价不菲的教练。2001年有一项调查报告指出，美国约有30位美式足球与篮球教练的年薪超过100万美元，是多数大学校长年薪的好几倍。为了建立一支常胜的校际运动比赛队，吸引和留住优秀的学生运动员，大学官员甚至不惜帮助学生调换年级、考试作弊、甚至涂改成绩单，学校为此付出了惨重的学术代价。大学如果要靠体育活动赚钱，显然就要牺牲正常的入学标准。据统计，宾州州立大学和密歇根大学，美式足球与篮球队新生的SAT平均分数，比全校同年度入学新生的平均分低了237分；杜克大学与斯坦福大学，篮球队新生与普通新生的平均分相差307分，美式足球新生则相差292分。并且，这些靠低分录取的运动员毕业率明显偏低。根据奈特委员会的调查显示，20世纪90年代末期，在一级战区的大学中，只有34%的篮球运动员和48%的美式足球运动员能在六年内顺利取得学位。这些运动员根本无法选修具有挑战性的课程，也无法像其他同学一样参加课外活动。① 大学为了获取更大的经济利益，不惜牺牲运动员学生的个人成长，这与大学办学宗旨明显背道而驰。

5. 学生资助的商品化

中世纪大学以降，伴随大学国家化发展，在精英教育时代，学生入学大都基于身份地位的差别。长时间以来，贵族阶级在高等教育入学中占有得天独厚的优势。20世纪70年代以后，美国穷学生上大学难的主要原因不是地位之争，而是钱。在收入排在前20%的家庭中，80%的学生都进入了大学，而排在最后20%的家庭中，能进入大学的则不到一半，这种差距在四年制大学中更加明显。② 为了缓解贫困家庭子女入学的压力，联邦政府推行了一系列的助学金制度。1965年，联邦政府将佩尔助学金写进《高等教育法》，该助学金不像银行贷款，无须学生

---

① ［美］德瑞克·伯克：《大学何价：高等教育商业化？》，杨振富译，天下远见出版社2004年版，第61—68页。
② ［美］大卫·科伯：《高等教育市场化的底线》，晓征译，北京大学出版社2008年版，第26页。

及家长偿还。起初，助学金的资助对象为家庭低收入和中等收入的学生群体，1972年《基本教育机会助学金》对该法案进行了修正，规定申请者必须被一所获得教育局许可证的中学后教育机构接受并成为注册学生，而且必须是全日制学生，每个学期需修满12学分，并保持良好的学业成绩。这意味着任何符合其条款的申请者都能够获得经济资助。然而，从1978年开始，联邦学生经济资助项目的重心开始发生变化——从强调对有财政需要的学生提供助学金，转移到强调为学生提供容易获得的贷款上来。《学生贷款保障法》既吸引了银行的注意力，也吸引了来自相对富裕家庭学生的注意力，同时也使得背负大笔债务的大学毕业生越来越多。[①] 据统计，美国联邦政府1996年支付的350亿美元学生资助金中，70%用于贷款。教育部1995—1996年对约35000名学生进行了抽样调查，发现一半学士毕业生负有联邦贷款债务。1995—1996年公立大学学生贷款平均数额为12000美元，三年前是7400美元；私立大学学生贷款平均为14300美元，三年前是10200美元。到了2002年，据统计已经有39%的学生毕业时负有"难以处理的学生贷款债务水平"，据估计有1/3的学生毕业时负有20000美元或者更多的教育贷款。低收入学生、黑人学生、拉美学生又成为教育贷款难以偿还的重灾群体。[②] 学生资助的商品化倾向，使美国高校中家庭困难的学生愈加困难，即使是能够维持毕业，也将在未来工作的很长一段时间内，背负沉重的经济负担。

（二）发展科学的商品化

18世纪末19世纪初，发展科学作为大学的一项基本职能在德国率先确立。当时的发展科学是基于"纯粹知识"的理论研究，与实用性目的无关。由于19世纪德国大学系统是在邦政府的赞助下而进行科学研究的，因此研究者和研究成果都远离市场，具有无私性和公益性。19世纪德国大学模式对美国研究型大学建立产生了深刻影响，追求纯粹知识的探究在美国研究型大学中深受尊重。但是，20世纪70年代以后，

[①] ［美］约翰·塞林：《美国高等教育史》，孙益等译，北京大学出版社2014年第2版，第298—299页。

[②] ［美］埃里克·古尔德：《公司文化中的大学》，吕博等译，北京大学出版社2005年版，第34页。

高深知识的概念发生明显改变。利他主义与利己主义冲突,使从事学术研究的教授深陷矛盾之中。尽管他们仍然希望自己的研究会造福人类,但却开始谈永不赔钱的研究。他们仍然把基础研究看成科学的基石,但认为创业研究也被叠入那一层,形成一个新的合成物。成绩不再限于主要通过出版而获得,而是至少部分包含因市场和具有市场特点的活动获得的成功。① 大学教授从研究课题的选择,到研究成果的形成,都逐渐受到经济利益的牵制。十年磨一剑的基础研究渐渐让位于见效快、收益高的应用研究。大学教授越来越热衷于参与企业的商业化研究,以便获得更多的经济利益。大量研究计划的层次和价值,不是基于科学创新发现来衡量,而是基于获得金钱数量来比较。

一般来说,大学参与市场化的行为是双赢的,大学教师根据他们的研究成果,作为创业型教授将技术带入市场。但是,大学教师之所以能够参与市场,仅仅是因为他以前受到的政府提供的教育和训练。私人企业之所以愿意出资赞助教师开发项目,是因为这些教师曾经在政府资助下获得过相似的成功先例。② 换句话说,教师拿到市场上的研究成果有较大一部分是在公共教育资金的支持下完成的。因此,教师在研究成果市场化过程中,在实现企业创新发展和大学科技融资双赢的基础上,应当警醒自我承担必要的社会义务和学术责任。然而,在研究成果市场化的现实过程中,这些社会义务和学术责任往往会被抛弃。这种抛弃有时候是出于自愿的,有时候是被强迫的。譬如,很多企业会试图禁止研究人员在会议中讨论研究内容,有些企业的协议书还明文规定,科学家在和同事通电话之前,要先得到许可。一些教授甚至宣布,他们的实验室不准系内的同事和学生进入。尽管没有人能够衡量这类限制会造成什么冲击,但至少在某种程度上,这可能会让研究者无法与他人交换咨询与观点,失去可以提升研究水准的机会。企业还会要求教授无论是在专利申请还是论文发表上要保持足够的延后。同样,大学也经常暂时搁置企业要求分享或借用研究器材的要求,以便从企业的研究成果中分享一杯

---

① [美]希拉·斯劳特、拉里·莱斯利:《学术资本主义》,梁骁等译,北京大学出版社2014年版,第19页。
② Slaughter, S. and Rhoades, G., *Academic Capitalism and the New Economy*: *Markets*, *State*, *and Higher Education*, Baltimore: Johns Hopkins University Press, 2004, pp. 4–5.

羹。这些处处设防的消极做法，与学术社会可以互通有无、共同追求科学新知的理想，相距何止万里。当研究出现利益冲突时，研究人员会因财务或其他个人考量，在进行研究或发表成果时，并不根据专业判断，而是根据利益驱使做出妥协或让步，甚至做出见利忘义之举。这无疑会影响研究成果的客观性和可信度。[1] 可见，在这种情况下，科学研究已经失去了以学术为志业的道德高度，也失去了学术研究中求真的独立性和客观性，为金钱至上的学术研究最终伤害的是大学、学者及学术自身。

学术资本主义之于发展科学，不仅表现在研究成果的市场化方面，还表现在学术声望的商业化方面。20 世纪 70 年代以后，美国大学建立（或破坏）学术声望、社会声誉和影响力的基础在逐渐而持续地转移。过去是通过学术共同体的同行评价而逐渐积累起来的，20 世纪上半叶，是通过杂志社或出版社而产生的学术论文和著作逐渐积累起来的，70 年代以后，大众传媒成为学术声望、社会声誉和影响力的主要推手。然而，公众的注意力都强调"物以稀为贵"，媒体没有充裕的时间来培育一个人的声望，不可能眷顾那些曾带来学术声望的勤勉品质，更不可能等待学者们坚忍不拔、锲而不舍地探求真理与正义。得到媒体瞬间炒作的学者，其命运与运动员、流行明星、彩票赢家，甚至恐怖分子、抢劫犯相差无几。[2] 学术声望所根植的学术品质在商业媒体的反复炒作下荡然无存。基于高深学问的学术声望，在大众传媒的品头论足下，冲去了学术的寂寞与孤独，只剩下对金钱和世俗名声的欲望，最终学术声望不在。

（三）服务社会的商品化

以康奈尔理念和威斯康星思想为标志，美国大学在 19 世纪中后期就形成了服务社会的大学职能。康奈尔理念致力于能够开设足够多的课程，以便每个人都能够寻找到感兴趣的学习领域；威斯康星思想致力于为州政府服务，宣称州的边界就是大学的边界。经过百余年的历史演

---

[1] [美]德瑞克·伯克：《大学何价：高等教育商业化?》，杨振富译，天下远见出版社 2004 年版，第 92—95 页。

[2] [英]安东尼·史密斯、弗兰克·韦伯斯特：《后现代大学来临?》，侯定凯等译，北京大学出版社 2014 年版，第 37—39 页。

变，大学服务社会的职能从广度和深度都发生了巨大变化。大学不再是单纯地为开设足够的课程而努力，还通过科学研究尤其是高技术研究服务于社会；大学不再单纯地满足于服务于本区域的经济发展，还将服务社会的触角延伸到其他各州甚至海外。最为重要的是，这一切都是建立在获取外部利益的动机基础之上的。由此，技术科学不但在大学内部占据绝对优势，而且在大学外部也占据着绝大多数的市场份额。斯劳特和莱斯利认为，国家和大学越来越把计算机、电信、电子、先进材料、人工智能和生物技术等高深知识，视为全球竞争的核心。技术科学使科学和技术、基础研究和应用研究、发现和革新的分离成为可能。技术科学既是科学又是产品。它瓦解了知识和商品的区别，使知识成为商品。[①]知识可以成为商品，但是知识绝对不能与商品没有边界。一旦知识与商品没有了边界，知识的公益性也就荡然无存。大学作为高深学问的机构，如果其知识完全成了商品，最终必然使大学陷入生存的危机。

事实上，大学在服务社会的过程中，其营利活动越来越侵蚀了非营利性大学的基本性质。正是基于这种担心，大学的营利活动曾先后受到市政当局、企业主，甚至税务署的详细检查，监督校园活动以确保它们符合机构在教育事业方面的非营利性地位，亦即 UBIT（unrelated business income taxes，不相关的商业活动收入税）。从企业主的角度提出的问题是，如果一所大学的学生会中拥有旅行社和电脑销售中心，那么它与私立商业有什么区别呢？为什么要区别对待？同样，征收财产税当局也会质问，一个大学的体育场经常被用来举办摇滚音乐会，为什么将其作为教育类设施而被豁免税收呢？在许多城市，大学不仅成为最大的雇主，而且是最大的土地所有者和房产拥有者。纽约市采取的一个创新计划是，向锡拉丘兹大学的凯利圆顶室内运动场征税。在印第安纳大学，大学的高尔夫课则需要交纳财产税。[②] 当大学从事服务社会的手段摆脱了高深知识，当大学服务社会的目的仅限于赚钱，传统上大学所应该享受的诸如免税权利就必然会遭到质疑甚至剥夺。

[①] ［美］希拉·斯劳特、拉里·莱斯利：《学术资本主义》，梁骁等译，北京大学出版社2014年版，第34页。

[②] ［美］约翰·塞林：《美国高等教育史》，孙益等译，北京大学出版社2014年第2版，第328—330页。

三 大学管理的公司化

(一) 决策权力的转移

美国大学的治理结构一开始就存在着模仿企业的结构框架,董事会制度位于大学之外。自殖民地学院以降,大学教师在管理方面一直享有较大的权力,所谓学术自由、教授治校、底部沉重的制度架构一直为美国高等教育研究者津津乐道。然而,20世纪70年代以后,教授治校的管理模式受到严重冲击。批评者认为,教授过于自私,尤其是在学校项目削减时,不能从整体利益出发做出决策。20世纪80年代,一场企业革命冲击了传统的高等教育共享治理结构,激进的董事会成员绕过教授会对大学采取了更多控制。诸多研究表明,在20世纪最后的20年里,决策越来越集中于董事会和校长,只有选择性的公开话题才广泛征求意见,对于战略方向问题,譬如营利性活动和远程教育等则很少与教授们进行磋商。大学的高级行政人员被视为首席执行官(CEO)。大学公司化的管理体现在语言以及价值观的转变上,诸如外包、重组和以责任为中心的预算编制等。将大学的工作和服务,外包给私人公司已经变得很普遍。在某些情况下,这种做法是成功的,例如,将书店或餐饮服务外包给私人企业。在另外一些情况下,结果是灾难性的,例如在宿舍或与教育教学活动密切相关的设施,这种外包损害了大学培养人才的核心目标。[①] 大学决策权力从学院转移到学校,从教授会转移到董事会和校长,从民主决策转移到个人决断,意味着教授治校已经不适应大学学术资本主义的快速发展,在提高管理效率的同时,很有可能会伤及大学的学术职能。因为学术事务的决断,必然与学术创新密切相关,学术创新又必然与学术自由相连,而学术自由与管理独断是不相容的一对矛盾。

事实上,美国大学教授治校的权力旁落还有教职人数变化的原因,据美国大学教授联合会(AAUP)报道,美国大学中有44.5%的教师是兼职的,非终身教职岗位占美国高等教育全部教职人员的60%以上。非全职和全职的非终身任用都在继续增加,尤其是全职且不享有终身教

---

① Adrianna Kezar, "Obtaining Integrity? Reviewing and Examining the Charter between Higher Education and Society", *The Review of Higher Education*, Vol. 27, No. 4, 2004, pp. 439–440.

职的教师数量增长最快。在 1969 年，全职但不享有终身教职的教师仅占所有全职教师职位的 3.3%，但是仅在 1992 年至 1998 年间，该数目就增长了 22.7%，从 128371 人增加到 157470 人；在这期间，非全职且不享有终身教职人数仅增长了 9.4%，从 360087 人增加到 393971 人；相比较而言，全职终身教职的教师增加了不到 1%。① 全职终身教职的不断减少，非全职兼职教师的不断增加，无形中弱化了大学教授在管理力量中所占的比例。一个对学校不产生依赖的非全职教师群体，是不会花费大量精力参与学校事务管理的，另外，他们也不会冒着失去教职的危险（因为他们没有终身教职来保护自己）而主动冒犯学校管理者。

（二）借鉴企业的做法

伊利诺伊大学校长安德鲁·德瑞伯曾明确表示，大学"是传道授业的场所，也是企业组织。如果不以企业化方式经营，注定会失败"②。由于资金紧缺，在美国大学及大学间产生了一种新的竞争行为和理念。例如，在美国大学里，管理者开始实行多种新的管理方案和技术，其中包括："战略规划""标杆管理""全面质量管理"和"业务流程重组"等。从这些词汇的产生和所要表达的内涵来看，大部分管理方案和技术是直接借鉴企业界的。每一个词汇主要意味着，首先是衡量投入和产出，然后通过内部资源竞争来提高效率。当内部资源萎缩时，大学会更加积极地竞争外部资源，包括政府拨款、企业资助和学生学费。事实上，随着州政府对大学直接拨款减少，大学通常将预算负担转移到学生身上，加速了高等教育的私有化。③ 借鉴企业的管理方案和技术，以投入和产出为导向，提高大学内部资源的使用效率，从近期来看可能会使管理效率提高，但是从人才培养的长远目标来看，有可能丧失了其中最为宝贵的部分。

为应对经济压力，大学对教师聘任开始采用企业的做法。虽然有终

---

① Larry Hanley, "Academic Capitalism in the New University", *The Radical Teacher*, No. 73, 2005, p. 6.
② ［美］德瑞克·伯克：《大学何价：高等教育商业化？》，杨振富译，天下远见出版社 2004 年版，第 24 页。
③ Larry Hanley, "Academic Capitalism in the New University", *The Radical Teacher*, No. 73, 2005, p. 3.

身教职的教授被解聘的现象还不多,但是大学却已经用其他方式来裁减教师,譬如减少新聘教员的名额、鼓励教师提早退休、不再续聘没有升到终身聘任制的教师。正如前面所说,许多高校开始聘请更多的兼任教师,他们是临时人员,薪水和福利都比不上专任教师,且不能升任终身教职。面对财政减缩,包括芝加哥大学、宾州大学和罗切斯特大学在内的众多大学开始逐步削减学士、硕士乃至博士课程,这些专业大都集中在美国文明、人类学、教育学、语言学等无法与市场挂钩的学科。从而造成人文学科和社会科学在美国大学中的地位岌岌可危。[1] 从1970年到1999年,美国大学兼职教师数量已经从21.9%增加到全体教职员工的43%。然而,这种百分比因从事领域不同而各异,那些大班教授本科生的学科(和组织)的兼职教师比例最高。例如,英语学科的兼职教师比例是41%,而工程系只有24%。同样,不同学科遭受裁员的可能性也不同。那些声望较低、远离"市场"的学科,譬如教育、艺术和社会科学领域遭受裁员的可能性要远远超过科学和数学领域。[2] 亚瑟·科恩(Arthur M. Cohen)认为,20世纪70年代,通过大幅度提高学生学费增加大学收入的做法走到了尽头,大学开始降低工资的增长速度,削减日常开支,并寻找其他节省开销的途径。例如:扩大班级规模;雇佣更多的兼职教员;开展以电视为媒介的远程教育;建立音频教学实验室和计算机辅助教学计划;对学生通过自主学习和实践取得的成绩授予学分;采取延长每天授课时间以及周末授课的方式,提高建筑物的利用率。[3] 事实上科恩当时所预判的"大幅度提高学生学费增加大学收入的做法走到了尽头"这一说法并不准确,至少到了21世纪初期的十年间,大学学费持续增加的势头还在进行。但是,科恩指出了大学依靠学费提高收入的基本事实,这种做法与企业增加产品价格并无二致。此外,大学通过削减员工数量、减少支出项目、扩大招生规模、增加兼职人员等

---

[1] [美] Philip G. Altbach、Robert O. Berdahl、Patricia J. Gumport 等:《21 世纪美国高等教育:社会、政治、经济的挑战》,杨耕主审,北京师范大学出版社 2005 年版,第 116—117 页。

[2] Gary Rhoades and Sheila Slaughter, "Academic Capitalism, Managed Professionals, and Supply-Side Higher Education", *Social Text* 51, Vol. 15, No. 2, 1997, pp. 11–20.

[3] [美] 亚瑟·科恩:《美国高等教育通史》,李子江译,北京大学出版社 2010 年版,第 227 页。

维持高校运营，这些无疑都与人才培养质量的提升相悖离。

（三）大学意味着经商

在外部市场的推动和裹挟下，大学作为特殊市场的"销售者"，在寻找"购买者"，亦即学生的时候，仍然与现实中的企业市场行为有着本质的不同。宝马公司并不在意到底是谁买走了它的车，但是在大学的生产过程中，消费者是最重要的投入，研究型大学需要拔尖的学生，就像拔尖的学生需要它们一样。大学之间为了声望排名纷纷卷入企业化般的生死竞争。过去学术界曾经认为，企业家的贪婪和野心必然是邪恶的，现在看来却成了一种美德。"我们是在经商，"康涅狄格大学的教务长坦率地说，"我们的股东是学生、职工和康涅狄格州"。甚至加利福尼亚大学的校长也声称"加利福尼亚大学意味着经商"。强有力的学术领导曾经被认为是创办一流大学的关键，而现在，那些校长们都在没完没了地忙于筹集资金。消费者、融资者、市场化、品牌、赢者通吃等新名词逐步融入高等教育理论和实践的分析之中，这绝不仅是语义和符号的问题，而是商业化对大学侵袭的现实表达。[1] 在1965年，一个著名高校的博士毕业生通常可以获得三到四份终身教职取向（tenure-track）的工作机会，到了1972年一般来说已经没有这样的空缺职位。一份终身教职取向的工作机会可以吸引成百上千适合条件的应征者并不罕见。一个终身教职职位通常要在提升为副教授之后再经过五六年才能取得，而要获得副教授意味着需要在个人和高校间进行20到30年的投资。在全国学术职位市场已经达到饱和的情况下，校长和教务长充分享受着买方市场的优越感。[2] 在这种情况下，大学校长们并不是考虑如何扩大全职教师规模，降低师生比例，提高培养质量，而是将目光集中在用低薪聘请的非全日制教师身上，主要原因就是出于经济利益的考量，完全是一种商业思维。

大学的商业化管理在美国公立大学中表现得尤为突出。传统上，美国公立大学享有联邦政府拨款，同时州政府也为其注入大量发展基

---

[1] ［美］大卫·科伯：《高等教育市场化的底线》，晓征译，北京大学出版社2008年版，第3—5页。

[2] ［美］约翰·塞林：《美国高等教育史》，孙益等译，北京大学出版社2014第2版，第305页。

金。但是伴随政府财政拨款的持续下降，大学管理模式也随之发生变革。1960年，州政府对密歇根大学的普通资金投入是70%，2000年下降到36%，而且还在持续下降。除了在访问州首府兰辛期间，校长詹姆斯·约翰逊·杜德斯塔特平时并不把密歇根大学描述成一所州立大学。在密歇根大学校长看来，他们曾经受到州政府的资助，然后是受到州政府的帮助，目前只能说是坐落在这个州而已。许多大学管理人员认为，州政府管理人员表现得并不友善，大学某种程度上受到州政府不少困扰。无论人们喜欢与否，学校变成了杜德斯塔特所说的"密歇根大学有限公司"，它被当作一个商业企业在经营，被比作《财富》上的500强。对于另外一所美国公立旗舰大学——弗吉尼亚大学来说，情况同样如此，州政府总是试图为大学提供一小部分的收入，却想得到它100%的控制权。1994年，州政府开始干预学费价格，限制大学学费上涨的幅度。由于经济拮据，许多有才能的教授去了其他地方。校长不得不对州政府发出最后通牒，如果州政府不能提供更好的资助，他们不得不使大学的某些部分私有化。2003年，弗吉尼亚大学的法学院和商学院正式成为自给自足的私立学院。与密歇根大学商学院需要上交24%的学费给学校，艾莫瑞大学需要上交40%的学费给学校不同，弗吉尼亚大学达顿商学院在与学校反复讨价还价之后，按照10%的学费收入上交学校。这种"特许费用"，就像麦当劳的特许经营者要为使用这个品牌付钱一样，达顿商学院向学校缴纳的税金只是购买了大学的品牌。在达顿商学院影响下，弗吉尼亚大学的古典学系、文理学院乃至图书馆都纷纷卷入私有化；其他公立大学也对自己的商学院采取类似措施。私有化的努力使弗吉尼亚大学不再是一所强调知识培养的大学，而是更加接近于一家控股公司。[①] 无论是"密歇根大学有限公司"，还是"弗吉尼亚大学控股公司"，都预示着美国大学尤其是公立大学受到商业运营的影响之深，学术资本主义已经渗透到大学内部。

---

① ［美］大卫·科伯：《高等教育市场化的底线》，晓征译，北京大学出版社2008年版，第131—154页。

第四节　未来展望：回归学术与超越主义

一　回归学术

学术者，天下之公器也。大学作为从事高深知识的专门机构，承担着人类知识的传承与创新，肩负着民族、国家乃至全人类的文明与进步。无论社会如何风云变幻，无论前途有几多艰险，高校都不能跟随市场大潮而随波逐流，否则的话，大学将会在物欲横流中迷失自我，失去社会良心的责任担当，不再是人们心中的学术殿堂。正如哈佛大学前校长伯克所言，我们绝对不能根据市场的需求，设计大学课程或决定研究计划的议程。有些科学问题虽然没有可预见的市场价值，但还是值得研究；在某些专业领域，如埃及古物学或知识论，即便很少有人会对这类知识有兴趣，它们仍旧值得一流的学术研究。另外，像若干学科，如俄罗斯文学或伦理学，虽然许多大学生不懂得欣赏，也无法借此找到工作，但它们都是大学课程中非常重要的一部分。[①] 人类历史发展到今天，为我们留下来无数璀璨的文明和值得传承的知识宝库，都需要大学去传承和创新。大学一词虽然源自于中世纪的行会组织，但是之所以用这个词汇来表述知识的行会组织，恐怕也与该词汇含有知识的整体性密切相关。因此，大学绝不能够因为有的知识商业价值较大而趋之若鹜，也不能因为有的知识暂时不具备商业价值而抛弃不顾。知识除了商业价值，还有更加可贵的文化价值，正是因为知识具有文化价值，人类才能够不断走向文明。另外，此时看似不具备商业价值的知识，不见得永远不具备商业价值，等到人类认识到知识的经济价值时，再回头寻找这些知识，会发现它们已经成为无人能识的"绝学"。

因此，回归学术是大学充分发挥其职能的应有之义，唯有坚持学术，大学才能够真正履行好培养人才、发展科学、服务社会的重任。在三种大学职能中，培养人才是最为原发、最为基本的职能。但是伴随知识商业化的不断推进，伴随大学排行榜的推波助澜，商业化的学术研究

[①]　[美]德瑞克·伯克：《大学何价：高等教育商业化？》，杨振富译，天下远见出版社2004年版，第52页。

已经熏染了整个学术殿堂。正如阿德里安纳·基泽所研究的那样，商业化的学术研究至少产生以下后果：①应用研究增强，基础研究减弱；②大学教学地位的重要性降低；③造成更多的利益冲突，譬如教师研究中的商业利益冲突，影响学术共同体的完整性；④大学知识产权的流失；⑤研究生更多转向于适应市场的应用性课题。[①] 不难看出，许多后果对大学长期发展而言可能是致命的。因此，倡导大学回归学术就是要倡导回归一种超越名利的学术，就是要倡导回归一种求真求善的学术，就是要倡导回归一种不忘初心的学术。

二 超越"主义"

学术资本是大学多样资本中最为原初、最为基本的资本形式，这是由大学组织的基本性质决定的。社会上任何一个组织，都会根据其不同性质而拥有一个最为主要的资本形式，譬如一个企业最为主要的资本形式应当是经济资本，一个中介最为主要的资本形式应当是社会资本，一个文化团体最为主要的资本形式应当是文化资本，一个政党最为主要的资本形式应当是政治资本，等等。强调主要资本形式，就是要强调任何一个组织都不能够忘记本真，否则必然会引起组织的变异，譬如一个企业最为重要的资本形式不是经济资本而是社会资本，它将会演变为外包公司；一个政党最为重要的资本形式不是政治资本而是经济资本，它就会演变为财团；等等。多样资本之间是这样，同一样资本发生变异也是如此，从学术资本到学术资本主义就是学术资本发生变异的典型现象。事实上，在中文语境中，许多中性甚至褒义的概念，如果加上"主义"二字，概念内涵就会发生质性的变异，譬如形式与形式主义，理想与理想主义，经验与经验主义，自由与自由主义，等等。因此，对于学术资本主义，我们提出要超越主义，回归学术。前文已经分析，学术资本与学术资本主义的边界主要在于趋利取向，前者是君子爱财取之以道，后者是依靠学术唯利是图。因此，知识的商业化是学术资本发展成为学术资本主义的重要渠道。

[①] Adrianna Kezar, "Obtaining Integrity? Reviewing and Examining the Charter between Higher Education and Society", *The Review of Higher Education*, Vol. 27, No. 4, 2004, p. 445.

罗杰·盖格认为，商业化将最终窒息无私的研究，当大学被买走并被分配时，大学里的基础科学将日益受到损害。在学术研究的商业化运作中，超越底线似乎是不明智的。将金钱动机置于学术责任之上的教授，通常在大学之外更快乐一些，但迟早会迁居出去。[1] 学术研究是这样，学术传承又何尝不是如此。一个在招生、培养和学位授予中唯利是图的大学，迟早会被淘汰出局。因此，无论是大学的人才培养、科学研究，还是大学的服务社会，如果不走出商业化的阴影，就不可能走出学术资本主义的泥潭。那么如何规避学术资本主义？德瑞克·伯克认为："最明显的办法是，在决策之前，先仔细衡量每个商业机会带来的利益与负面影响。它可以为学校增加多少收入？要承担哪些风险？会造成哪些损失？这些损失会超过具体的既得利益吗？"[2] 克拉克·科尔也不断提醒我们，知识自有其自身目的，然而知识也是一种权力，现在知识也是为了金钱。尽管金钱不是万恶之源，但却是一些罪恶之源，让知识对金钱永远保持警惕也许不是唯一的解药，但却是其中的一个方法。[3] 我们认为，对现代大学而言，回归学术与超越主义是一对相伴而生的行动，大学在张扬学术资本，规避学术资本主义的道路上，需要国家、大学和学者共同承担起各自的责任。

三　国家责任

（一）制度与资助

尽管政府立法也有缺点和不足，但是学校的商业化活动还是应该受到政府管理与法律约束。国家必须介入保障大学的合法权益，立法机构必须处理大学商业化衍生的若干问题，例如大学与校内教授从商业活动得到的盈余及额外收入是否应该课税？如何界定专利申请的适用范围？应该设下何种限制，以保护参与临床实验的人体实验对象？此外，政府

---

[1] [美] 罗杰·盖格：《大学与市场的悖论》，郭建如等译，北京大学出版社 2013 年版，第 236—237 页。

[2] [美] 德瑞克·伯克：《大学何价：高等教育商业化？》，杨振富译，天下远见出版社 2004 年版，第 55 页。

[3] Clark Kerr, Others, *Troubled Times for American Higher Education*: *The 1990s and Beyond*, New York: State University of New York Press, 1994, p. 78.

给予大学适当程度的经费支援，是保护基本学术标准的最后一道防线。就现实方面考量，学校能否生存总是凌驾于学术价值之上的。如果政府大幅度削减科研补助，大学的研究重心将会转移到私人企业赞助的应用科学领域，使基础科学发展面临严重威胁。如果政府大幅度削减大学的其他经费，大学将不得不通过自身努力去寻找更多的财源，即使是牺牲学术品质也可能在所不惜。[1] 谁可以在不要求迅速收回投资的条件下来资助大学里那些为了寻求知识而进行的研究呢？如果真正占支配地位的是市场，那么整个领域及其所代表的知识资本会逐渐衰落吗？社会学、比较文学和纯数学会成为僵死的学科吗？只有政府有这样的财力。[2] 摆脱学术资本主义的羁绊，不能单纯依靠大学和学者自身，这就像给人体去除毒瘤，不能依靠病人自己一样。国家应当出台明确的制度安排，给学术资本到学术资本主义的发展划出红线。一旦学术资本在与外界交换中突破了红线，高校就应当受到惩罚。此外，尽管高等教育成本分担已经成为世界性的趋势，但是高等教育中内含的公益性使国家不可推卸责任，尤其是对于那些眼前没有任何商业利益的长线学科，或者是对那些行将消失的"绝学"更是如此！

（二）关于营利性高校

私立营利性高校的出现，是政府对学术资本主义的公然认可。尽管这些营利性高校在教学管理中强调市场、高效，收入丰厚，就业率颇高，但由于在培养人才中过于功利性，造成学生与教师之间、教师与管理者之间、教师与教师之间，均是由金钱来维系，学生毕业后缺少归属感，育人乐园随之荡然无存。因此，营利性高校已经丢掉了大学的灵魂。菲利普·阿尔特巴赫认为，这些营利性大学根本就不是大学，不是大学的院校就不应自称大学，政府也不应准许它们提供学术性学位。它们应该接受认证，但不应是传统大学的认证机构。学习者在这些机构中获得的资格不能被称作学位，而应有其他称号，如能力证书等。譬如凤凰城大学应被称为凤凰城专业培训学校，提供各种

---

[1] [美] 德瑞克·伯克：《大学何价：高等教育商业化？》，杨振富译，天下远见出版社2004年版，第228—229页。

[2] [美] 大卫·科伯：《高等教育市场化的底线》，晓征译，北京大学出版社2008年版，第281—282页。

"专业能力证书",摩托罗拉大学应该被称作摩托罗拉公司培训学校,等等。① 然而,美国政府不但给这些私立营利性教育机构赋予大学的名号,而且还允许它们授予学士学位、硕士学位,甚至是博士学位。更为重要的是,联邦政府在修订佩尔助学金以后,让这些营利性教育机构享有与非营利性大学同等地位,这无疑为学术资本主义在美国高校中的蔓延发挥了推波助澜的作用。事实上,伴随经济全球化、市场化发展,私立营利性大学的存在,绝非美国的个案,包括中国在内的一些家族性营利大学,比美国的营利性大学有过之而无不及。因此,如何对营利性高校进行规约,如何对家族性大学进行改造,将是世界高等教育的一个重要课题。

四 高校责任

（一）大学不是商业

在一个市场化高度发达的国家,渴望内部的组织机构远离市场是不现实的。19世纪德国大学的崛起,证实了国家在大学发展中的重要作用,也证实了大学远离市场可以获得巨大成功。美国大学自产生以来就不是任何一个方面独立作用的结果,一定程度上,正是市场多元的力量推动了美国高等教育的不断变革。正如19世纪德国大学在国家包办下会走向滑落一样,20世纪美国大学完全交由市场也问题丛生。罗杰·盖格认为,对美国大学来说,市场的悖论是:总的来说,市场给大学带来了更多的资源、更好的学生、推进知识的更大能力和美国经济中更有生产力的角色。同时,市场也缩小了大学活动的主权,削弱了它们服务公众的使命,商业纠纷的增长至少削弱了它们作为知识的中立仲裁者这个特殊角色的潜力。大学在市场化浪潮中,绝大部分的受益是物质性、可量化、有价值的,然而失去的却是无形的、不可量化的,一定意义上是无价的。因此,市场侵入大学的长期代价是不可测算的。毫无疑问,近期来看,来自市场的有形报偿被证实比无形危害大。然而,市场对大学进行协调的增强不应被解读成持续追求物质收益的必然要求。一个时

---

① [美] 菲利普·G. 阿尔特巴赫:《冒牌大学的兴起》,载[美] 菲利普·G. 阿尔特巴赫等《私立高等教育:全球革命》,胡建伟等译,中国社会科学出版社2014年版,第22页。

期的成功，如果不加以改变，很有可能会导致下一阶段的失败。[①] 任何事物都是有一定限度的，超越一定的边界或限度就会发生异变，市场亦然。当"市场"超越一定的边界，演变为"市场化"之后，必然改变组织和行动的性质。

因此，普林斯顿大学前校长威廉·伯温（William Bowen）认为，大学不是商业，而是非同寻常的机构，有着与其他任何一种实体所不同的使命和特征。社会对它们的期望远远不只是以公平的价格出售"产品"。如果这些庄严的机构过于受到市场的驱使，从而导致人们用过于机械的方式来看待它们，那么它们便丧失了发挥最佳功能所必需的独特的"宇宙角度"。[②] 当然，我们不能够用伯温的"大学不是商业"，来否定加州大学校长的"大学意味着经商"，因为两者有着不同的语境。前者主要从大学组织的特性来论说，后者主要是在政府对大学拨款日益减少，大学被推向市场浪潮之后的无奈之言。但是，大学要想成为大学，不被沦为其他类型的机构，就需要不断警惕市场化、商业化。大学毕竟不是以营利为目的的商业机构，因此在与外界或内部利益交换（经商）中，所要考量的绝不仅仅是金钱利益。中国大学在从计划经济的"事业单位"转变为社会主义市场经济中的"法人单位"过程中，在创建"双一流"的过程中，在注入市场正能量的同时，更要及早规避市场化和商业化给大学带来的风险。唯有此，中国高等教育强国建设之路才能够更加坚实、更加长远。

（二）大学不是公司

大学不是商业，意味着大学培养人才、发展科学和服务社会的职能不能够商业化。大学不是公司，意味着大学的治理要根据大学的组织特色来进行，不能够盲目引进公司化的治理方法。研究表明，将公司化治理应用于高等教育，通常不会对创造革新、提高效率、经济效益或创造效力产生积极影响，而这些目标正是公司化治理的提倡者所宣称的。企业治理的支持者认为，他们的战略所实现的成本削减，将有助于提供更

---

① ［美］罗杰·盖格：《大学与市场的悖论》，郭建如等译，北京大学出版社2013年版，第273页。
② ［美］大卫·科伯：《高等教育市场化的底线》，晓征译，北京大学出版社2008年版，第193页。

多的高等教育机会。然而，这些说法目前没有得到证据支持。一些诸如全面质量管理或业务外包的举措，对组织发展也产生了与培养人才和发展科学无关的负面影响。另外，业务外包也导致了教职员工参与大学治理积极性的降低。在没有教师、员工或学生参与的情况下，大学裁员和重组已经司空见惯，研究表明，只有学术共同体的积极投入，项目的削减或重组才能够更好实施。许多没有专业教育背景的董事会成员的大胆决定，对大学教学环境产生了不可避免的负面影响。同时，大学校长因为到处筹资和发展创业的行为，他们以前所应担当的为国家和共同体智力及道德领导者的角色正在消失。[①] 大学不是公司，要求大学始终不能忘记培养人才、发展科学的根本使命，要求大学在政策执行时要充分考虑组织底部沉重的特点，要求大学要充分发挥学术共同体全体人员参与治理的积极性，要求大学校长在做出决策前要坚守基本的学术底线和学术原则。

大学是培养高层次人才的机构，这意味着大学校园内要远离公司化的标识，因为并不是所有的教育活动都会在教室里举行。假设可口可乐公司与普林斯顿大学接洽，愿意提供2500万美元，换取在该校的拿莎堂（Nassau Hall）入口刻上五个简单的英文字："Things Go Better With Coke"，毫无疑问，普林斯顿校方一定会毫不犹豫地予以拒绝。大学若是在基本的学术原则上让步，不但会弱化学术机构追求的理想，也会降低社会大众对学术机构的尊崇。大学之所以能够成为人们心灵上的麦加，就在于大学不断在高深知识上求真、求善、求美。大学一方面是社会发展的引擎，同时也是社会发展的良心。这些共同的学术原则及理想本是凝聚大学的强大向心力，把不同的系所、研究单位、教学活动和想法各异的教授学人凝聚在一起，集中心力于各项教学、创新与研究活动，不惧外界的威胁利诱，为共同目标而奋斗。这些原则也使大学维持高入学标准，严格遴选新进教师，并让所有大学教育工作者相信，他们不仅是在混口饭吃，相反，他们的事业是一项崇高而神圣的职责。学校若能捍卫这些学术原则，即使是冒着财务损失的

[①] Adrianna Kezar, "Obtaining Integrity? Reviewing and Examining the Charter between Higher Education and Society", *The Review of Higher Education*, Vol. 27, No. 4, 2004, p. 444.

风险，必能激起学生、教授与校友的尊敬与支持，社会大众也将重建他们对高等教育的信心。[①] 正是基于这些，当清华大学的第四教学楼挂上"真维斯楼"标识时，才引起包括清华师生在内的强烈反对；也正是基于这些，清华大学不久便将"真维斯楼"的标识摘下，从而维护了自身的学术声誉。

如果学校领导者们个个都表现得像个钱串子，他们还怎么去守护滋养精神创造的自由条件？如果大学研究机构全都沦为盈利的产业，亚里士多德所讲的静观的快乐又在哪里？如果公立的学术机构竟然只关心牟利问题，纳税人的血汗钱又都花到什么地方？如果大学已变成唯利是图的企业，超越和对抗功利的博雅艺术与人文科学又将何以容身？如果学生已经变成必须争取和讨好的顾客，校园里的风气将败落到何处算是一站？如果不能赶在孩子们成长之前铸就他们的心灵，整个国家的未来还能有什么指望？如果任何不在乎金钱只计较真理的思想机构都已不复存在，人的精神视野中到底还剩下了什么？[②] 当大学管理者在做出任何一个决策的时候，都能够反思这些追问，并能够做出符合大学精神的制度安排，大学才能够远离学术资本主义的侵蚀。

（三）网络技术之于大学教育的有限性

伴随科学技术日益发达，网络教育逐渐进入大学；伴随MOOC教学风生水起，网络技术教育大有取代传统大学之势，远程教育让人们幻想着哈佛耶鲁就在身边。大学在网络技术教育发展的大潮中，也期望获得盆满钵满，以弥补日益短缺的办学经费。伯克则给予这种远程教育以当头棒喝，他认为，大学在人才培养的过程中，不要被新科技发达的假象迷失，而将精力投入营利性的远距离教学中。有人声称MOOC教学将取代传统大学在培养人才中的主流地位，事实上早在20世纪20年代，爱迪生就曾预言，电影会取代一般校园内的课堂讲授。事实上，在学生的发展过程中，仍有许多极具价值的学习过程很难透过电子化的教学获得：如晚餐时的师生交流、经由课外活动培养的团队合作精神、研讨中

---

① ［美］德瑞克·伯克：《大学何价：高等教育商业化？》，杨振富译，天下远见出版社2004年版，第203—239页。

② 刘东：《丛书序》，载［加拿大］比尔·雷丁斯《废墟中的大学》，郭军等译，北京大学出版社2008年版，第22页。

不经意擦出的智慧火花，或是与同学或伙伴的珍贵友谊与默契。① 且不说大学校园内教室外的学生活动，仅就大学教室内部的教学活动而言，也绝不单纯是一个单向度灌输知识的场域，教室内的文化、思想、欲望、事件、互动等，都是从教学到教育转化的必要条件。远程教学将这些现场教学进行分割和剔除，把每一个教学单元转变为可以计算的知识商品，反而忽略了教育中至关重要的"不愤不启，不悱不发"的诱导作用。一言以蔽之，无论是教学还是教育，作为大学培养人才的活动，都不是将学生简单复制的电子化过程。

面对网络技术教育的浪潮，面对远程教育画饼充饥式的金钱诱惑，有许多大学积极融入，也有不少大学保持警醒。以牟利为旨归的哥伦比亚大学网络教育遭遇失败。事实上几乎没有营利性公司在网络经济破灭中幸存下来：杜克大学的伙伴潘萨尔倒闭了；在鼎盛时期曾宣称将横扫教育领域的尤尼克斯在裁员50%之后，不得不向国际出版集团汤姆森寻求资金帮助；纽约大学在线关门了；马里兰大学的网上分部"大学学院"也倒了；康奈尔的远程教育中心还剩下几名学生，预期的收入也非常有限；沃顿商学院的合作伙伴加利伯公司宣告破产；与哈佛、北卡罗来纳大学和南加州大学合作的艾克塞斯大学改名换姓，并宣布退出高等教育。1999年，哈佛大学法学院通知民事诉讼法学教授阿瑟·米勒，不得再为全国首家虚拟法学院——康科德法学院——提供讲课录像带。法学院认为，教授们不应该由于在其他学院履行具有竞争性的教学义务而影响到他们教育哈佛学生的基本职责。对于哈佛而言，这是金钱的问题，也是原则问题。学校坚持认为自己拥有全世界最有声望的高等教育品牌，将本校教授与隶属于卡普兰公司的康科德法学院联系在一起，会有损于哈佛最为宝贵的声望财富，也对哈佛大学的品牌产生不利影响。不以现金利润为追求的麻省理工学院，通过公开线上课程为其赢得了巨大的声誉资本。2002年秋，学习网站刚刚建立运行，在最初的五个星期里，它的点击率次数为4650万次，361000名访问者来自七大洲的177个国家，其中包括

---

① ［美］德瑞克·伯克：《大学何价：高等教育商业化?》，杨振富译，天下远见出版社2004年版，第117—119页。

南极洲。[①] 如果说哈佛大学在远程教育的利益面前成功地抵制住了诱惑，那么 MIT 则是有效运用远程教育不断积累自己的声誉资本。这种以学术为依托的声誉资本，本身就是大学学术资本的一个重要部分，因此 MIT 是在用远程教育不断积累自己的学术资本。

（四）自力更生之于大学发展策略

尽管大学活动不是商业，大学组织不是公司，不能够以营利为目的，但大学发展却需要经费，而且是不断增长的巨额资金。政府在有限供给的情况下，大学不得不自力更生。如何创办一个能够自食其力的创业型大学，将是未来大学发展的基本方向。在公共资金不能有效保障大学运营的情况下，大学适当的市场行为和企业性活动不但不会使其坠入学术资本主义的深渊，而且可能会为大学发展注入更大活力。约翰斯通对大学和教师举办企业的有限性进行了分析，并分别提出了解决办法。他认为，教师与大学办企业可能具有三大局限：第一个局限是，企业性活动有可能使教师与院校的注意力和时间偏离大学的核心使命和活动，尤其是这些活动主要是为了纯粹增加收入时，学生和大学都会失去很多东西。解决办法是需要制定清晰的政策，对教师待在校园、办公室或实验室加以明确，使学生和同事都能找到他们；第二个局限是，企业的吸引力会与学术统一性原则发生实质性的根本矛盾。当研究资金来源和研究结果之间发生利益冲突时，就可能影响到研究什么或者不研究什么的决定，甚至是完全曲解证据或抑制发明等。这就需要在所有合同和交易中，将明确的条款与可行的透明度结合起来；第三个局限是，学术性企业内部固有的不平衡分布，以及学术企业内部部门之间——在"有"和"无"上差距拉大的趋势，人文科学和自然科学是一对，基础科学和应用科学是一对，高深学问和大众化知识是一对。管理学系、计算机学系和英语系可以去推销自我，部分原因是诸如数学系、历史系、人类学系和古代语言系的教师多年来为学校建立起的学术声誉。因此，所有的院系都应该通过适当的院系间横向补贴的办法从市场化中获得一些利益，同时要明文规定从事市场

[①] ［美］大卫·科伯：《高等教育市场化的底线》，晓征译，北京大学出版社 2008 年版，第 172—197 页。

活动人员的报酬与其他人员报酬之间的平衡。① 对学校里的商业行为进行规范，伯克也提出不少的可行方案。他认为，以往的思维只从防堵的方向去考量，所以问题丛生，但若能改变思考方向，用疏导的方案把创新、创投、创业的理念结合在一起，同时规定在获利中划拨一定比例资金，作为校内学术研究基金去鼓励个别创意。② 可以看出，伯克解决问题的方略与约翰斯通有着不谋而合之处。事实上，这其中内含一个共性原则，亦即始终警惕不跨越学术资本与学术资本主义的边界，并坚持学术共同体不因利益纷争而分裂。

五 教师责任

无论是回归学术，还是超越主义，都需要落脚到行动者身上，大学教师作为高深知识的传承、创新以及服务的主体，肩负着重要责任。对于防范学者个人的学术资本主义行为，需要国家和高校做出明确的正式制度制约，在教师群体中形成一种学术至上的非正式制度约束，同时也需要学者个人的不断内省，于无人监督之处能够"慎独"。

凡勃仑不断警醒，与"功利主义"亲密交友，对科学家和学者必然有着腐化的影响，导致他们在工作中追求功利性结果，从而和商人一样俗不可耐。如果他们不再专心致志地追求高深学问，而是或多或少地把心思放在功利主义的获利最大的机会方面；如果他们在学术中更加追求朝生暮死的短期效益，那么学者们丢掉的将是无法估量的道义损失。③ 伯克认为，显然激励学术科学家上进的传统价值观，可以抵制学术资本主义的诱惑。大学研究人员并不厌恶通过学术能力赚点外快，有些人甚至会在某些时候决定为企业工作，趁机做些大有可为的研究。不过，如果要他们在钟爱的研究工作和赚大钱两者间进行选择，很少人会选择后者。对于绝大多数的学术科学家而言，来自同僚的尊敬和研究进展的成

---

① ［美］D. B. 约翰斯通：《高等教育财政：问题与出路》，沈红等译，人民教育出版社2004年版，第164—166页。
② 曾志朗：《序 大学之道：创新、创投、创业、创资?》，载［美］德瑞克·伯克《大学何价：高等教育商业化?》，杨振富译，天下远见出版社2004年版，第12页。
③ ［美］索尔斯坦·凡勃伦：《学与商的博弈：论美国高等教育》，惠圣译，上海人民出版社2009年版，第69—81页。

就感仍旧超越一切。学者们应该明白，如果他们为了经济利益而在研究中带有偏见，那么这种偏见迟早会被后来从事同样研究的其他人员揭穿。① 因此，文章千古事，得失寸心知，学者在学术活动中要不断自我警醒，确保不为物欲和偏见所左右。

无论是从美国大学来看，还是从当下中国大学来看，教学和研究的冲突是造成学术资本主义滋生的一个重要动因。科学研究需要时间和更好的努力，还需要不断地学术旅行，所有这些都将干扰教学。尤其是，研究的获得往往会超过教学的获得，因为好教师的声望很少超出自己的团体，而成功的研究则可以闻名世界。② 事实上，研究和教学并非一对水火不容的矛盾，从发展科学的职能产生之日起，通过研究促进教学就成为德国大学的基本理念。另外，教师之所以称之为教师，就在于其教书育人的基本职责，就在于能够赢得同行们的认可，就在于能够赢得学生们的尊重。如果说一名学者被认为不是一个好教师，这无疑将宣判该学者学术上的死刑。马克斯·韦伯在一百余年之前发出的警告，至今对我们仍然具有重要的警醒意义。

第五节 结语

一 从历史上看，学术资本主义并非当下高校和教师的独特现象

从学术资本演变为学术资本主义，并非当下高校和教师的独特现象。反观大学发展史，从中世纪大学到近代大学的演变，同样也存在着由学术资本向学术资本主义演变的历史潮流。中世纪时期，当大学产生之初，在没有政府或者教会公共资金支持的情况下，一些教师效仿工商业行会，依靠高深知识的外部交换，形成了中世纪大学的雏形。如果说这种交换在中世纪大学早期还存在着公平性、竞争性，到了中世纪后期，尤其是文艺复兴、宗教改革和启蒙运动时期，大学的高深知识交换越来越被知识的商品化所浸染。一些以盈利为目的的冒牌大学应运而

---

① [美]德瑞克·伯克：《大学何价：高等教育商业化?》，杨振富译，天下远见出版社2004年版，第90—96页。

② Perkin, H. J. and J. Ben-David, "Centers of Learning: Britain, France, Germany, United States", *American Journal of Education* 50, Vol. 87, No. 1, 1978, pp. 93–95.

生，招生中早期对贫困学生照顾的惯例被打破，贵族学生日益占据绝大多数。课程学习中金钱交换的规则越来越严明，可以无偿听课的一再减少。在学位授予中，仪式极尽奢华，即使是有钱的贵族也望而却步，更何况家境贫寒的学生，学位证书被金钱所蒙蔽。在教师招聘中，往日的"托钵"游走，四处讲学的风气，渐渐被裙带关系所取代，子承父业、侄承叔业屡见不鲜。一定程度上，正是这种学术商业化的演变，造成了有着世界"大学之母"称谓的法国巴黎大学被停办长达一个世纪；也正是这种学术商业化的演变，17至18世纪德国要求取缔大学建制，重建高等教育机构的呼声甚嚣尘上；也正是这种学术商业化的演变，在文艺复兴、宗教改革和启蒙运动期间，欧洲传统大学处于"跋前疐后，动辄得咎"的生存困境。

学术资本主义是一个当代词汇，但是它所表达的趋利取向，与中世纪大学后期的学术商业化现象别无二致。因此，中世纪后期，欧洲传统大学因商业化趋势而日趋没落，不能不引起当下大学和教师的警醒。一定意义上，如果当今的学术资本主义现象，不能够引起大学和教师的自身警觉，那么大学重蹈历史覆辙，被社会排挤到边缘乃至被抛弃的命运，还将会再次重演。大学是从事高深学问的机构，如果大学丧失了传承、创新、应用高深知识的责任，演变为一个依靠学术追名逐利、蝇营狗苟的机构，那么必然会危及自身的生存。

二 从当下来看，学术资本主义也非美国高校和教师的独特现象

学术资本主义作为一种思想潮流最早产生在美国，但是学术资本主义作为一种现实实践却是世界性范围的普遍现象。由于全球化高等教育公共经费的锐减，全世界大学都深感财政压力。大学在深知政府的支持并不可靠的情况下，往往就会采取通过自身努力争取外部资源的做法，而高深知识是大学所拥有的独特的外部交换资源。换言之，通过学术资本与外界进行广泛交换，从而获得自身发展的经济资本、文化资本、政治资本和社会资本等，是现代大学更好生存的必由之路。但是，水可载舟，亦可覆舟，学术资本在为大学带来更多利益的同时，也是一把双刃剑。从学术资本到学术资本主义的边界跨越，既存在于欧美等高等教育先发国家，同样也存在于后发外生型的高等教育国家。

中华人民共和国成立以来，我们国家对近代大学进行了社会主义改造，取缔了以教会大学为代表的私立大学群体，建立了以国家资助、国家管理为特点的社会主义高等教育体系。大学是国家的事业单位，其运营经费来自于国家计划拨款，当然大学的招生、培养、学位授予等活动也都归由国家管理。大学教师作为事业单位人，享受国家拨付的工资，不与外界产生知识交换。20世纪90年代以后，伴随高等教育规模的急剧扩张，高等教育市场元素的逐步增多，高校内部学术资本主义的现象时有出现。重科研、轻教学，通过远程教育、函授教育等赚钱的现象，在中国高校同样存在。最为重要的是，阿尔特巴赫所提及的家族大学在中国民办高校群体中至今尚存，这些民办高校打着国有民办的旗号，事实上与高等教育公有性、公益性相距甚远，因此亟须从制度层面进行约束，使之尽快走向正轨。在我们国家建设高等教育强国的过程中，更应当认真研究他者的经验，防患于未然，以便达到后来而居上的效果。

三　从根源来看，学术资本主义是高校内外部因素共同推动的结果

学术资本主义是大学通过高深知识的转化而谋取更多利益的一种现象，这种现象发生在大学内部，但却是大学外部和内部因素联合作用的结果。从政治上来看，政府对大学资助持续下降，并对大学进行绩效考核是催发学术资本主义产生的重要动因。从经济上来看，市场经济和知识经济的共同发展，加速了学术资本主义的形成。在精英高等教育阶段，或者在计划经济时期，政府资助能够满足大学发展的情况下，学术资本主义很难抬头。另外，社会文化氛围、教育群体等因素，都是催生学术资本主义的重要外部因素。强调学术资本主义产生的大学外部因素，就是要强调学术资本主义的板子不能仅打在大学身上，政府、市场、文化等同样起到重要作用。

当然，学术资本主义现象的产生，大学难辞其咎。一个明显的现象是，在同样的政治、经济、文化等背景下，一部分大学的学术资本转化较为突出并得到内部群体的认同，而另一部分大学的学术资本主义现象会遭到大学内部群体的否定。以营利为目的的美国私立大学相对于非营利性大学而言，就表现出了强烈的学术资本主义倾向。进一步来说，即使是在同一所大学内部，不同院系不同教师对学术资本主义也会表现出

截然不同的态度。那些经常接触外部市场的教师，往往要比从事传统学科教学与研究的教师更加具有学术资本主义的倾向。更为重要的是，无论是大学的学术资本主义倾向，还是教师的学术资本主义倾向，如果不能够得到及时纠正或遏制，就会产生一种文化氛围，从而会影响到那些本来不具有学术资本主义倾向的组织和个人。

四 从对策来看，国家与高校应当联手规避学术资本主义

学术资本主义对大学的伤害是全方位的。学术资本主义使大学理念商业化，传统大学的商业化越来越削弱大学的无私性和公益性，向来以追求真理、自由、光明等为己任的大学，在市场经济笼罩下日趋蜕变，学者没有了为探寻真理而献身的学术志业，学术自由的理想日渐被套上金钱的枷锁，学术之花也渐渐枯萎、凋谢。可以说，学术资本主义对大学的人才培养、发展科学、服务社会以及大学管理等造成了全面冲击。如果不及时规避学术资本主义，大学发展将会进入歧途。

寻求规避学术资本主义的方略，需要从学术资本主义产生的根源着手，也就是说，需要从学术资本主义产生的政治、经济、文化等外部根源，以及从大学自身、大学领导者和大学教师等内部根源入手。对于外部根源，需要国家从制度层面进行规约，对具有明显学术资本主义倾向的行为明令禁止，对合理正当的学术资本交换进行引导和规范。此外，伴随知识经济的不断发展，大学核心竞争力作用的不断加强，政府有义务为大学发展提供必要的公共资金支持。从历史发展来看，任何一个国家大学的崛起，都是与政府提供强力支持分不开的。19世纪德国大学之所以能够走向世界高等教育之巅，源自于普鲁士威廉皇帝的大力支持；20世纪美国大学代替德国大学成为世界高等教育的中心，也与联邦政府的巨额拨款密切相关。学术资本主义产生的大学内部根源，需要大学从自身做起，回归学术，超越主义。国家的制度约束是限制学术资本主义发展的外部因素，从新制度主义理论来看，正式制度的实施不但需要巨大成本，而且一般很难全部奏效。从根本上说，大学及教师的自我约束是规避学术资本主义的真正源动力。事实上，无论是大学还是教师，如果不能回归学术，如果不能超越主义，那么最终伤害的必然是大学和教师自身。

第七章　从依附走向自主：学术资本视角下创业型大学的兴起

20世纪70年代以降，伴随学术资本主义现象在高等教育中的产生，创业型大学作为一个新型组织也引起了国内外学者的广泛关注。何谓创业型大学？创业型大学凭借什么进行创业？创业型大学最为基本的特征是什么？针对这些问题，国内外不同学者分别进行了不同的解读，要抓住众说纷纭的问题关键，还需把视角投放到创业型大学理论框架的早期提出者身上。与学术资本主义现象一样，作为创业型大学组织实践的原发地，美国学者是对创业型大学理论论述最早也是最为集中的群体，在这些理论中，亨利·埃兹科维茨和伯顿·克拉克的研究又是不可忽略的理论原点。

"大学—产业—政府"三重螺旋模型的提出者埃兹科维茨认为，随着知识被专门用来产生收益，科学本身被从一个消耗社会盈余的文化过程，转变为一种从文化的某一方面产生新收益的生产力。当任何一种有形或无形的东西以创造经济价值为意图被使用时，它就成为一种资本而不是消费品。文化，包括科学，当它产生一连串收益时，就成为资本。[1] 事实上，文化、科学、抑或是学术，能够成为一种资本，绝不仅仅是当代的事情。埃兹科维茨将这种起源上推至17世纪英格兰从少数罗伯特·胡克这样的皇家学会会员的技术研究的实际用途中实现个人经济利益的尝试，也是需要探讨和推敲的。事实上，组织性地将知识用于产生收益，至少从中世纪大学就开始了。科学或者文化作为消耗社会的

---

[1] ［美］亨利·埃兹科维茨：《企业性大学和民主协作主义的出现》，载［美］亨利·埃兹科维茨等编《大学与全球知识经济》，夏道源等译，江西教育出版社1999年版，第230页。

盈余的文化过程，在高等教育发展史上并非不存在，譬如英国贵族从事的绅士教育一定意义上属于这种类型，但是这绝非主流。值得肯定和借鉴的是，埃兹科维茨抓住了大学与产业和政府讨价还价的根本，也就是大学所拥有的文化、科学、知识，这些学术知识可以产生收益，成为一种资本。正是这种学术资本，使大学组织具备了演变为创业型大学的条件。

埃兹科维茨认为，从历史角度看，创业型大学是大学延续中世纪保存和传播知识的机构进而发展成为创造新的知识并将其转化到实际应用中去的多功能机构。当今的创业型大学是各种大学模式的综合体，包括传统的教学学院、多科性技术工程学校、赠地学院和研究型大学。相对研究型大学主要平衡教学和科研的关系，创业型大学又增加了经济发展的任务。建立于19世纪中期的MIT是第一所创业型大学。创办者威廉姆·巴顿·罗杰斯（William Barton Rogers）从波士顿地区的制造者、商人和知识阶层招募了一批人才。在他们的帮助下，他获得了一些私人和州立基金以及联邦政府给予大学的一部分赠地。20世纪早期，因为引入研究、咨询和专利转让而引起的争论，使MIT成为一类特殊的学术机构——创业型大学。20世纪20年代成立的MIT办公室，建立起了调节"大学—企业"关系的框架，成为二战后其他大学捐款和合同办公室的模型。[①] 在这里，埃兹科维茨之所以把MIT视作第一所创业型大学，其原因主要有三个：首先，MIT自产生之日起就不是单纯依赖政府或者私人捐赠的，其创办资金来自私人捐赠、州立基金以及联邦政府的赠地；其次，MIT自创办之日起就突破了原来大学单个角色的模式，它既非单一的教学学院或多科性技术工程学校，也非赠地学院或研究型大学，而是这四种机构模式的综合体，这一身份角色本身就具备了创业型大学的先天条件；再次，MIT率先构建了"大学—企业"的关系框架，为其本身乃至其他大学建立一个不断拓展的发展外围奠定了组织基础。尽管埃兹科维茨将MIT称之为第一所创业型大学，而且也没有指出其何时才真正成为创业型大学的，但是我们从MIT的早期经费来源不难看出，它充

[①] ［美］亨利·埃兹科维茨：《麻省理工学院与创业科学的兴起》，王孙禺等译，清华大学出版社2007年版，第13—30页。

其量只能被看成具备了创业型大学的潜质，还远远没有达到创业型大学的独立。换言之，20 世纪 20 年代之前的 MIT，仍然没有摆脱对外部资金或外部机构的依附。20 世纪 20 年代以后，MIT 在脱离州政府资助、丢掉哈佛遗赠、深陷财政危机等一系列打击下，才开始真正走向创业型大学之路。

埃兹科维茨意义上的创业型大学，是一种基于研究开发的创业型大学，也就是说，大学在建构与政府、企业的网络关系过程中，高深知识的创新、转化及应用起着关键作用。与埃兹科维茨不同，伯顿·克拉克将研究的视野放得更加宽广。为了研究创业型大学，克拉克全面审视了世界大学的原发地——欧洲，并认为在传统的欧洲环境中，有魅力的大学乃是那些积极寻求摆脱严密的政府控制和部门标准化的大学。为确定需要研究的大学案例，克拉克非正式地和几位积极研究高等教育的欧洲学术同行详细讨论，请他们对过去 8—10 年或更长时间内自己努力从事改变大学一般特性的高等教育机构进行提名。法国、德国和意大利等几个主要的欧洲高等教育系统并没有被提名。直到最后，克拉克选定了英格兰的沃里克大学、荷兰的特文特大学、苏格兰的斯特拉斯克莱德大学、瑞典的恰尔默斯技术大学和芬兰的约恩苏大学。克拉克认为，一所创业型大学，凭它自己的力量，积极地探索在如何干好它的事业中创新。它寻求在组织的特性上作出实质性转变，以便为将来取得更有前途的态势。创业型大学寻求成为"站得住脚"的大学，能按它们自己的主张行事的重要行动者。[①] 相对埃兹科维茨的研究而言，克拉克一方面将创业型大学的活动范围进行了拓展，由基于研究开发的创业型大学，发展成为凭借自己力量（培养人才的力量、发展科学的力量、服务社会的力量、组织管理的力量等）的创业型大学；另外一个方面，克拉克总结出了创业型大学最为基本的特点，亦即寻求摆脱政府的严密控制和部门标准，能够按照自己的主张行事的"站得住脚"的大学，也正是基于这一特点，克拉克他们才没有将研究的目光投向法国、德国和意大利等几个主要的欧洲高等教育系统。众所皆知，法国、德国和意大利的大

---

① ［美］伯顿·克拉克：《建立创业型大学：组织上转型的途径》，王承绪译，人民教育出版社 2003 年版，导言第 2 页。

学群体，还没有摆脱政府对大学组织的严密控制，大学的生存发展还需要紧紧依靠政府支持，创业以及"按照自己的主张行事"与这些大学几乎无缘。

"创业型大学"（Entrepreneurial Universities）较早由王承绪先生译介而来。关于"Entrepreneurial"一词在教育学研究的中文翻译有多种表述。有学者将其译作"承包商"，强调传统上英国的"政府—大学"关系，发展演变为"政府—承包商（state—entrepreneurial）"的关系；① 有学者将其译作"企业家主宰的"，用于修饰自由市场的全球化（entrepreneurial globalization）发展；② 也有学者直接将"Entrepreneurial Universities"翻译成"企业型大学"，③ 强调大学企业性质的演变。这些翻译根据语境，展现出了"Entrepreneurial"的企业性和商业性，但不能够有效表达大学的创业性，而创业性才是反映大学寻求摆脱政府严密控制，能够按照自己主张行事的组织特质。无论是翻译成"承包商大学"，还是翻译成"企业型大学"，都有可能将所有大学陷入一种营利性大学的尴尬境地。事实上，创业型大学所强调的创业，是在政府不能够完全承担其发展运营经费的情况下，或者是大学主动地为了更好地实现自治，而采取的通过自身能力赢得发展资源的行动趋势。简言之，这种行动趋势，就是大学从依附走向自主。

第一节 捐赠收费与公共资助：早期大学学术资本的多元依附

大学是从事高深知识的机构，生来不事稼穑，因此维持其生存发展的经济资源来自于外部。换言之，如果大学从事的高深知识不能够获得外部的认可和资助，那么大学就会面临发展困境甚至消亡。这里所说的

---

① 贺国庆、朱文富：《滕大春先生纪念文集》，河北大学出版社2005年版，第224页。
② [美] 马克斯韦尔·梅尔曼等：《以往与来者——美国卫生法学五十年》，唐超等译，中国政法大学出版社2012年版，第119页。
③ 参见 [美] 希拉·贾撒诺夫等编《科学技术论手册》，盛晓明等译，北京理工大学出版社2004年版，第645页；[美] 菲利普·阿特巴赫等《全球高等教育趋势：追踪学术革命轨迹》，姜有国等译，上海交通大学出版社2010年版，第122页。

早期，并没有一个严格意义上的时间节点。对于那些先发内生型的欧美大学来说，早期大学指的是自中世纪大学产生到大学完全国家化，也就是说，早期大学的时间上限为中世纪大学，时间下限为大学发展的经费支持绝大部分甚至完全来自于政府，而政府又即将没有能力完全承担大学全部运营经费之时，这一时间节点，就英美大学而言，大约是在20世纪70年代。对于那些后发外生型的其他国家大学来说，早期大学的起点和终点更为模糊多样，但是一个基本的划分原则是政府是否有能力或者是否愿意完全承担大学发展的运营经费。如果政府有能力并且愿意承担大学发展的全部运营经费，那么就不存在多元依附的问题，大学主要依靠政府资助生存，譬如法国、德国、意大利的大学，再譬如社会主义国家的苏联、中国等国家的大学。

因此，早期大学的综合特点是，大学发展来自于学费、教会、慈善捐赠或（和）国家支持，不需要与产业发生直接联系，外界应当给予支持是大学在发展中天经地义的想法。在这种生存状态下，大学学术资本表现出高度的依附性，要么完全依靠学费，譬如中世纪早期的原生型大学，亦即教师行会状态下的巴黎大学、博洛尼亚大学和萨莱诺大学等；要么主要依靠教会支持，譬如欧美某些教会大学、中国近代教会大学等；要么主要依靠慈善捐赠，如早期的牛津大学、剑桥大学和初创时的芝加哥大学等；要么主要依靠政府资助，譬如19世纪以后的德国大学、法国大学等。当然，在大部分时间里，这些大学依靠的是多元资助，只是大学没有感受到经费或者生存危机，大学能够沉浸在自我满足的发展状态之中。早期大学学术资本依附的一个整体发展状态是，大学越来越多地依附于政府的公共资金支持，即使是学费、教会或者慈善捐赠仍然发挥着作用，但相对政府的财政支持来说都显得不再那么重要。

一　学生学费与大学学术资本依附

学费与教育的关联源远流长。自"天子失官，学在四夷"[①]，伴随私学产生，学生学费就成为教师生活的一个重要来源。子曰："自行束

---

① 《左传·昭公十七年》。

脩以上，吾未尝无诲焉。"①尽管学者们对"束脩"的解释有着不同看法，但从该词后来的语义来看，指代学生交给教师学费已是无可争议的事实。学者们对束脩产生怀疑的一个重要原因，在于西方哲人苏格拉底的不收费之说。苏格拉底和孔子同为西方和中方的圣贤，在道德高度上应该是一致的。日本学者柄谷行人还专门著书讨论苏格拉底因何不收费的问题，得出的结论大致是苏格拉底之所以不收费，主要是因为他自己的知识分文不值。事实上，圣人广施恩德，有教无类，但总不能饿着肚子工作，最起码的生活保障还是要有的，收点"束脩"当然天经地义。②且不论柄谷行人的观点对错，仅就教育收费是否是一个道德命题，早在中世纪大学初期就有过激烈讨论。在宗教组织对教育收费强烈反对的情况下，教师行会还是与其他手工业行会一样，开业收徒，按章收费。一定意义上，如果没有中世纪教师行会组织的发展壮大，中世纪大学的产生是根本不可能的。因此，教育收费能否成为一个道德命题，关键不在于收费与否，而在于传授什么知识，在什么状态下收费，以及收费是否受到制度制约等方面。误导青年的邪教学说，即使免费也是不道德的。面对好学而家贫的学子，收费也是不道德的，孔子赞赏颜回，称其"一箪食，一瓢饮，在陋巷，人不堪其忧，回也不改其乐"③，相信孔子招收颜回为弟子的时候，是不会收取他的束脩的，给不给束脩完全是颜回自己的事情。此外，不接受制度的制约，乱收费、高收费也是不道德的，中世纪大学后期，一些传统大学之所以走向衰败甚至是毁灭，其中一个重要原因在于，无论是大学还是教师，都将知识过度商品化。

高等教育发展到近代，学费已经成为各个国家讨论的共同话题。约翰斯通认为，几乎与高等教育有关的所有成本都是由学生、家长与纳税人共同承担的，慈善家也许承担了一部分，对美国那些昂贵的私立大学来说，捐赠基金的收入或现金捐赠占了其运行成本的很大比重。从世界范围来看，对于公立大学而言，既有不收学费的案例，也有收取学费的

---

① 《论语·述而》。
② 程志敏：《苏格拉底为什么不收学费?》，《读书》2018年第12期。
③ 《论语·雍也》。

案例。大多数西欧国家，直到20世纪90年代中期，实际上不存在私立大学，公立大学也不收取学费。比利时与荷兰有私立大学，但由于受政府资助，也只收取很少量的学费。美国、加拿大、日本、印度、韩国等，公立的高等教育都采取了适度的收费政策。与公立大学不同，学费是私立大学最主要的经费来源。除此之外，私立大学还会得到政府资助、现金捐赠与捐赠基金等。执行比较典型的私立大学学费政策的国家，是那些私立大学在高等教育中占有相当比例的国家，像美国、日本、巴西、哥伦比亚、菲律宾、印度、韩国、印度尼西亚、阿根廷、墨西哥、土耳其等。有些国家，像法国、意大利、西班牙，私立大学很少而且很特殊，通常都是精英型的，它们的学费政策对进入这些大学的学生入学行为有很大影响。[1] 事实上，在许多国家的公立大学发展中，大部分是一段时期不收费，另一段时期收费。收费与否并不是参照是否应当收费，而是参照当时国家经济发展所能够承受的高等教育发展速度和规模。当国家感到力不能逮时，就会施行必要的收费政策。

德国大学自中世纪以来就有收取"听课费"的惯例，即使是19世纪大学改革以后，这一收费制度也没有发生根本改变，其中不拿政府薪水的编外讲师就是完全依靠听课费来维持生活。当然，这一制度在20世纪70年代受到猛烈抨击。1970年4月16日，德国联邦州州长联席会议一致通过决定，自1970—1971年的冬季学期起取消大学的学费。但是，伴随德国大学不断扩充，政府越来越难以承担沉重的财政负担，高等教育完全免费被认为有失公允，同时，免收学费也增加了学生攻读的倦怠感，2005年，德国联邦宪法法院经审核最终宣布，禁止征收大学学费的决议与宪法精神相违背。[2] 联邦宪法法院通过决议后，尽管各邦对决议的实施保持了不同的态度，但是德国大学开始恢复收费制度已经不可逆转。

伴随1949年中华人民共和国成立，国家对中国近代大学进行了社会主义改造。20世纪50年代"院系调整"不但取缔了私立大学，而且

---

[1]　[美] D. B. 约翰斯通：《高等教育财政：问题与出路》，沈红等译，人民教育出版社2004年版，第52—62页。
[2]　宋健飞、高翔翔：《当代德国大学学费制的历史与现状》，《全球教育展望》2007年第12期。

将大学组织视为国家管理的一个事业单位，学费制度也随之在高等教育内被取缔。包上大学、包分配工作成为新中国成立后高等教育发展的一个重要特征。伴随中国高等教育规模不断扩大，成本分担问题自20世纪80年代就开始引起广泛讨论。自1989年起，高校开始对部分学生实行收费，一开始只是象征性地收取200元。高校学费制全面实施始于1997年。是年，从过去的本科和专科学生免缴学费，经由部分大学生自费上学的所谓"双轨制"，开始实施全部大学生都缴费上学的所谓"并轨"。"并轨"后，收费标准几年内一直徘徊在3000元左右。收费标准大幅提高是在2000年。这一年高校学费普遍在1999年的基础上提高了15%，有些地区高达20%，学费上涨超过了4000元。[①] 截至目前，高校收取学费仍然执行1996年原国家教委制定的《高等学校收费管理暂行办法》精神，亦即高等教育学费占年生均教育培养成本的比例最高不得超过25%，不同地区、不同专业、不同层次学校的学费收费标准可以有所区别。

在早期大学学术资本多元依附的时代，一旦高等教育机构的运营经费发生短缺，往往诉诸学费提升。譬如在20世纪初期，英国大学的学费基本上是稳定的。但是伴随生活费用的增加，大学也不得不决定增加学费。1920年，伦敦大学学院、利兹大学先后公布增长学费的规定。利兹大学的文科增收学费3英镑9先令，共为23英镑；理科从27英镑11先令增加到31英镑；技师科增加3英镑8先令，共为35英镑；医科从入学到获得医学学士学位为止，共须出费134英镑，比从前增加20英镑；牙科学费虽然没有增加，但须支出登录费2英镑。各科试验费从1英镑增至2英镑。格雷戈里·福斯特认为，英国大学的收入是从学费、政府和地方官厅的补助费、个人的捐款和遗产捐赠，这几项取得的。战前英国大学学费占每年支出经费的38%，就是学生在大学里读书只支出三分之一的费用。尽管国家为培养有学问的人才，不应增加学生负担，但是大学财政情形这样困难，实在是无可奈何，只有增加学费这一种办法。[②] 大学不得已增加学费的复杂心态，在福斯特的描述下跃然纸上。

---

① 张人杰：《论大陆公立高校的学费》，《学术研究》2003年第2期。
② 杂志社：《欧美教育新潮：英国大学增收学费》，《教育杂志》1920年第12期。

第二次世界大战结束后,英国政府颁布了《1944年教育法》(Educaiton Acts of 1944),开启了大学免征学费的历史,在校大学生的学费、在外住宿费和生活费都由生源所在的地方当局来支付。20世纪60年代,英国高等教育进入发展的"黄金期",政府不但出资创办了一些"新大学",而且使免费加助学金政策得到了进一步巩固。1960年的《安德森报告》提出,大学生不仅不需要交学费,而且还可获得其生源所在地方当局的其他补助,譬如生活费、服装费、图书装备费和家校往返费等。[①] 1963年的《罗宾斯报告》提出了著名的"罗宾斯原则",重申了高等教育免费政策。然而,伴随撒切尔夫人执政后对教育财政拨款的锐减,英国大学免费政策也随之被取缔。学费收入尤其是海外学生的学费收入,已经成为英国大学一个重要的经费组成。

二 教会组织与大学学术资本依附

自中世纪大学产生之日起,教会就与大学建立了密切关系。在当时,许多大学教师本身就是享受圣俸的牧师。教皇为了拉拢大学,不断给予大学诸多特权。为制约主教对大学过多插手管理,教皇一般直接派遣特使干预主教权力,有时候,教皇也借助其他地区的主教势力,进行跨地域干预。个别情况下,教皇会直接撤换不服从命令的主教。譬如,1212年初,在多次更换巴黎主教,尚不尽意的情况下,教皇直接任命巴黎大学神学教师高冈为红衣主教和驻法教皇特使。[②] 如果分析13、14世纪教皇的教育和工作背景,就会发现他们在成为教皇之前,都与大学有着密不可分的、知识上的连带关系。从英诺森三世1198年继任教皇,到1404年英诺森七世登位,历任教皇或为大学毕业,或为大学教授,或为大学的直接监护人。在20任教皇中,有10任曾在巴黎大学学习,有10任曾在欧洲各大学任教。[③] 因大学之于宗教组织至关重要,1229年,教皇直接创办了图卢兹大学,这是中世纪时期由教皇直接创办的第

[①] Sir James Mountford, *British Universities*, London: Oxford University Press, 1966, p. 101.

[②] Olaf Pedersen, *The First Universities: Studium Generale and the Origins of University Education in Europe*, Cambridge: Cambridge University Press, 1997, p. 167.

[③] Lowrie J. Daly, *The Medieval University 1200 – 1400*, New York: Sheed and Ward, 1961, pp. 211 – 212.

一所大学。① 中世纪之后，伴随民族国家的迅速崛起，教会组织在大学发展中的作用日渐式微。但是，在西方世界，教会创办大学或者资助大学之风从未间断。

教会创办和资助大学，主要是通过大学培养人才来为教义普及和推广服务。清末民初，伴随西学东渐的风潮，西方教会在中国相继创办了东吴大学、文华大学、震旦大学、齐鲁大学、沪江大学、金陵大学、华西协和大学、之江大学、圣约翰大学、福建协和大学、金陵女子大学、华南女子文理学院、岭南大学、雅礼大学、津沽大学、辅仁大学、燕京大学等教会大学。可以肯定的是，如果没有教会提供的巨额经费，那些不远万里远渡重洋的传教士不但不可能在中国进行传教活动，而且开办教会大学更是不可能的。据记载，在1935年，美国北长老会山东教会仅潍县一个总堂的学校教育经费就高达银洋5万余元。事实上，在中国从事传播基督教活动的天主教修会和新教差会的经费来源有着重要不同。天主教修会的经费最初大部分来自"教廷传信部和其他欧洲来源"，后来更多依靠它们在中国的地产；新教差会在华传教所需要的经费主要依靠教友的募捐。② 以齐鲁大学为例，创办者美国北长老会和英国浸礼会，以及后来加入的加拿大长老会、美国南长老会、美国南浸信会、美国公理会、美以美会、挪威信义会联合差会、英国伦敦会、英国威斯利卫理公会、英国长老会、英国循道公会等差会拨款是其最持久、最稳定也是最重要的经费来源。如表7-1所示，从1908年到1919年的11年间，教会组织给齐鲁大学的拨款一直占有很大比例，最高的年份（1910—1911年）可以达到88.6%，最低的年份（1917—1918年）也达到了66.8%。教会除了直接给大学进行拨款，还积极组织私人基金会对教会大学进行捐赠。一直到20世纪40年代，教会大学在中国本土行将消失之前，齐鲁大学来自国外的教育经费仍然占据着很高的比例。新中国成立后，教会大学作为西方列强侵略中国的一个文化组织和符号，被新政府全部取缔。中国开始了模仿苏联模式的高等教育改革，

---

① Alan B. Cobban, *Universities in the Middle Ages*, Liverpool: Liverpool University Press, 1990, p. 14.
② 陶飞亚、刘天路：《基督教会与近代山东社会》，山东大学出版社1994年版，第22—23页。

政府成为大学发展的唯一支持者和管理者,大学成为受公共资金资助的事业单位。

表 7-1 差会对齐鲁大学的拨款(1908—1919 年)

时间	拨款(单位:墨西哥元 Mex.)	占总额比例%
1908—1909	23226	81.9
1909—1910	32289	87.3
1910—1911	47356	88.6
1911—1912	44369	79.2
1912—1913	26131	69.7
1913—1914	19483	79.7
1914—1915	17884	67.5
1915—1916	40068	76.7
1916—1917	31730	78.6
1917—1918	34525	66.8
1918—1919	39795	67.0

资料来源:刘家峰:《齐鲁大学经费来源与学校发展:1904—1952》,载章开沅等《社会转型与教会大学》,湖北教育出版社 1998 年版,第 84—85 页。

相对西方列强在殖民地半殖民地开办的教会大学,欧美本土的教会大学发展完全是另外一个面向。17 世纪,受欧洲国教会的压迫,众多新教移民来到北美大陆,为了传承教义,不让子女成为知识上的蛮夷,他们先后创办了哈佛、耶鲁等九所殖民地学院。这些殖民地学院都或多或少地与教会有着多样联系,培养有文化的牧师,是这些殖民地学院共有特征。伴随独立战争和南北战争的先后爆发,宗教组织在美国大学发展中的地位日渐降低,但是,他们对美国高等教育的影响仍然存在。据统计,在 1966 年,全美仍然有 817 所高校与 64 个不同的宗教组织有着密切联系,有接近 42% 的高校属于罗马天主教会(Roman Catholic),有大约 57% 的高校属于新教和其他基督教组织(Protestant and other Christian groups),还有 1% 的高校隶属于犹太教(Judaism)。在美国的 50 个州中,有 48 个州拥有与宗教组织相关的高校,但是大部分坐落在美国的东半部。这些高校占据了当时美国全部高校(2238)的三分之一,学生入学人数占据了全美的五分之一到六分之一，在校生规模从不足 100 人到超过 10000 人不等，平均学生规模为 1000 人。不同的宗教组织对高校的资助力度差别很大。一些宗教组织几乎不提供经费，另外一些宗教组织则提供高校发展的大部分经费。大约有 26% 的教会高校没有从他们的教会组织中获得年度资助，教会只为他们提供成立基金。① 历史发展到今天，这些教会大学在高等教育中的比重日益减少，原初在宗教控制下成立的大学，渐渐演变成为世俗性的高等教育机构。无论是哈佛，还是耶鲁，都不会再承认自己是一个宗教组织，也不会承认大学的主要目的在于培养有文化的牧师。教会对大学的影响开始从有形转向无形，在宗教思想影响下的慈善捐赠，逐渐成为大学学术发展的一个重要来源。

三 慈善捐赠与大学学术资本依附

慈善捐赠与大学发展相伴而生。当下高等教育中一个重要的词汇——学院的产生就与慈善捐赠有着紧密的关联。1180 年，英国教士龙德去耶路撒冷朝圣，在返回的途中经过法国巴黎的圣玛丽医院，出资为十八名贫穷学生在医院内提供安居之所。1231 年，在医院之外建成了独立寓所，遂命名为"十八人学院"（Collège des Dixhuit），这是中世纪最早的学院。② 而后，这种学院建制迅速在欧洲各地产生。1257 年，圣·路易斯牧师索邦（Robert de Sorbon）出资建成了新的学院，它改变了以往仅提供住宿的单一用途，要求学院的入住人员，是那些已经拥有文科教师资格、致力于经过长期艰苦学习，以求获得神学博士的人员。索邦学院起初设计资助 16 人，各从巴黎四个同乡会资助 4 人，不久便迅速扩大到 36 人。除全额资助者（full bursars）外，学院还配有为他们服务的勤杂人员。③ 据不完全统计，在整个中世纪，仅巴黎就有这种慈

---

① Jr, Manning M. Patillo and D. M. Mackenzie, *Church Sponsored Higher Education in the United States: Report of the Danforth Commission*, Washington, D. C.: Council on Education, 1966, pp. 198 – 207.

② Lowrie J. Daly, *The Medieval University 1200 – 1400*, New York: Sheed and Ward, 1961, pp. 183 – 184.

③ Hastings Rashdall, *The Universities of Europe in the Middle Ages: Salerno-Bologna-Paris* (Vol. 1), Oxford: The Clarendon Press, 1936, pp. 507 – 508.

善性质的学院达67所之多，其中13世纪及以前成立的有19所，在14世纪成立的有37所，在15世纪成立的有11所。① 一定程度上，慈善捐赠成就了中世纪大学众人拾柴火焰高的良好发展态势。

不难看出，在中世纪时期，社会对大学的慈善捐赠大都是基于宗教信仰的原因。中世纪之后，伴随文艺复兴、宗教改革和启蒙运动的一次次冲击，大学逐步由一个宗教性机构演变为世俗机构，除少数个案外，大学的捐赠和遗赠之风自1800年之后在欧洲各地逐渐萎缩。与之相应的是，这种社会风尚伴随清教徒在17世纪的大规模迁徙，越过大西洋传到了北美大陆，并得到进一步的发展壮大。私人捐赠一直是美国高等教育的重要来源。无论是哈佛、耶鲁，还是布朗、杜克等大学都与捐赠者密切相关。1869年，康奈尔捐赠了50万美元，这在当时是一笔巨额捐赠。但是，很快就被范德比尔特大学获得的100万美元捐赠所超越，之后约翰·霍普金斯大学获得的350万美元捐赠、斯坦福大学获得的2000万美元财产捐赠和洛克菲勒捐赠给芝加哥大学的3000万美元，相继刷新了私人捐助大学的记录。1920年，美国大学总共获得捐赠6500万美元，到1930年超过该数额的2倍，达到14800万美元。② 在捐赠和遗赠之风的相互影响下，美国大学接受捐赠的额度不断被刷新。总体来说，二战之前的美国大学运营经费来源是多元的，联邦政府和州政府的公共资金并没有表现出特别明显的优势。

如果说早期的约翰·哈佛、伊莱休·耶鲁、埃兹拉·康奈尔等人的捐赠属于个人层面的捐赠，那么到了19世纪后半叶，美国本土发展成立了以基金会为代表的组织捐赠。1867年，乔治·皮巴迪（George Peabody）在马萨诸塞州成立"皮巴迪教育基金会"，致力于南方各州国民教育，开私人基金会资助教育的历史先河。1882年，约翰·斯莱特（John F. Slater）出资100万美元，成立"约翰·斯莱特自由人教育基金会"，重点资助被解放的黑奴教育，成为美国第二个私人教育基金会。③

---

① A. B. Cobban, *The Medieval Universities: Their Development and Organization*, London: Methuen & Co. Ltd., 1975, p. 128.
② ［美］亚瑟·科恩：《美国高等教育通史》，李子江译，北京大学出版社2010年版，第144—149页。
③ Seaars, J. B., *Philanthropy in the History of American Higher Education*, New Brunswick: Transaction Publishers, 1990, p. 82.

19世纪末20世纪初，伴随工业化进程迅速发展，美国百万富翁数量急剧增加。据统计，1880年全美约有百万富翁100人，1916年数量猛增至4万人。这些腰缠万贯的资本家，开始为如何运用他们的巨额财富而寻找路径。1889年，54岁的百万富翁卡内基出版了著名的《财富的福音》(The Gospel of Wealth)一书，提出相对将财富留给子孙或死后捐献给公用事业，还不如在有生之年通过运作造福于公众。因为将财富留给子孙，不但有可能把他们惯坏，而且还可能贻害社会。与其留给他们财富，不如留给他们家族荣誉。在卡内基看来，将财富运用于公共福祉，并非低层次分发、布施，这样不但会鼓励游手好闲之徒，而且还可能带坏整个社会风气。由此他提出七项公益捐助最佳领域，其中大学被列为首位。[①] 1902年，卡内基斥资1000万美元成立了美国历史上第三个私人教育慈善基金会——"华盛顿卡内基慈善会"(the Carnegie Institution of Washington)，明确提出其目的在于促进高等教育设施改善，激励科学发现，推动大学原创性研究。无独有偶，卡内基巨额财富的分配思想，也被同期的洛克菲勒所践行。1903年，洛克菲勒成立"普通教育慈善会"(the General Education Board)，资助美国所有类型和层级的教育，注册资金由初创时的100万美元，迅速在1909年提高到5300万美元。[②] 私人基金会至今仍然对美国高校的教学和科研发挥着重要影响。相对政府资金，这些基金会充分发挥着"船小好调头""四两拨千斤"的优势，在政府资金的触角延展不到的"飞地"发挥着不可替代的作用。

个人和组织捐赠大学的动机，除基于宗教信仰外，还有对现状的不满，渴望建立新的教育机构。1800年之后，尽管捐赠和遗赠之风在欧洲大陆逐渐萎缩，但是在英格兰仍然有着较高的热忱。究其原因，很大程度上在于德国、法国、意大利等国家的高等教育已经完全国家化，而在英国，政府很长一段时期内并没有介入高等教育的发展。在英格兰，自中世纪至19世纪30年代，牛津和剑桥独占高等教育领域曾经长达六

---

① Howe, B., "The Emergence of Scientific Philanthropy, 1900–1920", *Arnove R. F. Philanthropy and Cultural Imperialism*, 1980, pp. 27–31.

② Seaars, J. B., *Philanthropy in the History of American Higher Education*, New Brunswick: Transaction Publishers, 1990, p. 83.

个世纪。迫于外界压力,这两所大学曾先后进行了一些微弱的世俗化改革,如拓宽课程范围,严格考试制度,但其保守性、贵族性和宗教排他性依然非常明显。大学和教会紧密联系在一起,各学院的大门只向国教徒开放。1830 年,大学一年学习费用就高达 200—250 英镑之多,这使得只有贵族、绅士和富商的子弟才能够享受如此昂贵的教育,而这种教育在课程方面依然以古典教育为主,缺乏实用价值。[①] 为了抵制牛津和剑桥的保守,在政府运用财政拨款、介入大学发展的制度尚未建立之时,英国的私人慈善力量不仅在 1828 年成立了不分教派招生、排除神学课程的伦敦大学,而且一部分富有商人、企业家先后在英格兰的北部城市捐资兴建了城市学院。在多方合力促使下,这些城市学院很快获得了皇家委任状,成为英国历史上著名的"红砖大学"群体。这些由私人捐资兴建的红砖大学,一开始就表现出与传统的牛津和剑桥不同的办学风格,他们的招生不受宗教限制且对女性开放。他们的学科完全摆脱了传统的古典教育模式而各具特色,譬如,利物浦大学的外科学、建筑学、兽医医学、工程学等,伯明翰大学的酿造、有色金属冶炼等,利兹大学的纺织、工商管理等,谢菲尔德大学的采矿、钢铁冶炼等。红砖大学的成功,直接影响到了牛津和剑桥。牛津和剑桥开始不再限制教派、招收女性学生、关注经济发展、开设应用型学位等,一定程度上受到了红砖大学的影响。乔治·内勒认为,红砖大学事实上引领了牛津和剑桥更新的教育理念和实践。[②] 除了英国的伦敦大学、红砖大学之外,美国的耶鲁大学、康奈尔大学等高等教育机构的捐资兴建,也与捐赠人对当时教育机构的不满有着密切关系。

除了基于非直接利益相关者的个人或组织捐赠之外,校友捐赠越来越成为中外大学学术发展的重要支持来源。19 世纪 20 年代,耶鲁学院的财政陷入困境,当时的捐赠总收入仅有 1800 美元,而欠债却超过了 19000 美元。大学不得不求助于州议会(General Assembly),声称自 1822 年向州政府申请资金以来,学院招生人数和花费急增,需要增加

[①] 贺国庆等:《外国高等教育史》,人民教育出版社 2003 年版,第 233 页。
[②] George F. Kneller, *Higher Learning in Britain*, Cambridge:Cambridge University Press, 1955, p. 204.

经费。但是，州政府置之不理。这时候大学不得不采取自谋出路的办法。1827年，成立了耶鲁学院校友会（Society of Alumni of Yale College），每人捐款2美元。1890年6月23日，耶鲁决定成立大学校友基金会（the Alumni University Fund），正如美国历史学家默尔·柯蒂（Merle Curti）所说，这是美国大学校友慈善捐赠组织化的开端。基金会成立的第一年，亦即1890—1891年，有385名耶鲁校友捐赠总额超过了11000美元，15年的时间里，耶鲁大学的校友年度捐款就达到了100000美元。[①] 正是耶鲁大学校友基金会的成功，使得美国众多大学纷纷效仿并为其他国家的大学所借鉴。与约翰·哈佛捐赠新学院（New College，哈佛大学的前身）、洛克菲勒捐资芝加哥大学不同，校友是作为大学发展的直接利益相关者的身份进行私人捐赠的，校友愿意捐赠给母校一定程度上证明对学校的怀念和认可，所以校友捐赠的额度、频率、热情等，也是大学学术地位和办学声望的反映。

四　政府资助与大学学术资本依附

伴随文艺复兴、宗教改革和启蒙运动的一次次冲击，18世纪末19世纪初，民族国家逐渐取代教会在精神和知识界的统治地位。以德国柏林大学创办和法国拿破仑高等教育改革为标志，西欧大多数国家想当然地把政府当成了提供高等教育的主体。19世纪开始，国家取代教会的角色，在大学培养人才的基础上，以德国大学为代表开创了大学发展科学的第二种职能。国家控制高等教育并不一定意味着由政府来提供高等教育的经费（如日本的私立大学，尽管其办学经费主要来自私人投资，但是这不能阻止国家的严格控制）。但在自由社会，由政府来提供高等教育经费可以更容易实现国家对高等教育的控制。因此，从19世纪开始，由政府提供公办大学的经费成为高等教育运行的一种主要模式。[②] 从法国大革命结束到1939年第二次世界大战爆发之前，在这不到150年的时间里，几乎所有的大学机构都或早或晚，或快或

[①] Brooks Mather Kelley, *Yale: A History*, New Haven: Yale University Press, 1974, pp. 150-277.

[②] [英]玛丽·亨克尔、布瑞达·里特:《国家、高等教育与市场》，谷贤林等译，教育科学出版社2005年版，第137页。

慢地丧失了它们的经济独立性。在中世纪大学创立之初，它们曾被赠予财产（土地、农田、租金、建筑及各种圣俸），其目的就是保证大学可以享有物质上的独立性。然而到了第二次世界大战前夕，政府却要承担起绝大部分的大学开支。在法国，早在1834年，大学预算就已经成为公共教育部预算的一部分，1898年，在17所法国大学中，政府资助占了74%；在省府大学中，来自政府的拨款比例则更高，贝桑松大学有93.5%的收入来自政府拨款，第戎大学是86%，普罗旺斯地区的艾克斯大学是85.5%。从大革命开始，各个重要的人文科学机构，譬如法兰西学院、巴黎工艺技术学院等就已完全由政府资助了。在德国，自1880年以后，政府接管了高等教育的所有开支。1935年，两所瑞典大学，即乌普萨拉和隆德大学，有将近92%的资金依赖于政府。此外，在俄国、意大利等国家也是如此。[①] 有些国家，政府不但对国内公立大学提供全面的经费资助，而且对私立大学也提供近乎全部资助。资助的内容包括负责支付所有教师的工资，根据具体情况，资助其他项目的开支和提供部分资产等，这种资助可以占私立学校全部经费的75%—95%。这些国家包括比利时、丹麦、德国、法国、卢森堡、新西兰、挪威等。[②] 一言以蔽之，在欧洲大陆，近乎所有国家都在20世纪上半叶开启了政府资助大学发展的道路，一方面国家控制着大学发展，另一方面国家也为大学学术发展买单。

和欧洲大陆高等教育制度不同，英国大学不是由国家创办和发展起来的。牛津和剑桥大学由基督教会资助建立，依靠学生学费和慈善捐赠维持各个学院以及大学的运营。19世纪成立的伦敦大学以及红砖大学群体，都是由地方和私人集资创办的。1889年，英国政府开始在经济上不时地资助大学发展。第一次世界大战结束时，许多士兵从战场上返回，渴望进入大学学习。1919年，英国财政部设立了大学拨款委员会（University Grants Committee，UGC），负责对英国各个大学的经费需求

[①] ［瑞士］瓦尔特·吕埃格：《欧洲大学史》（第3卷），张斌贤等译，河北大学出版社2014年版，第88—117页。

[②] 吴忠魁：《私立学校比较研究：与国家关系角度的分析》，北京师范大学出版社1999年版，第119页。

进行调查，并给政府提供拨款建议。① 从此开启了英国政府通过拨款干预大学发展的历程。1949 年英国政府开始为大学教师提供薪水，同时拨款力度不断增加。为应对高等教育变革需求，英国政府在 20 世纪 60 年代初成立了以罗宾斯勋爵（Lord Robbins）为首的专门委员会，在考察本土和其他国家高等教育发展的基础上，于 1963 年形成了著名的《罗宾斯报告》。伴随《罗宾斯报告》公布，英国政府开启了创办新大学的高潮。先后创办了东安格利亚大学（East Anglia，1963）、约克大学（York，1963）、兰卡斯特大学（Lancaster，1964）、肯特大学（Kent，1965）、艾塞克斯大学（Essex，1965）和沃里克大学（Warwick，1965）。以 1966 年为分界线，英国政府在已有高级技术学院（CATs）的基础上，先后升格了 8 所大学：罗浮堡大学（Loughborough，1966）、阿斯顿大学（Aston，1966）、布鲁内尔大学（Brunel，1966）、萨里大学（Surrey，1966）、巴斯大学（Bath，1966）、布拉德福德大学（Bradford，1966）、伦敦城市大学（City，1966）和萨尔福大学（Salford，1967）。从而形成了自红砖大学之后的英国又一个大学群落——"平板玻璃大学"（Plate glass universities）。与红砖大学的创办是由城市慈善家捐赠不同，平板玻璃大学有 90% 的资金来源于 UGC，他们在创建之初就已经作为国家大学而存在。② 在两次世界大战之间，英国中央政府约提供大学全部经费的三分之一。第二次世界大战以后，政府负担经常性经费和基本建设经费达大学预算的 90% 以上。就财政方面讲，英国大学几乎实现了完全国有化，几乎完全依靠政府一个赞助者。③ 至此，英国与德国、法国、意大利等欧洲其他国家一样，政府成为大学的主要甚至是唯一的经费支持者。

与英国高等教育发展的模式相仿，二战之前的美国政府对大学资助的力度有限。二战以后，美国高等教育进入了富有的阶段。在 1945 年，高等教育获得了约 100 亿美元的发展资金；到了 1975 年，这个数字增

---

① Donald Bligh, *Higher Education*, London: Cassell Educational Limited, 1990, p. 32.
② David Smith, "Eric James and the 'Utopianist' Campus: Biography, Policy and the Building of a New University during the 1960s", *History of Education*, Vol. 37, No. 1, 2008, p. 35.
③ ［美］伯顿·克拉克：《建立创业型大学：组织上转型的途径》，王承绪译，人民教育出版社 2003 年版，第 15 页。

长到350亿。除去通货膨胀的因素，按照1967年定值美元统计，1945年的经费总额为17亿，1975年为144亿。这其中州政府和联邦政府的拨款增长最为突出。州政府拨款从1940年的1.5亿美元增长到1975年的122亿美元；联邦政府高等教育开支（学生资助除外）在1940年不到4000万美元，1975年达到55亿美元。如表7-2所示，无论是公立大学，还是私立大学，政府资助的增长态势非常突出。私立大学的政府提供经费比例由1949—1950年的16%，提升到1975—1976年的29%；公立大学的政府提供经费比例由1949—1950年的69%，提升到1975—1976年的79%。在公私立大学的各项经费占比中，只有政府拨款占比不断增加，学杂费、捐赠收入及其他收入的比例要么保持不变，要么呈下滑趋势。更为重要的是，受冷战影响，联邦政府资助主要表现为科研经费增加，仅1950年，联邦政府就提供了总额达1400亿美元的科研资助，大学承担了其中的大部分研究项目，大学教师从中获得了大量的经费开展研究，这些经费大都被高水平大学所获取。1958年，加州理工学院、麻省理工学院、加州大学和芝加哥大学等前20名的高校，获取联邦经费总数的61%。截至1968年，40所大学中，每所大学收到至少1000万美元的资助，占联邦研究基金年度总额的一半。[①] 相比较而言，尽管从1949—1950年到1975—1976年，如表7-3所示，慈善捐赠总额从1949—1950年的2.4亿，增加到1975—1976年的24.1亿，捐赠总额增加了十倍多，但是慈善捐赠在大学中的总体收入的比例却从9.0%下降到5.5%。事实上，捐赠收入占比下降的主要原因，是政府拨款在大学中所占比例越来越高所导致的。

表7-2　　美国公立院校和私立院校资金收入分布比例（%）

资金来源 \ 时间	1949—1950年		1965—1966年		1975—1976年	
	私立	公立	私立	公立	私立	公立
政府总额	16	69	32	77	29	79
联邦政府	12	13	30	23	25	18

---

① [美]亚瑟·科恩：《美国高等教育通史》，李子江译，北京大学出版社2010年版，第224—234页。

续表

时间 资金来源	1949—1950年 私立	1949—1950年 公立	1965—1966年 私立	1965—1966年 公立	1975—1976年 私立	1975—1976年 公立
州及地方政府	4	56	2	54	4	61
学杂费	57	25	43	14	48	16
捐赠收入	23	3	18	3	19	3
其他收入	5	3	6	5	4	2

注：因取整数原因，各别比例相加之和不等于100%。

资料来源：[美]亚瑟·科恩：《美国高等教育通史》，李子江译，北京大学出版社2010年版，第225页。

表7-3　　　　高等教育机构的慈善捐赠（单位：百万美元）

资助来源及资助目的		1949—1950年	1975—1976年
慈善捐赠总额		240	2410
来源	校友	60	588
	非校友个人	60	569
	企业	28	379
	基金会	60	549
	宗教组织	16	130
	其他	16	195
目的	日常开支	101	1480
	投资目的	139	930
慈善捐赠占总收入的比例（%）		9.0	5.5

资料来源：[美]亚瑟·科恩：《美国高等教育通史》，李子江译，北京大学出版社2010年版，第239页。

总之，在20世纪中叶以后，受人力资本理论影响，世界范围内的各个国家相信对于教育尤其是高等教育的投资，将会推动本国经济财富的巨大增长。根据联合国教科文组织的统计，1960到1974年间，几乎每个地方的国家教育预算与国家总预算的比例都增长很多，这说明教育日益获得政府总预算的较大份额。按照世界银行以联合国教科文组织的资料为依据所进行的统计,发达国家教育预算与国家总预算的平均比例从1960年的11.3%上升到1974年的15.6%,发展中国家教育预算与国家总预算的平均比例在同一时期从11.7%上升到15.1%。毫无例外,每个国家都实实在在地增加了其每个居民在教育上的费用,一半以上的国家在1965年与1976—1977学年之间的数额增加了一倍多。① 如果分析这个时段各个国家高等教育发展的规模,可以看出,除了美国高等教育进入了后大众化时期并于20世纪70年代进入普及化,大部分国家仍然处于高等教育精英化或者大众化的初级阶段。一定意义上,也正是基于高等教育精英化和大众化的初级阶段,国家才更加重视高等教育的发展,愿意而且能够投入大量的公共资金发展高等教育。及至20世纪70年代,伴随世界范围内高等教育后大众化乃至普及化发展,政府资助高等教育的态度和力度都发生了根本转变。政府再完全承担高等教育发展越来越力不从心,市场竞争的元素逐渐介入大学发展。在经历了政府完全资助的安全稳定期之后,由于政府拨款不断削减,大学越来越感觉到经费紧张。传统型大学的学术资本发展开始面临诸多困境。

第二节 政府不力与市场介入:传统型大学学术资本的发展困境

一 政府对大学财政支持的下降

所谓政府不力,是指政府对大学财政支持再也不像以往那样,承担大学绝大部分甚至全部的运营经费。政府不力的原因主要有两个:一个是面对高等教育后大众化甚至普及化,高等教育的花费越来越多,政府财政无力承担;另外一个是面对多样的公共建设需求,政府不愿意再承担大学的全部花费,长期接受政府资助的大学已经形成了一种惯性依赖,在人才培养、发展科学、服务社会等方面越来越表现得懒散而缺乏活力。简言之,"政府不力"主要是由于"政府不能"和"政府不愿"

---

① [美]菲利普·库姆斯:《世界教育危机》,赵宝恒等译,人民教育出版社2001年版,第146—147页。

造成的。

从世界范围来看，20世纪70年代是教育经费危机开始的起点，也是各个国家对教育拨款由增长走向滑落的转折点。由于各自情况不同，有些国家发生得早一些，另外一些国家则迟一些。1973年石油价格的急剧提高、世界经济的衰退与随之而来的失调和混乱，使教育经费危机雪上加霜。根据联合国教科文组织统计，对整个发达国家而言，政府教育开支与国民生产总值之比在1975年达到顶峰，以后便开始下降。同样，在三个主要发展中地区（非洲、亚洲、拉丁美洲与加勒比地区）政府教育开支与国民生产总值之比也下降了，只是迟了两三年。[①] 由此可见，从经济发展情况来看，20世纪70年代的世界教育经费危机主要源于经济衰退而造成的国家无力完全承担高等教育的发展经费。这种教育经费危机是世界范围的，因此既有危机爆发的共同原因，也有危机爆发的不同特点。因为创业型大学的理论和实践较早产生在英美国家，所以这里主要分析美国和英国政府，自20世纪70年代以后对高校拨款的基本情况。

第二次世界大战以后到20世纪70年代以前，是美国高等教育发展的黄金时期。这段时间里，无论是联邦政府，还是各州政府，对于大学拨款的热情和力度不断增加。据统计，在1957年到1967年的十年中，美国高等教育的开支从35亿美元上升到了185亿美元，期间联邦政府投入的研究经费扩大了近三倍，州政府投入到高等教育的资金增长了四倍多。长时间持续性地对高等教育加大投入，使大学管理者和教师都开始习惯了年度预算的逐年增加。这些用于提高教职工薪水、购买设备和特别项目投入，以及设备改进的费用，在各级政府的大力支持下，大学从未感觉到经费运营的困难。大学生活在政府优渥的经费支持之中。然而这种政府经费持续增加的趋势，在20世纪70年代戛然而止。政府经费开始逐步减少，学费收入转而成为高等教育机构的主要收入来源。如表7-4所示，联邦政府的经费从1975—1976年占高等教育机构收入总来源的16%，下降到1994—1995年的12%；

[①] ［美］菲利普·库姆斯：《世界教育危机》，赵宝恒等译，人民教育出版社2001年版，第147页。

州政府的经费从1975—1976年占高等教育机构收入总来源的31%，下降到1994—1995年的23%；地方政府的经费从1975—1976年占高等教育机构收入总来源的4%，下降到1994—1995年的3%。可以说，从1975到1995年的20年间，自联邦政府到州政府再到地方政府，政府系列的全部拨款占比都出现了下滑趋势。为了弥补政府拨款相对减少带来的经费不足，各高校不得不自力更生，依靠自己能力赢取发展经费的比例在持续增加。高校作为高深知识的传承部门，当政府财政不力的时候，收取学生的学费便成为首先选择的道路。从表7-4不难看出，学生的学杂费在1975—1976年占收入来源的21%，1994—1995年学杂费占收入来源的比例提升到了27%，其中私立大学的学杂费占收入来源的比例提升到了42%；同时大学的销售和服务收入也在同期获得提升，从1975—1976的19%，提升到1994—1995年的23%。

表7-4 高等教育机构收入来源（1975—1976年，1994—1995年）

收入来源	1975—1976年 收入（千美元）	占总收入的比例（%）	1994—1995年 收入（千美元）	占总收入的比例（%）平均	公立	私立
学杂费	8171942	21	51506876	27	18	42
联邦政府经费	6477178	16	23243172	12	11	14
州政府经费	12260885	31	44343012	23	36	2
地方政府经费	1616975	4	5165961	3	4	1
捐赠收入	687470	2	3988217	2	1	5
私人赠品与助学金收入	1917036	5	10866749	6	4	9
销售与服务收入	7687382	19	43039561	23	23	22
其他收入	884298	2	6967023	4	3	5

资料来源：［美］亚瑟·科恩：《美国高等教育通史》，李子江译，北京大学出版社2010年版，第348页。

如果从表7-4的现金增长来看，无论是联邦政府还是州政府，从1975—1976年到1994—1995年的20年间都获得了大幅度提升，联邦政府拨款从6477178（千美元），提升到了23243172（千美元）；州政府拨款从 12260885（千美元），提升到了 44343012（千美元）；地方政府拨款从 1616975（千美元），提升到了 5165961（千美元），三级政府拨款数额都在这期间增加到了三倍多。但是，我们不能不考虑通货膨胀因素和高校规模扩张的因素。因为通货膨胀，看似明显增加的资金数额实质上会发生质的变化；因为高校规模扩张，看似同样的经费支持力度，均摊到每个学生的培养成本上就会出现急剧下跌之势。如表 7-5 所示，美国联邦政府对高校的年度资助从 1967 年的 3311（百万美元），增加到了 1976 年的 5399（百万美元），十年的时间里联邦政府拨款增加了 2088（百万美元），然而如果按照 1972 年的定值美元计算的话，联邦政府拨款的实际数额不增反减，从 1967 年的 4170（百万美元），降到了 1976 年的 4047（百万美元）。

表 7-5　　联邦政府对美国高校的年度资助（1967—1976 年）

（百万美元）

年度	总资助额度（现值美元）	总资助额度（以 1972 年为定值美元）
1967	3311	4170
1970	3227	3550
1972	4131	4131
1974	4463	3963
1975	4517	3631
1976	5399	4047

资料来源：Chester E. Finn, *Scholars, Dollars, and Bureaucrats*, Washington: Brookings Institution, 1978, p. 108。

尽管联邦政府对高校拨款的总经费支出逐年增加，但是其增加的幅度远远跟不上高等教育规模的扩张和通货膨胀。从 1967 年到 1975 年，美国高校学生数量从 740 万增加到 1130 万。最为关键的是，联邦政府对美国高校的资助，是由一小部分精英型高等教育机构获得了大多数的资助，大量的普通高校则获得了较少的份额。在 1975 年，有 100 所大学获得了联邦政府资助的份额超过了 1100 万美元，占到联邦政府资助高校总额的 65%。其余的 2900 所高校，有 1800 所获得不足

50万美元的资助，有500所高校一无所获。[1] 因此，如果剔除通货膨胀和学生增长的因素，联邦政府资助对美国大部分高校来说已经显得无关紧要了。从1967年到1975年，美国高等教育规模扩张和通货膨胀的步伐是这个样态，从1975年到1994年，美国高等教育的发展同样如此。在这期间，美国高等教育在学数量急剧扩大，本科生人数增加了16%，研究生人数增加了36%，高等教育毛入学率从1965年的51%上升到1995年的62%。教师的总数也翻了一番，达到932000人。与此同时教师工资上涨了二倍。1975年，全职教师平均工资为15622美元，1995年上升到47811美元。但是工资增长几乎赶不上通货膨胀的增长步伐。1975年的15622美元按1995年定值美元计算为45367美元。[2] 因此，仅从教师工资增长的力度，就可以看出美国通货膨胀的速度。20年间，美国教师平均工资看似增长了三倍还要多，实际上按照1995年定值美元计算，仅仅增加了2444美元。从教师工资表面增长的幅度和实际增加的情况，不难看出，尽管从1975—1976年到1994—1995年，联邦政府、州政府和地方政府的经费也增加了三倍多，但是实际增加的数额是非常有限的。少量增加的政府拨款，对于拥有3000多所高校的美国高等教育系统而言，无异于杯水车薪。

20世纪70年代，当厄尔·切特对美国高校进行调研时发现，有71%的高校面临或者陷入财政困境。1971年，美国大学联合会的威廉·杰勒玛在国会女议员伊利斯·格林教育委员会上证实，赤字运营的高校越来越经费拮据，稍有盈余的高校也逐渐走向惨淡，而这种情况对美国大学来说绝非个案。杰勒玛警告说，如果国家不能尽快大幅度增加对大学群体的拨款力度，那么这些机构将不能再提供高等教育服务。1970年5月30日《华盛顿邮报》以"私立大学深陷危机"（Crisis Hits Private Colleges）为题进行报道，事实上早在1968年美国精英大学联合体的AAU就宣称，美国高等教育正在经受普遍性的财政压力和危机，这些压力和危机已经威胁到高等教育的性质和生存，亟需

---

[1] Chester E. Finn, *Scholars, Dollars, and Bureaucrats*, Washington: Brookings Institution, 1978, pp. 105–108.

[2] [美] 亚瑟·科恩：《美国高等教育通史》，李子江译，北京大学出版社2010年版，第285—299页。

引起国家的高度重视。从 1970 年到 1976 年间，美国有 113 个私立高等教育机构被迫关闭，它们的倒闭被视作高等教育萎靡的一个突出现象而受到广泛关注。[1] 20 世纪 80 年代初，美国军队虽然撤离了越南战场，但是里根政府仍视共产主义为潜在威胁。多方的军事干预加之国内减税政策，使联邦政府的债务不断攀升。20 世纪 90 年代，联邦政府年度财政赤字达到历史最高水平，1997 年底联邦预算濒临崩溃的边缘。减少政府干预开始成为 20 世纪 80 年代以总统为代表的工作信条。很多人相信政府各种活动弊大于利，人们不时表现出对政府工作的不满。[2] 在 1978 年和 1998 年之间，尽管大学注册的人数持续增长，但作为公立学院和大学总收入的一部分，由州政府提供的直接拨款却下降了近 25%。在同一时期，公立大学中每一个全日制学生的学费收入净增长超过了 60%。尽管在 20 世纪 90 年代末，经济的繁荣使州政府对公立大学的资助有了一定的恢复，但因为这个新的世纪面临了又一次的经济衰退，政府对公立大学的拨款再次下降。[3] 1983 年后，各个州经历了周期性的财政危机（州的收入抵不上州的支出），这就促成了高等教育的重组。1993 年至 1994 年一些州首次经历了用于高等教育资金数量的绝对减少，而不是提供的资源份额或者根据通货膨胀调节的学生费用的减少。[4] 不难看出，无论是从联邦政府还是从州政府对高等教育的经费支持来看，一方面陷入了不能的境地，另一方面也促使了不愿的状态。"政府不能"和"政府不愿"共同促使了美国高等教育经费支持上的"政府不力"。

20 世纪 70 年代到 90 年代，美国联邦政府和州政府对高等教育的资助明显表现出不力。阿尔特巴赫等学者预言，美国高等教育在 21 世纪的新现实是州政府与联邦政府拨给高等教育的经费，几乎肯定是

---

[1] Chester E. Finn, *Scholars, Dollars, and Bureaucrats*, Washington: Brookings Institution, 1978, pp. 24−41.
[2] [美] 亚瑟·科恩：《美国高等教育通史》，李子江译，北京大学出版社 2010 年版，第 260—264 页。
[3] [美] 詹姆斯·杜德斯达、弗瑞斯·沃马克：《美国公立大学的未来》，刘济良译，王定华校，北京大学出版社 2006 年版，第 84 页。
[4] [美] 希拉·斯劳特、拉里·莱斯利：《学术资本主义：政治、政策和创业型大学》，梁骁等译，北京大学出版社 2008 年版，第 7 页。

继续更加紧缩和更加不可测知，比20世纪80年代更严重。虽然公立大学（有80%的大学生就读于此）尤其受到州政府经费紧缩的重大打击，联邦政府对公、私立大学的补助也一样岌岌可危。由于花费的成本提高了，私立大学也继续感到预算紧缩的影响，如：市场限制学费增加的幅度、公司的捐赠减少、联邦研究总经费中的管理费减少，另外，在某些州，州政府削减学生上私立大学的学费补助额等。如果把通货膨胀率计算在内，美国公立大学的州政府拨款总额比1990年降低了8%，而同期内公立大学的注册人数却提高了6%。[①] 因此，从20世纪70年代至今的美国高等教育发展历程不难看出，政府对于大学拨款越来越不可信任，往日政府财大气粗资助大学发展已成历史记忆，大学发展在面临诸多困境的情况下，何去何从将决定大学自身的发展。

20世纪70年代以来，英国高校面临政府经费削减的状态与美国几乎同步。1979年，撒切尔夫人就职三天内，大学预算就被砍掉1亿英镑。1980年到1984年，政府给大学拨款委员会（提供给英国大学约90%的运营经费）的拨款中17%被挪走，4000个学术岗位没有了，大部分是由政府资助的岗位教师提前退休导致的。从1985年起，大学预算每年减少2%。1987年英国政府白皮书要求，高等教育应当更有效地为经济服务，要考虑国家对高水平人才的需求而扩大入学，研究应当以商业开发的前景为目标。1988年的《教育法案》将这些要求以法律的形式固定了下来。[②] 以往，英国大学拨款委员会曾经作为大学与政府之间的缓冲器，捍卫大学学术自由与大学自治的防火墙，而受到英国学界乃至世界高等教育研究者和实践者的羡慕和追捧。如今，大学拨款委员会总是强调学术标准，限制大学扩招，在资金分配时的明显学科歧视，都与政府减资、高效的意愿相违背，往昔捍卫学术自由的缓冲器已成为阻碍高等教育发展的绊脚石。1988年的《教育法案》不但取消了"大学拨款委员会"，成立"大学基金委员会"（UFC），而且也取消了负责

[①] [美] Philip G. Altbach、Robert O. Berdahl、Patricia J. Gumport 等：《21世纪美国高等教育：社会、政治、经济的挑战》，陈舜芬等译，高等教育出版社2003年版，第127—128页。

[②] [美] 希拉·斯劳特、拉里·莱斯利：《学术资本主义：政治、政策和创业型大学》，梁骁等译，北京大学出版社2008年版，第37页。

高等教育公共部门拨款的"国家咨询委员会"(NAB),成立"多科技术学校和学院基金委员会"(PCFC)。1992年《继续和高等教育法》通过,刚刚成立的"大学基金委员会"和"多科技术学校和学院基金委员会"又被撤销,成立了统一的"高等教育基金委员会"(HEFCE),允许多科技术学院更名为大学,可以自主授予学位。① 自此,英国高等教育历史上第四个大学群体"1992后大学"(Post-1992 universities)开始产生,它们以地方性、职业性、迎合需求性为特色,与英国传统大学一起参与政府拨款的同台竞争。

与政府拨款减少相对应的,英国大学往日的学生学习免费制度也成过往云烟。向学生及家庭征收学费,开始成为大学普遍性的做法。英国政府承诺,将学生每年缴纳的1000英镑课程费用中的很大一部分返还给高等教育,但这部分款项的使用范围并没有严格界定,因而也有可能流入继续教育。即使能够确保将全部款项用于教育,由于财政部在继续减少用于大学场所的开支时把这部分金额考虑在内,英国大学获得政府的实际拨款也在不断降低。根据一种更切实际的计算,1999—2000年间2.8亿英镑的拨款肯定大大低于维持高等教育平均拨款水平所需金额的一半,甚至可能只是其1/5。英国政府对大学的拨款危机在1999—2000年间短期内达到高峰,到2000年,拨款亏空骤升至8亿英镑。在整个20世纪90年代,英国高等教育基金会的行为,研究评估活动的运作,以及负责教学质量团体的介入,可以说已经在实际上削弱了大学自主权。拨款减少与控制加强相伴而行,政府对大学的干预达到顶峰。如果没有独立的资金来源,大学就无法行使主权。② 与英国政府大幅度、持续性降低政府拨款相对应的,英国的高等教育毛入学率陡然增加。2003年1月,英国政府在白皮书《高等教育未来》中指出,2002年高等教育毛入学率已经达到43%,并提出到2010年毛入学率要达到50%的目标。事实上,到了2004年,整个英国的高等教育在校人数已达224.74万人,高等教育毛入学率

---

① 胡钦晓:《英国"新大学"的演变及其特征分析》,《苏州大学学报》(教育科学版)2014年第3期。

② [英]玛丽·亨克尔、布瑞达·里特:《国家、高等教育与市场》,谷贤林等译,教育科学出版社2005年版,第157—159页。

为60%。① 可以看出，英国用了不到两年的时间，高等教育毛入学率就迅速从后大众化阶段步入普及化阶段。

20世纪70年代以后，世界范围内的高校不但面临着政府拨款锐减的困境，而且还同时面临着政府介入大学发展的力度不断加强。政府以拨款为诱饵，不断增加绩效考核和标准化发展的力度。传统大学理念中所奉为圭臬的学术自由和教授治校，在政府拉力和压力的双重作用下岌岌可危。与其他国家一样，从20世纪70年代早期石油危机开始，荷兰政府习惯于削减大学预算。对于政府而言，总是感觉有"太多大学"，或者至少是"太多学院和专业"需要拨款。教育部部长明确指示，由于预算和其他原因，在荷兰的大学，必须停办若干学院和专业。1996年5月24日，荷兰著名的莱登（Leiden）大学校长在伦敦《泰晤士报高等教育副刊》上撰文强调，现在应该是打破荷兰大学高度一致性的时候了，政府琐碎的立法，完全按照学生人数进行财政拨款，已经把荷兰大学教育搞得毫无生气、千篇一律。好像在希腊神普罗克拉斯提斯的床上，一切都缩小或者拉长到同样的长度。② 荷兰高等教育发展的状态，很好地反映了政府对大学发展的拉力和压力，双重力量最终导致了政府对大学资助的不力。在政府资助大学不力的情况下，市场活动必然会介入大学发展。

二 市场活动逐步介入大学发展

20世纪70年代以来，欧美高等教育先发国家率先由精英教育进入高等教育大众化。与之相应的是，在许多相对富裕的国家和许多发展中国家，都有大量的毕业生失业。当毕业生的供给看似超过了适合他们的工作岗位时，高等教育扩张的趋势并没有因此而停止或者减速。更为严峻的是，自20世纪80年代中晚期以来，在许多工业化社会掀起了新一轮的高等教育扩张浪潮。越来越多的毕业生从事的工作要求其具备"实用性的"知识。知识越成为生产力，高等教育越被期望能培养出更多有

---

① 高书国：《从徘徊到跨越：英国高等教育普及化模式及成因分析》，《外国教育研究》2007年第2期。

② ［美］伯顿·克拉克：《建立创业型大学：组织上转型的途径》，王承绪译，人民教育出版社2003年版，第47—71页。

价值的人才。在面对工作世界时，高等教育不能像鸵鸟一样把头埋在沙子里。① 这种现象不能不说是造成政府对大学不满的一个重要原因。在过去的日子里，政府为大学提供充足的发展基金，而大学在习惯了享受政府资助的同时，并不为政府分忧解难。在许多方面，教学科研人员在历史上比其他专业人员更多地与市场隔绝。因为他们工作的院校是非营利性的，常常由政府资助，所以他们没有成为"服务—收费"的实践者。此外，高等院校有独立于市场和政府的自治传统。斯劳特、莱斯利等研究认为，20世纪80年代是一个转折点，这时教学科研人员和院校被纳入市场到达了一定程度，专业工作开始出现实质上而不是程度上不同的模式。②

20世纪80年代，支持国家高等教育系统的多样性被认为是西方政策制定者最主要的目标之一。政策制定者通常会认为市场机制是增加国家高等教育系统多样性的最优化方式。尽管市场化的竞争也会为国家高等教育发展带来一些不利因素，但是在政策制定者看来，市场化的竞争，而不是中央集权政府的控制，使得高等教育更加有效。政策的改变可以被看作是对那种通过集中规划来实现平等和公平的福利国家政策的一种反映。在新自由主义的评论当中，中央调控被认为是官僚主义的、没有效率的。③ 伴随各国政府对大学财政拨款的削减，成本分担开始在世界范围内的大学增长。在美国，高等教育成本一直很高且增长很快，而家长和学生以缴纳学费的形式所分担的成本增长更快。英国、荷兰以及奥地利也开始收取学费，而这些国家以前的高等教育是"免费"的。在澳大利亚，《高等教育贡献方案》始于1989年，这个方案被官方描述为"让学生分担高等教育成本是既公平又公正的方案"。在俄罗斯，法律规定高等教育是免收学费的，但事实上，却有高于20%的大学收入来自学费。在中国，过去的高等教育像医疗及退休金一样被认为是一

---

① ［英］玛丽·亨克尔、布瑞达·里特:《国家、高等教育与市场》，谷贤林等译，教育科学出版社2005年版，第65—79页。
② ［美］希拉·斯劳特、拉里·莱斯利:《学术资本主义：政治、政策和创业型大学》，梁骁等译，北京大学出版社2008年版，第5页。
③ ［英］玛丽·亨克尔、布瑞达·里特:《国家、高等教育与市场》，谷贤林等译，教育科学出版社2005年版，第21—29页。

项公益事业，高等教育经费自然地被认为要由政府负担。现在也开始实行普遍性的成本分担制度。① 从表 7-6 可以看出美国高校自 1974 年到 1995 年间的学费变化情况。就私立高校而言，大学的学费从 1974—1975 年的 2614 美元增加到 1994—1995 年的 14510 美元，增加到 5.6 倍；私立学院的学费从 1974—1975 年的 1954 美元增加到 1994—1995 年的 10698 美元，增加到 5.5 倍；公立大学的学费从 1974—1975 年的 599 美元增加到 1994—1995 年的 2982 美元，增加到 5.0 倍；公立二年制学院的学费从 1974—1975 年的 277 美元增加到 1994—1995 年的 1014 美元，增加到 3.7 倍。尽管在这四类高校中，前三类高校的增加倍数都超过了 5 倍，公立二年制学院（社区学院）仅增加到 3.7 倍，但是如果比较从 1990 到 1995 和 1985 到 1995 这两个变化的比率，不难看出，公立二年制学院的增加幅度最高，分别为 153% 和 228%。

表 7-6　　1974 年至 1995 年美国高校每年学费变化情形（单位：美元）

年度	私立高校 大学	私立高校 学院	公立高校 大学	公立高校 二年制学校
1974—1975	2614	1954	599	277
1979—1980	3811	3020	840	355
1984—1985	6843	5135	1386	584
1989—1990	10348	7778	2035	756
1994—1995	14510	10698	2982	1014
1990—1995 所增加的%	40	86	47	153
1985—1995 所增加的%	24	108	115	228

资料来源：[美] Philip G. Altbach、Robert O. Berdahl、Patricia J. Gumport 等：《21 世纪美国高等教育：社会、政治、经济的挑战》，陈舜芬等译，高等教育出版社 2003 年版，第 402 页。

在培养人才方面，政府对高等教育提供资助的方式有两种。第一是把钱给学校；第二是把钱给学生。20 世纪 80 年代，政府拨款方式突然

---

① [美] D. B. 约翰斯通：《高等教育财政：问题与出路》，沈红等译，人民教育出版社 2004 年版，第 175—177 页。

转向，开始采取第二种方式，事实上政府发给学生的是"学券"，这些学券可以支付他们三分之一的学费。政府对高等院校的直接拨款体现了高等教育作为公益事业的特点。在1945—1980年间，英国大学拨款委员会是理想的政府高等教育拨款机构，学校在资金使用上几乎有完全的自主权。讲师和教授可以专心于他们的学术工作，不必为创收分心。1988年《教育改革法》通过，标志着英国政府越来越把他们和大学的关系理解成顾客和承包人的关系。政府不再为了大学出钱，而是为了购买他们的产品而出钱。换言之，政府对大学的拨款是为了交换他们教学和研究的成果，而且要根据大学的服务作出决定。[①] 在政府市场导向的管理政策下，英国高等教育规模迅速扩张，大学数量不断增加，每一所大学都想通过多招收更多的学生，来提高政府的资助金额。

不但英国政府采取把钱交给学生的做法，而且美国联邦政府对学生资助的方法也采取了类似措施，并允许私立营利性大学参与竞争。学生拿到联邦政府的佩尔奖学金以后，选择上什么样的高校完全是学生自己的事情。这无形中增加了非营利性高校的危机感，大学不得不采取积极的姿态迎接高等教育市场的冲击。尽管美国大学在努力适应高等教育市场的变化，但是国内学者仍然对这些有着更多的期待。1997年，哥伦比亚大学教师学院院长亚瑟·莱文认为，摆在美国高等教育面前的问题主要有三个：①高等教育在很大程度上没有意识到它作为一个成熟行业的新状况。大学正在徒劳地与这种变化作斗争，而不是试图适应新现实。②高等教育在回答政府提出的基本问题方面做得很糟糕。莱文曾访问了一个州，该州的立法机构正在考虑一项法案，将教师工资完全与在教室里的时间挂钩。他访问了那个州的大学教师对这个法案的看法。教师们声称这是"智力麦卡锡主义"。③高等教育必须学会像一个成熟的行业那样运作。面对日益减少的资源，高校第一反应是试图筹集更多的资金，让学费上涨的幅度远远高于通货膨胀，学校雇佣更多招生人员、更多开发人员、更多学生事务人员，以及雇佣更多财务人员提高收入，结果很快发现，这些做法只会增加成本。高校第二反应是削减成本，即

---

① [英]玛丽·亨克尔、布瑞达·里特：《国家、高等教育与市场》，谷贤林等译，教育科学出版社2005年版，第151—153页。

全面削减预算，冻结招聘，推迟维修。除了惩罚学生和降低学术质量，这种方法的另一个问题是它没有节省足够的钱。这种认识促使高等教育机构尝试第三种对策。也就是说，选择优先事项，确定机构使命的核心领域，以及可以减少或消除的更多边缘活动。这是高等教育对成熟行业的拙劣模仿。毫不夸张地说，今天政府对高等教育的愤怒超过了对中小学的愤怒。像"傲慢"（arrogant）和"自私"（self-serving）这样的词在州议会中通常用来描述学院和大学。莱文最后向高校呼吁，我们必须做得更好！真的别无选择！① 是的，面对政府和市场的双重压力，对还没有做好充分准备的高校而言，往往是措手不及。看似增加收入的措施，往往是增加了成本；看似节约了预算，往往以付出质量为代价；看似削减了专业院系，事实上在危及大学的核心使命。在这种境遇下，大学组织必然会遭遇发展资金的困境。

三　大学组织发展遭遇资金困境

大学在产生、发展过程中，时常会遇到资金困境。20世纪初，MIT就曾失去了自创立以来所得到的州政府资助，从而陷入了可怕的困境之中。在一次马萨诸塞州的立宪会议上，州政府宣布只支持处于州的控制之下的机构。尽管MIT辩解称它接受州的宪章和赠地，因而与州政府有着密切关系，但州政府补助金还是被取消了。当法庭解除了MIT与哈佛的一项协议，即MIT为哈佛培养工程学的学生，以此得到一些哈佛遗赠的收入时，MIT的财政更加恶化了。事实上从1870—1920年，哈佛曾提出若干提案，想把MIT变成自己的工程学院，但是MIT都予以否决。为了解决资金缺口，MIT一方面把目光放在校友身上，一方面积极实施科技计划（The Technology Plan）。来自校友的捐赠使MIT得以解决了经费困境，但是科技计划并没有达到预期效果。科技计划给MIT带来财政支持的第一年达到顶峰之后就逐年下降。其中1919—1920年收入424090美元，1924年以后均未超过五万美元，分别为1924—1925年收入25350美元，1925—1926年收入38312美元，1926—1927年收入

---

① Arthur Levine, "Higher Education Becomes a Mature Industry", *The Chronicle of Higher Education*, Vol. 2, No. 3, July 1997, pp. 31–32.

27621美元。1939年，MIT不得不承认科技计划以失败而告终。究其失败的原因，其一是由于计划的过度宣传，一些公司把参与该计划视作仅仅是为MIT做贡献而已。其二是一些公司对大学提供的研究服务不满，认为他们在缴纳了参与该计划的固定费用之外还要为研究支付费用，无疑交了双份的钱。[1] 正是20世纪初期一连串的经费危机和困境，才迫使MIT主动出击，寻找生存来源的出路。在经费危机面前，MIT并没有屈服于哈佛大学的合并建议，而是设法自己解决资金缺口，尽管有成功也有失败，但是最终得以渡过难关，并不断走向自强之路。这可能是埃兹科维茨等学者将MIT视作美国最早的创业型大学典范的一个重要原因。但是，并不是每一个大学都能够像MIT那样冲破资金贫乏的困境，尤其是在20世纪70年代以后，诸多大学面临生存困境之际更是如此。

由于每所大学都希望追求教育上的卓越，提高学校的声望，因此为达到这一目的，大学从不限制花多少钱。伴随联邦政府提供奖学金和贷款，各大学开始竞相增加学费。20世纪70年代初期，大学深感通过大幅度提高学费增加收入已经走到了尽头，便开始降低教师工资的增长速度，削减日常开支，并寻找其他节省开销的途径，譬如扩大班级规模，雇佣兼职教员，开展远程教育，等等。尽管建筑物的表面涂层脱落，也没有人去管理，因为这既不会砸到桌椅，也不会导致工资支出的波动。关于一味节省资金是否会影响教学质量的争论愈演愈烈，但财政预算人员别无选择。与之相伴，联邦政府不再盲目资助高等教育，而是转向资助那些能够解决特定问题的研究。精英大学希望联邦政府资助科研，社区学院希望资金用于低收入家庭，州立大学希望资金能够分配到更多大学。从1930年到1976年，在46年的时间里，全日制入学人数由89万猛增至近850万，而美元购买力却降低了70%。[2] 美国学院和大学普遍遭遇经费危机，同时学院和大学校长发现减少开支并不能解决根本问题，有时甚至适得其反。例如，一个脏乱不堪的校园如果为了减少开支而停止整修，因此而失去了一些学生和家长的青睐，那就是一种错误的

---

[1] ［美］亨利·埃兹科维茨：《麻省理工学院与创业科学的兴起》，王孙禺等译，清华大学出版社2007年版，第59—63页。

[2] ［美］亚瑟·科恩：《美国高等教育通史》，李子江译，北京大学出版社2010年版，第226—241页。

节省；在两位数的通货膨胀率的时代，推迟对校园道路的整修和维护意味着将来要面对更高的开销。① 高校资金增加空间有限，大学校园人满为患，通货膨胀居高不下，削减开支适得其反，伴随 1968 年全美乃至世界范围的学生骚乱，更使 20 世纪 70 年代的美国大学陷入困境之中，《衰落中的美国高等教育》（American Higher Education in Decline，1979）、《黄昏前的猫头鹰》（An Owl Before Dusk，1975）、《挑战中的美国高等教育》（Challenges Past Challenges Present，1975）、《被遗忘的美国大学》（Colleges of the Forgotten Americans：A profile of State Colleges and Reginal Universities，1969）、《高等教育成本分担论》（Higher Education：Who Pays? Who Benefits? Who Should Pay? 1973）、《学术信念的堕落：1945—1970 的美国大学》（The Degradation of the Academic Dogma：the University in America 1945—1970，1971）、《美国大学的陨落》（The Fall of the American University，1973）、《高等教育新萧条：41 所高校财务状况研究》（The New Depression in Higher Education：A Study of Financial Conditions at 41 Colleges and Universities，1971）等著作②，都充分反映了这段时期学者们对美国高等教育现状的悲观情调。

与世界范围内政府教育拨款减少相对应的，是高等教育实际费用不断上涨。根据美国教育经济学者霍华德·鲍恩为卡内基高等教育委员会提供的一份研究表明，高等教育费用上涨几乎就是一种规律，即所谓的"五条规律"：①院校的主要目标是办学成绩卓越、声望显赫、影响深

---

① ［美］约翰·塞林：《美国高等教育史》，孙益等译，北京大学出版社 2014 年第 2 版，第 295 页。

② 参见：Kenneth H. Ashworth, *American Higher Education in Decline*, College Station and London: Texas A. & B. University Press, 1979; Michio Nagai, *An Owl Before Dusk*, Berkeley: The Carnegie Commission on Higher Education, 1975; David D. Henry, *Challenges Past Challenges Present: An Analysis of American Higher Education since 1930*, San Francisco: Jossey-Bass Publishers, 1975; E. Nlden Dunham, etc, *Colleges of the Forgotten Americans: A Profile of State Colleges and Reginal Universities*, New York: McGraw-Hill Book Company, 1969; The Carnegie Commission on Higher Education, *Higher Education: Who Pays? Who Benefits? Who Should Pay?*, Berkeley: The Carnegie Commission on Higher Education, 1973; Robert Nisbet, *The Degradation of the Academic Dogma: The University in America 1945-1970*, New York: Basci Books Inc., 1971; Adam Ulam, *The Fall of the American University*, La Salle: The Library Press, 1973; Earl F. Cheit, *The New Depression in Higher Education: A Study of Financial Conditions at 41 Colleges and Universities*, New York: McGraw-Hill Book Company, 1971.

远。院校的"优劣"或"质量"通常是以教学人员与学生的比率、教学人员的薪金、教学人员中获得博士学位者的人数、图书馆藏书数量、学校设施与设备以及学生入学水平等作为尺度来衡量。这些尺度都是靠输入人力和物力（其中大多数需要花费资金）来实现的；②为了追求卓越的教学、名望与影响这些看来富有成果的教育目标，高校所需的费用实际上是无止境的；③所有院校都尽其所能地筹集资金；④每所院校都全部用掉其所筹集的资金；⑤以上四条规律的积累效果是开支日益增长。① 20世纪80年代以后，美国高校学费增长速度远远超过了通货膨胀或家庭收入的增长速度，公私立院校的学费以每年10%的速度增长。而同期家庭平均收入增长了50%，但是学费增长了90%。除去通货膨胀的影响，家庭收入增长了6%，学费增长了30%。大学一方面面对的是政府经费减少，另一方面面对的是来自政府的控制不断增强。有些私人赞助单位也要求大学详细说明如何使用资金。由于无法权衡哪个部门更重要，当大学需要削减预算时，通常的做法是由各部门共同承担，按同样的比例削减各个部门的资金分配。如果这样不行，大学将考虑撤销某些院系，这些院系没有多大的政治影响力，也不会进行强烈抗议，获取的校内外经费资助数量最少。② 发展经费的巨大压力，使高校不得不思考经费来源之策，而对于从事高深知识的大学来说，能够靠自己的力量争取经费的资源主要是学术资本。当没有任何一个机构可以长期依赖的时候，大学走向创业之路实属必然。

  传统上，英国形成了以牛津和剑桥倡导古典教育的精英培养模式，大学与工业具有较远的距离。直到20世纪60年代，英国学者仍然具有根深蒂固的"学究式的"反工业态度。在学术人员看来，他们有足够的工作要做，他们要从事基础研究，招收优秀学生，进行学科建设。沃里克大学与工业的亲密接触，被学术同行指责为被工业占领的"商业大学"。在一些英国教授看来，大学以任何方式与工业联系就是被工业占领，甚至被"资本主义"统治，就可能是把自己出卖给魔鬼。沃里克

---

① [美]菲利普·库姆斯：《世界教育危机》，赵宝恒等译，人民教育出版社2001年版，第157—159页。

② [美]亚瑟·科恩：《美国高等教育通史》，李子江译，北京大学出版社2010年版，第344—354页。

大学甚至被称之为"山上的克里姆林宫",至少是势利的大学教师和期待革命的激进学生新筑的一个巢穴。沃里克备受新闻舆论的苛刻批评,同时也激起来自多方的敌对行动。① 因此,对于英国创业型大学的先驱——沃里克大学来说,这些批评和敌对在很长一段时间内限制了大学的发展。然而,这种批评和敌对随着沃里克大学不断走向成功而逐渐消匿。

但是对于当时的大多数英国大学而言,想要摆脱这种思想束缚仍然异常艰难。在他们看来,知识生产重在应用,服从这种逻辑,对于生产部门来说,是天经地义,不言而喻的事情。但是对于大学来说,过于强调直接用途,无疑杀掉一只下金蛋的鹅。② 也正是这种思想上的束缚,使英国大学群体逐渐陷入发展的困境。在20世纪70年代,对很多大学来说,财政限制已经成为一个严重问题,但是直到70年代末,它们仍希望事态将会转变,政府将会"醒悟",为科研和大学教育增加经费。但新的现实正好相反。伴随保守党(撒切尔)政府执政,到1981年,实行了第一轮大量削减预算,在大学系统,三年内预算大约削减17%。允许大学拨款委员会在分配经费时有区别地削减,削减程度从20%—30%不等。所有大学都面临如何处理迫在眉睫的预算削减问题,特别是如何面对未来主渠道拨款很可能继续削减的问题。这一严酷的操作在大学界引起了深刻的震动和广泛的愤怒。③ 在撒切尔之前,每一位牛津毕业的英国首相都获得了法学荣誉博士,但是正因为撒切尔执政期间削减经费带来的整个教育系统的混乱,即使撒切尔夫人从牛津大学化学专业毕业,但大学并没有执行这一传统的惯例授予其荣誉博士。牛津大学于1985年1月对是否授予其荣誉博士进行投票,结果以738反对319同意,决定不授予撒切尔夫人荣誉博士。④ 无论教授群体如何不满,不管

---

① [美]伯顿·克拉克:《建立创业型大学:组织上转型的途径》,王承绪译,人民教育出版社2003年版,第12—13页。
② [乌拉圭]朱迪思·苏兹:《大学在生产部门的新任务》,载[美]亨利·埃兹科维茨等编《大学与全球知识经济》,夏道源等译,江西教育出版社1999年版,第18页。
③ [美]伯顿·克拉克:《建立创业型大学:组织上转型的途径》,王承绪译,人民教育出版社2003年版,第15页。
④ Joseph A. Soares, *The Decline of Privilege: the Modernization of Oxford University*, Stanford: Stanford University Press, 1999, pp. 240 – 245.

大学群体如何抵制，政府给予大学的拨款持续削减已经成为不可逆转之势。

菲利普·库姆斯认为，无论在工业先进的国家还是发展中国家，对他们所有的教育体系来说，平静的日子实际已经过去。与20世纪50年代与60年代教育管理者能较容易地要求从政府资源中予以资助的情况恰成对照，他们及其教育体系将很快处于一方是费用上涨，一方是财政预算难以增加的困境。有组织的教育系统不是靠口号与良好的意愿来运行的，是靠资金来发展的，尽管，不是所有的问题都能靠钱来解决，但是没有资金来保证教育上所须的人力（教师、行政人员与勤杂人员）与物力（校舍、设备、材料、补给品），有组织的教育系统就会成为子虚乌有。[1] 众所皆知，自治是传统大学理念留给我们的制度和精神财富，然而新的自治不同于老的自治。在20世纪70年代之前，自治的公立大学可以得到全部国家资助，而且只需教育少量学生，从事有限的基础研究，为若干工作领域培养专业人员。当20个年轻人中只有一人寻求大学训练的时候，多数人大部分时间并不考虑大学在做什么和它能够为他们做什么。20世纪末期，大学已经被卷入重大的矛盾之中：用较少的钱做更多的事。[2] 大学如果想要生存发展，就不能够不把自治建立在自我发展的基础之上，也就是说要依靠大学自身的能力去寻找更多的资金来源，减少对政府或者任何一个单独主体的经费依赖。

第三节　知识转化与自主图强：创业型大学学术资本的创新突围

朱迪思·苏兹认为："以前，大学（极少例外）不执行公司或企业特有的功能：它不向市场推销能力，不签订定期送货合同，也不同大学或非大学代理机构进行出卖知识产品的竞争。从前，大学生产的知识要经过中间人转给最终用户，通常是由工作在企业或政府部门的专业人

---

[1]　［美］菲利普·库姆斯：《世界教育危机》，赵宝恒等译，人民教育出版社2001年版，第140—141页。

[2]　［美］伯顿·克拉克：《建立创业型大学：组织上转型的途径》，王承绪译，人民教育出版社2003年版，第179—180页。

员，或通过与大学有密切关系的高技术企业进行的。"[1] 大学之所以之前很少有知识交易的情况，主要是因为，大学发展的运营经费主要由政府来承担。事实上，在中世纪大学产生之初，知识作为商品进行交易是知识行会的一个基本特征。也正是这种知识行会最终演变为大学组织。一般来说，大学走向市场也就意味着两条道路，一条是走向学术资本主义，一条是走向创业型大学。前者为了金钱可以牺牲自己的灵魂，后者为了争取发展资金走向自主图强。

一　知识转化：创业型大学运作的途径

正如埃兹科维茨在总结三螺旋的特点时所指出的，资本转化不能仅从单个公司或市场运作的观点来理解。资本的新形式在社会互动和智力活动的基础上产生。资本的形式是可以相互转化的。于是，金融资本的筹集就要基于智力和社会资本的积累。当公司与大学和政府相联系时，人力资本、社会资本和智力资本的需求就有了新的定义。[2] 事实上，大学之所以能够发展成为创业型大学，主要依靠的是大学所拥有的高深知识，亦即学术资本的转化；大学之所以能够成为创业型大学，也正是基于学术资本、金融资本和社会资本等相互之间的转换或转化；大学之所以能够发展成为创业型大学，是在公共资金不能够完全支持大学发展的情况下，或者是在大学想要拥有更多自治权力的情况下而发生的。按照创业型大学知识转化的途径，大致可以划分为两类，亦即以教学为主的学术资本转化和以科研为主的学术资本转化，前者是大学培养人才职能的拓展，后者是大学发展科学职能的拓展，两者都是大学服务社会职能的拓展。根据目前学者的研究成果和英美创业型大学的道路，可以大致将英国创业型大学视为以教学为主的学术资本转化，将美国创业型大学视为以研究为主的学术资本转化。

（一）以教学为主的转化

20 世纪 70 年代以后，"大学和研究机构不断要求增加资金，但全

---

[1] ［乌拉圭］朱迪思·苏兹:《大学在生产部门的新任务》，载［美］亨利·埃兹科维茨等编《大学与全球知识经济》，夏道源等译，江西教育出版社 1999 年版，第 17—18 页。

[2] ［美］亨利·埃兹科维茨:《麻省理工学院与创业科学的兴起》，王孙禺等译，清华大学出版社 2007 年版，第 198 页。

世界的回答相同：自己靠自己！这就是说，你自己要与产业界和政府联系起来，献出你们的知识和生产新知识的能力，用它们取得收益。这就是说，你们自己要与产业界和政府建立联系，用你们的知识和能力去产生新的知识，并用它们取得收益。只有这样，你们才能扩大研究室，雇佣年轻人，并增加工资"①。事实上，创业型大学不仅仅是通过知识的开发进行创业，也包括通过知识的传授和普及进行创业。斯劳特和莱斯利认为，在英国，高等教育被看作一种出口的商品，能创收外汇。英国的高等教育被视为有价值的国家财产，将同原材料和制成品一样得到开发利用。在美国，比较而言，招收留学生仍被看成是一种外交政策手段而不是一种出口服务，有许多这类学生，特别是研究生，主要由美国联邦与州政府以及院校资金以直接或间接的方式来资助。② 不难看出，英美大学在创业型的途径上有着根本不同。英国高等教育更强调将留学生视作购买知识的顾客；美国高等教育则将留学生尤其是研究生，视为一种教育对外交流的途径，视为提升本国学术创新能力的一种资源。

关于英国创业型大学是以教学为主的知识转化，可以从英国创业型大学的典范——沃里克大学的发展得到佐证。面对20世纪80年代英国政府对大学拨款的锐减，沃里克大学试图以"省一半、赚一半的政策"弥补被削减10%的经费，即通过节约消化缺少的一半，通过创收补足另外一半。在以后三年内，前一部分失败了，节约很少，但是在创收方面却出人意料，导致总收入实际上比1980—1981年度高12%，而不是低10%。成立于1980年的沃里克制造业集团，在与工业企业合作的过程中，完全致力于研究和开发，很多外国学生在沃里克注册，修习集团课程，通过外国学生学费对大学收入做出贡献。成立于1967年的沃里克商学院围绕在英国开设的一系列工商管理硕士和行政官员训练课程，使大学获得了长足发展。20世纪90年代中期，经过不到三十年的发展，沃里克大学的商学院不但拥有诸如安德鲁·佩蒂格鲁

---

① [乌拉圭]朱迪思·苏兹：《大学在生产部门的新任务》，载[美]亨利·埃兹科维茨等编《大学与全球知识经济》，夏道源等译，江西教育出版社1999年版，第24页。

② [美]希拉·斯劳特、拉里·莱斯利：《学术资本主义：政治、政策和创业型大学》，梁骁等译，北京大学出版社2008年版，第94页。

(Andrew Pettigrew)和大卫·斯托里(David Storey)等名师任教,具有很高的学术地位,在英国的科研评估中,位居同时期成立的大学之首,而且每年授予的四百多名工商管理硕士,160 名博士,来自 25 个以上国家,不但为沃里克大学创造了更多的发展经费,而且使沃里克的学术声望走向世界。① 沃里克大学以教学转化为主的创业之路,从其年度收入和学费收入的情况即可看出。如表 7-7 所示,沃里克大学在2017—2018 的年度总收入为 631.5 百万英镑,其中学费和教育合同为316.6 百万英镑,占比 50.1%,超过了当年年度总收入的一半,相比较而言,沃里克大学的研究补助和合同资金为 126.5 百万英镑,占比仅为大学当年年度收入的 20.0%。在沃里克大学的学费和教育合同的收入中,来自于留学生和国际预科生的学费又占了很大比例。如表 7-8 所示,在 2016—2017 年度,沃里克大学的学费和教育合同总收入为287.5 百万英镑,其中来自留学生注册课程学费和国际预科课程学费的总额为 136.6 百万英镑,占比 47.5%;在 2017—2018 年度,沃里克大学的学费和教育合同总收入为 316.6 百万英镑,其中来自留学生注册课程学费和国际预科课程学费的总额为 152.9 百万英镑,占比48.3%。

表 7-7　　沃里克大学 2017—2018 年度收入(百万英镑)

类别	金额	占比(%)
学费和教育合同(Tuition fees and educational contracts)	316.6	50.1
政府拨款(Funding body grants)	59.6	9.4
研究补助和合同资金(Research grants and contracts)	126.5	20.0
其他收入(Other income)	123.0	19.5
投资收益(Investment income)	1.7	0.4
捐赠收入(Donations and endowments)	4.1	0.6

资料来源:Warwick Finance Office, *The University of Warwick Financial Statements for the Year Ended 31 July 2018*,(https://warwick.ac.uk,2019-1-6)。

---

① [美]伯顿·克拉克:《建立创业型大学:组织上转型的途径》,王承绪译,人民教育出版社 2003 年版,第 15—19 页。

表 7-8　　沃里克大学 2016—2018 年度学费和教育合同收入
（百万英镑）

类别	2016—2017	2017—2018
来自本国/欧盟学生的认证课程学费（Accredited course fees from home/EU students）	135.7	146.7
留学生注册课程学费（Accredited course fees from overseas students）	133.0	149.2
国际预科课程学费（International foundation programme fees）	3.6	3.7
非注册的短期课程学费（Non-accredited short course fees）	3.3	4.0
研究培训支持资助（Research Training Support Grants）	11.3	12.6
其他费用（Other fees）	0.6	0.4

资料来源：Warwick Finance Office, *The University of Warwick Financial Statements for the Year Ended 31 July 2018*,（https://warwick.ac.uk, 2019-1-6）。

（二）以研究为主的转化

在伯顿·克拉克看来，斯坦福大学是美国创业型大学的典范；在亨利·埃兹科维茨看来，MIT 是美国创业型大学的典范。两位学者都把美国创业型大学的发展之路上推至 20 世纪 20 年代。如果说考察 20 世纪 20 年代，两所美国大学的发展路程，不难看出两者有着非常相似的经历，亦即都是大学在发展低迷的时候，主动与政府和工业联姻，通过科学研究走向创业之路。

克拉克认为，位于加利福尼亚州帕洛阿尔托的斯坦福大学，在旧金山以南大约 40 英里处，在 20 世纪后半期，有资格担当全世界首要的创业型大学。这所硅谷的母大学，在界定这个技术区域的公司网络爆炸性成长的 40 至 50 年期间，始终是学术上的精神支柱。斯坦福利用硅谷获得了源源不断的巨额收入，这所大学又利用这些收入，在所有人文学科、社会科学、自然科学、生命科学、表演艺术，以及诸如医学、法律和教育等主要专业学院的各系争取最高地位。[1] 事实上，20 世纪 20 年代的斯坦福大学，还是一所深受大基金会和公司风气影响的美国西部院

---

[1]　［美］伯顿·克拉克：《大学的持续变革：创业型大学新案例和新概念》，王承绪译，人民教育出版社 2008 年版，第 176—180 页。

校，中等规模的校园，令人心旷神怡的地方，却鲜有学术气息。20世纪30年代早期，在教务长弗雷德里克·特曼（Frederick Terman）的监管下，斯坦福的学术氛围开始发生变化。特曼不但推动了斯坦福工程师与物理学家的密切合作，尤其是涉及与工业部门合作的研究项目，而且他为斯坦福所规划的课程也展示出明显的公司模式。如果有的院系（包括历史和古典科学专业）不能为学校带来研究合同，那么就要接受审查甚至受到惩罚。即使是获得诺贝尔奖的生物学家也因为没有带来外部资金而受到批评。到了1940年，斯坦福大学成为典型的具有多元特性和表现形式的美国校园。它既支持具有高性能、实用性强的研究，同时也不束缚传统田园式的本科社交生活和多元运动活动。1934届的大卫·帕卡德（David Packard）和几名校友组建团队，租用斯坦福校园附近的一个车库开发电子电路，为把电子工程应用于计算机开发提供了基础，这直接促使了加州"硅谷"的形成。斯坦福模式的研究中心以及斯坦福大学的房东和商业催化剂角色日益成长，最终发展成为创业型大学的模式。[①] 事实上，无论是斯坦福大学还是MIT，在创业型大学之路上，联邦政府的作用都功不可没。

二战以后，联邦政府对科学研究的大量资助，导致研究型大学和工业之间形成了共生关系，大学和工业共同对科研进行资助，并从中获益。不同类型的大学研究机构及其与政府机构和工业之间的各种关系建立起来。斯坦福大学与国防部、电子工业部联合攻关电气工程研究，麻省理工学院的多所科研单位与军队保持联系，其电子研究实验室、国际研究中心和仪表实验室均由空军、中央情报局和海军研究署等军事机构资助，并与其保持密切联系。[②] 这些都为20世纪70年代以后，美国创业型大学以研究为主旨的特征奠定了坚实基础。在美国，科学研究与发展一直是联邦资助大学的核心，占到资助总额的将近一半，但是这些经费只给了少数的机构，排名前100位的大学获得资助总数的85%，从佛罗里达州立大学获得540万美元到MIT的6870万美

[①] ［美］约翰·塞林：《美国高等教育史》，孙益等译，北京大学出版社2014年第2版，第231—232页。

[②] ［美］亚瑟·科恩：《美国高等教育通史》，李子江译，北京大学出版社2010年版，第253页。

元。如表 7-9 所示,1967 年至 1976 年,美国联邦政府虽然在研究与开发、研发计划和其他科学活动中的拨款比例有所降低,但是都超过了半数以上,分别为 1967 年的 70%,1970 年的 68%,1972 年的 63%,1975 年的 62% 和 1976 年的 55%。

表 7-9 联邦政府 1967—1976 年对高校资助类别分布(百万美元)

项目	研究与开发	研发计划	其他科学活动	非科学活动	总计
1967 年					
资助数额	1301	111	911	987	3311
各占比例(%)	39	3	28	30	100
1970 年					
资助数额	1447	45	696	1039	3227
各占比例(%)	45	1	22	32	100
1972 年					
资助数额	1853	37	709	1532	4131
各占比例(%)	45	1	17	37	100
1975 年					
资助数额	2223	45	522	1727	4517
各占比例(%)	49	1	12	38	100
1976 年					
资助数额	2419	24	513	2443	5399
各占比例(%)	45	<1	10	45	100

资料来源:Chester E. Finn, *Scholars, Dollars, and Bureaucrats*, Washington: Brookings Institution, 1978, p. 111。

进入 20 世纪 80 年代,美国政府为大学尤其是精英大学科学研究的转化提供了重要的政策支持。1980 年通过的《拜杜法案》对提升大学的经济能力做出了重大贡献。"1992 年,哥伦比亚大学从知识产权授予中获得了 2400 万美元,这几乎是靠捐赠获得的资助的一半。在 20 世纪 90 年代末,这一收入上升到 1 亿美元。学术研究机构开始使用从技术转让中获得的资金来支持学校的管理和运作。哥伦比亚大学最近启动了一个 200 万美元的项目资助新研究，这些资金都是从许可授权中获得的。"① 不难看出，政府正是通过颁布政策法案，在没有增加拨款的情况下，刺激了大学尤其是研究型大学的科研创新和转化的积极性。尽管 MIT 作为赠地学院，是在享有州政府基金的基础上建立的，但恰恰是州政府不再愿意为其提供公共基金支持，才导致 MIT 走向创业型大学的道路。MIT 涉足军事研究，以建立与政府的契约关系为出发点，在这种关系中，即使有大量的资金流入校园用于支持研究项目，大学还是保持了它的独立地位。这是因为资助的请求是在竞争的基础上通过科学质量的评估决定的，而不是像赠地模式那样迎合本地经济的需求。② 通过表 7-10 的数据，不难看出，2016 年 MIT 的财政收入为 3551.8 百万美元，其中来自研究的收入为 1709.5 百万美元，占总收入的 48%，相比而言，MIT 的学费净收入为 361.5 百万美元，仅占总收入的 10%。通过科学研究走向创业型之路，成为 MIT 创业型大学的一个特色。最为关键的是，无论是来自政府的科学研究经费，还是来自企业的科学研究经费，都不能够使 MIT 丧失独立自主的地位。因为 MIT 是通过自己的能力和努力得到这些经费的，而不是依靠他者施舍而获得的。这也是创业型大学的生命力所在。

表 7-10　　　　　　　　2016 年麻省理工学院运营收入

类　别	金额（百万美元）	占比（%）
校内研究收入 Research revenues Campus	706.9	20
投资运营收入 Investment return to operations	787.0	22
林肯实验室研究收入 Research revenues-Lincoln Laboratory	969.3	27
其他运营收入 Other operations revenues	378.6	11
学费净收入 Tuition, net of discount	361.5	10
捐赠收入 Gifts and bequests for operatioins	187.5	5
附属企业收入 Auxiliary enterprises	127.7	4

---

① ［美］亨利·埃兹科维茨：《麻省理工学院与创业科学的兴起》，王孙禺等译，清华大学出版社 2007 年版，第 173 页。

② 同上书，第 74 页。

续表

类　别	金额（百万美元）	占比（%）
研究收入（新加坡－MIT研究技术联盟）Research revenues Singapore-MIT Alliance for research and technology	33.3	1

资料来源：MIT, *2018 MIT Facts-Financial Data*,（http://web.mit.edu/facts/financial.html, 2019-1-6）。

二　自主图强：创业型大学运作的特点

与依赖政府或其他慈善组织的传统大学相比，创业型大学最为突出的一个特点是追求自主创业，这是未来大学寻求自治之路、坚守学术自由的根本保障；与凤凰城大学等私立营利性大学相比，创业型大学最为突出的一个特点是避免商业化侵蚀，大学通过高深知识的外部交换来争取发展资源，但是从交换到商业化有着鲜明的界限；创业型大学与传统大学共有的一个特点是，大学始终坚守旨在发展学术的传统，不因外界的物欲横流而陷入迷茫，也不因利益关系的引诱而放弃组织的特性。创业型大学首先应该是大学，而不应该是企业、公司等其他组织，这就像医院绝不会为了贩卖医疗器材而成为商业公司一样。

（一）追求自主创业

1. 追求自主创业的大学是一个主动的大学

创业型大学是一个主动的大学，而不是一个被动忍受的大学。在伯顿·克拉克提供的五个创业型大学经典案例分析中，瑞典的恰尔默斯技术大学是唯一一个不是由于政府削减拨款而变革的高校。与其他国家不同，高度福利化的瑞典政府对高等教育的资助一直非常慷慨，不但表现在免收学生学费，而且特别表现在资助学术研究方面。政府公开指定，资助大学的费用约三分之一用于本科生教育，三分之二用于科研和高级训练。在这种情况下，究竟是何种动力促使恰尔默斯技术大学开始组织的转型？恰尔默斯技术大学在1993年向政府提交的简报中阐述了三点理由：第一，大学希望取得配置所有资源的权利；第二，大学希望成为一个更加灵活的组织，能够充分发挥大学在组织上和财政上的自主创新；第三，大学希望在招聘和任用工作人员时有更大的灵活性。① 三点理由可以归结为一点，亦即大学试图主动摆脱政府控制，寻求大学能够自己决断事务的自治之路。换句话说，恰尔默斯技术大学走向创业型大学的主要动因，并非因为政府不能够提供足额的发展经费，而是由于政府在提供经费时给予的外部控制。恰尔默斯技术大学及早认识到了，在政府的全面控制下，大学很难"在技术教育和研究领域"成为一个国际领袖，更不可能成为"欧洲十所最好的技术大学之一"。因此，瑞典的恰尔默斯技术大学就是一个主动的大学。事实上，如果研究创业型大学发展史，可以看出，凡是能够成为创业型大学的，要么是前期被迫自主创业，但是后来一定形成了创业自觉；要么是一开始就主动寻求创业之路。在发展资金上的"等、靠、要"，绝不是创业型大学的特点。

2. 追求自主创业的大学是一个机灵的大学

创业型大学是一个机灵的大学，而不是一个莽撞的大学。伴随高等教育大众化乃至普及化的迅速发展，多数政府已经无力再像从前那样全额资助大学。创业型大学一定是那些提前预判到这种状态，根据实际情况不断调整发展策略的机灵的大学。每所大学都有着各自不同的办学历史、办学环境、办学目标等，这就决定了创业型大学绝不是东施效颦或邯郸学步式的大学，一定是那些能够根据自身优势提出创业之路的大学。创业之路可以借鉴，但是很难进行复制。伯顿·克拉克在《大学的持续变革——创业型大学新案例和新概念》开篇导言中提到，在20世纪最后的25年间，全球很多大学发现它们自己在不断增长的压力下改变着自己的运作方式。机灵的大学逐渐认识到，它们在保持和改进那些随着岁月的流逝而变得更加复杂的传统科研、教学和学生学习领域的同时，必须对政府、工业和社会集团和急剧增长的新需求作出反应。在导言结尾，克拉克强调，"创业型"是一个含义丰富但是具有针对性的词语，是指最可靠地导致现代自力更生和自我驾驭的大学的态度和程序。② 创业型大学利用很多收入来源，它们建立和保持了有效收入生产

---

① [美]伯顿·克拉克:《建立创业型大学:组织上转型的途径》，王承绪译，人民教育出版社2003年版，第120页。

② [美]伯顿·克拉克:《大学的持续变革:创业型大学新案例和新概念》，王承绪译，人民教育出版社2008年版，序言第1—9页。

循环。它们克服由于数十年国家持续削减经费、大学生师比的变化（从 10∶1 到 20∶1 或 30∶1 或更高）所造成的单位成本下降的恶性循环。在地中海欧洲和拉丁美洲的巨型大学的一些非实验领域，甚至可以发现生师比高达 100∶1 或者更高。这是可耻地把学生填塞进大讲堂，还允许他们在注册后不到校上课，这种做法成为现代大学教育的笑料。对单一渠道来源的高度依赖，是发展现代大学特别是前摄性大学的一个有缺陷的方法。当经验已经表明不会出现携带一袋金钱的部长，那么还等什么呢？当一匹老马已经不断地打趔趄，为什么还在它身上下赌注呢？为什么把你所有的鸡蛋放在一只篮子里呢？① 能够根据自身发展形势审时度势，能够面对变化机智灵活，是创业型大学的一个重要特征。

3. 追求自主创业的大学是一个自力更生的大学

创业型大学应当是自力更生的大学，自力更生的目的一是为了生存，二是为了发展。自力更生绝不是乞求怜悯，自力更生的最高境界是争取更大程度上的自治。大学自治是中世纪以来就形成的经典大学理念，只要大学想基业长青，就必须不断谋取自治之路。但是，由赞助者授予大学形式上的自治，并不能保证大学主动自决。自治的大学也许是一些被动的机构。它们可能为过去生活，而不是面向未来。它们也许满足于过去的成就，而不愿有所前进。它们可能通过非正式的协议，决定和它们地区或国家的同类院校亦步亦趋，一起沉没或者一起游泳。于是它们偏向停滞不前。自治的大学，当它们决心改革，决定对它们如何组成和如何对内部和外部的需求作出反应进行探索和实验时，才能成为主动的创业型大学。大学如何依靠创业行动使它们自己转型呢？五个要素是不能再少的最低限度：一个强有力的驾驭核心；一个拓宽的发展外围；一个多元化的资助基地；一个激活的学术心脏地带；一个一体化的创业文化。② 事实上，这五种要素都是紧紧围绕自力更生而设置的。一个强有力的驾驭核心，是相对那些没有雄心壮志、跟随传统的赞助者随波逐流的大学而言的，一切唯赞助者马首是瞻的大学，其驾驭组织的能力也必然

---

① ［美］伯顿·克拉克：《大学的持续变革：创业型大学新案例和新概念》，王承绪译，人民教育出版社 2008 年版，第 103—104 页。

② ［美］伯顿·克拉克：《建立创业型大学：组织上转型的途径》，王承绪译，人民教育出版社 2003 年版，第 3—4 页。

薄弱。一个拓宽的发展外围，实质上就是大学摆脱传统的学系设置，增设诸如知识转让、工业联系、知识产权开发、继续教育、资金筹措等校外办事机构以及跨学科的研究组织，这些组织的成立又是为了获得除传统的大学赞助之外的多元化资助。以上活动的实施又必须取得大学内部最基本的学术组织单位的支持，换言之，大学传统的科研、教学等学术组织单位能否激发活力，是创业型大学能够成功的基石。这些活力的激发，则需要依靠整合价值观念、信念等于一体的大学创业文化。

4. 追求自主创业的大学是一个多元资助的大学

创业型大学必然是一个多元资助的大学，无论英美创业型大学，还是其他国家的创业型大学都概莫如此。多元资助的意义就在于不仰仗唯一资助来源，从资源依赖理论来看，它也是组织和个人发展自由的一个重要衡量指标。

密歇根大学于20世纪80年代和90年代成为一所创业型大学。从20世纪70年代开始，由于经济、政治和文化方面的原因，它来自州的核心资助变得越来越不可靠。例如，在1980年和1983年之间，州的拨款平均每年增长1%，而且在整个80年代和90年代大多持续处于这个停滞的水平。这对密歇根大学的发展是远远不够的，而且无论如何离资助一所一流大学的需要相去甚远。密歇根大学对此作出了强烈的反应：它通过大量增加来自"非州政府"来源的收入，猛烈地实行"私有化"。1984年安娜堡校区的"全部资金预算"尚不足10亿美元（8.24亿美元），仅仅7年之后，1991年整个预算已经增长到超过15亿美元（16.9亿美元），2000年则超过了30亿美元（32亿美元）。这所特殊的美国"州立大学"已经明显地走向一所"州帮助的大学"，然后走向"私人资助的公立大学"，按照克拉克的说法，已经成为一所"自力更生的公立大学"（self-reliant public university）。[①] "州立大学"→"州帮助的大学"→"私人资助的公立大学"→"自力更生的公立大学"，这一路线图形象地描绘了密歇根大学的创业之路。作为州立大学的密歇根大学，能够走向自力更生，依靠的就是逐步摆脱州政府的财政依赖，走

[①] ［美］伯顿·克拉克：《大学的持续变革：创业型大学新案例和新概念》，王承绪译，人民教育出版社2008年版，第190—193页。

向多元资助之路。从表 7-11 就可以看出目前密歇根大学的多元资助情况，2017—2018 年，密歇根大学安娜堡校区的总收入约 84.16 亿美元，其中州政府拨款仅仅为 3.15 亿美元，占比为 3.7%，如果算上来自联邦政府的 9.66 亿美元，来自政府的总计拨款为 12.81 亿美元，占比仅为 15.2%。可见，如果从资金来源上看，密歇根大学已经完全超越了政府单一拨款的状态。学费、非政府项目资助、私人捐赠、投资收入、医院收入、其他附属机构收入和院系收入等多元资助，使密歇根大学真正发展成为一所创业型大学。

表 7-11　　密歇根大学安娜堡校区（UM，Ann Arbor）
2017—2018 年度预算收入

类别	金额（美元）	占比（%）
州政府拨款（State Appropriations）	314589100	3.7
学费（Student Tuition & Fees）	1490041306	17.7
政府资助项目（Government Sponsored Programs） 其中联邦政府资助项目（Federal）	966250000 960750000	11.5
非政府资助项目（Non-Government Sponsored Programs）	230000000	2.7
私人捐赠（Private Gifts）	147061645	1.8
投资收入（Income from Investments）	351863294	4.2
医学院收入（UM Health System）	4421894828	52.6
其他附属机构收入（Other Auxiliary Units）	372419249	4.4
院系收入（Departmental Activities）	122245000	1.4

资料来源：University of Michigan, *FY 2017 - 2018 Budget*, (http://obp.umich.edu, 2019-1-6)。

正如伯顿·克拉克所分析的，公立大学的收入渠道有三种主要模式：第一个渠道即国家分配这个主渠道，是传统的筹措资金的标准模式，资金通常根据学生人数、教师人数，以及校舍建筑面积的大小来确定。第二个渠道，资金来自政府的科学研究委员会，这一个模式按照大学教授、系科和科研群体在科研补助和合同竞争中的成败对大学进行分配。第三个渠道，收入来自所有其他来源。在他所研究的五所代表性创业型大学的案例中，可以看出，大学的收入从几乎完全依靠第一个渠道转变到更多地依靠一系列来源，特别是第三个渠道，而且这种趋势正不断加速。创业型大学寻求第三渠道的来源，而且主动地走向这些来源。1995年，沃里克大学的收入表明，在近13400万英镑的总预算中，只有5100万英镑（38%）来自高等教育基金会（英格兰）和全国师范教育局的师资培训补助。来自科研补助和合同的收入约占15%，其中9%来自政府科学研究委员会，6%来自非政府组织。所有其他资助（即第三个渠道），差不多占收入的50%，而且所占百分比在不断增长。[1] 从沃里克大学1996年的年度报告中就可以看出其多元的资助来源，这些来源包括预期中的政府各科学研究委员会和教育与就业部以外的六个主要政府部门——国防、卫生、社会保障、环境、贸易和工业以及运输各部，其他来源包括160个以上机构，从地方市议会和医院到本国和国际实体如欧共体、富裕的惠康（Wellcome）托拉斯、美国国家科学基金会、巴克莱银行、英国石油公司、英国煤气公司、英国电信公司、劳斯莱斯（Rolls Royce）公司、葛兰素（Glaxo）公司、史克必成（Smithkline Beecham）公司、西门子公司和Astra制药公司。对一所在20世纪60年代早期诞生的年轻大学来说，这是一大批很富有的朋友。[2] 从表7-12就可以看出沃里克大学2014—2018年度收入的变化情况，在2014—2015年度，沃里克大学的总收入是513.2百万英镑，其中政府拨款为59.1百万英镑，占比为11.5%；在2015—2016年度，沃里克大学的总收入是573.6百万英镑，其中政府拨款为57.9百万英镑，占比为10.1%；在2016—2017年度，沃里克大学的总收入是591.0百万英镑，其中政府拨款为58.4百万英镑，占比为9.9%；在2017—2018年度，沃里克大学的总收入是631.5百万英镑，其中政府拨款为59.6百万英镑，占比仅为9.4%。一个整体的趋势是，伴随沃里克大学年度收入的不断增加，政府拨款尽管有升有降、数额变化不大，但是政府拨款的占比连年降低。这也就意味着沃里克大学多元资助的能力不断增强。

---

[1] ［美］伯顿·克拉克：《建立创业型大学：组织上转型的途径》，王承绪译，人民教育出版社2003年版，第27—28页。

[2] ［美］伯顿·克拉克：《大学的持续变革：创业型大学新案例和新概念》，王承绪译，人民教育出版社2008年版，第12页。

表7-12 沃里克大学2014—2018年度收入情况（百万英镑）

类别\时间	2014—2015	2015—2016	2016—2017	2017—2018
学费和教育合同（Tuition fees and educational contracts）	240.1	275.2	287.5	316.6
政府拨款（Funding body grants）	59.1	57.9	58.4	59.6
研究补助和合同资金（Research grants and contracts）	100.9	117.1	120.3	126.5
其他收入（Other income）	108.9	117.0	120.3	123.0
投资收益（Investment income）	1.6	1.6	1.6	1.7
捐赠收入（Donations and endowments）	2.6	4.8	2.9	4.1

资料来源：Warwick Finance Office, *The University of Warwick Financial Statements for the Year Ended 31 July* 2018, (https://warwick.ac.uk, 2019-1-6)。

（二）避免商业侵蚀

密歇根大学前校长詹姆斯·杜德斯达（James J. Duderstadt）认为，大学的角色和使命不同于企业。后者想着怎样赚钱，提高股票的价值。因此，它的大部分决策都是短期行为，重点在每个季度的收入报表和股票价格。相反，大学不仅要通过培养人才、发展科学的成果，更好地为社会服务，还有责任管理好以前的成就，做好为未来一代服务的准备。一个亏损表或收支平衡单都无法表现出大学活动及影响的根本特征。[1] 换句话说，一个创业型大学绝不应该是紧紧盯住眼前利益，而不顾长远发展。大学在进行知识交换时，要时刻不忘自己的本色和使命。

专利是大学学术作为资本的一种重要形式。在 MIT 等美国创业型大学的发展进程中，也主要是依靠专利来为大学谋求更多的发展资金。专利起源于文艺复兴时期的欧洲，排他性使用权的授予促进了本地经济的增长。早在13世纪，工艺技术知识就作为无形资产的一种形式，在威尼斯玻璃产业的自治规范中得到承认。到了15世纪，各城市逐渐授予有限的垄断权以鼓励新工艺和新发明。专利权被认为，而且被事实证明

---

[1] [美]詹姆斯·杜德斯达、弗瑞斯·沃马克：《美国公立大学的未来》，刘济良译，王定华校，北京大学出版社2006年版，第12页。

是在引入新技术时,个人利益和公共利益之间的一种平衡。关于专利权到底是促进还是阻碍了技术进步,反对者认为专利因其知识保密而限制了人们获得知识,从而阻碍了知识创新。事实上,专利权申请程序允许宣布发现之后有足够的时间,通常是一年,再适时地发表。因此,科学专利与它所遵循的道德规范——避免保密——之间的紧张程度并不像反对者所描述的那样。另外,专利权由于保护了发明者的利益,因此从一定程度上说,更加有利于刺激创新。因此,即使是为了更好地发挥专利作用,主动成立科技公司,大学也绝不应该忘记自己的使命。这正如埃兹科维茨所言,事实上,公司的成立仅仅是科学家对研究团体的进一步管理的形式,而并不是对学术职业的背离。那些创办或是帮助建立科技公司的教授,其目的通常并不是要离开大学成为全职企业家。大多数学术企业家的目标一般是公司正常运行起来以后,以公司顾问的身份参与研究。通过科技公司的运作,不但可以在大学竞争中吸引更多的研究生和博士后,而且还可以将一部分资金返还给研究团体。对于很多科学家来说,建立自己的公司已经成为科技成果的一个标志。研究的商业化过程中逐渐增加的利益驱动与学术之间的冲突,被认为是利益的新结合。这并不是说利益的冲突消失了,而是被控制了。"我并不想成为一个商人",在商业环境中适当参与管理,并将主要兴趣的身份定位于学术科学家,这是美国大学科技公司研究者的基本态度。为了维持生存,研究人员不得不从多种渠道寻求支持,学术界的财政紧缩,不论是事实还是感觉,都已经促使教师去寻求新的途径与企业合作,尤其是当政府资金紧缺的时候。[①] 一言以蔽之,大学和研究人员的商业活动,要以最终是否促进了科学发展为衡量的最终标准。

事实上,创业型大学在寻求除了政府核心部门之外的支持中,绝非单纯针对企业。政府核心部门以外的很多其他机构,同样也都希望通过大学服务来获得回报。按照克拉克的说法,这些部门包括全国层面上致力于国防、卫生、运输、农业和林业、经济发展和技术开发等领域的机构和部门;在区域和城市政府的类似部门;以及诸如欧盟其他超国家公

[①] [美]亨利·埃兹科维茨:《麻省理工学院与创业科学的兴起》,王孙禺等译,清华大学出版社2007年版,第77—188页。

共部门。哪个警觉的机构不想要贴切的大学科研呢？哪个政府部门不想要一条被受过良好教育的研究生踩出的从大学通到它的门前的奉献道路？事实上，这些大学在创业的道路上，不但没有被"商业化"，反而是更高层次上的为公共福祉服务。恰尔默斯技术大学在2000年，来自"其他国家资助""公共基金会资助"和"欧盟资助"的收入合计占总收入的25%以上，而来自私人公司的收入则少于10%。[①] 因此，在政府部门看来，创业型大学不再是只知要钱，不懂得付出和奉献的乞讨者，通过公共资金资助大学得到的是更高回报，这难道不是更高层次上为公共福祉服务吗？在私人公司看来，创业型大学是能够为其带来技术转型升级的智囊团，但大学不是同行中的商号，不能够仅通过金钱就能够收买到大学的灵魂。事实上，无论是公共部门还是私营部门，都不可能通过金钱购买大学的灵魂。避免商业化的侵蚀，避免充满铜臭味的熏染，在创业道路上才能够走得更为坚实久远，这是创业型大学必须牢记的组织性质边界。大学一旦超越了组织性质的边界，不但会危及核心使命的完成，而且还会危及大学组织自身的生存。

（三）旨在发展学术

培养人才是大学自产生之日起就有的基本职能。对于大学而言，培养人才本身就是一个学术问题，发展科学的目的最后也要落脚到人才培养方面。人才培养的主体是学生和教师。大学之所以称之为大学，始终与学生的利益能得到保障密切相关。被誉为"硅谷之父"的弗雷德里克·特曼在带领斯坦福大学走向创业型大学的过程中，明确提出斯坦福大学应该按照两个原则将所有的资源集中到特定的学术领域：该领域是否对大多数学生有益或者与该地区重要的产业有关。由于电子工程与无线电吸引了最优秀的学生，因此他认为斯坦福大学应该加强这些领域，即使当时该领域的产业基础非常薄弱。这样学生对前沿学科的兴趣就能够成为创造未来产业的战略之一。[②] 如果说斯坦福大学的创业之路，坚持以学生需求为中心，那么沃里克大学的创业之路旨

[①] [美] 伯顿·克拉克：《大学的持续变革：创业型大学新案例和新概念》，王承绪译，人民教育出版社2008年版，第97页。

[②] [美] 亨利·埃兹科维茨：《麻省理工学院与创业科学的兴起》，王孙禺等译，清华大学出版社2007年版，第152—153页。

在不断提升师资力量。20世纪70年代，沃里克大学从政府教学和科研的核心拨款所得收入，占学校总收入的70%，下降到1995年的38%，然后进一步下降到2000年的27%，9000万欧元的核心拨款，远远被16000万元的非核心总数超过。"非政府收入"已经变成沃里克的"成为这种样子"以及沃里克的"所以希望成为这种样子"的财政支持。沃里克大学正是运用这笔资金及其连带的"利润"，聘请了更多更好的教师，它并没有牺牲核心学术价值，并没有丧失大学的灵魂，恰恰相反，它促进了学术的进一步发展。[①] 因此，一个创业型大学始终清楚自己创业的目的是什么，始终明白谁是保持自己创业本领的主力军，以学生发展为导向，以提高师资质量为保障，是创业型大学能够卓尔不群的重要机制。

20世纪70年代以后，与创业型大学相伴而生的，是学术资本主义的滋生和蔓延。学术资本主义的一个重要表现是，凡是能够赚钱的学科就会得到更多青睐，凡是不能够赚钱的学科就会逐渐边缘甚至被抛弃，这其中人文社会科学的生存危机更为强烈，这不但影响到人文社会科学的创新性研究，而且也影响到大学培养人才中通识教育的执行。

在沃里克大学建校的头十五年，首任副校长杰克·巴特沃斯常常以铁腕的姿态管理学校，但是他并没有构建一幅创业蓝图，而是不断寻找杰出学者，让他们自由地建立具有各种不同特色的学科。为了应对撒切尔夫人对大学财政的持续削减，巴特沃斯副校长将创收理念转变为创收政策，通过成立校务委员会和评议会联合战略委员会，把财务、学术和校舍规划集中在一起，负责全校发展战略规划，并采取强有力的"顶部切片和交叉补助"的方法，帮助那些不能轻易创收的系（和系内的专业），以及帮助那些学术市场前景尚不明朗的专业建设。正如沃里克大学的一位注册主任所认为的那样："有些系，例如商学院和工程系，显然比社会学或艺术史系更加能够产生外部收入，但是因为，一旦系的份额被分开，大学的份额（顶部切片）完全和政府资助集中在一起，并

---

① ［美］伯顿·克拉克：《大学的持续变革：创业型大学新案例和新概念》，王承绪译，人民教育出版社2008年版，第4—8页。

按学术标准分配，所有的系都有好处。大家公认，能够创收的那些系科应该支持那些完全不能创收的系科（交叉补助），这对大学是有利的。"① 无独有偶，在苏格兰的斯特拉斯克莱德大学，社会科学和人文科学努力通过发展苏格兰研究、欧洲研究和妇女问题研究等吸引更多学生，但是相对其他应用性学科来说，难以与工业和其他外界部门建立联系。当学院必须从大学的中心战略基金"投标"经费时，它收到较大的份额，这表明由于很多大学越来越多地使用交叉补助以使比较穷的系免于进一步陷入贫穷。创业生活在这里特别困难，但是随着政府减少它的资助，对维持系的生存没有其他回答。② 换言之，如果没有大学其他学科的创业，如果仅依靠政府的资助，这些社会科学和人文科学的发展将难以为继。

学术生命力在于创新，创新的源泉在于自由。没有自由的学术不可能产生创新，没有创新的大学不可能长久生存。中世纪著名的原生型大学——萨莱诺大学，之所以没有创造出像巴黎大学、博洛尼亚大学等"母大学"的辉煌，主要原因在于缺乏学术上的创新。伴随大学的国家化、民族化发展，大学的自治空间越来越被压缩，学术自由的外部牵制也越来越多。因此，一个创业型大学绝不仅仅意味着大学从经费获取上的创业，而且还意味着在经费稍有支配权力之后的学术自由与自治。20世纪90年代，芬兰的约恩苏大学先见之明地认识到，政府不但会大幅度削减经费支持，也会进一步加强集权治理力度。征得国家同意，约恩苏大学率先打破分割的、附带有对一切可以想到的支出的规程的国家分配方法，采取大学内部一次总付的预算方法，增加了内部院系自我管理的灵活性。而后，大学又推出了教师可以根据自己的实际情况，在全国规定的每学年1600小时的工作量要求以内，与系主任协商，把他们的时间在教育、科研、公共服务和其他职责四项主要任务中进行分配。这种改革在其他一些国家高教系统可能并不新鲜，但是在芬兰，这种高度集权的高等教育模式下，改革所造成的冲击是巨大的。③ 也正是约恩苏

---

① [美]伯顿·克拉克：《建立创业型大学：组织上转型的途径》，王承绪译，人民教育出版社2003年版，第22—26页。
② 同上书，第95页。
③ 同上书，第132—139页。

大学的先见之明，成就了它的创业型之路；也正是它的创业型之路，成就了大学学术自治的权力。事实上，经费来源的多元化，本身就为学术自由和大学自治创造了物质基础。中世纪大学之所以能够成为与世俗王权、宗教皇权三权鼎立的组织，其中一个重要原因是大学的生存发展不依赖任何单一的组织。大学能够通过自身丰厚的学术资本，自由游走在世俗王权、基督教教皇等权力的夹缝之中。待到文艺复兴、宗教改革和启蒙运动之后，大学完全进入民族国家掌控之后，大学的学术自由和自治的空间完全要看执政者的脸色行事了。法国大学、意大利大学因为政府的强权，逐渐失去了世界高等教育的领导地位。相反，德国大学在政府鼎力支持下，能够给予大学相对自由和自治的空间，因此能够后来居上。

一定程度上，正是在创业型大学发展之路上，有了较为充分的学术自由和大学自治，沃里克大学才能够在人才培养、发展科学，以及在社会服务等方面都创造了新的辉煌。20世纪90年代中期，沃里克大学的申请者已经超过10比1（在1995年是27000∶2300），已经成为学生心目中"英国最受人欢迎的大学之一"。在科研评级中，沃里克大学居于同时期成立的七所"平板玻璃大学"之首。在1989年第二次全国科研评估中，沃里克拥有18个高级别系（被评为"4"和"5"），而约克大学只有11个系，苏萨克斯只有10个系，其余4所新大学仅有9个系或者更少。伯顿·克拉克认为，沃里克大学极大地得益于它早先的现实认识，认为英国的中央政府已经变成一个不可依靠的大学赞助者，常常是一个不友好的赞助者。这种认识导致艰苦工作的意志，把学校置于一种独立的姿态——通过挣钱走自己的路，独立自主。1994—1995年，沃里克大学提出沃里克研究员计划，决定在全球范围内聘请50位有活力的高质量研究人员。在行政工作人员的大力工作下，登广告的50个岗位收到大约8500份咨询，接着收到2000份申请表。经过严格的学术筛选，最终36人接受录取建议，其中自然科学17人，人文科学11人，社会科学8人，有44%来自海外，33%是女性。沃里克大学的成功做法在英国引起强烈反响。1994年9月，《泰晤士报高等教育副刊》发表社论，认为沃里克大学利用非政府资助的活动赢得足够利润，并能够增加50位聘期六年的研究员，是一个令人鼓舞的范例。"这是对学术质量的一次投入，这种投入过去曾经来自公共的资金，但是公共资金不再足够地为卓越提供资金。沃里克曾经因商业态度而受到诽谤中伤，这种态度被认为损害学术的完善，而现在有了资金用于增进学术，不同寻常，这是一个极大的嘲弄。"① 沃里克大学的发展，不但为英国创业型大学树立了典范，也为世界高等教育发展树立了标杆。在国家和政府不可能完全提供发展经费的情况下，在世界范围内的大学财政拨款普遍下滑的情况下，每一个大学组织都应当仔细思考自己的未来发展之路，争取能够成为一所主动的大学，一所机灵的大学，一所自力更生的大学，一所多元资助的大学，一言以蔽之，要成为一所创业型大学。创业型大学要时刻警惕在创业道路上自己的"灵魂"不要被金钱所购买，创业型大学要始终保持学术发展至上的理念，唯有此，创业型大学之路才能够更加坚实、更加久远！

第四节　多元共济与责任担当：未来高校学术资本的理想走势

一　多元共济是高校学术资本的理想态势

从多个渠道获得资助对高校发展是有利的，这不但是因为多个渠道资助可以为高校发展提供更好的物质条件，而且还因为一旦某个资金来源中断，会有其他的资助来源替代。伴随高等教育的大众化、普及化发展，以及民众对于高等教育质量不断提升的诉求，高校越来越成为一个花钱甚至是"烧钱"的机构。政府已经很难能够完全承担高校的经费支持。当高等教育进入 20 世纪以后，世界范围内增加大学学费的做法十分普遍。据美国大学委员会 2004 年报告显示，美国公立和私立大学的学费仍在不断上涨。其中，美国私立大学的学费增幅为 6%，社区学院的学费增幅为 9%，公立大学的学费增幅则达到 10.5%（2003 年的增幅则达到了 13%）。美国高等教育的私立院校平均收费已经超过了 2 万美元，公立学校超过了 5000 美元，社区学院超过了 2000 美元。"是

---

① ［美］伯顿·克拉克：《建立创业型大学：组织上转型的途径》，王承绪译，人民教育出版社 2003 年版，第 35—42 页。

否有钱上大学"的问题逐渐演变为了一个政治问题。[1] 经过十多年的发展，美国排名在前 50 位的大学，绝大多数的年学费都超过了 4 万美元，芝加哥大学、耶鲁大学、哥伦比亚大学、杜克大学等名校已经超过了 5 万美元。事实上，如果加上杂费、食宿费、书籍费等，有的大学一年的费用已经超过了 7 万美元。2013 年 8 月 26 日，华盛顿邮报发表了戴伦·马修斯的一篇经济评论文章。文章以作者的亲身体会为例，证实了美国大学学费的不断攀升。作者的母亲 1975 年毕业于夏威夷大学马诺亚分校（University of Hawaii at Manoa），这是该州的旗舰学校。她的四年学费共计 322 美元（约合今天的 1400 美元），由于政府资助，所以不仅没有欠债就毕业了，而且这些学费也是依靠自己暑期兼职打工赚来的，没有增加父母的额外经济负担。但是，作者本人在 2011—2012 年的大学四年级学费是 36305 美元，包括食宿费在内一共是 52652 美元，主要源于美国大学学费在过去几十年里一直在飙升。根据美国教育部的数据，1964—1965 年，公立学院或大学的平均年学费、杂费和食宿费为 6592 美元，这是有准确数据的第一年。到 2010—2011 年，这一数字已增至 13297 美元，增幅为 101.7%。私立学校的增长更为显著，1964—1965 年的平均学费、杂费和食宿费为每年 13233 美元；2010—2011 年为 31395 美元，增长了 137.2%。事实上，如果不将通货膨胀考虑在内，美国的大学学费从 1990 年 9 月到 2012 年 9 月就上涨了 297%。[2] 可见，单纯依靠学费的增加绝不是大学经费发展的主要途径。

事实上，在前面的研究中，无论是 MIT、斯坦福大学、密歇根大学等美国创业型大学，还是沃里克大学、约恩苏大学、恰尔默斯技术大学等欧洲创业型大学，一个共同的特征是大学经费越来越多元化。相对欧美创业型大学发展来说，中国大学还有很长的路要走。长期生存在国家事业单位的体制下，对于政府拨付经费有着高度依赖。也正是因为这种惯性，造成私人捐赠大学的热情并不高涨。事实上，只有将社会力量充分调动起来，形成全社会都能够注重投资教育的热潮，未来大学的公益

---

[1] 吴慧平：《美国：公立大学学费急剧攀升》，《比较教育研究》2005 年第 4 期。
[2] Dylan Matthews, Introducing "The Tuition is Too Damn High", The Washington Post, 2013－8－26.

性才能够更加有保障,才能够更加彰显。美国社会对大学的私人捐赠热潮就非常值得我们反思和借鉴。据美国《高等教育纪实报》(The Chronicle of Higher Education)统计,在2017年,各高校宣称收到单笔私人捐赠超过5000万美元的就有35例,而在2016年则是22例。这些捐赠主要用于加强医疗保健和研究、工程、商业、数据科学、足球和艺术等方面。在2017年,剑桥大学收到单笔捐赠1.141亿美元,这是英国大学历年来接受私人捐赠的最大额,在当年世界大学捐赠排行榜中列第11位,前面的10所大学均为美国大学。如表7-13所示:不难看出,不但是私人捐赠前10名全部为美国大学,而且所列出的35所高校,也只有一所为英国大学,其他均为美国大学。

表 7-13　2017 年单笔 5000 万美元以上的高校私人捐赠列表

(单位:亿美元)

排序	高校	捐赠者	财富来源	捐赠价值	用途
1	哥伦比亚大学	佛罗伦斯·欧文及其丈夫	食品营销	6(遗产)	招募科学家和临床医生,改善病人护理等
2	加州大学旧金山分校	海伦-迪勒基金会	房地产	5(遗产)	教师招聘、奖学金、生物医学研究
3	哥伦比亚大学	P. 罗伊、戴安娜 T. 瓦格罗斯	制药公司	2.5	奖学金、精准医学项目支持和研究
4	马里兰大学帕克分校	爱丽丝 B. 克拉克慈善基金会	建筑	2.195	工学院奖学金及相关工程项目
5	加州大学欧文分校	亨利和苏珊·萨缪尔	半导体制造	2	健康科学学院的创建和支持
6	伊利诺伊大学香槟分校	拉里和贝丝·吉斯	控股公司	1.5	商学院的课程设计和奖学金
7	麻省理工学院	匿名	未知	1.4(承诺)	无限制使用
8	芝加哥大学	肯尼思格里芬基金会	对冲基金	1.25	资助经济学研究、招聘经济学教授
9	夏威夷大学马诺阿分校	杰伊·希德勒	商业房地产公司	1.17(现金和土地)	发展希德勒商学院
10	波士顿大学	拉詹·基拉查德	跨国开发公司	1.15	综合生命科学与工程中心的建设

续表

排序	高校	捐赠者	财富来源	捐赠价值	用途
11	剑桥大学	雷和达格玛·杜比家族基金	音响设备公司	1.141	支持卡文迪什实验室的一个物理研究中心
12	加州州立理工大学圣路易斯奥比斯波分校	威廉和琳达·弗罗斯特	化工制造公司	1.1	跨学科研究中心设备更新，招聘科学和数学学院教师
13	科尔比学院艺术博物馆	彼得和保拉·伦德	鞋业公司	1（艺术品价值）	为博物馆增加了1100多件艺术品
13	圣塔克拉拉大学	约翰和苏珊·索布拉托	房地产开发公司	1	促进跨学科本科教学与研究
13	芝加哥大学医学院	杜克索斯家族基金会	控股公司	1（承诺）	成立杜氏家庭研究所，发展"健康新科学"
13	圣母大学	肯尼斯和帕梅拉·里奇	私人航空公司控股公司	1（承诺）	无限制使用
17	西德克萨斯A&M大学	弗吉尼亚·J.恩格勒基金会	畜牧和饲料业务	0.8（承诺）	赞助保罗恩格尔农业和自然科学学院、保罗和弗吉尼亚恩格尔商学院
18	肯尼恩学院	匿名	未知	0.75	新建图书馆和学术场地
18	加州大学圣地亚哥分校	塔纳·哈利西奥卢	Facebook 前软件和运营工程师	0.75	新哈利西奥卢数据科学研究所的奖学金
18	芝加哥大学	理查德和艾米·沃曼	技术产业与会计	0.75	为 M.B.A. 学生提供奖学金，并为布斯商学院提供其他支持
21	维克森林大学	波特·拜伦	法律和商业	0.7（遗赠）	奖学金捐赠
22	霍夫斯特拉大学	唐纳德和芭芭拉·赫贝克·扎克	房地产抵押、开发公司	0.61	医学、护理和医师助理学生奖学金；博士后研究员计划
23	加州理工学院	艾伦 V.C. 戴维斯	制造航空和军方传感器开关	0.6（遗赠）	提供讲座教授和专业领导职位
23	杜比克大学	爱德华·巴卡及其遗孀	杂志出版	0.6（不动产捐赠）	学术基金
25	贝兹学院	迈克尔和艾莉森·格罗特·邦尼	制药公司	0.5	更新科学、技术、工程设施和现代化设施
25	布兰迪斯大学	罗莎琳·科恩和玛西娅·科恩	家庭咖啡公司	0.5（遗赠）	奖学金、助学金

第七章　从依附走向自主：学术资本视角下创业型大学的兴起 | 375

续表

排序	高校	捐赠者	财富来源	捐赠价值	用途
25	爱荷华州立大学	杰瑞和黛比·艾薇	清洁机械公司	0.5（承诺）	商学院的奖学金、教师支持和项目
25	诺华东南大学	帕特尔家庭基金会	健康保险公司和房地产投资控股公司	0.5	新校区开发
25	奥格尔绍普大学	小威廉·哈马克	承包公司	0.5	创建商学院
25	罗彻斯特理工学院	奥斯丁·麦克康德	网络安全	0.5	支持人工智能学院的研究生创新创业项目
25	圣约瑟夫大学	詹姆斯·马奎尔和弗朗西斯·马奎尔	保险公司	0.5	奖学金、风险管理和保险项目
25	堪萨斯大学	大卫·布斯	国际金融公司	0.5（承诺）	大学体育馆改建、室内足球训练设施等支持
25	密歇根大学安娜堡校区	斯蒂芬·罗斯	房地产开发公司	0.5	罗斯商学院的职业发展计划、学习实训和教师支持
25	北卡罗来纳大学教堂山分校	约翰·L.汤森三世及夫人玛丽·汤森	投资公司	0.5（承诺）	一半用于阿克兰艺术博物馆；一半用于其他
25	俄勒冈大学	匿名	未知	0.5	由校长决定大学的战略投资

资料来源：The Chronicle List, Largest Private Gifts to Higher Education, 2017, The Chronicle of Higher Education, 2018-1-18。

根据美国教育发展促进会（Council for Advancement and Support of Education）的统计显示，2018年私人对美国高校的捐赠持续增加，共筹集了467.3亿美元，比2017年增加了7.2%，是有史以来筹集到的最高金额。其中，基金会（Foundations）捐赠140.1亿美元，占比30.0%；校友（Alumni）捐赠121.5亿美元，占比26.0%；非校友个人（Non Alumni Individuals）捐赠85.7亿美元，占比18.3%；公司（Corporations）捐赠67.3亿美元，占比14.4%；其他组织（Other Organizations）

捐赠52.7亿美元，占比11.3%。① 相比较来说，中国的教育总经费中社会捐赠的比例一直不高。从表7-14可以看出，从2007—2016年的十年间，社会捐赠的占比没有超过1%的，更为严峻的是，伴随我们国家经济实力不断提高，社会捐赠在教育总经费中的占比不增反降。从2014年到2016年，无论是社会捐赠金额还是占比都达到十年来的最低值。当然，令人欣慰的是，在这十年间我们国家的教育总经费是不断攀升的，这也从侧面证明了在目前阶段，政府投资教育以及高等教育的力度不断增加。但是，我们国家是人口大国，高等教育大国，伴随高等教育进入普及化阶段，要想提升大学的核心竞争力，还需要为大学能够获取多样资助提供更广阔的平台。这样政府才能够解脱经济压力，将更多的公共资源用在更为迫切需要的公益事业方面。

表7-14　　2007—2016年中国教育总经费及社会捐赠经费情况（单位：万元）

年份	总经费	社会捐赠	占比%
2007	121480663	930584	0.8
2008	145007374	1026663	0.7
2009	165027065	1254990	0.8
2010	195618471	1078839	0.6
2011	238692936	1118675	0.5
2012	286553052	956919	0.3
2013	303647182	855444	0.3
2014	328064609	796700	0.2
2015	361291927	869960	0.2
2016	388883850	810447	0.2

资料来源：国家统计局编：《2018中国统计年鉴》，中国统计出版社2018年版。

在美国大学接受社会捐赠中，校友是一个非常重要的方面。据美国

---

① Ann E. Kaplan, *Voluntary Support of Education: Key Findings from Data Collected for the 2017-18 Academic Fiscal Year for U. S. Higher Education*, Washington, DC: Council for Advancement and Support of Education, 2019, p. 4.

教育援助委员会统计，2017 年美国大学校友捐赠比 2016 年增加了 14.5%，达到 113.7 亿美元。如表 7-15 所示，在 2016—2017 年美国高等教育接受捐赠中，校友捐赠增加的比例最大，按照现金来计算，2017 年比 2016 年，排除通货膨胀后增加了 11.7%。并且校友捐赠在所有社会捐赠占比中也仅次于基金会捐赠，列第二位，分别为 2016 年的占比 24.2% 和 2017 年的占比 26.1%。与美国大学相似，近年来中国大学校友捐赠母校的热情不断提升，捐赠的最高额度也不断被刷新。可以预见，中国高校的社会捐赠在校友捐赠不断提升的带动下，也会逐步走出低谷，成为中国高等教育强国建设之路的重要支持。

表 7-15　　2016—2017 年美国高等教育接受捐赠情况一览表

（单位：百万美元）

年份 金额及占比 捐赠类型	2016 捐赠金额	占比%	2017 捐赠金额	占比%	2016 到 2017 比值变化 现金	排除通货膨胀（%）
校友捐赠	9930	24.2	11370	26.1	14.5	11.7
非校友个人捐赠	7520	18.3	7860	18.0	4.5	2.0
公司捐赠	6600	16.1	6600	15.1	0.0	-2.4
基金会捐赠	12450	30.4	13130	30.1	5.5	2.9
其他组织捐赠	4500	11.0	4640	10.6	3.1	0.6
总计	41000	100	43600	100	6.3	3.7

资料来源：Ann E. Kaplan, Colleges and Universities Raised $43.60 Billion in 2017, New York: Council for Aid to Education, 2018-2-6。

二　责任担当是高校学术资本的生存保障

无论是社会捐赠，还是校友捐赠，最为看重的是大学的学术成就和声望。一所没有学术成就的高校，一所默默无闻的高校，很难引起社会和校友的青睐。而要想获得学术成就和学术声望，要想引起社会和校友的青睐，高校在培养人才、发展科学和服务社会方面就必须履行责任担当。事实上，大学在充分发挥自身学术资本走向创业型道路时，要时刻警惕不被学术资本主义所淹没。

伯顿·克拉克反复强调公立大学要成为创业型大学，首先增加而不是减少政府对它的信任。从财政上说，自力更生在于有一个宽阔的收入来源组合（abroad portfolio of income sources）。这个组合的合法性有赖于指导金钱决策的教育价值。有很多事情无论提供多少金钱，大学决计不做。相反，大学必须坚持做一些"无用的"事情，例如，交叉资助古典语和哲学的教学，因为这是一所对培养和传播文化遗产和经济进步做出承诺的大学。[1] 公立大学要成为创业型大学，首先要得到国家和政府的不断信任，私立大学又何尝不是如此。自17世纪以后，伴随大学国家化、民族化的发展，任何一个国家的大学都要时刻考虑到国家和民族的利益。知识是没有国界的，学术是可以交流的，但是大学和大学教师都是有国家身份的，唯有不断得到国家和民族的认可，大学才能够生存发展。否则，大学就会面临生存危机。法国大革命时期，将巴黎大学等传统大学取缔的一个重要原因是，在英法战争期间，身为法国的大学，巴黎大学却将价值倾斜伸向了敌对国英格兰那一边。因此，无论给予多少金钱，出卖国家和民族的利益，大学都不能为之动摇。否则，就不是能不能够成为创业型大学的问题，而是能否存在的问题。当今大学，不但成为国家发展的智力推动器，而且还成为民族文化发展的良心道义之所。因此，大学在创业之路上，要保有必要的操守，看似无用实则大用的学科知识仍然需要大学去传承发扬，这对于大学长远发展有百利而无一害。

当斯劳特和莱斯利总结大学在以科学研究为主创业过程中的利弊得失时指出，那些能够为大学和教师带来声誉的经费是他们最喜欢的经费。这些经费增加教学科研人员、单位和院校的声誉，因为它们是专门拨给研究用的，而研究是大学间有区别作用的职能。这些经费受到同等的评价，因为它们有助于与外部团体建立更好的关系。[2] 其实何止是以科学为主创业的过程，大学和教师要以能否为其带来声誉为主要衡量指标，那些以教学为主创业的过程同样也是如此。一个只顾招生赚钱的高校，一个人满为患的高校，一个不顾声誉四处广告函授的高校，看似短时期内换来了经费，实际上丢掉的却是很难再用金钱买回来的声誉。事

---

[1] [美]伯顿·克拉克：《大学的持续变革：创业型大学新案例和新概念》，王承绪译，人民教育出版社2008年版，第232—234页。

[2] [美]希拉·斯劳特、拉里·莱斯利：《学术资本主义：政治、政策和创业型大学》，梁骁等译，北京大学出版社2008年版，第125页。

实上，学术是与声望密切相关的一个链接体，学术资本则是学术成就和学术声望的结合。通过学术的创新、发表、转化等途径，科学家来寻求学术声望，他们积累资源（资金、设备、实验室空间和助手）以使自己创造更大的学术成就。实际上，他们能够维持甚至增加获取资源的途径，换句话说，他者能够且愿意为其提供资源，主要是建立在学术成就和学术声望之上的。如果一个科学家的声望评价下降太多，由于不能再获得资助，获取资源的途径会消失，该科学家可能不得不放弃研究或至少是研究的辅助条件。将承认转化为拨款、设备、成果的过程被称为声望循环。[①] "声望循环"对科学家的个体是这样，对于大学组织也是如此。因此无论是大学组织，还是教师个体，在从事学术资本交换中，责任、道德和学术成就一样发挥着重要作用。如果发现学术责任缺失，或者是学术道德失范，那么必然会影响到其学术声望，进而降低其学术资本。

当一所创业型大学自由决定的筹资基地变得足够巨大时，允许各基层单位按照它们自己的行动方向，无须参照全校的做法，这样就会为教学科研的跨学科创新带来障碍。一般来说，任何一个筹资能力强的学院都不愿意同一个没有筹资能力的学院结对，也就是所谓的"穷在闹市无人问"。当不同的利益中心和分散单位之间的距离进一步扩大，走到了极端，一所创业型大学就可能成为一所企业家大学，大学的目的不再是以知识为中心，而是以盈利为中心。渗透着单干的活动——甚至大学本科生也在开办他们自己的公司和咨询服务设施——粗鲁的个人主义可能处于支配地位，最终大学可能走向瓦解。因此克拉克强调，高等教育中的可持续创业精神，尽管承认个别表达，但在性质上必须是非常集体的或合作式的。创业型大学在与工商业合作过程中，所获得的财政资助，应当用于超越某一个学科的边界，应当能够促进跨学科的整合。各大学必须从根本上警惕金钱利益至上的连接，不能够因为物质利益的纷争导致知识的消耗。创业型大学在跃过传统的边界时必须操心跳得太远。这就是所谓的"过犹不及"。新的边界无论多么模棱两可或多个漏洞，必

---

① ［美］亨利·埃兹科维茨：《企业性大学和民主协作主义的出现》，载［美］亨利·埃兹科维茨等编《大学与全球知识经济》，夏道源等译，江西教育出版社1999年版，第234页。

须以学术准则为路标研讨解决。① 学术资本主义与创业型大学的边界往往只差很小的一步，一旦逾越了这种边界，给大学带来的不再是自我发展，而是走向消亡。

创业型大学要想走得更远，必须从管理者到教师都要有责任担当。创业型大学的核心依靠是将知识作为资本，从而增强自身对外部讨价还价的能力，不断拓展自己发展的外围空间。但是，知识作为资本，绝不是建立在取代科学无私性的基础之上的。知识作为资本其最终目的是使公益性的知识能够更好地发展。将知识转化为资本的创业型大学也需要这种精神气质。2018年，据英国创业型大学的典范——沃里克大学官方网站介绍，在校长斯图尔特·克罗夫特（Stuart Croft）带领下该大学的年度运营经费已经高达6亿英镑。应克罗夫特校长本人请求，大学理事会（the University's Council）同意在每年的12月份对其工资和工作相关费用进行网上在线公布。在沃里克大学，校长薪水是由大学理事会的薪酬委员会确定，并向理事会报告的。在2017年11月22日的沃里克大学理事会会议上，决定将克罗夫特校长的年薪由287892英镑增加到297105英镑，增加了9213英镑。克罗夫特校长立即通知大学，将捐赠10000英镑用于支持大学的难民奖学金计划和沃里克艺术中心的20∶20重建项目，并声称在担任校长期间，还将打算进一步为大学捐款。② 相对许多打着知识公益性旗帜的公立大学校长腐败案件，作为创业型大学校长的克罗夫特，其公正性、公益性正是带领该大学不断实现创业的基本前提。

第五节　结语

一　自主创业是大学长期发展演进的结果

就像一个人如果有一份稳定的工作，衣食无忧，收入颇丰，一般来说很少有人会主动要求创业的，大学组织也是如此。在中世纪大学时

---

① ［美］伯顿·克拉克：《大学的持续变革：创业型大学新案例和新概念》，王承绪译，人民教育出版社2008年版，第43—98页。

② University Executive Office, *Remuneration*, (https://warwick.ac.uk, 2018 - 12 - 26).

期，无论是原生型大学，还是衍生型大学，实质上都是走的创业之路，只是那个时候没有创业型大学的称谓罢了。巴黎大学和博洛尼亚大学都是在学者行会的基础上发展而来的，学者行会与其他手工业、商业行会没有什么本质区别，教师和学生之间都是通过知识交易完成的，只不过在宗教组织的庇护下，学者行会逐渐拥有了更多特权。待到学者行会形成了一定的学术影响，无论是基督教教皇，还是世俗王权，以及城市市民社会纷纷拉拢这支知识的力量，享受宗教圣俸的教师开始增多，王权出台法规给予大学特权，城市纷纷设立公共教职，吸引大学来安家落地。伴随民族国家的迅速崛起，宗教势力对大学发展的影响逐渐式微，以法国和德国改革为标志，大学完全摆脱了宗教控制，民族国家开始承担起大学发展的全部费用，大学才真正结束了创业历程，教师成为国家工作人员，公办大学与知识的公益性密切相连。不但是大学，即使是教师也不允许为了谋取生活的"外快"，而私自到其他地方兼职，否则就会面临严厉的惩罚。

伴随西学东渐，中国大学自产生之日起就与公共拨款密切相关。以京师大学堂为标志的公立大学，其办学经费完全来自政府。作为私立大学的早期南开大学以及教会学校，其办学经费也多来自慈善捐赠。无论公立大学还是私立大学，通过自身的高深知识去与外界发生关系并主动争取发展经费的案例少之又少。当大学缺少经费的时候，首先想到的是向政府伸出求助之手。南京中央大学全体师生感到学校经费的危险，发表宣言并组织进行了全校经费独立运动。运动宣言提到："中大经费，自17年以还，由财政部及江苏教育经费管理处分别拨付。去岁因苏省经费一再核减稽延，学校几陷绝境。……现在年度行将结束，而年内所领经费，并计不足五月。学校积欠教授薪水已逾四月。图书仪器讲义文具下及煤电报纸等零星商欠不下十数万元。其向国外订购之典籍用品，因短款而不能提取，或运校而仍退还者，尚不在内。欧美著名厂商，欠款延不清理者十数家。学校信誉，扫地以尽。……学校除催款外无行政，校长除筹款外无他事。所欠者络绎校门，避债者隐逃无所。……以国家度支之奇绌，不独难望增加，且恐不能确悟，则未来之艰穷，尤非今日所能想象。至言必需设备之扩充与预算之增加，难犹登天。此诚中大成立以来未有之危机。"宣言提到："总理手定国民党之政纲。一则曰'庚子赔款,当完全划作教育经费。'再则曰:'增加教育经费,并保障其独立。'三则曰:'以上所举,皆吾人所认为党纲之最小限度。目前救济中国之第一步方法。'"① 不难看出,中央大学所谓的经费独立运动,是把希望完全寄托在政府之手。20世纪50年代"院系调整"以后,中国近乎全部移植苏联高等教育模式,建立起社会主义国家的高等教育制度,高校自此完全成为政府部门的一个事业单位。时至今日,尽管经历了20世纪80年代以降的高等教育改革,大学的体制机制并没有发生根本性变化。大学成为计划经济的最后一个堡垒,大学校长分为副部级、厅级,大学内部组织设立与政府部门一一对应的部(处、室),学院院长、书记与各机关部处的处长同等待遇。在这种状态下,创业型大学与我们的高校还有较远一段距离。但是伴随中国高等教育的发展步伐加快,人们对高质量高等教育的期待,在进入高等教育普及化的今天,完全依靠政府资助大学发展,已经越来越步履维艰。党和国家明确提出充分发挥市场机制的战略定位,在未来一段时间将会对高校发展产生重要影响。高校要想迅速发展必须及早未雨绸缪。

事实上,反观世界创业型大学发展史,可以看出,知识的应用是非常重要的一个特征。换言之,当下创业型大学的产生需要等到大学的第三种职能——服务社会得以确立后才具备了基本条件。无论是MIT还是斯坦福大学,被誉为第一代创业型大学,都是在大学经费面临危机,大学主动服务社会的基础上产生的。在19世纪,以德国大学追求"纯粹知识"为标志,发展科学只能靠政府支持才能够得以运行。即使是法国大学强调应用技术,但是这种应用技术是在国家的严密监控下进行的,大学无须也不能够自己与企业界发生联系。法国科学家路易斯·巴斯德式的研究在19世纪备受推崇,并且影响到20世纪的很长一段时期。学者的职能是科学研究,当发生鸡瘟的时候研究鸡瘟疫苗,当发生狂犬病的时候研究狂犬疫苗,疫苗研究出来以后,生产和销售交给政府和企业,自己回到实验室开展新的研究。在整个19世纪,大学组织和教师都不需要主动到外面获取发展资源,精英教育体制下,政府对大学发展

---

① 缪凤林:《中央大学经费独立运动》,《时代公论(南京)》1932年第13期。

也愿意慷慨付出。这种政府资助大学模式或早或晚一直延续到20世纪70年代。

20世纪70年代以后,在美国以里根政府为代表,在英国以首相撒切尔夫人为代表,对大学财政拨款几乎同时开始采取紧缩态度。大学长期享受政府馈赠,养成了理所当然的获得,一旦遭遇经费缩减便怨声载道。这时候,大学发展开始出现不同的路向,一是为了获取外部经济利益不惜牺牲学术声誉,这是典型的学术资本主义道路;另外一个是励精图治、精心谋划,通过自身高深知识不断赢得外界的信任和资助,经济来源日益多元,创业型大学初步成型。当然,对于大部分高校而言,学术资本主义倾向和创业型态度是同时并存的。可以说,当今世界大学正处于何去何从的一个十字路口。当政府不能或者不愿再全部承担发展运营经费的时候,大学是走向学术资本主义还是走向创业型大学将会影响深远。根据历史发展规律,如果走向学术资本主义,大学的命运将会与中世纪大学晚期欧洲传统大学的命运一样,当旧的组织沉迷于学术资本化的时候,新的高深知识组织必然会随之代替产生,旧的高深知识组织随之走向灭亡。法国以大学校为代表的新的高深知识组织,代替巴黎大学等22所传统大学就是最好的证明!这种知识组织的替代,在德国高等教育发展中同样存在。相比较而言,英国大学的变革没有如此激烈,但是当牛津和剑桥不能表现出足够的活力时,"红砖大学""平板玻璃大学""1992后大学"就相继产生。根据创业型大学发展的轨迹,现代大学自觉走向创业之路是使自己能够不断强大的根本保证。无论是美国的MIT、斯坦福和密歇根大学,还是英国的沃里克大学,都为创业型大学之发展闯出了各自的特色之路。这些大学发展经验都需要中国高等教育理论研究者和实践探索者,不断发掘、不断总结、不断借鉴、不断创新,唯有此,我们国家的大学才能在摆脱政府襁褓的时刻,能够不断迅速成长。当然,我们寄希望在政府继续大力支持的情况下,大学群体能够主动运用高深知识服务社会,同时争取更多的发展资源,从而成长为世界大学之林中的一棵棵参天大树!

二 国家资助是教育强国之路的经济基础

大学是从事高深知识的机构。培养人才、发展科学、服务社会、文化传承与创新是大学不断发展中形成的基本职能，而这些职能的充分发挥都需要强大的经济支持做后盾。大学不是商业公司，大学不是工矿企业，营利不是大学组织的性质，同时营利也不是大学组织的擅长。大学从事高深知识的若干活动，都积极迎合了国家公益性的发展需要。亚瑟·科恩认为，教育的公益性表现在诸多方面。首先教育是国家利益的需要。高等教育有助于维护社会秩序，减少犯罪率，通过为每个人提供高等教育机会促进社会平等发展，提高公众的身体和心理健康，提高劳动生产率，以及促进人力资本的发展以服务于经济发展的需要。据研究，那些接受过一定程度的中等后教育的成年人花在自愿服务方面的时间以及投资在慈善捐赠方面的资金数量，可能是其他没有受过这种教育的人的两倍。与大学教育相联系的价值观，如：社会责任、关爱环境、较少偏见，这所有的一切都是高等教育社会效益的表现。高等教育不仅是经济发展动机，更是人类思想的家园，人类文化知识的宝库。[1] 高等教育的这些公益性，都预示着高校之发展，政府有着不可推卸的责任和担当。

　　回顾世界高等教育发展史，不难看出，什么时候、哪个国家开始重视高等教育，开始大力资助大学之时，这个国家的高等教育就会面临全面发展，并进而引领世界高等教育发展。中世纪时期，正是意大利的城市萨莱诺、博洛尼亚等地率先为大学教师提供政府薪俸，才使得意大利大学群体能够在三所原生型大学中独占其二。1810 年，德国普鲁士在普法战争失败之际，国王能够提出通过智力支持来弥补战争缺失，并大力资助以柏林大学为首的德国大学群体，使得德国不但在 19 世纪 70 年代普法战争中能够战败法国，而且使德国大学群体占领高等教育之巅长达一个世纪之久。伴随 1870 年铁血首相俾斯麦登台，大学的学术自由空间和经济支持力度都开始出现不同程度的下滑，这种下滑伴随两次世界大战以及经济危机爆发，在希特勒的摧残下，德国大学最终失去了世界高等教育领导者的地位。与之相应的，世界高等教育的中心开始向美国转移。与俾斯麦登台几乎同步，美国于 1862 年颁布了《莫里尔法案》，这是美国联邦政府第一次大规模资助大学。伴随两次世界大战的

---

[1] ［美］亚瑟·科恩：《美国高等教育通史》，李子江译，北京大学出版社 2010 年版，第 383—384 页。

爆发，联邦政府开始真正认识到大学在科学发展中的重要作用，山姆大叔旋即将大量资金注入大学，尤其是研究型大学。美国大学开始完全取代德国站在了世界高等教育之巅。

20世纪70年代以后，伴随里根政府对高等教育经费的不断削减，美国大学发展遭遇了重大的经费危机，与之相伴的是，学术资本主义现象开始在大学内部滋生。尽管当下美国大学仍然有的富可敌国，但是伴随诸如凤凰城大学等纯营利性私立大学的产生，美国高等教育群体开始在内部渐渐发生质变。我们尚且不能够预言，这是否预示着美国高等教育强国的地位将发生转移，但可以肯定的是，美国高等教育强国地位一定会受到严重威胁。站在新世纪初期的历史起点上，在我们国家宣布建设高等教育强国的历史机遇时期，在党和国家决心建设"双一流"的重要历史节点，在政府庄严承诺国家将承担世界"一流大学"和"一流学科"的全部建设经费之时，在各级政府不断加大地方大学建设的力度之时，我们国家的大学群体可谓生逢其时。大学组织的国家队和省队共同发力，呈现出大学建设中的百花齐放、百舸争流之势。在这个重要的历史机遇期，我们的大学不应当享受着国家和政府的资助，丧失了忧患意识，而应该时刻警醒自己，不断在科学发展和人才培养上百尺竿头、更进一步！更应该不断增强自身发展的主动性、机灵性，早日形成一个自力更生的大学群体，一个多元资助的大学群体，一个创业型的大学群体！

第八章　多样资本与新时代一流大学建设：以学术资本为中心

习近平总书记在十九大报告中强调，中国特色社会主义进入了新时代。就高等教育而言，这一论断意味着经过改革开放后的近 40 年，尤其是 1999 年高校扩招后的近 20 年快速发展，中国已经由精英教育阶段迈入大众化阶段，并即将进入普及化阶段，中国高等教育已经迈入了一个新时代。就大学发展而言，这一论断意味着经过"211""985"等工程的持续投入，与欧美"先发内生型"大学相比，中国大学正在摆脱后发外生的劣势，从"跟着走"，逐步迈进"齐步走"。国务院关于《统筹推进世界一流大学和一流学科建设总体方案》[国发（2015）64号，以下简称《总体方案》]明确提出，"到本世纪中叶，一流大学和一流学科的数量和实力进入世界前列，基本建成高等教育强国"[1]，更是赋予了新时代中国大学赶超世界一流、引领世界高等教育的神圣历史使命，中国大学发展已经迈入了一个新时代。

自 2015 年国家提出"双一流"战略决策后，国内学术界也随之从内涵特征、师资队伍、人才培养、科学研究等多个层面对其展开了系统研究。新时代一流大学的建设与发展，不但成为政府与民间广泛讨论的普遍性实践话题，而且也成为高等教育研究者密切关注的热点性理论问题。新时代一流大学，既是一个时间概念，也是一个空间概念，但归根结底是一个比较概念，是放置在世界大学之林中，中国特色社会主义新时代大学竞争力的体现。资本无疑是大学间竞争博弈的基本条件和凭

---

[1] 国务院：《统筹推进世界一流大学和一流学科建设总体方案》（http://www.gov.cn/zhengce/content/2015-11/05/content_10269.htm）。

借。高校社会资本、学术资本等概念提出后,① 为分析新时代一流大学的建设与发展提供了新的视角。自 2005 年以来,我们曾先后对高校社会资本、高校学术资本进行了较为系统的研究,同时也对高校文化资本进行了涉猎,发表了一些成果。② 如果用"社会科学三板斧"③,亦即概念是否清晰,逻辑是否严密,经验证据是否支持这种逻辑,来衡量这些成果,无论是关于高校社会资本的研究,还是关于高校学术资本的研究,都注重从一个概念分析出发,通过历史与比较的视角分别对它们进行分析,主要在于总结历史发展的兴替。事实上,社会科学研究的主要目的还在于两点,其一理论上的可通约性,其二现实中的可实践性。理论上的可通约性,强调无论是纯粹理论的研究,还是历史比较的研究,无论是国别的研究,还是断代的研究,所得出的理论能够具有可移植性、可通约性。现实中的可实践性,强调无论是纯粹的理论,还是规律的总结,能够应用于指导实践发展之中。具体到中国当下高等教育来说,这些理论能否对我们的高等教育实践有所启示,能否对我们目前正在建设的"双一流"有所启迪,无疑是检验研究成果的一个重要标准。正是基于这一研究的出发点,亦是归宿的指引下,我们试图在本书行将结束的时候,在前期关于社会资本、文化资本和学术资本研究的基础上,再融入经济资本,对"双一流"大学建设进行分析,以期对中国

---

① 参见胡钦晓《高校社会资本论》,《高等教育研究》2005 年第 9 期;胡钦晓《高校学术资本:特征、功用及其积累》,《教育研究》2015 年第 1 期;胡钦晓《何谓学术资本:一个多视角的分析》,《教育研究》2017 年第 3 期;胡钦晓《何谓高校社会资本——基于"社会"的内涵分析》,《南通大学学报》(教育科学版) 2007 年第 2 期等。

② 胡钦晓:《高校社会资本论》,《高等教育研究》2005 年第 9 期;胡钦晓:《解读西南联大:社会资本的视角》,《高等教育研究》2007 年第 1 期;胡钦晓:《何谓高校社会资本——基于"社会"的内涵分析》,《南通大学学报》(教育科学版) 2007 年第 2 期;胡钦晓:《社会资本视角下 19 世纪柏林大学之崛起》,《华东师范大学学报》(教育科学版) 2008 年第 1 期;胡钦晓:《社会资本视角下中世纪大学之源起》,《教育学报》2010 年第 1 期;胡钦晓:《从文艺复兴到启蒙运动:社会资本视角下欧洲传统大学的没落》,《江苏高教》2011 年第 1 期;李永全、胡钦晓:《解读巴黎高师:文化资本的视角》,《现代大学教育》2011 年第 4 期;胡钦晓:《高校学术资本:特征、功用及其积累》,《教育研究》2015 年第 1 期;胡钦晓:《何谓学术资本:一个多视角的分析》,《教育研究》2017 年第 3 期;胡钦晓:《多样资本视角下新时代一流大学的建设与发展分析》,《内蒙古社会科学(汉文版)》2018 年第 3 期;胡钦晓:《大学多样资本:基本类型、相互转换及意义》,《南京师大学报》(社会科学版) 2018 年第 5 期等。

③ 包刚升:《民主的阴暗面?》,《读书》2015 年第 8 期。

新时代一流大学的建设与发展有所裨益。

第一节　经济资本与新时代一流大学的建设与发展

当今世界的大学，已经不似欧洲中世纪时期的大学行会组织，教师可以托钵游走、沿街乞讨，在没有实验室、图书馆，甚至是没有固定教室的情况下即可传授知识、开办大学。大学组织已经成为耗资巨大，甚至是"烧钱"的机构，有钱不见得能够办出世界一流大学，但是缺少经费支持是绝难建成世界一流大学的。中国新时代一流大学，既不似晚清时期在内忧外困时创办的京师大学堂，也不似抗日战争时期战火纷飞中组办的西南联大，按照GDP的总量来看，中国已经成为世界第二大经济体，不但能够为大学发展提供雄厚的物质基础，而且能够为大学发展提供良好的发展环境。

2017年1月24日，教育部、财政部、国家发展改革委联合下发了《统筹推进世界一流大学和一流学科建设实施办法（暂行）》[教研（2017）2号，以下简称《实施办法》]，明确提出："中央高校开展世界一流大学和一流学科建设所需经费由中央财政支持；中央预算内投资对中央高校学科建设相关基础设施给予支持。纳入世界一流大学和一流学科建设范围的地方高校，所需资金由地方财政统筹安排，中央财政予以引导支持。"[①] 可见，以国家政府投资为主体是新时代一流大学建设的强大经济支持，也是党和政府建设"双一流"的庄严承诺。伴随双一流大学最终名单的公布，大学经济资本的支持也面临着经费如何支持，如何使用，以及如何可持续等一系列问题。

1. 关于经费支持。《总体方案》明确提出"强化绩效，动态支持"，《实施办法》也提出了"强化精准支持"的方略。应当说伴随新时代"八项规定"等从严治党制度的全面推行，一个风清气正的廉政环境已经在中国政府管理中逐步形成，这可以有效规避以前长期遭受诟病"跑

---

① 教育部、财政部、国家发展改革委：《统筹推进世界一流大学和一流学科建设实施办法（暂行）》（http://www.gov.cn/xinwen/2017-01/27/content_5163903.htm#1）。

部钱进"的官场腐败。但从长远来看，建立由第三部门实施的绩效评价，通过公平竞争给予资源支持，避免政府直接对大学拨款，政府从直接拨款单位转变为经费监管主体，不但可以做到精准支持，有效提高政府资金的使用效率，而且还可以最大程度避免腐败滋生。此外，新时代中国社会的主要矛盾是人民日益增长的美好生活需要和不平衡不充分的发展之间的矛盾。毫无疑问，区域发展的不平衡不充分是主要矛盾的一个重要方面。因此，从教育公平的角度来看，自然资本较为匮乏的中西部地区大学，政府理应予以倾斜支持。

2. 关于经费使用。无论是《总体方案》还是《实施办法》都明确提出了绩效导向，根据评估评价结果、资金使用管理情况等，进行奖优罚劣，重新分配资源。这就要求大学在经费使用中，切实破除计划经济事业单位的思维惯性，打破"大锅饭"平均分配、利益均沾的模式，坚持有所为、有所不为，在"优、强、特、新"上下功夫，建立资金使用效益内部自我考核的长效机制，既注重对影响高等教育质量发展的主要观测指标进行投资，同时应当注重对大学内部软环境的建设和养成。

3. 关于经费的可持续。尽管在高等教育强国建设的道路上离不开政府资金支持，但从长远来看，增加高校自身造血功能，而不是完全依赖政府输血，将是一流大学建设的重要保障。大学应发挥自身主动性，利用其他资本形式来转化为经济资本。譬如，与校友建立密切联系，利用社会资本转化为经济资本，通过高深知识提升人才培养、发展科学、服务社会和文化传承创新的能力，利用学术资本转化为经济资本，等等。新时代一流大学，一定是一个凭借自身力量，不断探求创新，能够处理自己事务的大学。[1] 因此，从经济资本的视角来看，针对经费的分配、使用及可持续，采取"政府监管、市场运作、院校自主"的模式，将是未来中国新时代一流大学建设和发展的必由之路。

---

[1] Burdon R. Clark, *Creating Entrepreneurial Universities: Organizational Pathways of Transformation*, Oxford: International Association of Universities and Elsevier Science Ltd., 1998, p. 4.

第二节　社会资本与新时代一流大学的建设与发展

就大学社会资本而言，主要是由大学内部网络关系、大学外部网络关系和制约大学内外部网络关系的非正式制度组成。非正式制度是相对于正式制度而言的，强调自发生成性、非强制性，是构成大学社会资本的主观因素，是凝结大学内外部社会资本的灵魂。大学内外部网络关系，是构成大学社会资本的客观因素，是凝结大学内外部社会资本的躯体，与非正式制度构成大学社会资本的一体两面。

事实上，在欧洲中世纪大学产生的早期，影响大学发展的主要制度因素，不是正式制度，而是非正式制度。尽管伴随大学的国家化、民族化和现代化发展，正式制度日渐成为规范大学内外部网络关系发展的主流，但是非正式制度仍然发挥着重要作用。譬如，当外界对大学产生信任危机之时，大学的外部发展空间就会日益萎缩甚至走向终结，18世纪末期，以巴黎大学为代表的22所传统大学被法国政府强行关闭，主要是因为这些大学失去了政府信任。毫无疑问，有用和忠诚是政府对大学信任的基石。因此，在新时代一流大学的建设和发展中，大学要始终保持在人才培养、发展科学、服务社会、文化传承与创新等方面聚焦国家重大需求，始终保持对党和国家的忠诚。

大学外部社会资本主要表现在高等教育国际化、大学与政府和社会之关系、大学与大学之关系等方面。一所大学的外部网络关系是否广泛，制约大学外部网络关系的意识形态、道德规范、习俗惯例等是否有利于大学发展，是衡量大学社会资本多寡的重要指标。因为一流大学的建设和发展是建立在国际间比较的基础上，所以一所大学的国际化水平一定程度上决定着这所大学的办学水平。在中国新时代一流大学的国际化办学中，我们要保持定力，既不要盲目崇外，也不能夜郎自大。在大学与政府和社会的关系方面，遭受诟病的是政府长期过多干预大学发展的惯习及其产生的路径依赖，政府集高等教育举办者、管理者、使用者、监督者于一身。大学缺乏多方共治机制，行政力量独大。① 《总体方案》明确提出高校依法自主办学,构建社会参与机制,《实施办法》也强调有关部门要深化高等教育领域简政放权改革,放管结合优化服务,在考试招生、人事制度、经费管理、学位授权、科研评价等方面切实落实高校自主权,要动员各方力量积极参与世界一流大学和一流学科建设,鼓励行业企业加强与高校合作,协同建设。由此可见,打破政府包办包管,建立多元协同外部治理,将是中国新时代一流大学建设与发展的根本方向。就目前来看,要使这些政策落到实处还有很长的路程要走。譬如,从落实高校办学自主权来看,大学章程被看作是落实高校自主权的根本大法,是学校面向社会自主办学的根本遵循,是学校制度体系的总纲。但是,目前所有大学章程都是由教育部或教育厅批准。事实上,高校办学涉及上级管理的多个部门,绝非教育主管部门所能完全掌控的。因此由教育管理部门的上级机关批准大学章程,才能够真正使大学办学自主权落到实处。另外,从长远来看,制定政府对大学治理的权力清单、责任清单和负面清单,是有效避免政府对大学管理缺位、越位和错位的基本路径。关于大学之间的关系,相对以前的"211"和"985"工程,《总体方案》提出鼓励和支持不同类型的高水平大学和学科差别化发展,每五年一个周期,强化绩效,动态支持的措施。《实施办法》也明确提出实施动态管理,打破身份固化的模式。可以说,新时代一流大学的建设,已经确立了多元发展、开放竞争、动态调整的新格局。

大学内部社会资本主要表现在管理者、教师、学生各群体内部以及相互之关系,行政权力与学术权力之关系,以及学校与学院之关系等诸多客观层面。一所大学内部关系是否民主和谐,是否多元协同内部治理,是衡量大学内部社会资本多寡的重要指标。克拉克·科尔认为,当今大学已不是中世纪大学学者行会组成的"村落",也非现代大学时期学术寡头组成的"乡镇",而是由多种多样人组成的"城市"。② 大学内部关系的复杂性,以及大学底部沉重的组织特点,需要中国新时代一流

---

① 胡敏:《"双一流"建设财政控制的地方实践困境与改进》,《华南师范大学学报》(社会科学版) 2017 年第 4 期。

② Clark Kerr, *The Uses of the University* (*Fifth Edition*), Cambridge: Harvard University Press, 2001, p. 31.

大学，加强内部管理的民主化、扁平化，逐步去除计划经济事业单位长期形成的官本位思想和官僚化管理倾向。近年来，伴随党委统一领导制度的不断加强，党委领导下的校长负责制日益完善，大学党委书记和校长孰为"一把手"的往日纷争，在中国大学内部逐步得以解决。这无疑为大学组织有序发展，奠定了坚实的内部顶层制度基础。但是由此带来的问题是，大学党委书记的遴选标准也须随之转换。熟悉高等教育发展规律，而非仅仅是熟悉党的组织思想管理，将是未来高校党委书记的基本要求。换言之，大学党委书记的职责，不应再仅限于做好高校内部党的建设，而且也应该成为大学治理方面的教育专家。唯有此，大学内部才能够更好地平衡学术权力与行政权力，才能够充分发挥新时代一流大学的基本职能。

第三节　文化资本与新时代一流大学的建设与发展

文化资本的载体可以分为人、物和体制三个方面，它是特定大学历史发展中留下来的深刻痕迹，是大学内部人员精神与物质长期互动互为的结晶，是大学发展及行动的基本体制。大学文化资本的积累，既需要兼容并包，不断吸纳外来多样文化丰富自我，也需要紧紧围绕大学基本职能进行构建，亦即，大学文化资本要起到对人才培养、发展科学、服务社会的方向指引、精神凝聚和动力保障作用。尽管大学文化形成缓慢，但并非一成不变。精神和体制的力量，有些时候要远远超过物质和经济的力量。

作为高等教育后发国家，我们必须承认当下中国大学组织是西学东渐模式移植的产物。然而，任何模式移植的事物必须经过本土化改造和提升，才能够真正扎根，才可能后来居上。西方大学源自于学者行会，其产生根源在于适应当时社会经济发展需求，培养牧师、律师、医生以及世俗和教会的管理者。相对知识交换，西方大学道德教育的责任并不浓厚，道德教育主要是通过教会等组织开展。中国古代高等教育机构则不然，自"五帝大学曰成均"之后的高等教育机构，重视德育和教化，培养士人的家国情怀一直是中国高等教育机构的重要职能。因此，移植来的大学组织必须要承担中国传统社会高等教育机构所承担的职能，才能够适应当下中国经济社会的发展，否则就可能造成道德教育真空。新时代的到来，要想建立中国特色的"一流大学"，就必须在大学内部充分注入新时代的国家意志。也就是说，要讲清楚中国特色一流大学何谓、何为，举什么旗、走什么路，以及大学培养什么样的人、如何培养人等根本问题。否则，大学就会失去生存的合法性。

相对经济资本、社会资本、学术资本等资本形式，文化资本恰恰是中国新时代一流大学建设的特殊资源。新时代一流大学建设的道路自信、理论自信和制度自信，最终要落脚到大学建设的文化自信。从大学文化资本中人的因素来看，一流的大学领导者方能够聚集一流学者，造就一流大学，从柏林大学的洪堡到哈佛大学的艾略特，从北京大学的蔡元培到清华大学的梅贻琦，都莫不如此。因此，中国新时代一流大学的建设与发展呼唤一流的大学党委书记和校长，以避免学者发出"世上已无蔡元培"的哀叹！从大学文化资本中物的因素来看，一流大学往往具备标志性的校徽、图书馆、实验室、雕像、建筑物等，从剑桥大学的卡文迪什实验室到哈佛大学的维德纳图书馆，从北京大学的沙滩红楼到清华大学的清华学堂，都莫不如此。相对国外一流大学，中国大学文化资本中物的载体还较为贫乏，这既有历史的因素（譬如 20 世纪 50 年代院系调整），也有现实的原因（譬如大学频繁更名）。因此，中国新时代一流大学，亟需要中国大学保持发展的定力，逐渐形成自己深厚的以物为载体的文化资本。从大学文化资本中体制的因素来看，一流大学往往从人才培养、科学研究等体制方面开拓创新，从牛津大学的住宿导师制到哈佛大学的选修学分制，从德国大学的讲座教授制到芝加哥大学的初级学院制，都莫不如此。作为后发外生型的中国大学，在体制创新层面尚乏善可陈。因此，中国新时代一流大学，亟须中国大学结合优秀传统文化及当下发展特点，逐渐培育出适合自身的以体制为载体的文化资本。

第四节　学术资本与新时代一流大学的建设与发展

社会中每一个组织都具有各自的基本职能，由此各组织间所拥有的主要资本形态也各异。企业组织是盈利创收的机构，经济资本是其主要的资本形态；中介组织是连接政府与企业、社会利益群体的机构，因此社会资本是其主要的资本形态；政党组织是管理社会的机构，因此政治资本是其主要的资本形态；大学是传承创新高深知识的机构，因此学术资本应当是其主要的资本形态。换言之，由于大学职能是培养人才、发展科学、服务社会以及文化传承与创新，因此在大学多样资本中，学术资本具有最为重要的位置。"双一流"虽然可以划分为教师的一流、学生的一流、设备的一流、观念的一流和行为的一流，特别是管理的一流，但说到底仍然是学术的一流。[①] 缺失了学术资本，大学也就失去了与外界进行讨价还价的能力，一流大学的创建无异于纸上谈兵。就中国新时代一流大学的建设而言，大学学术资本的积累尤其需要重视以下三个方面。

一 学术创新是大学学术资本积累的动力

大学是从事高深知识的场所，高深知识是每个时代稀缺的资源。与一流大学之"一流"相似，高深知识之"高深"是一个比较的、历史的概念。从比较的角度来看，一所大学所从事的高深知识，相对其他大学而言可能并不高深；从历史的角度来看，一所大学一段时间内所从事的高深知识，伴随不断传播与普及，就会变得不再高深。当大学从事的知识不再高深，也就不可能形成学术成就和声望，一流大学建设不但是不现实的，还可能遭遇生存危机。11世纪意大利的萨莱诺大学曾经是欧洲中世纪大学的原型，是当时的医学中心，但由于其拒绝接受外来的新知识，其本身也顽固地拒绝发展新知识，致使大学最终走向消亡。学术创新需要合作，也需要竞争。没有合作，就有可能闭门造车；没有竞争，也就失去了创新活力。因此，新时代一流大学的建设与遴选，既需要大学间广泛的协同创新，也需要打破以往能上不能下的固化模式。因此，中国新时代一流大学的学术资本积累，要确保《总体方案》和《实施办法》所提出的"协同创新"和"开放竞争"能够真正"做实"。

---

① 王洪才：《"双一流"建设的内在逻辑审视——论"双一流"建设必须实现的四个逻辑转变》，《河南师范大学学报》（哲学社会科学版）2017年第3期。

二 学术道德是大学学术资本积累的保障

新世纪以来,伴随大学被市场化日渐卷入纵深,知识商品化愈演愈烈,学术资本化和学术资本主义为国内外众多学者所关注。学术能够作为资本,但是如果逾越边界,衍生为学术资本"化"和学术资本"主义",就会成为大学发展的桎梏甚至是灾难。作为世界一流大学集中地的美国,率先研究学术资本主义现象,更值得我们在建设新时代一流大学时进行反思。事实上,回顾世界大学发展史,学术资本化现象并非没有先例。中世纪大学后期,教师学术道德的沦丧,知识交易过度商品化,是造成传统大学没落的一个重要原因。欧美高等教育先发国家的资本主义性质,为其规避学术资本化和学术资本主义带来先天性的困境。这恰恰为中国新时代一流大学迎头赶上,造就不可错失的历史机遇。如何规避学术资本化和学术资本主义,使学术资本能够在边界内运作,一方面需要高等教育法治逐步健全和完善,另一方面也需要从中国传统文化中汲取营养。高等教育法治重在划清学术资本运作的基本边界,中国传统文化重在启迪学者进行自我的道德约束。一定意义上,较之国家的法治建设,传承和发扬中国传统文化中的"吾日三省吾身""君子爱财,取之有道""为天地立心、为生民立命、为往圣继绝学、为万世开太平"等,对于规避学术资本化和学术资本主义,会更为普及、更为有效,同时也更为节省成本。

三 学术自信是大学学术资本积累的根基

伴随中国特色社会主义伟大事业建设中"四个自信"重要论述的提出,中国新时代一流大学的建设与发展亟须树立和加强"学术自信"。早在 2006 年,中国超过日本和英国,成为仅次于美国的科学和技术研究论文的世界第二大产出国家。2007 年中国就已在国际索引的工程类论文数量上取代美国,跃居全球第一。"天眼"探空、"蛟龙"探海、神州飞天、高铁奔驰、北斗组网、C919 首飞,[1] 都见证了中国大学树立科学技术的学术自信,已经具备了坚实基础。伴随繁荣哲学社会科学计

---

[1] 陈芳、余晓洁:《中国创新之问》,《新华文摘》2017 年第 24 期。

划以及中国传统文化复兴战略的提出，中国大学树立人文与社科的学术自信，也已具备了客观条件。急于求得国外大学认可，而削足适履或邯郸学步，中国特色一流大学的建设只能是亦步亦趋、永难超越。在大学群体内的研究者大都具备一定外语水平，能够熟识国外学术发展前沿的情况下，更加强调一流成果在国内发表，或许是促进本土学术创新，积累大学学术资本的一个重要方略。这并非是一种学术上的保守，而是一种更高层次上的学术自信。用中国话语研究好中国问题，讲好中国故事，是新时代一流大学形成中国特色、中国风格和中国气派的重要保障。

第五节　展望 2035 高等教育强国建设：以学术资本为中心

自 1999 年始，中国高等教育进入了规模迅速扩张时期。2016 年，高等教育在学总规模达到 3699 万人，占世界高等教育总规模的 20%，成为世界高等教育第一大国；高等教育毛入学率达到 42.7%，提前实现了《国家中长期教育改革和发展规划纲要（2010—2020 年）》确定的 40% 目标，正在向国际公认的高等教育普及化阶段迈进。[1] 伴随高等教育规模扩张，国家适时提出了建设"双一流"高等教育强国的发展战略。在十九大报告中，习近平总书记再次强调教育要优先发展，教育强国是中华民族伟大复兴的基础工程。从高等教育大国到高等教育强国的转型，是一种质的飞跃。高等教育大国，主要强调人数之多、规模之大；高等教育强国，主要强调质量之高、学术之强。因此，从学术视野下来分析中国高等教育强国建设路径，无疑具有较强的理论与现实意义。

一　为什么是学术：基于高等教育竞争的核心元素

建设高等教育强国，为什么强调学术之强，这是首先需要澄清的一

---

[1]　张烁：《教育部：我国高等教育在学总规模位居世界第一》，《人民日报》2017 年 9 月 29 日第 6 版。

个理论问题。毫无疑问，一个高等教育强国必须拥有一定数量的"一流大学"和数量众多的"一流学科"，而无论是"一流大学"还是"一流学科"，都是世界范围内的大学和学科之间竞争的结果。学术能力强弱之于学科的重要性无须赘言，对于大学同样如此。伴随高等教育全球化的发展趋势，各国大学之间的竞争日趋激烈。问题是，我们国家的大学凭什么与别国大学竞争，进一步来讲，我们与其他国家大学主要是竞争什么。这必然涉及大学资本多样性的问题，因为大学之间的竞争归根结底是大学间多样资本的竞争。

经济资本的多寡并非大学之间竞争的核心要素，中世纪时期，行会性质的大学既没有稳定校舍，也没有图书馆、实验室，但是大学仍然得以产生并发展壮大。中世纪的巴黎大学和博洛尼亚大学之所以能够成为"大学之母"，依靠的是学术成就和学术声望的联结和影响。社会资本也非大学之间竞争的核心元素，19世纪的德国大学能够在国家一元资助下，迅速超过其他欧洲大学并占领世界高等教育之巅，依靠的是对"纯粹知识"的追求，对真理的不懈探求。大学是从事高深知识的场所，这一基本性质界定了学术资本是大学诸多资本中最为核心、最为重要的资本形式。基于高深知识的学术成就和学术声望的竞争，既是大学竞争的核心元素，也是高等教育竞争的核心元素。当大学的学术创新思想趋于泯灭，当大学掌握的高深知识趋于陈旧或不再稀缺，大学的学术声望必然滑落，大学在竞争中也必然处于劣势。

二 什么样的学术：高等教育强国演变的历史回顾

在澄清学术之于大学竞争和高等教育强国建设的重要性之后，随之而来的问题是，我们需要什么样的学术。换言之，在当下世界高等教育急剧变革时期，什么样的学术可以让我们国家的大学后来居上，可以使我们由高等教育大国崛起为高等教育强国。

回顾世界高等教育发展史，可以清晰发现学术变革伴随高等教育强国演变的轨迹。中世纪时期，以神学统摄的学术发展占据主流，当时神学研究的重镇巴黎大学声名显赫，从而也使得法国成为中世纪学者心中的学术麦加。及至18世纪末19世纪初期，神学统摄学术已渐成明日黄花，英、法、德三个国家走上截然不同的面向。在19世纪中期以前，以牛津、剑桥为代表的英国大学醉心古典学科和绅士教育，文学在学术发展中占据着主导地位。法国在取缔巴黎大学等传统大学的废墟之上，以培养高级专门人才的功利主义为导向，建立起大学校，技术在学术发展中占据着主导地位。文学过于浪漫，技术过于功利。英法两国高等教育强国的地位，很快被以唯心哲学为统摄的德国大学所取代。强调学术自由，追求"纯粹知识"，通过研究促进教学，教学与科研相统一的大学理念，很快使德国大学成为世界各国大学的效仿对象，并使德国引领世界高等教育发展长达百年。19世纪中后期，在德国大学沉迷于脱离生活实践的哲学统摄之时，大洋彼岸的美国大学，一方面主动吸收德国大学精髓，另一方面积极融入本土文化特色，建立了以实用科学为统摄的学术发展理念，从而使美国逐渐代替德国在世界高等教育的领先位置。如果以第一次世界大战为拐点，美国高等教育强国的地位也已长达一个世纪。如今，以实用科学为导向的美国大学历经百年强盛，已呈现出诸多困境与危机，大学经营产业化、管理公司化、学术资本化等，不但引起美国众多学者的忧虑，而且也引起全球高等教育理论与实践者的广泛关注。可以预见，未来的学术发展理念必然是建立在超越实用科学、规避学术资本化的基础之上！

三　如何发展学术：特色高等教育强国的发展展望

高等教育强国之路没有现成的模式可以移植，这对于建设特色高等教育强国、办好社会主义大学的中国来说更是如此。但是，借鉴德国、美国的高等教育强国之路，不难看出，两者都是在充分吸收强者经验的基础上，积极融入本土文化，形成独特学术发展理念，而后迅速崛起的。为此，我们提出用文化来统摄学术发展的思路。尽管文化的内涵外延多样，但精神文化是其本质内核，有什么样的精神文化，就会产生出什么样的制度文化、行为文化和物质文化。因此，构建中国特色的学术文化，核心应当是从精神层面入手。

中国大学和学术的精神文化，需要从传统文化中汲取营养。中国大学作为西学东渐、模式移植的产物，先后从制度、行为和物质等层面，学习了日本、法国、德国、美国、苏联等多国高等教育的模式。时至今日，应当说已经形成了较为完备的组织架构。但是，独特的大学文化和学术精神还远未形成。中国学术之发展，亟须树立"修齐治平"的家国情怀，亟须树立"为天地立心，为生民立命"的道义担当。通过这些精神文化的引领和滋养，学术才有可能面对全球化、市场化的浪潮冲击，中国大学才有可能规避学术资本主义的侵蚀。

中国大学和学术的精神文化，更需要紧跟中国文化发展的时代步伐。由中国共产党开创的中国特色社会主义文化体系，是中国大学和学术发展的不竭动力。党的十九大报告所确定的，举什么旗、走什么路、以什么样的精神状态、担负什么样的历史使命、实现什么样的奋斗目标，不但是全党、全国人民共同的行动纲领，更是扎根于中国大地的高等教育发展的行动指南。学术只有不忘记人类福祉，国家富强，才能够砥砺前行，永不懈怠；学术只有解放思想，激发活力，才能创新发展，创造转化；学术只有坚持价值信仰，恪守道德规范，才能抵制外界侵蚀，不迷失自我。唯有此，学术才能够不为物欲横流所淹没，中国高等教育基业才能够由大变强。

参考文献

中文参考文献

包刚升:《民主的阴暗面?》,《读书》2015 年第 8 期。

蔡元培:《就任北京大学校长之演说》,载蔡元培著,马燕编《蔡元培讲演集》,河北人民出版社 2004 年版。

陈芳、余晓洁:《中国创新之问》,《新华文摘》2017 年第 24 期。

陈华:《生产要素演进与创新型国家的经济制度》,中国人民大学出版社 2008 年版。

陈明远:《透视名人的心理奥秘》,中央编译出版社 2013 年版。

程志敏:《苏格拉底为什么不收学费?》,《读书》2018 年第 12 期。

杜美:《德国文化史》,扬智文化事业股份有限公司 1997 年版。

冯大鸣:《沟通与分享:中西教育管理领衔学者世纪汇谈》,上海教育出版社 2002 年版。

高书国:《从徘徊到跨越:英国高等教育普及化模式及成因分析》,《外国教育研究》2007 年第 2 期。

国家统计局编:《2018 中国统计年鉴》,中国统计出版社 2018 年版。

贺国庆等:《外国高等教育史》,人民教育出版社 2003 年版。

贺国庆、朱文富:《滕大春先生纪念文集》,河北大学出版社 2005 年版。

胡成:《科学本应"无国界"》,《读书》2018 年第 6 期。

胡建华等:《高等教育学新论》,江苏教育出版社 2006 年版。

胡建华:《现代中国大学制度的原点:50 年代初期的大学改革》,南京师范大学出版社 2001 年版。

胡敏:《"双一流"建设财政控制的地方实践困境与改进》,《华南师范大学学报》（社会科学版）2017 年第 4 期。

胡钦晓：《大学社会资本论》，南京师范大学出版社 2008 年版。

胡钦晓：《社会资本视角下 19 世纪柏林大学之崛起》，《华东师范大学学报》（教育科学版）2008 年第 1 期。

胡钦晓：《社会资本视角下中世纪大学之源起》，《教育学报》2010 年第 1 期。

胡钦晓：《英国"新大学"的演变及其特征分析》，《苏州大学学报》（教育科学版）2014 年第 3 期。

黄节：《李氏焚书跋》，载（明）李贽《焚书·续焚书》，岳麓书社 1990 年版。

乐黛云、李比雄：《跨文化对话》第 18 辑，江苏人民出版社 2006 年版。

李工真：《阿尔文·约翰逊与"流亡大学"的创办》，《世界历史》2007 年第 2 期。

李工真：《哥廷根大学的历史考察》，《世界历史》2014 年第 3 期。

李工真：《纳粹德国流亡科学家的洲际移转》，《历史研究》2005 年第 4 期。

李露亮：《经济学基本问题与经典文本解读》，中山大学出版社 2014 年版。

林玉体：《西洋教育史》，文景出版社 1985 年版。

刘家峰：《齐鲁大学经费来源与学校发展：1904—1952》，载章开沅等《社会转型与教会大学》，湖北教育出版社 1998 年版。

刘晓雪、胡钦晓：《学科统摄视野下的大学发展研究》，《现代大学教育》2013 年第 2 期。

刘兆汉：《序：平衡利益与学术》，载［美］德瑞克·伯克《大学何价：高等教育商业化？》，杨振富译，天下远见出版社 2004 年版。

罗竹风主编：《汉语大词典》第 10 卷，汉语大词典出版社 1992 年版。

梅贻琦：《二十世纪名人自述系列：梅贻琦自述》，安徽文艺出版社 2013 年版。

缪凤林：《中央大学经费独立运动》，《时代公论（南京）》1932 年第 13 期。

宋健飞、高翔翔：《当代德国大学学费制的历史与现状》，《全球教育展望》2007 年第 12 期。

宋乐永：《透析中国高校合并现象——伟大而深刻的变革》，《科技日报》2000 年 7 月 19 日第 2 版。

孙进：《德国大学教授职业行为逻辑的社会学透视与分析》，载北京大学德国研究中心《北大德国研究》第 1 卷，北京大学出版社 2005 年版。

陶飞亚、刘天路：《基督教会与近代山东社会》，山东大学出版社 1994 年版。

田松：《警惕科学家》，《读书》2014 年第 4 期。

王德志：《论我国学术自由的宪法基础》，《中国法学》2012 年第 5 期。

王洪才：《"双一流"建设的内在逻辑审视——论"双一流"建设必须实现的四个逻辑转变》，《河南师范大学学报》（哲学社会科学版）2017 年第 3 期。

王克迪：《从科学大师到灵魂出卖者——勒纳德其人其事》，《自然辩证法通讯》2002 年第 3 期。

吴慧平：《美国：公立大学学费急剧攀升》，《比较教育研究》2005 年第 4 期。

吴忠魁：《私立学校比较研究：与国家关系角度的分析》，北京师范大学出版社 1999 年版。

夏征农、陈至立主编：《辞海（4）》，上海辞书出版社 2009 年版。

宣勇、付八军：《创业型大学的文化冲突与融合——基于学术资本转化的维度》，《中国高教研究》2013 年第 9 期。

薛晓源、曹荣湘：《文化资本、文化产品与文化制度——布迪厄之后的文化资本理论》，《马克思主义与现实》2004 年第 1 期。

杂志社：《欧美教育新潮：英国大学增收学费》，《教育杂志》1920 年第 12 期。

曾志郎：《序 大学之道：创新、创投、创业、创资？》，载［美］德瑞克·伯克《大学何价：高等教育商业化？》，杨振富译，天下远见出版社 2004 年版。

张君劢：《明日之中国文化：中印欧文化十讲》，中国人民大学出版社 2006 年版。

张磊：《欧洲中世纪大学》，商务印书馆 2010 年版。

张人杰：《论大陆公立高校的学费》，《学术研究》2003 年第 2 期。

张烁：《教育部：我国高等教育在学总规模位居世界第一》，《人民日报》2017 年 9 月 29 日第 6 版。

赵宏中：《对智力资本的新认识》，《光明日报》2014 年 11 月 23 日第 2 版。

中国社会科学院语言研究所词典编辑室编：《现代汉语词典》（第 5 版），商务印书馆 2005 年第 5 版。

［澳大利亚］戴维·思罗斯比：《文化资本》，载薛晓源等《全球化与文化资本》，潘飞译，社会科学文献出版社 2005 年版。

［德］毕尔麦尔等：《中世纪教会史》，雷立柏译，宗教文化出版社 2010 年版。

［德］弗里德里希·包尔生：《德国大学与大学学习》，张弛等译，张斌贤等校，人民教育出版社 2009 年版。

［德］卡尔·雅斯贝尔斯：《大学之理念》，邱立波译，上海人民出版社 2007 年版。

［德］康德：《纯粹理性批判》，蓝公武译，商务印书馆 2009 年版。

［德］康德：《实践理性批判》，邓晓芒译，杨祖陶校，人民出版社 2003 年版。

［德］鲁道夫·希法亭：《金融资本：财富变局中的货币魔力》，曾令先等译，重庆出版社 2008 年版。

［德］马克斯·韦伯：《韦伯论大学》，孙传钊译，江苏人民出版社 2006 年版。

［德］马克斯·韦伯：《学术与政治》，冯克利译，生活·读书·新知三联书店 2005 年第 2 版。

［德］塞巴斯蒂安·哈夫纳：《从俾斯麦到希特勒》，周全译，译林出版社 2016 年版。

［法］爱弥儿·涂尔干：《教育思想的演进》，李康译，渠东校，上海人民出版社 2003 年版。

［法］皮埃尔·布迪厄、华康德：《实践与反思：反思社会学导引》，李猛等译，中央编译出版社 2004 年版。

［法］皮埃尔·布迪厄：《资本的形式》，载薛晓源等《全球化与文化资本》，武锡申译，社会科学文献出版社 2005 年版。

［法］萨伊：《政治经济学概论：财富的生产、分配和消费》，陈福生等译，商务印书馆 1982 年版。

［法］雅克·勒高夫：《试谈另一个中世纪——西方的时间、劳动和文化》，周莽译，商务印书馆 2014 年版。

［法］雅克·勒戈夫：《中世纪的知识分子》，张弘译，卫茂平校，商务印书馆 2002 年版。

［法］雅克·韦尔热：《中世纪大学》，王晓辉译，上海人民出版社 2007 年版。

［加拿大］比尔·雷丁斯：《废墟中的大学》，郭军等译，北京大学出版社 2008 年版。

［美］D. B. 约翰斯通：《高等教育财政：问题与出路》，沈红等译，人民教育出版社 2004 年版。

［美］Philip G. Altbach、Robert O. Berdahl、Patricia J. Gumport 等：《21世纪美国高等教育：社会、政治、经济的挑战》，陈舜芬等译，高等教育出版社 2003 年版。

［美］Philip G. Altbach、Robert O. Berdahl、Patricia J. Gumport 等：《21世纪美国高等教育：社会、政治、经济的挑战》，杨耕等主审，北京师范大学出版社 2005 年版。

［美］埃里克·古尔德：《公司文化中的大学》，吕博等译，北京大学出版社 2005 年版。

［美］爱德华·格兰特：《中世纪的物理科学思想》，郝刘祥译，复旦大学出版社 2000 年版。

［美］爱德华·希斯：《教师的道与德》，徐弢等译，北京大学出版社 2010 年版。

［美］安德鲁·德尔班科：《大学：过去，现在与未来——迷失的大学教育》，范伟译，中信出版社 2014 年版。

［美］保罗·萨缪尔森、威廉·诺德豪斯：《经济学 上册》，高鸿业等译，中国发展出版社 1992 年版。

［美］彼得·德鲁克：《组织生存力》，刘祥亚译，重庆出版社 2009

年版。

［美］伯顿·克拉克：《大学的持续变革：创业型大学新案例和新概念》，王承绪译，人民教育出版社 2008 年版。

［美］伯顿·克拉克：《建立创业型大学：组织上转型的途径》，王承绪译，人民教育出版社 2003 年版。

［美］伯顿·克拉克：《研究生教育的科学研究基础》，王承绪译，浙江教育出版社 2001 年版。

［美］查尔斯·霍默·哈斯金斯：《12 世纪文艺复兴》，夏继果译，上海人民出版社 2005 年版。

［美］大卫·科伯：《高等教育市场化的底线》，晓征译，北京大学出版社 2008 年版。

［美］大卫·沃德：《令人骄傲的传统与充满挑战的未来：威斯康星大学 150 年》，李曼丽等译，清华大学出版社 2007 年版。

［美］丹尼尔·金：《大学潜规则：谁能优先进入美国顶尖大学》，张丽华等译，商务印书馆 2013 年版。

［美］德瑞克·伯克：《大学何价：高等教育商业化？》，杨振富译，天下远见出版社 2004 年版。

［美］菲利普·G. 阿尔特巴赫：《冒牌大学的兴起》，载［美］菲利普·G. 阿尔特巴赫等《私立高等教育：全球革命》，胡建伟等译，中国社会科学出版社 2014 年版。

［美］菲利普·G. 阿尔特巴赫：《私立高等教育：引言》，载［美］菲利普·G. 阿尔特巴赫等《私立高等教育：全球革命》，胡建伟等译，中国社会科学出版社 2014 年版。

［美］菲利普·库姆斯：《世界教育危机》，赵宝恒等译，人民教育出版社 2001 年版。

［美］弗兰克·梯利：《英译者序》，载［德］弗里德里希·包尔生《德国大学与大学学习》，张弛等译，张斌贤等校，人民教育出版社 2009 年版。

［美］古尔伯特·C. 亨切柯：《美国营利中等后院校：背离还是拓展？》，载［美］菲利普·G. 阿尔特巴赫等《私立高等教育：全球革命》，胡建伟等译，中国社会科学出版社 2014 年版。

［美］亨利·埃兹科维茨：《麻省理工学院与创业科学的兴起》，王孙禺等译，清华大学出版社 2007 年版。

［美］亨利·埃兹科维茨：《企业性大学和民主协作主义的出现》，载［美］亨利·埃兹科维茨等编《大学与全球知识经济》，夏道源等译，江西教育出版社 1999 年版。

［美］加里·S. 贝克尔：《人力资本：特别是关于教育的理论与经验分析》，梁小民译，北京大学出版社 1987 年版。

［美］凯文·金赛：《私立营利性大学的师资：凤凰城大学算是新模式吗?》，载［美］菲利普·G. 阿尔特巴赫等《私立高等教育：全球革命》，胡建伟等译，中国社会科学出版社 2014 年版。

［美］克拉克·克尔：《大学之用》，高铦等译，北京大学出版社 2008 年第 5 版。

［美］理查德·鲁克：《高等教育公司：营利性大学的崛起》，于培文译，北京大学出版社 2006 年版。

［美］罗杰·盖格：《大学与市场的悖论》，郭建如等译，北京大学出版社 2013 年版。

［美］马克斯韦尔·梅尔曼等：《以往与来者——美国卫生法学五十年》，唐超等译，中国政法大学出版社 2012 年版。

［美］索尔斯坦·凡勃伦：《学与商的博弈：论美国高等教育》，惠圣译，上海人民教育出版社 2009 年版。

［美］威廉·克拉克：《象牙塔的变迁》，徐震宇译，商务印书馆 2013 年版。

［美］西奥多·W. 舒尔茨：《论人力资本投资》，吴珠华等译，北京经济学院出版社 1990 年版。

［美］希拉·斯劳特、拉里·莱斯利：《学术资本主义》，梁骁等译，北京大学出版社 2014 年版。

［美］希拉·斯劳特、拉里·莱斯利：《学术资本主义：政治、政策和创业型大学》，梁骁等译，北京大学出版社 2008 年版。

［美］亚伯拉罕·弗莱克斯纳：《现代大学论——英美德大学研究》，徐辉等译，浙江教育出版社 2001 年版。

［美］亚瑟·M. 科恩、卡丽·B. 基斯克：《美国高等教育的历程》，梁

燕玲译，教育科学出版社 2012 年第 2 版。

［美］亚瑟·科恩：《美国高等教育通史》，李子江译，北京大学出版社 2010 年版。

［美］约翰·S. 布鲁贝克：《高等教育哲学》，王承绪等译，浙江教育出版社 2001 年版。

［美］约翰·菲茨帕特里克：《密尔的政治哲学》，万绍红译，人民出版社 2014 年版。

［美］约翰·塞林：《美国高等教育史》，孙益等译，北京大学出版社 2014 年第 2 版。

［美］詹姆斯·杜德斯达、弗瑞斯·沃马克：《美国公立大学的未来》，刘济良译，王定华校，北京大学出版社 2006 年版。

［秘鲁］赫尔南多·德·索托：《资本的秘密》，王晓冬译，江苏人民出版社 2005 年版。

［瑞士］瓦尔特·吕埃格：《欧洲大学史》（第 3 卷），张斌贤等译，河北大学出版社 2014 年版。

［乌拉圭］朱迪思·苏兹：《大学在生产部门的新任务》，载［美］亨利·埃兹科维茨等编《大学与全球知识经济》，夏道源等译，江西教育出版社 1999 年版。

［西班牙］奥尔特加·加塞特：《大学的使命》，徐小舟等译，浙江教育出版社 2001 年版。

［以色列］约瑟夫·本－戴维：《科学家在社会中的角色》，沈力译，四川人民出版社 1989 年版。

［英］阿什比：《科技发达时代的大学教育》，滕大春等译，人民教育出版社 1983 年版。

［英］安东尼·史密斯、弗兰克·韦伯斯特：《后现代大学来临?》，侯定凯等译，北京大学出版社 2014 年版。

［英］彼得·沃森：《德国天才（1）：德意志的命运大转折 第三次文艺复兴》，张弢等译，商务印书馆 2016 年版。

［英］彼得·沃森：《德国天才（2）：受教育中间阶层的崛起》，王志华译，商务印书馆 2016 年版。

［英］彼得·沃森：《德国天才（3）：现代性的痛苦与奇迹》，王琼颖等

译，商务印书馆2016年版。

［英］彼得·沃森：《德国天才（4）：断裂与承续》，王莹等译，商务印书馆2016年版。

［英］霍恩比：《牛津高阶英汉双解词典》，王玉章等译，商务印书馆2009年版。

［英］加雷斯·威廉斯：《经济的观点》，载［美］伯顿·克拉克《高等教育新论——多学科的研究》，王承绪等译，浙江教育出版社2001年版。

［英］玛丽·亨克尔、布瑞达·里特：《国家、高等教育与市场》，谷贤林等译，教育科学出版社2005年版。

［英］西蒙·马金森：《为什么高等教育市场不遵循经济学教科书》，《北京大学教育评论》2014年第1期。

［英］亚当·斯密：《国民财富的性质和原因的研究》，郭大力等译，商务印书馆1983年版。

英文参考文献

A. B. Cobban, *The Medieval Universities: Their Development and Organization*, London: Methuen & Co. Ltd., 1975.

Abraharn Flexner, *Universities: American English German*, New York: Oxford University Press, 1930.

Adrianna Kezar, "Obtaining Integrity? Reviewing and Examining the Charter between Higher Education and Society", *The Review of Higher Education*, Vol. 27, No. 4, 2004.

Alan B. Cobban, *Universities in the Middle Ages*, Liverpool: Liverpool University Press, 1990.

Ann E. Kaplan, Colleges and Universities Raised $43.60 Billion in 2017, New York: Council for Aid to Education, 2018 – 2 – 6.

Ann E. Kaplan, *Voluntary Support of Education: Key findings from Data Collected for the 2017 – 18 Academic Fiscal Year for U. S. Higher Education*, Washington, DC: Council for Advancement and Support of Education, 2019.

Arnold M., *Schools and Universities on the Continent*, London: Macmillan and Co., 1868.

Arthur Levine, "Higher Education Becomes a Mature Industry", *The Chronicle of Higher Education*, Vol. 2, No. 3, July 1997.

Brabazon Tara and Dagli Zeynep, "Putting the Doctorate into Practice, and the Practice into Doctorates: Creating a New Space for Quality Scholarship Through Creativity", *Nebula*, Vol. 7, No. 1 – 2, June 2010.

Brooks Mather Kelley, *Yale: A History*, New Haven: Yale University Press, 1974.

Burdon R. Clark, *Creating Entrepreneurial Universities: Organizational Pathways of Transformation*, Oxford: International Association of Universities and Elsevier Science Ltd., 1998.

Charles E. McClella, *State, Society, and University in Germany, 1700 – 1914*, Cambridge: Cambridge University Press, 1980.

Charles Horner Haskins, *The Rise of Universities*, Ithaca: Cornell University Press, 1957.

Chester E. Finn, *Scholars, Dollars, and Bureaucrats*, Washington: Brookings Institution, 1978.

Clark Kerr, Others, *Troubled Times for American Higher Education: The 1990s and Beyond*, New York: State University of New York Press, 1994.

Clark Kerr, *The Uses of the University (Fifth Edition)*, Cambridge: Harvard University Press, 2001.

Daniel Fallon, *The German University: A Heroic Ideal in Conflict with the Modern World*, Colorado: Colorado Associated University Press, 1980.

David L. Kirp, *Shakespeare, Einstein, and the Bottom Line: The Marketing of Higher Education*, Cambridge: Harvard University Press, 2003.

David Smith, "Eric James and the 'Utopianist' Campus: Biography, Policy and the Building of a New University during the 1960s", *History of Education*, Vol. 37, No. 1, 2008.

Donald Bligh, *Higher Education*, London: Cassell Educational Limited,

1990.

Dylan Matthews, Introducing "The Tuition is Too Damn High", The Washington Post, 2013-8-26.

Eastman, J. A., "Revenue Generation and Its Consequences for Academic Capital, Values and Autonomy: Insights from Canada", *Higher Education Management & Policy*, Vol. 19, No. 3, 2007.

Eddy, M. D., "Academic Capital, Postgraduate Research and British Universities", *Discourse: Learning and Teaching in Philosophical and Religious Studies*, Vol. 6, No. 1, 2006.

Frederick Eby and Charles Flinn Arrowood, *The History and Philosophy of Education: Ancient and Medieval*, Englewood Cliffs: Prentice-Hall, Inc., 1940.

Friedrich Paulsen, *The German Universities and University Study*, New York: Charles Scribner's Sons, 1906.

Friedrich Paulsen, *The German Universities: Their Character and Historical Development*, New York: Macmillan and Co., 1895.

Gabriel Compayré, *Abelard and the Origin and Early History of Universities*, New York: Charles Scribner's Sons, 1893.

Gary Rhoades and Sheila Slaughter, "Academic Capitalism, Managed Professionals, and Supply-Side Higher Education", *Social Text* 51, Vol. 15, No. 2, 1997.

George F. Kneller, *Higher Learning in Britain*, Cambridge: Cambridge University Press, 1955.

Gordon Leff, *Paris and Oxford Universities in the Thirteenth and Fourteenth Centuries: An Institutional and Intellectual History*, New York: John Wiley & Sons, Inc., 1968.

Halsey, A. H. and Trow, M. A., *The British Academcis*, Cambridge: Harvard University Press, 1971.

Hartshorne, Edward Yarnall, *The German Universities and National Socialism*, Cambridge: Harvard University Press, 1936.

Hastings Rashdall, *The Universities of Europe in the Middle Ages: Italy-Spain-*

France-Germany-Scotland. Etc. (Vol. 2), Oxford: Clarendon Press, 1895.

Hastings Rashdall, *The Universities of Europe in the Middle Ages: Salerno-Bologna-Paris* (Vol. 1), Oxford: Clarendon Press, 1895.

Hastings Rashdall, *The Universities of Europe in the Middle Ages: Salerno-Bologna-Paris* (Vol. 1), Oxford: The Clarendon Press, 1936.

Howe, B., "The Emergence of Scientific Philanthropy, 1900 – 1920", *Arnove R. F. Philanthropy and Cultural Imperialism*, 1980.

Hunt Janin, *The University in Medieval Life, 1179 – 1499*, North Carolina: McFarland, 2008.

Johannes Conrad, *The German Universities for the Last Fifty Years*, Glasgow: David Bryce & Son, 1885.

Jon Nixon, "Education for the Good Society: The Integrity of Academic Practice", *London Review of Education*, Vol. 2, No. 3, 2004.

Joseph A. Soares, *The Decline of Privilege: The Modernization of Oxford University*, Stanford: Stanford University Press, 1999.

Konrad H. Jarausch (ed.), *The Transformation of Higher Learning 1860 – 1930*, Stuttgart: Klett-Cotta, 1982.

Konrad H. Jarausch (ed.), *Transformation of higher learning, 1860 – 1930: Expansion, Diversificatione Nineteenth and Early Twentieth Centuries (1800 – 1945)*, Cambridge: Cambridge University Press, 2004.

Konrad H. Jarausch, "Higher Education and Social Change: Some Comparative Perspectives", *The Transformation of Higher Learning, 1860 – 1930: Expansion, Diversification, Social Opening, and Professionalization in England, Germany, Russia, and the United States*, Vol. 13, 1983.

Kronfeld, M. and Rock, A., "Some Considerations of the Infinite", *Analysts Journal*, Vol. 14, No. 5, 1958.

Larry Hanley, "Academic Capitalism in the New University", *The Radical Teacher*, No. 73, 2005.

Lilge, F., *The Abuse of Learning: The Failure of the German University*, New York: The Macamillan Company, 1949.

Louis John Paetow, *The Arts Course at Medieval Universities with Special Reference to Grammar and Rhetoric*, Illinois: University Press, 1910.

Lowrie J. Daly, *The Medieval University, 1200 – 1400*, New York: Sheed and Ward, 1961.

Lundgreen, Peter, "Differentiation in German Higher Education", *The Transformation of Higher Learning, 1860 – 1930: Expansion, Diversification, Social Opening, and Professionalization in England, Germany, Russia, and the United States*, Vol. 13, 1983.

Lynn Thorndike, *University Records and Life in the Middle Ages*, New York: Octagon Books, 1971.

Manning M. Patillo and D. M. Mackenzie, *Church Sponsored Higher Education in the United States: Report of the Danforth Commission*, Washington, D. C.: Council on Education, 1966.

Mary Henkel, "Current Science Policies and Their Implications for the Formation and Maintenance of Academic Identity", *Higher Education Policy*, Vol. 17, No. 2, 2004.

Matthew Arnold, *Higher Schools and Universities in Germany*, London: Macmillan and Co., 1874.

Nathan Schachner, *The Mediaeval Universities*, London: George Allen & Unwin Ltd., 1938.

Newman, J. H., *The Idea of a University Defined and Illustrated (Third Edition)*, London: Basil Montagu Pickering, 1873.

Olaf Pedersen, *The First Universities: Studium Generale and the Origins of University Education in Europe*, Cambridge: Cambridge University Press, 1997.

Perkin H. J. and J. Ben-David, "Centers of Learning: Britain, France, Germany, United States", *American Journal of Education* 50, Vol. 87, No. 1, 1978.

Philip L. Harriman, "The Bachelor's Degree", *The Journal of Higher Education*, Vol. 7, No. 6, 1936.

Post G., "Masters' Salaries and Student-Fees in the Mediaeval Universities",

Speculum, Vol. 7, No. 2, 1932.

Prejmerean, M. C. and Vasilache, S., "A Three Way Analysis of the Academic Capital of a Romanian University", *Journal of Applied Quantitative Methods*, Vol. 3, No. 2, 2008.

Rüegg Walter, *A History of the University in Europe: Volume III, Universities in the Nineteenth and Early Twentieth Centuries (1800 – 1945)*, Cambridge: Cambridge University Press, 2004.

Richard J. Storr, *Harper's University: The Beginnings. A History of the University of Chicago*, Chicago: University of Chicago Press, 1966.

Ridder-Symoens H., *A History of the University in Europe: Volume I, Universities in the Middle Ages*, Cambridge: Cambridge University Press, 1992.

Seaars J. B., *Philanthropy in the History of American Higher Education*, New Brunswick: Transaction Publishers, 1990.

Sir James Mountford, *British Universities*, London: Oxford University Press, 1966.

Slaughter, S. and Rhoades, G., *Academic Capitalism and the New Economy: Markets, State, and Higher Education*, Baltimore: Johns Hopkins University Press, 2004.

Stephen H. Spurr, *Academic Degree Structure: Innovative Approaches*, New York: Mcgraw-Hill Book Company, 1970.

The Chronicle List, Largest Private Gifts to Higher Education, 2017, The Chronicle of Higher Education, 2018 – 1 – 18.

Thomas Albert Howard, *Protestant Theology and the Making of the Modern German University*, Oxford: Oxford University Press, 2006.

Thomas Stewart and Clare Ruckdeschel, "Intellectual Capital: The New Wealth of Organizations", *Performance Improvement*, Vol. 37, No. 7, 1998.

Thwing Charles Franklin, *The American and the German University: One Hundred Years of History*, New York: Macmillan Company, 1928.

Walter C. Perry, *German University Education, or the Professors and Students* of Germany (Second Edition), London: Longman, Brown, Green, and Longmans, 1846.

Walter Rüegg, A History of the University in Europe: Volume 3, Universities in the Nineteenth and Early Twentieth Centuries (1800 – 1945), Cambridge: Cambridge University Press, 2004.

White, B. R., Presley, J. B., and DeAngelis, K. J., Leveling Up: Narrowing the Teacher Academic Capital Gap in Illinois, Illinois: Illinois Education Research Council, 2008.

Willis Rudy, The Universities of Europe, 1100 – 1914: A History, Rutherford: Fairleigh Dickinson University Press, Associated University Presses, 1984.

后　　记

如果从 2010 年获得教育部人文社科规划项目"大学学术资本研究"（项目编号：10YJA880042）算起，至今对"学术资本"进行系统分析已有十个年头了。十年的时间对于历史长河来说，不过是沧海一粟，但对于一个人的学术生涯而言，不可谓不漫长。当手头这本名为"高校学术资本论"的初稿行将完成之际，心中不免五味杂陈，既感慨于学术的辛酸与喜悦，又对学术之路上的师友充满感恩和感谢。

无论是政府资助的纵向课题，还是企事业资助的横向课题，都是有一定研究期限的。一般来说，国家层面的人文社科类课题的期限为五年，省部级层面的人文社科类课题的期限为一到三年。非常有幸，我能够在主持完教育部人文社科规划项目之后，在 2014 年 12 月，又申请获批了全国教育科学"十二五"规划 2014 年度（国家一般）课题"学术资本与大学发展研究"（项目编号：BIA140104）。清晰记得，在这项国家课题公示之前，全国教育科学规划办公室的工作人员，让本人提供严格的相关材料，以证明这项课题不是与 2010 年教育部人文社科规划项目的重复研究。非常感谢全国教育规划办公室的领导和工作人员，尤其是要感谢审核本人申请材料的评审专家，没有他们的支持，这项成果的完成几乎是不可能的。

一项研究因何能用十年？这主要与这项课题研究的内容有关。在撰写 2010 年教育部人文社科项目申请书的时候，心中就不免存有疑虑，高雅的学术与万恶的资本能否结合在一起。经过对经典马克思主义关于资本论述的详细分析，对美国经济学家萨缪尔森、社会学家爱德华·希尔斯、法国社会学家皮埃尔·布迪厄、秘鲁学者索托以及国内众多学者关于经济资本、文化资本、社会资本和政治资本等多样资本的系统梳理，尤其是对"资本"一词的中西方词源学分析，坚定了研究学术资本的信心。资本的本质属性在于交换中能否带来价值增殖，这种价值增殖在马克思的《资本论》那里，被描述成剩余价值。马克思通过对能够带来剩余价值的价值进行分析，深刻地揭露了资本主义社会中，资本家榨取工人剩余价值的剥削与被剥削关系。因此，在经典马克思主义那里，资本来到世间，从头到脚，每个毛孔都滴着血和肮脏的东西。也正是马克思这一耳熟能详的经典论断，让人不能不对学术资本产生情感上的排斥，尤其是对经历过"文革"和以阶级斗争为纲的学者而言，更容易产生类似想法。所以，在获得教育部人文社科项目以后的三年研究中，严格说来，都一直徘徊在学术资本的边缘地带，远没有达至学术资本研究的核心部分。

伴随研究的不断深入，深深感觉到学术资本的概念不但是成立的，而且无论是对高等教育理论研究来说，还是从建设社会主义高等教育强国的实践来看，都是非常必要的。学术不是天然的阳春白雪，资本也非指定的万恶之源。学术与资本能否为人类造福，不但要探究谁掌握了资本和学术，而且还要分析学术资本发展的基本边界。在经典马克思主义那里，资本被剥削阶级的资本家所掌握，也就被蒙上了资本的原罪。学术同样也是如此，如果学术能够为贤人所用，便能够为万世开太平；学术如果被坏人利用，也会带来灭顶之灾。学术资本与能够成为经济资本的水、火、货币一样，都具有资本的双重性。不仅如此，对于从事高深知识的大学而言，学术资本在大学多样资本中居于最核心、最高端的地位，学术资本的兴衰与大学兴衰相伴而行，而大学兴衰与国家兴衰密切相连，这是我们研究学术资本与大学发展的一个基本判断。但是，学术资本的双重性告诫我们，学术资本的发展和运用不但是有边界的，而且也需要道德规范和法律制度进行规约，否则极容易演变为学术资本化和学术资本主义。

能完成这项成果，特别要感谢我的博士生导师胡建华教授。先生是国内第一位高等教育学的硕士，师从高等教育学学科的创立人潘懋元先生，而后又远赴东洋，跟随日本比较教育学会的会长马越彻教授攻读博士。先生回国后，本人非常有幸能够成为胡老师的博士开门弟子。2005年入师门一年后，在先生的指引下进入高校社会资本的研究并开始发表论文。导师在一次 Seminar 上的无意之言,"你若完成社会资本、文化资本等相关研究,就成了资本家了",竟成为我为之探索至今且仍将继续前行的箴言。这本《高校学术资本论》既是博士论文《大学社会资本论》的姊妹篇,也是践行先生谆谆教导的一个证明。继高校社会资本、学术资本研究之后,未来一段时期打算将研究的问题聚焦在文化资本上。不同于社会资本、学术资本,文化资本因文化概念的多样性,也使得相关问题更加复杂多样。若能再用 5 到 10 年的时间,完成书稿《高校文化资本论》,就可以与《高校学术资本论》《大学社会资本论》形成高校资本研究"三部曲",这当是本人不负师恩的最好报答。

行稿至此,关于学术资本的研究,已公开发表学术论文数篇。在这里要特别感谢稿件的"盲审专家"的修改意见和编辑们的辛勤付出。我要感谢北京师范大学出版社华东分社的李飞编辑,本书初稿完成后,他组织出版社的几位得力编辑,对文稿进行了细致的排版、编辑和校正。要知道,对于一个电脑水平仅停留在基本文档操作水平的我来说,这些烦杂的工作往往是出力不讨好的。此外,我还要感谢我的几位博士和硕士研究生,他们分别是刘永、刘丙利、李永全、汪林潭、柳佳玉、孟方圆、曹立茹、于正阳、岳伊明,他们分别利用休息时间通读了书稿全文,并就部分文字提出了修改意见。自己敲出来的文字,往往反复看上几遍,也很难找到其中的疏漏甚至错误。几位研究生的辛苦努力,大大降低了文稿的失误率。尤其要感谢中国社会科学出版社的赵丽女士,没有她的鼎力相助,书稿不可能如此顺利出版。在编审过程中,赵丽女士的严谨认真,给我留下了深刻印象。当然,相关论述也难免有不少尚待继续推敲的地方,这些问题都与他们无关,所有文责均由本人自负。

最后,我要感谢我的家人。父母已经年迈,虽相距百里,但也很少相见,心中总有愧疚。约定每月探望老人,许多情况被迫搁浅,而老人总能给予谅解和宽慰,这更令我心存不安!学海无涯,时间有限,亲情若不及时反哺,只能留下终生遗憾!但愿此稿结束之后,能够不负自己的诺言。妻子赵华博士,一方面承担着繁重的教学科研任务,另一方面毫无怨言地为家务默默付出,使我能够有更多的时间用在科研。孩子已经大学四年级了,然而从小学至今,深感对孩子成长的付出非常有限。对他们的亏欠,只能慢慢偿还!

总之,人生路上,需要感恩者太多太多,恕不一一!谨以此书献给他们!